中国卷之二

1

THE COURSE OF HISTORY TOWARDS
THE FIRST RATE

走向一流的历史轨迹

中外著名大学校长
治校理念与办学制度文献选编

周谷平　赵师红 —— 编

浙江大学教育史
国家重点学科丛书

ZHEJIANG UNIVERSITY PRESS
浙江大学出版社

序

　　20 世纪 90 年代以来,随着我国政府"211 工程"、"985 工程"的相继出台,中国的高等教育以前所未有的规模和速度快速发展,迄今已近 20 个年头。多年来,人们都习惯于把这种发展称为"跨越式",意即跨过或超越了某种本来应有的状态或某个本来必经的历史阶段,一下子跑到前面去了,这种说法似乎有一定道理。以此衡量,其实,百年来的中国现代高等教育前此已经有过两次"跨越式"发展。第一次发生在 20 世纪 20 年代,比较集中在 1921—1926 年的五年左右时间。据统计,从 1921—1926 年,公私立大学由 13 所增加到了 51 所,5 年间增加了 3 倍。学生数增加也比较明显,1925 年的在校生总数是 1916 年的 2 倍多。各高校毕业生数亦呈上升趋势,1926 年是 1921 年的近 2 倍。可见,这一时期高等教育无论学校数、学生数还是毕业生数都快速增长。时人曾这样评论:"中国近年来的大学迷,可以说是发达到极点了;改革的声浪,到处听见;新成立的大学,也如春笋暴发。"[①]高等教育短时期内的"跨越式"发展,一方面在一定程度上回应了当时社会的需求;另一方面大幅攀升的数字背后存在着严重的问题——数量增加,质量无法保证。尤其是私立高校纷纷设立,以致"盈利大学"、"野鸡大学"充斥各地。1927 年南京国民政府成立后的一个时期,此风仍在继续,何炳松批评说:"国民政府成立后的二三年间实为我国大学教育史上最活动最复杂的一个短时期,比前清光绪二十八年和民国十二年两次的大学运动还要热闹。"[②]社会上"大学教育破产论"、"大学教育崩溃论"沸沸扬扬,于是有南京国民政府 20 世纪 30 年代初期对全国高等教育的大力

---

　　① 庄泽宣:《中国的大学教育》,《清华周刊》1926 年(纪念号增刊),第 84 页。
　　② 何炳松:《三十五年来之中国高等教育》,商务印书馆编:《最近三十五年之中国教育》,商务印书馆 1931 年版,第 122 页。

整顿。整顿工作以"限制数量、提升质量"为目标,包括取消单科大学、限制滥设大学;加强对私立高校(包括教会高校)的控制与管理;调整院系结构,注重实用科学;提高教育效能等方面。经过五六年的努力,至抗日战争全面爆发前夕,才逐步稳定了高等教育的规模,教育、教学质量得到较大提高。第二次"跨越式"发展发生在20世纪60年代,当时称之为"教育大革命"或"教育大跃进",具体而言是1958—1960年的三年左右时间。1957年全国普通高等学校数是229所,至1960年扩增为1289所,当时的一个响彻云霄的口号是"县县办大学",是年高中毕业生升学率达到100%,高等教育的发展速度和规模的扩大远远超过前述20年代时的所谓"春笋暴发"。1961年中共中央提出"调整、巩固、充实、提高"的方针,经过大力压缩,至1963年,全国普通高等学校数回落为407所。① 后人在总结这次"跨越式"发展的教训时认为,"在三年教育革命中,教育的发展严重地脱离了国民经济发展提供的可能,超出了国民经济的承受能力"。"影响了教育质量的提高……造成了学校布局和专业设置的不合理。"② 现在回过头来审视这两次"跨越式"发展,且不论它们前后相隔了30多年,世易时移,中国的社会环境发生了多么大的变化;也不去探讨它们各自兴起和形成的政治、经济、文化、教育原因有多少不同,就其结果而言,应该说是高度雷同的,那就是都对中国现代高等教育的正常发展造成了严重的挫折,让我们付出了沉重的代价。

　　20世纪90年代迎来的第三次"跨越式"发展,潮头似乎已经过去,它所导致的中国高等教育数量的增长和规模的扩张,用不着列举一大堆数字,也足以让60年代的那次"跨越式"自惭形秽而望尘莫及。时至今日,关于最近的这次"跨越式"发展所带来的一切积极的方面,人们如数家珍,已经列举出许多。但是我总感到,也许是因为"只缘身在此山中"的缘故吧,目前的评价总难做到比较客观、全面,而且显得匆忙了点。当然,来自各方面的批评意见应该说是从未间断。因为,现在的大环境,毕竟与30多年前大不一样了。

　　我经常在想一个问题,很长时间以来,在我们的日常用语中,内涵

---

　　①　《中国教育年鉴(1949—1981)》,中国大百科全书出版社1984年版,第234—235页。

　　②　何东昌:《中华人民共和国教育史》,海南出版社2007年版,第261页。

大致相同或相近的一些词汇,如"大跃进"、"大革命"、"迎头赶上"、"跨越式发展"等,会成为不同时期国人从上到下使用最为频繁的词汇,这种现象是否与我们民族、我们国家近代以来的屈辱地位有关?是否与我们作为现代化后来者的角色有关?40多年前每当读到康有为写于19世纪末的这段话时,总让人感到热血沸腾,他在《进呈日本明治变政考序》中劝告光绪皇帝:"近采日本,三年而宏规成,五年而条理备,八年而成效举,十年而霸图定矣!"①后来随着年龄的增长、阅历的增加和知识的积累,慢慢悟出诸如此类的话语更多的是维新志士或改革家、政治家们带有宣传、鼓动性质的口号,更多地具有理想化色彩,社会的发展不大可能是这样的,更遑论文化教育的变革更新!

现在回到读者诸君面前的这套《走向一流的历史轨迹——中外著名大学校长治校理念与办学制度文献选编》。最近20年来,随着国家对高等教育的高度重视和我国高等教育的快速发展,高等教育已经成为我国学术界关注的重点领域,有关的研究成果可以说大量涌现、层出不穷。这些成果从不同层面推动着高等教育学科的建设,其中的许多成果为政府决策、高校改革提供了宝贵的思想资源,从一定意义上甚至可以说,为中国高等教育的第三次"跨越式"发展起到了推波助澜、摇旗呐喊的重要作用。但是,综观这些成果,多为对各国现行高等教育政策、中外著名高等院校(包括民国时期我国的一些著名大学)现状的介绍与对策性研究;较少从历史上分析考察发达国家的高等教育和中外著名大学走向辉煌的内在原因、揭示这些大学具有今天的地位和影响的活水源头。众所周知,现代大学作为一个国家、一个民族政治、经济、文化与社会发展的综合实力的体现,已经有几百年的历史。任何一所著名大学的形成和出现都经历了一个或长或短的历史过程,都体现了时代发展的要求,都凝聚着这所大学几代校长的治校理念。从这个意义上讲,深入考察著名大学形成、发展和走向辉煌的历史轨迹,对我国当前高等教育改革、对我们实现"建成若干所大学达到或接近世界一流大学水平"的发展目标,或许会从一个新的角度得到一些启迪。正是出于这种考虑,浙江大学中外教育现代化研究所的几位同仁,从2010年开始,酝酿编辑一套体现上述想法的资料书。经过多次讨论,大家达成如下共识:

---

① 汤志钧:《康有为政论集》(上册),中华书局1981年版,第224页。

　　第一,本书的编写目的,是选择、整理世界和中国的著名大学在走向一流的历史进程中留下的重要足迹;不是编辑这些大学的校史资料,更不是编辑这些大学的创办者(或其他教育家、政治家)的教育论著集。

　　第二,有鉴于此,对于入选的人物而言,我们选择的是他们在办学过程中(或教育生涯中)所发表的直接或间接地影响到他所主持的学校或他所在的国家(民族、地区)某一时期高等教育发展方向的言论和著述,强调原创性。

　　第三,对于入选的学校而言,大致是两个侧重点。一是在这所大学走向一流的几个重要"节点"上发挥了重要的保障作用的那些文献,换言之,如果没有了这几份重要文献,这所大学也许就难以成为我们的入选对象,我们瞄准的是这样性质的文献;二是这些大学在发展过程中形成的一些最基本的制度文献。二者相较,前者更为我们所关注。

　　全书共四册,分为中国卷和外国卷,各两册。上册分别是著名大学校长(教育家、政治家)有关高等教育和大学办学理念、治校方略的内容;下册是著名大学的相关文献。

　　据我们对国内外相关领域的了解,学术界迄今为止还未曾提供过一种比较系统地收集有体现中外著名大学校长(教育家、政治家)办学理念、中外著名大学在发展的关键时期所形成的重要规章制度等重要文献的资料性出版物。应该说,对于从源头上深入研究、汲取、借鉴中外著名大学的办学经验以为现实服务而言,这是一项非常基础性的工作,而对于高等教育学科建设而言,这更是一项亟待加强的基础性工作。为了迎头赶上或跨越式发展,熟知、把握学习对象的今天固然十分重要;而为了步子稳健、少走弯路,了解、认识她们的前天和昨天同样重要。因为今天的她们是从前天、昨天一路走来的。

　　我有幸参加了全书的酝酿、策划和前期工作,深知在目前学术环境下编辑、出版此类资料性成果的艰辛。如果这套书能像一块小小的铺路石子,在中国高等教育走向世界一流的漫长进程中,提供一点方便、发挥一丁点作用,作为教育史工作者,我们将感到无比欣慰。

　　是为序。

田正平

甲午年中秋节于浙江大学西溪校区

本册编者说明

一、本卷系《走向一流的历史轨迹(中国卷之一)——中外著名大学校长治校理念与办学制度文献选编》之"中国近代大学校长治校理念"部分。近代以来,北京大学、清华大学、南京大学、浙江大学、中山大学、四川大学、南开大学等一批现代大学在西学东渐、救亡图存的时代背景下建立起来,其办学规模、办学层次、教学质量等均获得了很大的拓展与提升,并逐步发展成为中国的一流院校,蜚声海内外。记载着蔡元培等近代中国大学校长治校理念与办学方略的论著、信札、笔记、演讲稿等文献,成了探寻中国近代大学走向一流历史轨迹的重要来源之一,可为当今中国建设世界一流大学提供有益的历史借鉴。

二、本卷收录了蔡元培、傅斯年、郭秉文、胡适、胡先骕、蒋梦麟、雷沛鸿、罗家伦、马君武、梅贻琦、任鸿隽、许崇清、张伯苓、竺可桢等 14 位著名大学校长有关中国近代大学发展的重要思想。所选文献主要为在其任上所写各类信札、日记、演讲稿(部分由他人记录)、公开发表的文章、被他人收藏的文稿及其他文献。入选文献的时间基本为 1912 年中华民国建立时起至 20 世纪 40 年代末。所选人物按姓名字母先后排序。因部分近代著名大学校长保留下来的文献较为稀少,未能收录汇编于此卷之中,对此深表遗憾。

三、本卷对入选文献的时间标注、入选人物介绍、入选文献版本、文献遴选标准、文献格式、文献排列等都做了统一的规范。

1. 文献时间标注。本卷统一采用公元纪年法,将入选文献的发表或产生时间以括号形式标注于所选文献的正标题之下,并在文献正文的右下方将之与文献来源一并标注。

2. 入选人物介绍。主要介绍其个人简况、主要教育经历、对近代大学发展的贡献、体现办学理念的主张和言论及其他相关活动等。

3. 入选文献版本。本卷所采用的文献主要以商务印书馆、中华书局、人民教育出版社、南京大学出版社、联经出版事业公司等具有良好声誉的出版单位的版本为主。

4. 文献遴选标准。文献遴选以尊重历史、再现历史为宗旨。所选文献为入选人物本人撰写、演讲(含由他人收录整理经本人认可)、能真实反映入选者办学理念的文献。原文中与办学理念无关的语句、段落,编者皆做了适当地删减。

5. 文献格式。所选文献,统一以正标题列入正文正上方,在正标题之下正中处以公元纪年法标出文献发表、出版或产生时间,在文献正文右下方分别标出编者、文献编著名称、出版地点、出版单位、出版时间、页码等。

6. 文献排列。每个人物的入选文献按产生、发表或出版时间的先后顺序排列。

7. 对原文中的极个别字及标点符号做了订正和规范,对极个别必要的字和标点符号做了补充。

四、本卷文献的收集、整理、编撰、出版得到了浙江大学、南京大学、东南大学等高等院校的图书馆、档案馆及中国第二历史档案馆、浙江省档案馆、南京图书馆工作人员的帮助,并得到了浙江大学出版社的鼎力支持,在此谨向所有的帮助者和参考引用文献的作者表示诚挚的谢意!鉴于编者学识水平有限,不妥之处还请读者指正!

编　者

2015 年 1 月 25 日

目　　录

★蔡元培

蔡元培(1868—1940),字鹤庼,号孑民,浙江绍兴人,中国近代著名民主革命家、教育家。蔡元培早年中秀才、举人、进士,授职翰林院编修。1894年后,受甲午战争失败刺激,广泛涉猎西学。1898年戊戌变法失败后弃职南下,就任绍兴中西学堂总理,是其服务新式教育的开始。1901年秋,应上海南洋公学之聘,蔡元培任特班总教习。次年4月,与章炳麟、蒋智由等人在上海创立中国教育会,被推举为会长,并与教育会同仁创设爱国学社和爱国女学,培养革命人才。1905年秋,加入中国同盟会。1907年,蔡元培赴德国,入莱比锡大学,师从冯特(Wundt)、兰普来西(Lemprecht)等著名学者,研修心理学、哲学、美术史和文明史等课程,并留心考察德国高等教育。1912年初,蔡元培被任命为中华民国首任教育总长。期间,提出"五育并举"的教育方针,改造封建教育,主持召开全国临时教育会议,议决民国教育发展的诸多重大问题。同年9月,再次赴德国留学。1915年,蔡元培与李石曾等人在法国组织勤工俭学会,次年参与发起组织华法教育会并任会长,推动了影响深远的留法勤工俭学运动。1917年初,蔡元培就任北京大学校长,至1927年卸任,前后十年有半。主持北京大学校政期间,蔡元培提出"我对于各家学说,依各国大学通例,循思想自由原则,兼容并包"(《我在教育界的经验》)的办学理念。采取的主要举措有:确立教授治校的管理体制,成立由各科教授组成的评议会,作为学校的最高决策机构;改变学生观念,强调"大学者,研究高深学问者也",学生"须抱定宗旨,为求学而来"(《就任北京大学校长之演说》);沟通文理各科,主张以"学"为本体,以"术"为枝干,加强学科联系,倡导师生开展跨学科的研究和学习;不拘一格聘请人才,组建一流师资队伍;适应学生个性发展,改学年制为选科制;重视女子教育,首创近代中国公立大学男女同校。上述办学理念和举措,不仅使北京大学完成了由一所封建官僚衙门向现代大学的转变,而且深刻地影响和推动了中国近代高等教育的现代转型。1927年,国民政府组建大学院,实行大学区制,蔡元培被任命为大学院院长。次年4月,蔡元培被任命为中央研究院院长,直至逝世。

蔡元培著述结集出版的主要有:《蔡元培全集》(杭州:浙江教育出版社1997—1998年版)、《蔡元培教育论著选》(北京:人民教育出版社1991年版)等。

《学风》杂志发刊词(节选)①

(一九一四年)

……

　　虽然,西人之学术,所以达今日之程度者,自希腊以来,固已积二千余年之进步而后得之。吾先秦之文化,无以远过于希腊,当亦吾同胞之所认许也。吾与彼分道而驰,既二千余年矣,而始有羡于彼等所达之一境,则循自然公例,取最短之途径以达之可也。乃曰吾必舍此捷径,以二千余年前之所诣为发足点,而奔轶绝尘以追之,则无论彼我速率之比较如何,苟使由是而彼果有同等之一日,我等无益于世界之耗费,已非巧历所能计矣。不观日本之步趋欧化乎?彼固取最短之径者也。行之且五十年,未敢曰与欧人达同等之地位也。然则吾即取最短之径以往,犹惧不及,其又堪迂道焉!且不观欧洲诸国之互相师法乎?彼其学术,固不失为对等矣,而学术之交通,有加无已。一国之学者有新发明焉,他国之学术杂志,竟起而介绍之;有一学术之讨论会焉,各国之学者,相聚而讨论之。本国之高等教育既有完备之建设矣,而游学于各国者,实繁有徒。……其在他种高等专门学校及仅在大学旁听者,尚不计焉。其他教员学生乘校假而研究学术之旅行者,尚多有之。法国且设希腊文史学校于雅典,拉丁文史学校于罗马,以为法国青年博士研究古文之所。设美术学校于罗马,俾巴黎美术学校高才生得于其间为高深之研究。学术同等之国,其转益多师也如此,其他则何如乎?故吾人而不认欧洲之学术为有价值也则已耳,苟其认之,则所以急取而直追之者固有其道矣。

---

　　① 1913年冬,蔡元培到法国后,与汪兆铭、李煜瀛、张继等筹办《学风》杂志。创刊号已付印,因第一次世界大战爆发,巴黎的中华印字局停业搬迁,《学风》的编印工作即告停顿。

　　……吾人即及此时而设备之,亦不知经几何年而始几于同等之完备,又非吾人所敢悬揣也。然则吾人即欲凭多数之译本,以窥欧洲学术,较之游学欧洲者,事倍而功半,固已了然。而况纯粹学术之译本,且求之而不可得耶?然则吾人而无志于欧洲之学术则已,苟其有志,舍游学以外,无他道也。

　　且吾人固非不勇于游学者也。十年以前,留学日本者达三万余人。近虽骤减,其数闻尚逾三千人。若留欧之同学,则合各国而计之,尚不及此数三分之一也。岂吾人勇于东渡而怯于西游哉?毋亦学界之通阂,旅费之丰啬,有以致之。日本与我同种同文,两国学者常相与结文字之因缘,而彼国书报之输入,所谓游学指南、旅行案内之属,不知不识之间,早留印象于脑海,一得机会,则乘兴而赴之矣。于欧洲则否。欧人之来吾国而与吾人相习熟者,外交家耳,教士耳,商人耳,学者甚少。即有绩学之士旅行于吾国者,亦非吾人之所注意。故吾人对于欧人之观察,恒以粗鄙近利为口实,以为彼之所长者枪炮耳;继则曰工艺耳,其最高者则曰政治耳。至于道德文章,则殆吾东方之专利品,非西人之所知也。其或不囿于此类之成见,而愿一穷其底蕴,则又以费绌为言。以为欧人生活程度之高,与日本大异,一年旅费,非三倍于东游者不可,则又废然而返矣。

　　方吾等之未来欧洲也,所闻亦犹是耳。至于今日,则对于学海之阂深,不能不为望洋向若之叹。而生活程度,准俭学会之所计画,亦无以大过于日本,未闻不叹息于百闻不如一见之良言也。夫吾人今日之所见,既大殊于曩昔之所闻,则内国同胞之所闻,其有殊于吾人之所见,可推而知。……吾侪既有所见,不能不有以报告于内国之同胞,吾侪之良心所命令也。以吾侪涉学之浅,更事之不多,欧洲学界之真相,为吾侪所窥见者,殆不逮万之一。以日力财力之有限,举吾侪之所窥见,所能报告于同胞者,又殆不逮百之一。然则吾侪之所报告者,不能有几何之价值,吾侪固稔知之。然而吾侪之情,决不容以自己。是则吾侪之所以不自惭其窘陋,而有此《学风》杂志之发刊者也。

　　(此文原刊于世界社编印:《旅欧教育运动》,1916 年,在法国都尔斯出版,并参阅高平叔编:《蔡元培教育论著选》,北京:人民教育出版社2011 年版,第 32—37 页)

就任北京大学校长之演说

(一九一七年一月九日)

　　五年前,严幾道①先生为本校校长时,余方服务教育部,开学日曾有所贡献于同校。诸君多自预科毕业而来,想必闻知。士别三日,刮目相见,况时阅数载,诸君较昔当必为长足之进步矣。予今长斯校,请更以三事为诸君告。

　　一曰抱定宗旨。诸君来此求学,必有一定宗旨,欲求宗旨之正大与否,必先知大学之性质。今人肄业专门学校,学成任事,此固势所必然。而在大学则不然,大学者,研究高深学问者也。外人每指摘本校之腐败,以求学于此者,皆有做官发财思想,故毕业预科者,多入法科,入文科者甚少,入理科者尤少,盖以法科为干禄②之终南捷径也。因做官心热,对于教员,则不问其学问之浅深,惟问其官阶之大小。官阶大者,特别欢迎,盖为将来毕业有人提携也。现在我国精于政法者,多入政界,专任教授者甚少,故聘请教员,不得不聘请兼职之人,亦属不得已之举。究之外人指摘之当否,姑不具论,然弭谤莫如自修,人讥我腐败,而我不腐败,问心无愧,于我何损? 果欲达其做官发财之目的,则北京不少专门学校,入法科者尽可肄业法律学堂,入商科者亦可投考商业学校,又何必来此大学? 所以诸君须抱定宗旨,为求学而来。入法科者,非为做官;入商科者,非为致富。宗旨既定,自趋正轨。诸君肄业于此,或三

---

　　①　严幾道:即严复(1853—1921),近代启蒙思想家、翻译家。字又陵、几道,福建闽侯人。民国建立后,经蔡元培遴选并由临时总统任命为北京大学(京师大学堂正式更名)的第一任校长。

　　②　干禄:求得禄位(官职)。《论语·为政》:"子张学干禄。"

年，或四年，时间不为不多，苟能爱惜分阴，孜孜求学，则其造诣，容有底止。若徒志在做官发财，宗旨既乖，趋向自异。平时则放荡冶游，考试则熟读讲义，不问学问之有无，惟争分数之多寡；试验既终，书籍束之高阁，毫不过问，敷衍三、四年，潦草塞责，文凭到手，即可借此活动于社会，岂非与求学初衷大相背驰乎？光阴虚度，学问毫无，是自误也。且辛亥之役，吾人之所以革命，因清廷官吏之腐败。即在今日，吾人对于当轴①多不满意，亦以其道德沦丧。今诸君苟不于此时植其基，勤其学，则将来万一因生计所迫，出而任事，担任讲席，则必贻误学生；置身政界，则必贻误国家。是误人也。误己误人，又岂本心所愿乎？故宗旨不可以不正大。此余所希望于诸君者一也。

　　二曰砥砺②德行。方今风俗日偷③，道德沦丧，北京社会，尤为恶劣：败德毁行之事，触目皆是，非根基深固，鲜不为流俗所染。诸君肄业大学，当能束身自爱。然国家之兴替，视风俗之厚薄。流俗如此，前途何堪设想。故必有卓绝之士，以身作则，力矫颓俗。诸君为大学学生，地位甚高，肩此重任，责无旁贷，故诸君不惟思所以感己，更必有以励人。苟德之不修，学之不讲，同乎流俗，合乎污世，己且为人轻侮，更何足以感人。然诸君终日伏首案前，芸芸攻苦，毫无娱乐之事，必感身体上之苦痛。为诸君计，莫如以正当之娱乐，易不正当之娱乐，庶于道德无亏，而于身体有益。诸君入分科时，曾填与愿书，遵守本校规则，苟中道而违之，岂非与原始之意相反乎？故品行不可以不谨严。此余所希望于诸君者二也。

　　三曰敬爱师友。教员之教授，职员之任务，皆以图诸君求学便利，诸君能无动于衷乎？自应以诚相待，敬礼有加。至于同学共处一堂，尤应互相亲爱，庶可收切磋之效。不惟开诚布公，更宜道义相勖④，盖同

---

　　①　当轴：旧指宰执大臣。比喻居于政要地位。《宋史·苏轼传》："积以论事，为当轴者所恨。"

　　②　砥砺：磨石，砂石。《山海经·西山经》："崦嵫之山，苕水出焉，其中多砥砺。"郭璞注："磨石也。精为砥，粗为砺也。"引申为磨练、磨砺。

　　③　偷：苟且之意。

　　④　勖：勉励。

处此校,毁誉共之。同学中苟道德有亏,行有不正,为社会所訾詈①,己虽规行矩步②,亦莫能辩,此所以必互相劝勉也。余在德国,每至店肆购买物品,店主殷勤款待,付价接物,互相称谢,此虽小节,然亦交际所必需,常人如此,况堂堂大学生乎?对于师友之敬爱,此余所希望于诸君者三也。

余到校视事仅数日,校事多未详悉,兹所计划者二事:一曰改良讲义。诸君既研究高深学问,自与中学、高等不同,不惟恃教员讲授,尤赖一己潜修。以后所印讲义,只列纲要,细微末节,以及精旨奥义,或讲师口授,或自行参考,以期学有心得,能裨实用。二曰添购书籍。本校图书馆书籍虽多,新出者甚少,苟不广为购办,必不足供学生之参考。刻拟筹集款项,多购新书,将来典籍满架,自可旁稽博采,无虞缺乏矣。今日所与诸君陈说者只此,以后会晤日长,随时再为商榷可也。

(此文刊于《东方杂志》第 14 卷第 4 号,1917 年 4 月)

---

　① 訾詈:诋毁,辱骂。
　② 规行矩步:比喻言行谨慎或安分守己,也指举止端方。《颜氏家训·序致》:"规行矩步,安辞定色。"

复吴敬恒函

（一九一七年一月十八日）

稚晖先生惠鉴：

别后连得两书，承荐诸人，当缓缓设法。

兹有启者，弟前以北京大学问题，商于先生，先生谓中国事，云不可办，则几无一事可办；云可办，则其实亦不可办云云。弟到京后，与静生、步洲①等讨论数次，觉北京大学虽声名狼藉，然改良之策，亦未尝不可一试，故允为担任，业于一月四日到校，九日开学。虽一切维持现状，然改良之计划，亦拟此地著手。

大约大学之所以不满人意者，一在学课之凌杂，而在风纪之败坏。救第一弊，在延聘纯粹之学问家，一面教授，一面与学生共同研究，以改造大学为纯粹研究学问之机关。救第二弊，在延聘学生之模范人物，以整饬学风。适前任学监主任张君坚欲辞职，意欲请先生，惠然肯来，屈就此职。校中本有言语学概论一科，每周三时，无人担任，并欲请先生主讲，兼可于国音统一之议同时研究，渐组织一言语学研究所（文科本有言语学一门），傥亦先生所许可与闻。春间先生本有来京之说，如所请果荷惠允，敬请示以行期，无任企祷。专此，敬请

道安

　　　　　　　　　　　　　　　　　弟元培谨启　一月十八日

（见影印手迹，见孙常炜编：《蔡元培先生全集》"遗墨"，台北，1968 年）

---

① 　静生，范源濂的别号。步洲，沈步洲，当时教育部专门教育司司长。

在清华学校高等科演说词

（一九一七年三月二十九日）

　　两种感想　鄙人今日参观贵校,有两种感想:一为爱国心,一为人道主义。溯贵校之成立,远源于庚子之祸变。吾人对于往时国际交涉之失败,人民排外之蠢动,不禁愧耻,而油然生爱国之心,一也。美国以正义为天下倡,特别退还赔款,为教育人才之用,吾人因感其诚而益信人道主义之终可实现,二也。此二感想,同时涌现于吾心中。夫国家主义与人道主义,初若不相容者,如国家自卫,则不能不有常设之军队。而社会之事业,若交通,若商业,本以致人生之乐利。乃因国界之分,遂反生种种障碍,种种垄断。且以图谋国家生存、国力发展之故,往往不恤以人道为牺牲。欧洲战争,是其著例。吾人对现在国家之组织,断不能云满意,于是学者倡无政府主义,欲破坏政府之组织,以个人为单位,以人道为指归。国家主义与世界主义之不相容,盖如此矣。而何以在贵校所得之二感想,同时盘旋于吾心中? 岂非以今日为两主义过渡之时代,吾人固同具此爱国心与人道观念欤? 国家主义与世界主义之过渡,求之事实而可证。今日世界慈善事业,若红十字会等组织,已全泯国界。各国工会之集合,亦以人类为一体。至思想学术,则世界所公,本无国别。凡此皆日趋大同之明证。将来理想之世界,不难推测而知矣。盖道德本有三级:(一)自他两利;(二)虽不利己而不可不利他;(三)绝对利他,虽损己亦所不恤。人与人之道德,有主张绝对利他,而今之国际道德,止于自他两利,故吾人不能不同时抱爱国心与人道主义。惟其为两主义过渡之时代,不能不调剂之,使不相冲突也。

　　对清华学生之希望　吾人之教育,亦为适应此时代之预备。清华学生,皆欲求高深之学问于国外,对于此将来之学者,尤不能无特别之

希望,故更贡数言如下:

一曰发展个性　分工之理,在以己之所长,补人之所短,而人之所长,亦还以补我之所短。故人类分子,决不当尽归于同化,而贵在各能发达其特性。吾国学生游学他国者,不患其科学程度之不若人,患其模仿太过而消亡其特性。所谓特性,即地理、历史、家庭、社会所影响于人之性质者是也。学者言进化最高级为各具我性,次则各具个性,能保我性,则所得于外国之思想、言论、学术,吸收而消化之,尽为"我"之一部,而不为其所同化。否则留德者为国内增加几辈德人,留法者,留英者,为国内增加几辈英人、法人。夫世界上能增加此几辈有学问、有德行之德人、英人、法人,宁不甚善?无如失其我性为可惜也。往者学生出外,深受刺激,其有毅力者,或缘之而益自发愤;其志行稍薄弱者,即弃捐其"我"而同化于外人。所望后之留学者,必须以"我"食而化之,而毋为彼所同化。学业修毕,更遍游数邦,以尽吸收其优点,且发达我特性也。

二曰信仰自由　吾人赴外国后,见其人不但学术政事优于我,即品行风俗亦优于我,求其故耳不得,则曰是宗教为之。反观国内,黑暗腐败,不可救疗,则曰是无信仰为之。于是或信从基督教,或以中国不可无宗教,而又不愿自附于耶教,因欲崇孔子为教主,皆不明因果之言也。彼俗化之美,仍由于教育普及,科学发达,法律完备。人人于因果律知之甚明,何者行之而有利,何者行之而有害,辨别之甚析,故多数人率循正轨耳。于宗教何与?至于社会上一部分之黑暗,何国蔑有、不可以观察未周而为悬断也。质言之,道德与宗教,渺不相涉。故行为不能极端自由,而信仰不可不自由。行为之标准,根于习惯;习惯之中,往往有并无善恶是非之可言,而社交商不能不率循之者。苟无必不可循之理由,而故与违反,则将受多数人无谓之嫌忌,而我固有之目的,将因之不得达。故入境问禁,入国问俗,不能不有所迁就。此行为之不能极端自由也。若夫信仰则属之吾心,与他人毫无影响,初无迁就之必要。昔之宗教,本初民神话创造万物末日审判诸说,不合科学,在今日信者盖寡。而所谓与科学不相冲突之信仰,则不过玄学问题之一假定答语。不得此答语,则此问题终梗于吾心而不快。吾又穷思冥索而不得,则且于宗教哲学之中,择吾所最契合之答语,以相慰藉焉。孔之答语亦可也,耶之答语可也,其他无量数之宗教家、哲学家之答语亦可也。信仰之为用如此。既为聊相慰藉之一假定答语,吾以取其与我最契合者,则吾之所抉择有完全之自由,且亦不能限于现在少数之宗教。故曰信仰期于自由也。明乎此,则可以勿眩于习闻之宗教说矣。

三曰服役社会　……留学生对于此不幸之同胞,有补救匡正之天职。欧洲留学界已有行之者,如巴黎之俭学会,对于法国招募华工,力持工价与法人平等及工人应受教育之议。俭学会并设一华工学校,授工人以简易国文、算术及法语,又刊《华工杂志》,用白话撰述,别附中法文对照之名词短语,以牖①华工之知识。英国留学生亦有同样之事业,其所出杂志,定名《工读》。是皆于求学之暇,为同胞谋幸福者也。美洲华工,其需此种扶助尤急,而商人巨贾,不暇过问,惟待将来之学者急起图之耳。贵校平日对于社会服役,提倡实行,不遗余力。如校役夜课及通俗演讲等,均他校所未尝有。窃望常抱此主义,异日到美后,推行于彼处之华工,则造福宏矣。

（见中国蔡元培研究会编:《蔡元培全集》第 3 卷,杭州:浙江教育出版社 1997 年版,第 49—53 页）

---

① 牖:通"诱"。诱导。《诗·大雅·板》:"牖民孔易。"

北大二十周年纪念会演说词

（一九一七年十二月十七日）

　　本校有二十五周年纪念会之预备，拟出大丛刊三种，业已宣布于日刊。至此次二十周年之纪念会，则临时由学生数人发起，不能多有所点缀。惟有今日之演说会，及预备补刊一纪念册而已。忆鄙人游学德国时，曾遇大学纪念会两次：一、莱比锡大学之五百年纪念会；二、柏林大学之百年纪念会也。其间布置，大同小异，不外乎印刷品、爨演大学历史之巡游队、晚餐会等而已。而时过境迁，所遗留者，亦仅有印刷品及记述之演说词耳。然则本校此次以演说会及纪念册为点缀，亦不必有何等不满足之感也。

　　抑鄙人犹有感者，进化之例，愈后而速率愈增。柏林大学之历史，视莱比锡大学不过五分之一时间，而发达乃过之。盖德国二十余大学中，以教员资格（偶有例外）、学生人数及设备完密等事序次之，柏林大学第一，门兴大学第二，而莱比锡大学第三也。柏林为全国政治之中心，门兴为全国文学、美术之中心，故学校之发达较易也。本校二十年之历史，仅及柏林大学五分之一，莱比锡大学二十五分之一，苟能急起直追，何尝不可与为平行之发展。惜我国百事停滞不进，未能有此好现象耳。

　　惟二十年中校制之沿革，乃颇与德国大学相类。盖德国初立大学时，本以神学、法学、医学三科为主，以其应用最广，而所谓哲学者，包括吾校文、理两科及法科中政治、经济等学，实为前三科之预备科。盖兴学之初，目光短浅，重实用而轻学理，人情大抵如此也。十八世纪以后，学问家辈出，学理一方面逐渐发达。于是哲学一科，遂驾于其他三科之上，而为大学中最重要之部分。近年弗朗福脱新设之大学，遂不设神学科矣。本校当二十年前创设时,仅有仕学、师范两馆,专为应用起见。其后屡屡改革,始有八科之制,即经学、政法、文学、格致、医科、农科、工科、商科是也。民国元年,始并经科于文科,与德国新大学不设神学科相类。本年改组,又于文、理两科特别注意,亦与德国大学哲学科之发达相类。所望内容亦渐充实,能与彼国之柏林大学相颉颃①耳。

今日承前教育总长范静生②先生莅会,范先生为本校创立时之职员,而本年对于大学改组之议,极端赞同,今日已允演说,必能饷吾等以宏论。又本校王长信③学长及胡千之、章行严④、陶孟和⑤三教授均有演说,而学生诸君,亦有代表一人发布其意见,必皆有纪念之价值。谨先为介绍。

（此文见《北京大学二十周年纪念册》,1918 年）

---

① 颉颃:不相上下。

② 范静生(1876—1927):即范源濂,湖南湘阴人。早年留学日本。归国后任清政府学部参事、清华学校校长。辛亥革命后,曾任段祺瑞内阁及靳云鹏内阁教育总长、北京高等师范学校和北京师范大学校长等职。

③ 王长信:王建祖,字长信,广东番禺人。早年留学美国。时任北京大学法科学长、教授,兼任北京法政专门学校、燕京大学等校教授。著译有《基特经济学》、《银行学原理》等。

④ 章行严(1881—1973):章士钊,字行严,湖南长沙人。时任北京大学教授,讲授逻辑学。

⑤ 陶孟和(1888—1960):陶履恭,字孟和,天津人。社会学家。时任北京大学教授,讲授社会心理学等课,并经常为《现代评论》撰稿。

大学改制之事实及理由[①]

（一九一八年一月）

大学改制之议，发端于本年一月二十七日之国立高等学校校务讨论会。其时由北京大学蔡校长提出议案，其文如下。

窃查欧洲各国高等教育之编制，以德意志为最善。其法科、医科既设于大学，故高等学校中无之。理工科、商科、农科、既有高等专门，则不复为大学之一科。而专门学校之毕业生，更为学理之研究者，所得学位，与大学毕业生同。普通之大学学生会，常合高等学校之生徒而组织之。是德之高等专门学校，实即增设之分科大学，特不欲破大学四科之旧例，故别列一门而已。我国高等教育之制，规仿日本，既设法、医、农、工、商各科于大学，而又别设此诸科之高等专门学校，虽程度稍别浅深，而科目无多差别。同时并立，义近骈赘[②]。且两种学校之毕业生，服务社会，恒有互相龃龉[③]之点。殷鉴[④]不远，即在日本，特我国此制行之未久，其弊尚未著耳。今改图尚无何等困难，爰参合现行之大学及高等专门学校制而改编大学制如下：

（一）大学专设文理二科。其法、医、农、工、商五科，别为独立之大

---

① 本文曾于 1917 年 8 月 1 日发表于《新青年》第 3 卷第 6 号，见中国蔡元培研究会编:《蔡元培全集》第 3 卷，杭州:浙江教育出版社 1997 年版，第 255—259 页。

② 骈赘:骈，并列。赘，《释名·释疾病》:"赘，属也，横生一肉，属著体也。"原为病名，引申为多余的，无用的东西。

③ 龃龉:上下齿不相配合。比喻意见不合，相抵触。白居易《达理》诗:"谁能坐此苦，龃龉于其中。"

④ 殷鉴:《诗·大雅·荡》:"殷鉴不远，在夏后之世。"原意殷人灭夏，殷的子孙应以夏亡为鉴戒。后泛指可作鉴戒的往事。

学。其名为法科大学、医科大学等。

其理由有二：文理二科，专属学理；其他各科，偏重致用：一也。文理二科，有研究所、实验室、图书馆、植物园、动物院等种种之设备，合为一区，已非容易。若遍设各科，而又加以医科之病院，工科之工场，农科之试验场等，则范围过大，不能各择适宜之地点：一也。

（二）大学均分为三级：一，预科一年，二，本科三年，三，研究科二年，凡六年。

……

依上案，则农、工、医等专门学校，均当为改组大学之准备。而设备既需经费，教员尚待养成，非再历数年不能进行。而北京大学则适有改革之机会，于是由评议会议决而实行者如下：

（一）文理两科之扩张　大学号有五科，而每科所设，少者或止一门，多者亦不过三门。欲以有限之经费，博多科之体面，其流弊必至如此。今既以文理为主要，则自然以扩张此两科、使渐臻完备为第一义。然为经费所限，暑假后仅能每科增设一门，即史学门及地质学门是也。

（二）法科独立之预备　北京大学各科以法科为较完备，学生人数亦最多，具有独立的法科大学之资格。惟现在尚为新旧章并行之时，独立之预算案，尚未有机会可以提出，故暂从缓议，惟于暑假后先移设于预科校舍，以为独立之试验。

（三）商科之归并　商科依部令宜设银行、保险等专门，而北京大学现有之商科，则不设专门，而授普通商业，实不足以副商科之名，而又无扩张之经费。故于五月十五日呈请教育部，略谓"本校自本学年始设商科，因经费不敷，不能按部定规程分设银行学、保险学等门，而讲授普通商业学，颇有名实不敷之失。现值各科改组之期，拟仿美、日等国之大学法科兼设商业学之例，即以现有商科改为商业学，而隶于法科。……"

（四）工科之截止　北京大学之工科，仅设土木工门及采矿冶金门。北洋大学亦国立大学也，设在天津，去北京甚近，其工科所设之门，与北京大学同，且皆用英语教授，设备仪器，延聘教员，彼此重复，而受教之学生，合两校之工科计之，不及千人，纳之一校，犹病其寡，徒縻国家之款，以为增设土木之障碍而已。故与教育部及北洋大学商议，以本校预科毕业生之愿入工科者,送入北洋大学,而本校则俟已有之工科两班毕业后,即停办工科。(其北洋大学之法科,亦以毕业之预科生送入本校法科,俟其原有之法科生毕业后,即停办法科,而以其费供扩张工科之用。)

（五）预科之改革　大学预科由旧制之高等学堂嬗蜕而来。所以停办高等学堂,而于大学中自设预科者,因各省所立高等学堂程度不齐,咨送大学后,种种困难也。不意以五年来经验,预科一部、二部等编制及年限,亦尚未尽善。举一部为例,既兼为文、法、商三科预备,于是文科所必须预备、而为法、商科所不必设者,或法、商科所必须预备、而为文科所不必设者,不得不一切课之。多费学生之时间及心力于非要之课,而重要之课,反为所妨。此一弊也。预科既不直隶各科,含有半独立性质;一切课程,并不与本科衔接,而与本科竞胜:取本科第一年应授之课,而于预科之第三年授之,使学生入本科后,以第一年之课程为无聊,遂挫折其对于学问上之兴趣。且以六年之久,而所受之课,实不过五年有奇,宁不可惜。此二弊也。此亦促进大学改制之一原因。改制以后,预科既减为二年,而又分隶于各科,则前举二弊可去。或有以外国语程度太低为言者,不知新章预科,止用一种外国语,即中学所已习者。习外国语积六年之久,而尚不能读参考书,有是理乎?

（此文刊于《新青年》第 3 卷第 6 号,1917 年 8 月 1 日）

读周春嶽君《大学改制之商榷》①

(一九一八年四月十五日)

周君所引定案二条,为校务讨论会所提出者。其后经教育部改定,而于六年九月二十七日,颁修正之大学令,则第一条虽如旧(今之第八条),而第二条则更定为左之第二条、第三条。

第二条　大学分为文科、理科、法科、商科、医科、农科、工科。

第三条　设二科以上者,得称为大学;其但设一科者,称为某科大学。

周君主张增加中学年限,而不以大学设预科为然,固亦持之者有故;然吾国中学,虽止四年,而合以前之小学四年,高等小学三年计之,实已为十一年。德国之中学,虽曰九年,而小学毕三年级者,可直入中学,合计实十二年,较我国多一年。法国之中学七年,而小学毕三年级者,亦可直入中学,合计实止十年,较我国乃少一年。其他英、美、日本各国,合中学、小学年级计之,亦大抵不出十二年以上。而德国中学,分为三种,实为大学及高等学校之预备。法国中学,于后三年,分四班,亦即此意。是皆于中学中含两种作用:(一)高等普通学,(二)高等专门教育之预备是也。德、法之中学制,皆兼此两种作用,故年限较长;而我国及日本制,则偏重高等普通学,故年限较短,于大学则特设预科(日本之高等学校,亦即大学之预科)。两者各有所长。鄙意则以后者为最便。盖一国之中,中学之数必远过于大学。入中学者,初不必皆入大学。若编入大学预科之课程于中学,则不便于不入大学之中学生,一也。我国教育尚未发达,各地方之中学,程度至为不齐,编入大学预科课程,毕业

---

① 此篇曾在《北京大学日刊》1918 年 4 月 15 日发表。

后亦往往不能直入大学，反不如设一预科以消息之，二也。中学之经费，出于各地方；大学之经费，出于中央。（其私立者，亦必财力较厚。）于各地方骤增中学延长年限之经费，其糜费较多；而实行之期，不免参差。若在大学保存预科之制，则经费较少；而履行较易，三也。故预科之制，似无改革之必要。惟我国中小学年限，虽较法国多一年，而中学毕业生程度，远不及法国学生。则（一）由我国兴学未久，教授多未合法；（二）由我国人学国文，既较西人为难，而学外国语，则尤难于欧美各国人之互学。既于此二者皆倍蓰其日力，则他种科学，不免相形见绌也。若仿日本制，延长中学为五年，当能较善。然如德国制，自小学以至大学毕业，不过十六年，而彼国学者，如阿斯佛尔等，尚病其过长，以为于机械的学校中，耗费青年服务社会之日力，至为可惜。而我国现行学制，自小学以至大学毕业，已占十七年，若又增一年，则十八年矣。是否过长，此亦不可不研究者也。

周君又以通常大学专设文、理二科为不然。案此条为鄙人所提议。鄙人之意，学与术虽关系至为密切，而习之者旨趣不同。文、理，学也。虽亦有间接之应用，而治此者以研究真理为的，终身以之。所兼营者，不过教授著述之业，不出学理范围。法、商、医、工，术也。直接应用，治此者虽亦可有永久研究之兴趣，而及一程度，不可不服务于社会；转以服务时之所经验，促其术之进步。与治学者之极深研几，不相侔也。鄙人初意以学为基本，术为支干，不可不求其相应。故民国元年修改学制时，主张设法、商等科者，不可不兼设文科。设医、农、工各科者，不可不兼设理科。是年十月所颁之大学令第三条曰："大学以文、理二科为主。须合于下列各款之一，方得名为大学：一，文、理二科并设者；二，文科兼法、商二科者；三，理科兼医、农、工三科，或二科、一科者。"即鄙人所草也。六年以来，除国立北京大学外，其他公立、私立者，多为法、商等科。间亦兼设法科、工科，均无议及文、理二科者。足为吾国人重术而轻学之证。至于兼设文、理、法、工、商各科之北京大学，则又以吾国人科举之毒太深，升官发财之兴味本易传染，故文、理诸生亦渐渍于法、商各科之陋习（治法、工、商者，亦本可有学术上之兴会，其专以升官发财为的者，本是陋习）。而全校之风气，不易澄清。于是，有学术分校之议。鄙人以为治学者可谓之"大学"，治术者可谓之"高等专门学校"。两者有性质之别，而不必有年限与程度之差。在大学，则必择其以终身研究学问者为之师，而希望学生于研究学问以外，别无何等之目的。其在高等专门，则为归集资料，实地练习起见，方且于学校中设法庭、商场等雏形，则大延现任之法吏、技师以教之，亦无不可。即学生日日悬毕业后之法吏、技师以为的，亦无不可。以此等性质之差别，而一谓之"大"，一谓之"高"，取其易于识别，无他意也。然我国曾仿日本制，以高等学堂为大学堂之预备。又现制高等专门学校之年限，少于大学三年或四年。社会上对于"大"字、"高"字，显存阶级之见，不免误会。故鄙人所提于校务讨论会者，不持前说而持一切皆为大学之说。惟于分合之间调剂之。此则以文、理两科为普通大学，而其他各科别称某科大学之主张也。周君主张综合不在一处之各科以为大学，此不独伦敦大学为然，法国之大学亦多如此。在鄙人以为无甚理由。若取其教科之互相补充耶，则如德制之高等工商学校，并不组入大学，而其中有若干科目，任学生互听。盖各校自可有联络之作用，初不在乎综合。若以为增机关增费用耶，则未知各科不在一处之组合，有何等经费可省也？故鄙人以为此皆无虑。惟鄙人虽有前议，且亦得校务讨论会全体之赞同，而教育部终不以为然。故修正大学令，并不指定何科，而仅为"专设一科"若"两科以上"之规定，对于各方面，无不可通。或如周君之意，合六科七科而为一大学，可也。或如元年旧令，设文、理二科，或文、法、商三科，或理工、理医等二科，可也。或如鄙人之议，专设文、理二科，及别设工科、法科等一科，亦可也。或如各种私立大学之专设法、商二科，亦无不可也。使周君见此令，当释然矣。

（此文刊于《新青年》第 4 卷第 5 号，1918 年 5 月 15 日）

北大一九一八年开学式演说词

（一九一八年九月二十日）

大学为纯粹研究学问之机关，不可视为养成资格之所，亦不可视为贩卖知识之所。学者当有研究学问之兴趣，尤当养成学问家之人格。本校一年以来，设研究所，增参考书，均为提起研究学问兴趣起见。又如设进德会，书法、画法、乐理研究会，开校役夜班，助成学生银行、消费公社等，均为养成学生人格起见。此皆诸生所当注意者。且诸生须知既名大学，则万不可有专己守残之习。一年以来，于英语外，兼提倡法、德、俄、意等国语，及世界语；于旧文学外，兼提倡本国近世文学，及世界新文学；于数、理、化等学外，兼征集全国生物标本，并与法京"巴斯德生物学院"协商设立分院。近并鉴于文科学生轻忽自然科学、理科学生轻忽文学、哲学之弊，为沟通文、理两科之计画，望诸生亦心知其意，毋涉专己守残之习也。

（见中国蔡元培研究会编：《蔡元培全集》第 3 卷，杭州：浙江教育出版社 1997 年版，第 382 页）

《北京大学月刊》发刊词

（一九一八年十一月十日）

　　北京大学之设立,既二十年于兹,向者自规程而外,别无何等印刷品流布于人间。自去年有《日刊》,而全校同人始有联络感情、交换意见之机关,且亦借以报告吾校现状于全国教育界。顾《日刊》篇幅无多,且半为本校通告所占,不能载长篇学说,于是有《月刊》之计划。

　　以吾校设备之不完全,教员之忙于授课,而且或于授课以为,兼任别种机关之职务,则夫《月刊》取材之难,可以想见。然而吾校必发行《月刊》者,有三要点焉:

　　一曰尽吾校同人所能尽之责任　所谓大学者,非仅为多数学生按时授课,造成一毕业生之资格而已也,实以是为共同研究学术之机关。研究也者,非徒输入欧化,而必于欧化之中为更进之发明;非徒保存国粹,而必以科学方法,揭国粹之真相。虽曰吾校实验室、图书馆等,缺略不具;而外界学会、工场之属,无可取资,求有所新发明,其难固倍蓰于欧美学者。然十六七世纪以前,欧洲学者,其所凭借,有以愈于吾人乎?即吾国周、秦学者,其所凭借,有以愈于吾人乎?苟吾人不以此自馁,利用此简单之设备、短少之时间,以从事于研究,要必有几许之新义,可以贡献于吾国之学者、若世界之学者。使无月刊以发表之,则将并此少许之贡献,而靳而不与,吾人之愧歉当何如耶?

　　二曰破学生专己守残之陋见　吾国学子,承举子、文人之旧习,虽有少数高才生知以科学为单纯之目的,而大多数或以学校为科举,但能教室听讲,年考及格,有取得毕业证书之资格,则他无所求;或以学校为书院,媛媛姝姝,守一先生之言,而排斥其他。于是治文学者,恒蔑视科学,而不知近世文学,全以科学为基础;治一国文学者,恒不肯兼涉他国,不知文学之进步,亦有资于比较;治自然科学者,局守一门,而不肯稍涉哲学,而不知哲学即科学之归宿,其中如自然哲学一部,尤为科学家所需要;治哲学者,以能读古书为足用,不耐烦于科学之实验,而不知哲学之基础不外科学,即最超然之玄学,亦不能与科学全无关系。有月刊以网罗各方面之学说,庶学者读之,而于精专之余,旁涉种种有关系之学理,庶有以祛其偏狭之意见,而且对于同校之教员及学生,皆有交换知识之机会,而不至于隔阂矣。

三曰释放校外学者之怀疑　大学者:"囊括大典,网罗众家"之学府也。《礼记》《中庸》曰:"万物并育而不相害;道并行而不相悖。"足以形容之。如人身然,官体之有左右也,呼吸之有出入也,骨肉之有刚柔也,若相反而实相成。各国大学,哲学之唯心论与唯物论,文学、美术之理想派与写实派,计学之干涉论与放任论,伦理学之动机论与功利论,宇宙论之乐天观与厌世观,常樊然并峙于其中,此思想自由之通则,而大学之所以为大也。吾国承数千年学术专制之积习,常好以见闻所及,持一孔之论。闻吾校有近世文学一科,兼治宋、元以后之小说、曲本,则以为排斥旧文学,而不知周、秦、两汉文学,六朝文学,唐、宋文学,其讲座固在也;闻吾校之论理学用欧、美学说,则以为废弃国粹,而不知哲学门中,于周、秦诸子,宋、元道学,固亦为专精之研究也;闻吾校延聘讲师,讲佛学相宗,则以为提倡佛教,而不知此不过印度哲学之一支,借以资心理学、伦理学之印证,而初无与于宗教,并不破思想自由之原则也。论者知其一而不知其二,则深以为怪。今有月刊以宣布各方面之意见,则校外读者,当亦能知吾校兼容并收之主义,而不至以一道同风之旧见相绳矣。

以上三者,皆吾校所以发行月刊之本意也。至月刊之内容,是否能副此希望,则在吾校同人之自勉,而静俟读者之批判而已。

(此文刊于《北京大学月刊》第 1 卷第 1 号,1919 年 1 月)

科学之修养

——在北京高等师范学校修养会演说词

(一九一九年四月二十四日)

鄙人前承贵校德育部之召,曾来校演讲;今又蒙修养会见召,敢略述修养与科学之关系。

查修养之目的,在使人平日有一种操练,俾临事不致措置失宜。盖吾人平日遇事,常有计较之余暇,故能反复审虑,权其利害是非之轻重而定取舍。然若至仓卒之间,事变横来,不容有审虑之余地,此时而欲使诱惑、困难不能隳①其操守,非于修养有素不可,此修养之所以不可缓也。

修养之道,在平日必有种种信条:无论其为宗教的或社会的,要不外使服膺②者储蓄一种抵抗之力,遇事即可凭之以定抉择。如心所欲作而禁其不作,或心所不欲而强其必行,皆依于信条之力。此种信条,无论文明、野蛮民族均有之。然信条之起,乃由数千万年习惯所养成;及行之既久,必有不适之处,则怀疑之念渐兴,而信条之效力遂失。此犹就其天然者言也。乃若古圣先贤之格言嘉训,虽属人造,要亦不外由时代经验归纳所得之公律,不能不随时代之变迁而易其内容。吾人今日所见为嘉言懿行者,在日后或成故纸;欲求其能常系人之信仰,实不可能。由是观之,则吾人之于修养,不可不研究其方法。在昔吾国哲人,如孔、孟、老、庄之属,均曾致力于修养,而宋、明儒者尤专力于此。然学者提倡虽力,卒不能使天下之人尽变为良善之士,可知修养亦无一定之必可恃者也。至于吾人今日而言修养,则尤不能如往古道家之蛰

---

① 隳:毁坏。《吕氏春秋·顺说》:"隳人之城郭。"
② 服膺:由衷信服。《中庸》:"得一善,则拳拳服膺,而弗失之矣。"朱熹注:"服,犹著也;膺,胸也。奉持而著之心胸之间,言能守也。"

影深山，不闻世事。盖今日社会愈进，世务愈繁。已入社会者，固不能舍此而他从；即未入社会之学校青年，亦必从事于种种学问，为将来入世之准备。其责任之繁重如是，故往往易为外务所缚，无精神休假之余地，常易使人生观陷于悲观厌世之域，而不得志之人为尤甚。其故即在现今社会与从前不同。欲补救此弊，须使人之精神有张有弛。如作事之后，必继之以睡眠，而精神之疲劳，亦必使有机会得以修养。此种团体之结合，尤为可喜之事。但鄙人以为修养之致力，不必专限于集会之时，即在平时课业中亦可利用其修养。故特标此题曰："科学的修养"。

今即在贵会之修养法逐条说明，以证科学的修养法之可行。如贵会简章有"力行校训"一条。贵校校训为"诚勤勇爱"四字。此均可于科学中行之。如"诚"字之义，不但不欺人而已，亦必不可为他人所欺。盖受人之欺而不自知，转以此说复诏①他人，其害与欺人者等也。是故吾人读古人之书，其中所言苟非亲身实验证明者，不可轻信；乃至极简单之事实，如一加二为三之数，亦必以实验证明之。夫实验之用最大者，莫如科学。譬如报纸纪事，臧否②不一，每使人茫无适从。科学则不然。真是真非，丝毫不能移易。盖一能实验，而一不能实验故也。由此观之，科学之价值即在实验。是故欲力行"诚"字，非用科学的方法不可。

其次"勤"：凡实验之事，非一次所可了。盖吾人读古人之书而不慊③于心，乃出之实验。然一次实验之结果，不能即断其必是，故必继之以再以三，使有数次实验之结果。如不误，则可以证古人之是否；如与古人之说相刺谬，则尤必详考其所以致误之因，而后可以下断案。凡此者反复推寻，不惮周详，可以养成勤劳之习惯。故"勤"之力行亦必依赖夫科学。

再次"勇"：勇敢之意义，固不仅限于为国捐躯、慷慨赴义之士，凡作一事，能排万难而达其目的者，皆可谓之勇。科学之事，困难最多。如古来科学家，往往因试验科学致丧其性命，如南北极及海底探险之类。又如新发明之学理，有与旧传之说不相容者，往往遭社会之迫害，如哥

---

① 诏：告。

② 臧否：犹言好坏，得失。《诗·大雅·抑》："未知臧否。"

③ 慊：满足、满意。

白尼、贾利来①之惨祸。可见研究学问,亦非有勇敢性质不可;而勇敢性质,即可于科学中养成之。大抵勇敢性有二:其一发明新理之时,排去种种之困难阻碍;其二,既发明之后,敢于持论,不惧世俗之非笑。凡此二端,均由科学所养成。

再次"爱":爱之范围有大小。在野蛮时代,仅知爱自己及与己最接近者,如家族之类。此外稍远者,辄生嫌忌之心。故食人之举,往往有焉。其后人智稍进,爱之范围渐扩,然犹不能举人我之见而悉除之。如今日欧洲大战,无论协约方面或德奥方面,均是已非人,互相仇视,欲求其爱之普及甚难。独至于学术方面则不然,一视同仁,无分畛域;平日虽属敌国,及至论学之时,苟所言中理,无有不降心相从者。可知学术之域内,其爱最溥。又人类嫉妒之心最盛,入主出奴,互为门户。然此亦仅限于文学耳;若科学,则均由实验及推理所得唯一真理,不容以私见变易一切。是故嫉妒之技无所施,而爱心容易养成焉。

以上所述,仅就力行校训一条引申其义。再阅简章,有静坐一项。此法本自道家传来。佛氏之坐禅,亦属此类。然历年既久,卒未普及社会;至今日日本之提倡之道者,纯以科学之理解释之。吾国如蒋竹庄②先生亦然,所以信从者多,不移时而遍于各地。此亦修养之有赖于科学者也。

又如不饮酒、不吸烟二项,亦非得科学之助力不易使人服行。盖烟酒之嗜好,本由人无正当之娱乐,不得已用之以为消遣之具,积久遂成痼疾。之今日科学发达,娱乐之具日多,自不事此无益之消遣。如科学之问题,往往使人兴味加增,故不感疲劳而烟酒自无用矣。

今日所述,仅感想所及,约略陈之。惟宜注意者,鄙人非谓学生于正课科学之外,不必有特别之修养,不过正课之中,亦不妨兼事修养,俾修养之功,随时随地均能用力,久久纯熟,则遇事自不致措置失宜矣。

（此文刊于《北京大学日刊》第 360 号,1919 年 4 月 24 日）

---

①　贾利来:即伽利略。

②　蒋竹庄:即蒋维乔(1873—1958),江苏武进人。早年肄业于南菁书院。研究文、史、哲学,尤精气功养生之学。曾任东南大学校长。1950 年后任上海文史研究馆副馆长。

不肯再任北大校长的宣言(节选)

(一九一九年六月十五日)

　　(二)我绝对不能再作不自由的大学校长：思想自由，是世界大学的通例。德意志帝政时代，是世界著名开明专制的国，他的大学何等自由。那美、法等国，更不必说了。北京大学，向来受旧思想的拘束，是很不自由的。我进去了，想稍稍开点风气，请了几个比较的有点新思想的人，提倡点新的学理，发布点新的印刷品，用世界的新思想来比较，用我的理想来批评，还算是半新的。在新的一方面偶有点而沾沾自喜的，我还觉得好笑。那知道旧的一方面，看了这点半新的，就算"洪水猛兽"一样了。又不能用正当的辩论法来辩论，鬼鬼祟祟，想借着强权来干涉。于是教育部来干涉了，国务院来干涉了，甚而什么参议院也来干涉了，世界有这种不自由的大学么？还好我去充这种大学的校长么？

　　(此文因从弟蔡元康劝阻，未公开发表，见蔡元培手稿)

北大第二十二年开学式演说词（节选）

（一九一九年九月二十日）

　　诸君须知，大学并不是贩卖毕业的机关，也不是灌输固定知识的机关，而是研究学理的机关。所以，大学的学生并不是熬资格，也不是硬记教员讲义，是在教导指导之下自动的研究学问的。为要达上文所说的目的，所以延聘教员，不但是求有学问的，还要求于学问上很有研究的兴趣，并能引起学生的研究兴趣的。不但世界的科学取最新的学说，就是我们本国固有的材料，也要用新方法来整理他。这种标准，虽不是一时就能完全适合，但我们总是向这方面进行。又如图书、杂志、仪器、标本，研究学理上所必不可少的，我们限于经费，虽不能一时购置完善，但也是逐年增加的。且既然认定大学是研究学理的机关，对于纯粹学理的文理科，自当先作完全的建设。我们因文理科尚有许多门类，为经费与地位所限，不能一时并设，所以，乘北洋大学同是国立，同有土木工科、采矿冶金科的关系，把工科归并北洋。即用工科的经费与教室、实验室，来扩充理科的一部分。研究学理，不可不屏除纷心的嗜好，所以，本校提倡进德会，对于嫖赌的恶习，官吏议员的运动，是悬为戒律的。研究学理，必要有一种活泼的精神，不是学古人"三年不窥园"①的死法能做到的，所以，本校提倡体育会、音乐会、书画研究会等，来涵养心灵。大凡研究学理的结果，必要影响于人生。傥②没有养成博爱人类的心情，服务社会的习惯，不但印证的材料不完全，就是研究的结果也是虚

---

　　①　三年不窥园：《汉书·董仲舒传》："（仲书）少治《春秋》，孝景时为博士，下帏讲诵……盖三年不窥园，其精如此。"旧时用来形容学习专心。

　　②　傥：倘或，倘若。

无。所以，本校提倡消费公社、平民讲演、校役夜班与《新潮》杂志等，这些都是本校最注重的事项，望诸君特别注意。

抑本校很愿多延各国硕学来校讲授，惜机会很不易得。今年适值杜威博士来华游历，本校得博士与哥伦比亚大学校长的允许，得请博士留华一年，在本校讲授哲学，这是很难得的机会。所以，今日特请博士演说，并先为介绍。

（此文刊于《北京大学日刊》第 443 号，1919 年 9 月 22 日）

北大平民夜校开学日演说词

（一九二〇年一月十八日）

　　今日为北京大学学生会平民夜校开学日，此事不惟关系重大，也是北京大学准许平民进去的第一日。从前这个地方是不许旁人进去的；现在这个地方人人都可以进去。从前马神庙①北京大学挂着一块匾，仿佛一块虎头牌一样，人家见着的，都以为这是学堂重地，不得擅入，把他看作全国最高的学府，只有大学学生同教员可以进去，旁人都是不能进去的。这种思想，在北京大学附近的人，尤其如此。现在这块匾已经取去了。

　　北京大学第一步的改变，便是校役夜班之开办。于是二十多年的京师大学堂里面，听差的也可以求学。从前京师大学堂里面听差，不过赚几个钱，喊几声大人老爷；现在北京大学替听差的开个校役夜班，他们晚上不当差的时候，也可以随便的求点学问。于是大学中无论何人，都有了受教育的权利。不过单是大学中人有受教育的权利还不够；还要全国人都能享受这种权利才好。所以先从一部分做起，开办这个平民夜校。

　　"平民"的意思，是"人人都是平等的"。从前只有大学生可受大学的教育，旁人都不能够，这便算不得平等。现在大学生分其权利，开办这个平民夜校，于是平民也能到大学去受教育了。大学生为什么要办这个平民夜校呢？因为他们自己已经有了学问，看见旁的兄弟还没有学问，自己心中很难过，好象看见一家的弟兄都饿着，许多的兄弟姊妹

----

　　①　马神庙：北京市东城区的一条街道名称（即今之景山东街），原京师大学堂所在地，1918年以后为北京大学第二院所在地。

都还饿着没有饭吃,自己心中就很难过一样,觉得他们艰苦,所以就立刻办这个平民夜校。

"一个人不但愁着肚子饿,而且怕脑子饿。"大学生看见许多弟弟妹妹的肚子饿,固然难过;他们看见你们的脑子饿,也是很难过的。因为人没有学问,不认识字,是很苦的一件事,甚至于写封信还要请人去写。要是自己会写,还受这种苦吗? 我们有手而不能用,有目而不能见,我们心中一定很难过;我们的脑子饿了,看个电影也不能懂得,又何尝不是一样的苦呢? 譬如大学从小学住到中学,现在又住大学,仿佛已经吃的很多。要是看见旁人没有学问,没有知识,常常受"脑饿"的痛苦,他们自己一定很难过,很不爽快,因为不平,所以愿为大家尽力,开办这个平民夜校。大学生一方面既有这种好意思,住在大学附近的人家,也把他的子弟送去求学,现在竟有四百多人,仿佛肚子饿了要去求食一样。这种意思,实在好极,也算不负了办平民夜校的热心。

办平民夜校的,固然要热心;我对于夜校的学生同家长,还有两层希望:

一、教职员既然拿出全副的精神来教我们,我们进去一两天后,觉得没有什么新奇,于是就不去了。要是这样,仿佛也对不起教员的一番热心。

二、住在大学附近的,才有这种特别权利,那些住得较远的,不能享有这种权利的,你们应该觉得很难过,把你们所已知的传达给他们——你们的亲戚或朋友——使他们的子弟也入他们附近的平民夜校去求学。

这都是很要紧的;这也是我所望于办平民夜校的与你们的。

（此文刊于《北京大学日刊》第 523 号,1920 年 1 月 24 日）

在北京高等师范学校《教育与社会》
杂志社演说词

（一九二〇年四月十五日）

　　前几天看到贵校办的图书阅览所和通俗演讲所,我就觉到这是受杜威①先生学说的影响。今天开成立会的《教育与社会》杂志社,想必亦是受着杜威先生的影响,因为他的教育主义即在学校与社会打成一片。方才杜先生所讲的,本他平日所主张的实验主义②,事事从脚踏实地做去,很可以供诸君的参考。我是无话可说,只有把老生常谈再谈一回。

　　贵杂志的宗旨是,改造社会,先改造教育。照此看来,定是现在教育不行,才去改造的。但是,现在教育不行之点是什么呢? 依我看来,现在教育不脱科举时代之精神。科举时代的教育,不过得一个便利机会,养成一己的才具,此外都不管了。改立学校以后,一般人对于学校的观念,仍复如此。教育既无改革,社会上一切事业,都是一切旧贯。因此这种教育不能不改造的。

　　从"改造教育去改造社会"这句话而论,有两种解说。第一改造教育,以改造将来社会。就是学校里养成一种人才,将来进社会做事。比

---

　　①　杜威(Dewey,1859—1952):美国实用主义哲学家、社会学家、教育学家。自称其哲学为"经验论的自然主义"或"自然主义的经验论",认为凡能取得"成功"或"效用"的就是真理。在教育理论方面,认为教育即生活,学校即社会。其学说通过胡适等人的传播,在近代中国有很大的影响。主要著作有《学校与社会》、《哲学的改造》、《经验和自然》等。

　　②　实验主义:也称工具主义。杜威曾称其实用主义哲学学说为工具主义。他否认科学规律和理论是客观实在的反映,主张有用即真理,成功即证明手段合理,为达此目的可以使用一切手段。

如现在的国民学校的学生,预备将来做国民;现在的师范生,将来做教师;诸如此类,不必遍举。第二改造教育同时改造社会,就是学生或教员一方面讲学问,一方面效力社会。以前教育,注重第一层,做教员的专门教书,学生专门念书。这几年来尤以去年五月到现在为最,趋重到第二层。学校教育同时影响到社会。杜威先生的教育主张,就是如此。现在各学校创立平民学校、讲演等等,都是学生在校即效力社会的表现。

从教育着手,去改造社会,改造之点,繁不胜举。但是简单说来,可以归到教育调查会定的两句话"养成健全人格,提倡共和精神"。社会的各分子都具有健全人格,此外复有何求?所以第二句话离不了第一句话。所谓健全人格,分为德育、体育、知育、美育四项。换言之,和自由、平等、博爱的意思亦相契合的。能自由平等,都能博爱相助,共和精神亦发展了。

现在社会上不自由,有两种缘故:一种人不许别人自由,自己有所凭借,剥夺别人自由,因此有奴隶制度、阶级制度。又有一种人甘心不自由,自己被人束缚,不以为束缚,甘心忍受束缚。这种甘心不自由的人,自己得不到自由,而且最喜剥夺别人自由,压制别人自由,所以不能博爱,不能互助,因此社会上亦不平等不安稳了。倘能全国人都想自由,一方面自己爱自由,一方面助人爱自由,那么国事决不至于如此。要培养爱自由、好平等、尚博爱的人,在教育上不可不注重发展个性和涵养同情心两点。

论到发展个性一层,现在学校中分年级制度,不论个性如何,总使读满几年,方能毕业,很不适当。因此有人訾^①学校不如书塾书院。最显而易见的就是国文。我人虽可反驳訾者说学校中科目太多,且教法亦不同。但学校确有不及书院之点。我们知道以前书院院长,或擅长文学,从其学者,能文者辈出;或长经学与小学^②,从其学者,莫不感化。因为院长以此为毕生事业,院内尚自由研究,故能自由发展。现在学校

① 訾:诋毁。
② 经学、小学:经学,训解或阐述儒家经典之学。小学,汉代称文字学为小学。隋唐以后,范围扩大,成为文字学、训诂学、音韵学的总称。

内科目繁多,无研究余地。所以有人竭力提倡废止年级制,行选科制。又有人如胡适之先生,提倡纯粹自由学校,无一定校所,无上课形式,欲学某科,找得精于某科者为导师,由导师指定数种书籍,自由研究,质疑问难而已。我想这样办法,比现行年级制、划一制可以发展个性。

同情心就是看到别人感受的事情,和自己的一样,彼此休戚相关,互相谅解。所以现行考试制度,最与此点背驰。为争名次之高下、分数之多寡,使同情心日减,嫉妒心大增。同学之间,不肯相互研究。竟有得一参考书籍,秘不告人,以为惟我独知,可以夺得第一,可笑之至。这种考试制度,受科举余毒,有碍同情心,应得改良的。又如体育,本属很平常之事,应有健全之体格,方能从事各种事业,苟能了解此点,无不乐为的。乃竟盛行比赛运动,以为奖励体育,养成抑人我胜之观念,并且造成运动员阶级。这都是抑却同情心的。所以自去年到现在,学生运动,在一校内,往往发生冲突。如甲揭条①示攻乙,乙揭条示讦丙。又如此地学生,责备彼地学生,不能援助,彼地学生亦然。其实向同一目的去运动,正宜互相了解,发生同情。攻讦责备,都是无谓。因此,可见学校中涵养同情心一层,尚欠注意。

教育改造之点很多,我以为上述二层,发展个性,涵养同情心,要更加注意。

(此文刊于《教育与社会》第 1 卷第 1 号,1920 年 4 月 15 日)

---

①　揭条:原指启事一类的文字告示,此处犹言不属光明正大的"小字报"。

北京大学二十三年开学日演说词(节选)

（一九二〇年九月十六日）

一年以来,觉得学生方面近来很有觉悟:把从前硬记讲义、骗文凭的陋见渐渐儿打破了,知道专研学术是学生的天职。本校也就循这种方针定了几种办法:

（一）不专叫学生在讲堂上听讲,要留出多少时间,让他自己去研究。把课程表从新整理一番,把几种不要紧的功课,可以让学生自修的,减去了。又预备特筹经费,扩张图书馆。

（二）本校所办的研究所,本为已毕业与将毕业诸生专精研究起见;但各系分设,觉得散漫一点,所以有几系竟一点没有成绩。现在改组为四大部分,集中人才,加添设备,当能有点进步。

（三）从前中国研究纯粹科学的人本来不多,不能不假借一点。譬如,请矿物学者讲地质学,请农学者讲生物学或博物学,都是不得已。现在,专门的学者渐渐多了,我们此后聘任教员,总要请专门的,并要请愿意委身教育、不肯兼营他事的。这一学期,已经请到几位,我将为诸君介绍。

（四）除了各种学科必须专门学者而又热心教育的担任外,如有名人讲演的机会,我们也不肯放过。杜威先生已经是请来讲过多少次。从今年起,还要请他留华一年,在本校讲授。法国的社会学者来维勃吕尔先生、数学者班乐卫先生,均不能久留,只能请他讲一二次。英国的罗素先生、德国的爱因斯坦先生,不久都要来华,我们一定也要请他讲演。这种世界著名学者的著作,我们固然可以阅览,但亲听了他讲演以后,便可引起研究的兴味。

以上各种设施,都是为便于学生研究学问起见;但学生一年以来,不但有研究学术的兴趣,兼且有服务社会的热诚,这也是可喜的事。须知服务社会的能力,仍是以学问为基础,仍不能不归宿于切实用功。还有一层,望大家励行自治。诸君多有尽力于平民夜校与平民讲演的,就要能够以身作则。去年以来,尊重人格的观念,固然较从前为发达,然试各自检点,果能毫无愧怍么?以后望注意"自治"二字,人人能管理自己,同学能互相管理,不要如从前样子,定要学监、舍监来管才好。

(此文刊于《北京大学日刊》第 695 号,1920 年 9 月 17 日)

北京大学校旗图说

（一九二〇年十月）

　　……我们现在所定的校旗,右边是横列的红、蓝、黄三色,左边是纵列的白色,又于白色中间缀黑色的北大两篆文①,并环一黑圈,这是借作科学、哲学、玄学的符号。

　　我们都知道,各种色彩,都可用日光七色中几色化成的。我们又都知道,日光中七色,又可用三种主要色化成的。现在通行三色印刷术,就是应用这个原理。科学界的关系,也是如是。世界事务虽然复杂,总可以用科学说明他们;科学的名目,虽然也很复杂,总可以用三类包举他们。那三类呢? 第一,是现象的科学,如物理、化学等等。第二,是发生的科学,如历史学、生物进化等等。第三,是系统的科学,如植物、动物、生埋学等等。我们现在用红、蓝、黄三色,作这三类科学的符号。

　　我们都知道,白是七色的总和,自然也就是三色的总和了。我们又都知道,有一种哲学,把种种自然科学的公例贯串起来,演成普通的原理,叫作自然哲学。我们又都知道,有几派哲学,把自然科学的原理,应用到精神科学,又把各方面的原理统统贯串起来,如英国斯宾塞尔氏的综合哲学,法国孔德氏的实证哲学,就是。这种哲学,可以算是科学的总和。我们现在用总和七色的白色来表示他。

　　但是人类求知的欲望,决不能以综合哲学②与实证哲学为满足,必

---

　　①　篆文:书体名。有大小两种。相传大篆为周宣王时史籀所作,小篆为秦时李斯所作。此处实指小篆。
　　②　综合哲学:19 世纪英国实证论者斯宾塞尔的庸俗进化论的哲学系统。

须侵入玄学的范围。但看法国当实证哲学盛行以后,还有别格逊①的玄学,很受欢迎,就可算最显的例证了。玄学的对象,叔本华叫他作"没有理解的意志";斯宾塞尔叫他作"不可知";哈特曼叫他作"无意识"。道教叫作"玄";释家叫作"涅槃"。总之,不能用科学的概念证明,全要用玄学的直觉照到的,就是了。所以我们用没有颜色的黑来代表他。

　　大学是包容各种学问的机关,我们固然要研究各种科学;但不能就此满足,所以研究融贯科学的哲学;但也不能就此满足,所以又研究根据科学而又超绝科学的玄学。科学的范围最广,哲学是窄一点儿,玄学更窄一点儿。就分门研究说,研究科学的人最多,其次哲学,其次玄学。就一人经历说,研究科学的时间最多,其次是哲学,其次是玄学。所以校旗上面而红、蓝、黄三色所占的面积最大、白次之,黑又次之。

　　这就是国立北京大学校旗所以用这几种色,而这几种色所占面积又不相同的缘故。

　　(此文见中国蔡元培研究会编:《蔡元培全集》第4卷,杭州:浙江教育出版社1997年版,第235—237页)

---

　　① 别格逊:通译为柏格森(Bergson,1859—1941),法国哲学家,生命哲学和现代非理性主义的主要代表。主要著作有《试论意志的直接材料》《物质与记忆》《创造进化论》等。

组织北大同学会缘起书

（一九二二年十月十二日）

北大为全国最高学府,开办迄今,二十余年,四方来学者,日益以众。现时人数,将达三千,可谓极一时之盛矣。夫以济济多士,萃集一堂,研究学术,砥砺德业,本互助之精神,作他山之攻错,彼此情谊,实有联络之必要。……爰拟联合在校与毕业同学,暨教职员诸君组织一"北大同学会",以为永久机关,借谋北大前途之发展。兹将组织要旨分述如左:

（一）联络感情　北大团体甚多,或以同乡为基础,而有同乡之组织;或以学术事业为基础,而有各团体之活动。然皆局于一部,并非以全体同学之利益,北大前途之发展为标准,而为共同之组织及计划也。甚或各团体间,常少调和之精神;而在校同学与毕业同学,暨教职员间,悬隔尤甚,误会滋多。此为联络感情贯注精神计,不可不组织同学会。

（二）提携事业　我校毕业同学,出外服务,恒不用违其长;亦或怀才莫展。加上社会上恶势力之压迫,坏习惯之熏染,亦间有神抑气沮而堕落者。如有同学会之组织,则举凡关于职务上之介绍,事业上之互助,在在有强大之助力以为之后盾矣。此又同学会所以有组织之必要也。

（三）改进校务　北大之留学海外者,现已在各地方组织同学会;对于报告校闻,协助校友及本校图书馆捐款之募集,均已积极进行;而国内乃尚无何等组织,以为海外同学会之大本营。对于本校之改良及建设,如图书馆基金之募集,校舍之迁移,以及教授上、训育上之改进,均尚未有共同努力之表示。若能合全体同学与教职员而为有系统之组织,以尽力于本校,则本校前途之发展,必且无量。此亦同学会之不可不速为组织者也。

(四)服务社会　学校为社会之模范,文化之中心。无论对何种问题,直接间接,均能发生最大之影响,五四运动,其明证也。惟北大学生会,则早已无形消灭;凡有关于社会方面之运动,无非临时纠合,权为应付,长此因循,将何以应时变而杜纷纭?且北大同学,服务社会者,日见其多;将来对于社会之改良,实有莫大之关系。此为服务社会计,而同学会之组织,更不容缓也。

综上数端,可见北大同学会实有组织之必要。惟兹事体大,非少数人之能力所可将事。用特建议于全体同学与教职员诸君之前,征求同意。凡赞成组织北大同学会者,请即于各斋院号房签名,公同发起,定期开筹备会议,筹商进行,俾克早日成立,是所祷盼。

发起人:蔡元培及本校同学

(此文刊于《北京大学日刊》第 1082 号,1922 年 10 月 12 日)

劳动大学的意义及劳大学生的责任(节选)

——在国立劳动大学演说词

(一九三〇年六月十六日)

（丙）劳动大学的意义　自从中国采用外国制度而后，就有甲种农业学校、工业专门学校及大学的农科和工科等。这种学校，本系学理与实际并重的。但到了中国后，就变了性质。跑到工、农学校去读书的人，专以书本为事，不做实际工作，他们更一变而为士了。农人的子弟，一进学校而后，回到家里便看不起他们的父、兄；工人的子弟，也是一样。他们一出学校，便去做管理工、农的事，或竟做与工、农毫无关系的事。因此，那时〔对于〕教育行政委员会诸先生提议创办劳动大学为先例。劳动大学虽然说与工业专门学校不无相同，然而也可以说是一个革命。他们的功课，专门注意于实际工作，课堂工作不过是辅助而已。其最高级为大学，大学毕业也可得和其他大学相同的学位。但是，不希望学生出去作技师，希望他们能够去做实际工作。要打通从前专门以指挥工人为事的工程师，使能实际做工。那么，我们为什么要办大学呢？因为我们现在必须采用世界新法，这是一层。但现在需要日增，方法必须改新。采用他国的新法而加以应用，还不够；我们更须负责发明。大学的目的，即在能够应用固有方法、而又进而发明，以供给社会的需要。有钱的人〈向〉来读书可以不劳动，现在他们既然肯劳动，来做实际工作，我们当然欢迎他们。所以劳动大学的学生，并不限于农和工。

（丁）劳动大学生的责任　劳动大学用意，即是学生要实际工作，做工即是唯一的劳动。诸位同学在此读书，在进校以前，必须立志作实业〔际〕工作，尤其是工院方面。从前此地是模范工厂，本来就有很多的工厂，将来能够工厂部都开办完全，使各人都能做一点工。各个同学都能做工，人人都须工作，是最高的理想。将来社会改造，必在于这一点，学校生活便是这一点的开始。而且，一切发明都是从实际做工而得，所以劳工学院的同学，应该脚踏实地的去做，要功课及格，第一便是要做工。将来全国要设劳动大学，各处都要办学校，那时必定要请此地学生去做指导。如果现在没有做过工，则将来如何指导呢？所以现在必须努力工作，使将来有了基础。如果现在不做工，将来必定没有基础，一切实习必归失败，都不能切实，所以现在必须切实做工。

还有一层，劳动大学的学生享有特殊权利，外面的人便很妒忌，都说劳大学生享有很多利益，如清朝的贵族一样；那我们可以回答他们：我们是生产的，学校要我们做工，我们便有生产，我们既然尽了义务，我们当然享有权利。我们可以这样对他们解释。反过来，我们如果专在读书用功，而不去做实际工作，如旧式农业学校和工业学校一样，便不对了。

劳大学生的责任在做工，不但工院、农院如此，社会科学院的学生也应如此。社会科学院的学生，应该努力于世界现在正在要解决的社会问题，即生产、分配的问题。在我们的理想，将来世界只有农、工。所以农、工问题，即社会问题。劳动大学要办社会科学院，是因为要养成实际知道农、工困难问题的人。能够走入农、工群众中与他们一道，应用所学的原理，为其同业工人解决一切问题，定政策，设方法，改善他们的生活状况。所以社会科学院的学生也应该做工。

我们现在可以下一个结论说：劳动大学系以劳动为立脚点，以劳动为基铸〔础〕，不论何院、何科，都须劳动。我们每天须自己检阅，今天有否劳动，并且在校如此；出校以后，也须自己检点，终身如此，方不负劳动大学及政府培植的苦心。希望诸位各自努力，各自检点，不要负了现在供给诸位的劳动群众才好。

（此文刊于《中央周报》第 106 期，1930 年 6 月 16 日）

大学教育（节选）

（一九三〇年）

　　大学教育者，学生于中学毕业以后，所受更进一级之教育也。其科目为文、理、神学、法、医、药、农、工、商、师范、音乐、美术、陆海军等。前五者自神学以外，为各国大学所公有。惟旧制合文理为一科，而名为哲学，现今德语诸国，尚仍用之。农、工、商以下各科，多独立而为专门学校，……用大学教育之广义，则可以包括之。我国旧仿日本制，于大学以下，有一种专门学校，如农业专门学校、医学专门学校之类。虽程度较低，年限较短，然既为中等学校以上之教育，不妨列诸大学教育之内。惟旧式之高等学校，后改为大学预科，而新制编入高级中学者，则当属于中学之范围，而于大学无关焉。

　　……

　　大学教员有教授、额外教授与讲师等，以一定时间，在教室讲授学理。其为实地练习者，有研究所、实验室、病院等。研究所（Seminar 或作 Tuotitut）大抵为文、法等科而设，备有图书及其他必要之参考品。本为高等学生练习课程之机关，故常有一种课程，由教员指定条目，举出参考书，令学生同时研究，而分期报告，以资讨论。亦或指定名著，分段研讨，与讲义相辅而行。而教员与毕业生之有志研究学术者，亦即在研究所用功。如古物学、历史学、美术史等研究所，间亦附有陈列所，与地质学、生物学等陈列所相等；不但供本校师生之考察，且亦定期公开，以便校外人参观。至于较大之建设，如植物院，动物院，天文台，美术，历史，自然史，民族学等博物院，则恒由国立或市立，而大学师生有特别利用之权。实验室大抵为理科及农、工、医等科而设；然文科之心理学、教育学、美学、言语学等，亦渐渐有实验室之需要。病院为医科而设，一方面为病人施治疗,一方面即为学生实习之所也。此外,则图书馆亦为大学最要之设备。

欧洲各国大学,自牛津、剑桥而外,其中心点皆在智育。对于学生平日之行动,学校不复干涉,亦不为学生设寄宿舍。大学生自经严格的中学教育以后,多能自治,学校不妨放任也。……然大学人数较多者,一部分学生,或以家贫,不能供入会费用;或以思想自由,不愿作无意识举动,则不入中古式之学生会,而有自由学生之号。所组织者,率为研究学术与服务社会之团体。大学生注重体育,为各国通例;美国大学,且有一部分学生,特受军事教育者。不特卫生道德,受其影响;而且为他日捍卫国家之准备。吾国各大学,近年于各种体育设备以外,又有学生军之组织,亦此意也。

大学有给予学位之权。德语诸国,仅有博士一级(Doktor)。学生非研究有得,提出论文,经本科教员认可,而又经过主课一种、副课两种之口试,完全通过者,不能得博士学位,即不能毕业。英国诸国,则有三级:第一学士(Bachelor of Arts);第二硕士(Master of Arts);第三博士。法国亦于博士以前有学士(La Licence)一级。大学由得以博士名义赠与世界著名学者,或国际上有特别关系之人物。

大学初设,惟有男生。其后虽间收女生,而入学之资格,学位之授予,均有严格限制。偶有特设女子大学者,程度亦较低。近年男女平权之理论,逐渐推行,女子求入大学者,人数渐多;于是男女同入大学及同得学位之待遇,遂通行于各国。

大学行政自由之程度,各国不同。法国教育权,集中于政府,大学皆国立,校长由政府任命之。英美各国,大学多私立,经济权操于董事会,校长由董事会延聘之。德国各大学,或国立、或市立,而其行政权集中于大学之评议会。评议会由校长、大学法官、各科学长、与一部分教授组成之。校长及学长,由评议会选举,一年一任。凡愿任大学教员者,于毕业大学而得博士学位后,继续研究,提出论文,经专门教授认可后,复在教授会受各有关系学科诸教授之质问,皆通过;又为公开讲演一次,始得为讲师。其后以著作与名誉之增进,值一时机,进而为额外教授,又递进而为教授,纯属大学内部之条件也。

大学以思想自由为原则。……大学教员所发表之思想,不但不受任何宗教或政党之拘束,亦不受任何著名学者之牵掣。苟其确有所见,而言之成理,则虽在一校中,两相反对之学说,不妨同时并行,而一任学生之比较而选择,此大学之所以为大也。大学自然为教授学生而设,然演进既深,已成为教员与学生共同研究之机关。所以一种讲义,听者或数百人以致千余人;而别有一种讲义,听者或仅数人;在学术上之价值,初不以是为轩轾也。如讲座及研究所之设备,既已成立,则虽无一学生,而教员自行研究,以其所得,贡献于世界,不必以学生之有无为作缀也。

受大学教育者,亦不必以大学生为限。各国大学均有收旁听生之例,不问预备程度,听其选择自由。又有一种公开讲演,或许校外人与学生同听,或专为校外人而设,务与普通服务之时间不相冲突。此所以谋大学教育之普及也。

(此文见《教育大辞书》,上海:商务印书馆 1930 年版)

我在北京大学的经历(节选)

(一九三四年一月一日)

北京大学的名称,是从民国元年起的;民元以前,名为京师大学堂;包有师范馆、仕学馆等,而译学馆亦为其一部;我在民元前六年,曾任译学馆教员,讲授国文及西洋史,是为我在北大服务之第一次。

民国元年,我长教育部,对于大学有特别注意的几点:一、大学设法、商等科的,必设文科;设医、农、工等科的,必设理科。二、大学应设大学院(即今研究院),为教授、留校的毕业生与高级学生研究的机关。三、暂定国立大学五所,于北京大学外,再筹办大学各一所于南京、汉口、四川、广州等处。(尔时想不到后来各省均有办大学的能力。)四、因各省的高等学堂,本仿日本制,为大学预备科,但程度不齐,于入大学时发生困难,乃废止高等学堂;于大学中设预科。(此点后来为胡适之先生等所非难,因各省既不设高等学堂,就没有一个荟萃较高学者的机关,文化不免落后;但自各省竞设大学后,就不必顾虑了。)

……民国五年冬,我在法国,接教育部电,促回国,任北大校长。我回来,初到上海,友人中劝不必就职的颇多,说北大太腐败,进去了,若不能整顿,反于自己的声名有碍,这当然是出于爱我的意思。但也有少数的说,既然知道他腐败,更应进去整顿,就是失败,也算尽了心;这也是爱人以德的说法。我到底服从后说,进北京。

……

我们第一要改革的,是学生的观念。……尤其北京大学的学生,是从京师大学堂"老爷"式学生嬗继下来(初办时所收学生,都是京官,所以学生都被称为老爷,而监督及教员都被称为中堂或大人)。他们的目的,不但在毕业,而尤注重在毕业以后的出路。所以专门研究学术的教员,他们不见得欢迎;要是点名时认真一点,考试时严格一点,他们就借个话头反对他,虽罢课也所不惜。若是一位在政府有地位的人来兼课,虽时时请假,他们还是欢迎得很;因为毕业后可以有阔老师做靠山。这种科举时代遗留下来劣根性,是于求学上很有妨碍的。所以我到校后第一次演说,就说明"大学学生,当以研究学术为天职,不当以大学为升官发财之阶梯"。然而要打破这些习惯,止有从聘请积学而热心的教员着手。

　　……

　　我素信学术上的派别,是相对的,不是绝对的;所以每一种学科的教员,即使主张不同,若都是"言之成理、持之有故"的,就让他们并存,令学生有自由选择的余地。最明白的,是胡适之君与钱玄同君等绝对的提倡白话文学,而刘申叔、黄际刚诸君仍极端维护文言的文学;那时候就让他们并存。我信为应用起见,白话文必要盛行,我也常常作白话文,也替白话文鼓吹;然而我也声明:作美术文,用白话文也好,用文言也好。例如我们写字,为应用起见,自然要写行楷,若如江艮庭君的用篆隶写药方,当然不可;若是为人写斗方或屏联,作装饰品,即写篆隶草草,有何不可?

　　那时候各科都有几个外国教员,都是托中国驻外使馆或外国驻华使馆介绍的,学问未必都好,而来校既久,看了中国教员的阑珊,也跟了阑珊起来。我们斟酌了一番,辞退几人,都按着合同上的条件办的。……

　　我从前在教育部时,为了各省高等学堂程度不齐,故改为各大学直接的预科;……于是不能不加以改革,使预科直接受本科学长的管理,不再设预科学长。预科中主要的教课,均由本科教员兼任。

　　我没有本校与他校的界限,常为之通盘打算,求其合理化。是时北大设文、理、工、法、商五科,而北洋大学亦有工、法两科;北京又有一工业专门学校,都是国立的。我以为无此重复的必要,主张以北大的工科并入北洋,而北洋之法科,刻期停办。得北洋大学校长同意及教育部核准,把土木工与矿冶工并到北洋去了。把工科省下来的经费,用在理科上。我本来想把法科与法专并成一科,专授法律,但是没有成功。我觉得那时候的商科,毫无设备,仅有一种普通商业学教课,于是并入法科,使已有的学生毕业后停止。

我那时候有一个理想,以为文、理两科,是农、工、医、药、法、商等应用学科的基础,而这些应用科学的研究时期,仍然要归到文理两科来。所以文理两科,必须设各种的研究所;而此两科的教员与毕业生必有若干人是终身在研究所工作,兼任教员,而不愿往别种机关去的。所以完全的大学,当然各科并设,有互相关联的便利。若无此能力,则不妨有一大学专办文理两科,名为本科,而其他应用各科,可办专科的高等学校,如德、法等国的成例。以表示学与术的区别。因为北大的校舍与经费,决没有兼办各种应用科学的可能,所以想把法律分出去,而编为本科大学;然没有达到目的。

那时候我又有一个理想,以为文理是不能分科的。例如文科的哲学,必植基于自然科学;而理科学者最后的假定,亦往往牵涉哲学。从前心理学附入哲学,而现在用实验法,应列入理科;教育学与美学,也渐用实验法,有同一趋势。地理学的人文方面,应属文科,而地质地文等方面属理科。历史学自有史以来,属文科,而推原于地质学的冰期与宇宙生成论,则属于理科。所以把北大的三科界限撤去,而列为十四系,废学长,设系主任。

我素来不赞成董仲舒罢黜百家独尊孔氏的主张。……

……我对于学生运动,素有一种成见,以为学生在学校里面,应以求学为最大目的,不应有何等政治的组织。其有年在二十岁以上,对于政治有特殊兴趣者,可以个人资格参加政治团体,不必牵涉学校。所以民国七年夏间,北京各校学生,曾为外交问题,结队游行,向总统府请愿;当北大学生出发时,我曾力阻他们,他们一定要参与;我因此引咎辞职。经慰留而罢。到八年五月四日,学生又有不签字巴黎和约与罢免亲日派曹、陆、章的主张,仍以结队游行为表示,我也就不去阻止他们了。他们因愤激的缘故,遂有焚曹汝霖住宅及攒殴章宗祥的事,学生被警厅逮捕者数十人,各校皆有,而北大学生居多数;我与各专门学校的校长向警厅力保,始释放。但被拘的虽已保释,而学生尚抱再接再厉的决心,政府亦且持不做不休的态度。都中喧传政府将明令免我职而以马其昶君任北大校长,我恐若因此增加学生对于政府的纠纷,我个人且将有运动学生保持地位的嫌疑,不可以不速去。乃一面呈政府,引咎辞职,一面秘密出京,时为五月九日。

......

北大关于文学、哲学等学系,本来有若干基本教员,自从胡适之君到校后,声应气求,又引进了多数的同志,所以兴会较高一点。预定的自然科学、社会科学、文学、国学四种研究所,止有国学研究所先办起来了。在自然科学与社会科学方面,比较的困难一点。自民国九年起,自然科学诸系,请到了丁巽甫、颜任光、李润章诸君主持物理系,李仲揆君主持地质系;在化学系本有王抚五、陈聘丞、丁庶为诸君,而这时候又增聘程寰西、石蘅青诸君。在生物学系本已有钟宪鬯君在东南、西南各省搜罗动植物标本,有李石曾君讲授学理,而这时候又增聘谭仲逵君。于是整理各系的实验室与图书室,使学生在教员指导之下,切实用功;改造第二院礼堂与庭园,使合于讲演之用。在社会科学方面,请到王雪艇、周鲠生、皮皓白诸君;一面诚意指导提起学生好学的精神,一面广购图书杂志,给学生以自由考索的工具。丁巽甫君以物理学教授兼预科主任,提高预科程度。于是北大始达到各系平均发展的境界。

我是素来主张男女平等的,九年,有女学生要求进校,以考期已过,姑录为旁听生。及暑假招考,就正式招收女生。有人问我:"兼收女生是新法,为什么不先请教育部核准?"我说:"教育部的大学令,并没有专收男生的规定;从前女生不来要求,所以没有女生;现在女生来要求,而程度又够得上,大学就没有拒绝的埋。"这是男女同校的开始,后来各大学都兼收女生了。

......

我本来很注意于美育的,北大有美学及美术史教课,除中国美术史由叶浩吾君讲授外,没有人肯讲美学,十年,我讲了十余次,因足疾进医院停止。至于美育的设备,曾设书法研究会,请沈尹默、马叔平诸君主持。设画法研究会,请贺履之、汤定之诸君教授国画;比国楷次君教授油画。设音乐研究会,请萧友梅君主持。均听学生自由选习。

......

综计我居北京大学校长的名义,十年有半;而实际在校办事,不过五年有半,一经回忆,不胜惭悚。

（此文刊于《东方杂志》第 31 卷第 1 号,1934 年 1 月）

论大学应设各科研究所之理由

（一九三五年一月一日）

　　……至民国元年之大学令，及本年之大学研究院规程，则已对于大学教员、毕业生及学生均已认为研究院之分子，其理由如下：

　　一　大学无研究院，则教员易陷于抄发讲义不求进步之陋习。盖科学的研究，搜集材料，设备仪器，购置参考图书，或非私人之力所能胜；若大学无此预备，则除一二杰出之教员外，其普通者，将专己守残，不复为进一步之探求，或在各校兼课，至每星期任三十余时之教课者亦有之，为学生模范之教员尚且如此，则学风可知矣。

　　二　大学毕业生除留学外国外，无更求深造之机会。现在大学毕业生因社会需要或个人经济关系，急求一职以自赡者固居多数；然亦有少数对于学术有特殊兴趣，不以在大学所已受之教育自封者，辄要求以自费或公费留学外国，而社会上对于留学归国之学生亦特别器重。此亦非全由崇拜外人之心理，实以欧、美各国，除独立研究院外，各大学无不有相当之研究院故也。其研究院中方面之多，导师之努力，既为我国所望尘莫及；而院外之独立的图书馆、史料馆、博物院、天文台、动植物园、工厂、医院等等足备学者参考者，亦至为完备，故留学自有优点。然留学至为糜费，而留学生之能利用机会成学而归者，亦不可多得；故亦非尽善之策。苟吾国大学，自立研究院，则凡毕业生之有志深造者，或留母校，或转他校，均可为初步之专攻。俟成绩卓著，而偶有一种问题，非至某国之某某大学研究院参证者，为一度短期之留学；其成效易睹，经费较省，而且以四千年文化自命之古国，亦稍减倚赖之耻也。

　　三　未毕业之高级生，无自由研究之机会。余所最不解者，吾国小学中学，尚有设计教育与道尔顿制等为学生自动之试验；而大学中何以全为注入式之讲义，课程繁重，使学生无自修之余暇，又安有自动之机会？德国大学并无何种学士、硕士之阶级；大学生希望毕业者，于相当时期，提出问题，得一种研究所导师承认，即可入所研究，预备博士论文，毕业时即得博士学位。吾国学位制尚未颁布，将来或采美国制，即大学毕业生进研究院者始有预备博士论文之机会，此制较为整齐，自可采用；惟大学既设研究院以后，高年级生之富于学问兴趣而并不以学位有无为意者，可采德制精神，由研究所导师以严格的试验，定允许其入所与否，此亦奖进学者之一法。吾国未立研究院之大学，已有采用毕业论文法者；研究院成立以后，更易施行矣。

是大学研究院之不可不设，其理甚明矣。而余尚有一种提议，即大学中可有一种专设研究院以收容大学毕业生而不授四年级之课程者，此于省立大学为最相宜。民国元年之大学令，废各省高等学堂而设大学预科，此于大学甚便，而各省遂失去集中学者之机关，人才均集中于大学区，而各省遂苦贫乏，故文化上进步濡滞。十年前忽有每省设一大学之时尚；然校舍缺乏，经费竭蹶，即勉强成立，亦复有名无实。尔时余曾提议，省立大学，可专设几种研究所，如地质、生物、理、化、经济、教育等等，视本省所需要者而次第设之。每所聘导师若干人，如本国人才不足，不妨参用外国人；招考大学毕业者为研究生，不必以本省人为限；使彼等一面用工，一面调查本省物产，计划农、工业及其他文化事业。俟有余力，再次第建设各学院。然其时各省皆取旧有之专门学校合并而为大学，故仍偏于分院制，未有采用研究院制者。惟山东大学近年在济南所设之农学院，完全与余所提议者相同，余以为其成绩必胜于其他大学不设研究院之农学院也。

最后，余尚欲一说大学研究院与独立研究院之异点：大学研究院，既须兼顾教员、毕业生、高级生三方面之方便，故其所设研究所之门类，愈多愈善，凡大学各院中主要科目，以能完全成立为最善，庶不至使一部分之教员与学生失望。独立研究院，以研究员为主体，故外国间有以研究员之姓名为一个研究所之标志者。其科目不求备，视有特殊之研究员与社会有特别之需要而设之，除研究员所需要之助理外，是否有兼收研究生之需要与可能，完全由研究员决定之。前者稍偏于博大，而后者稍偏于精深，不必强求其一致也。

（此文刊于《东方杂志》第 32 卷第 1 号,1935 年 1 月）

请注重技术特定为教育之重大方针案^①

（一九三五年十一月十八日）

　　（理由）设技术学院已有专案，同人等赞成此案外，并补充意见，分述如下：

　　（一）注重技术教育　　今日吾国现状，应注重技术，为人人所公认，不待详论。但承袭数千年偏重理论之遗风，有更特定注重技术为教育重大方针之必要。又为易收普遍实现之效起见，除另行组织中央技术学院为特种技术教育之表率（见另案），并宜使已有之大学或新成〈立〉之大学亦注重技术教育，使与中央技术学院相辅而行，并因地制宜，以收分工合作之效。

　　（二）修改现行大学制　　设中央技术学院，另有专案，兹不复论。现专就修改大学制言之：

　　甲、照他国大学成例，于高深学术之外，本兼顾专门技术，如制药、制纸、农品制造、机电、化学、工艺等，均可在大学范围，或设为大学分科，或设为专门学院、学校，此可供我参考。

　　乙、照吾国大学成例，本有农、工、商诸学院；但类于〔如〕制药、制纸等，则不能由大学设为专科、专院、专校，不无缺憾。兹拟请参考他国大学制，修改我国现行大学制，使不限于现有八院^②；专门技术亦为大学所得而努力。至应设专院或专校，则可因地因事之所宜，各大学商承教

---

　　① 此案系蔡元培等向国民党第五次全国代表大会提案，原题为《请注重技术，以增进国力民生，特定为教育之重大方针，并修改现行只限八院之大学制，促其注重专科技术，使有分设技术学院或技术学校之余地案》。

　　② 当时规定大学设文、理、法、商、工、农、医、师范8个学院。

育部随时规定之。

　　以上所举一、二项,是否有当,敬候

　　公决

　　提案人:蔡元培　李宗黄　吴鹤龄　刘家驹　汤德民　吴敬恒

　　　　　　何应钦　包悦卿　林　叠　张　强　李煜瀛　王用宾

　　　　　　曾济宽　郑文礼　褚民谊　刘镇华　王漱芳　许绍棣

　　（此文刊于"国民党第五次全国代表大会第85号提案",铅印件）

复兴民族与学生(节选)

——在大夏大学学生自治会演说词

(一九三六年六月五日)

……

民族乃集合许多份子而成,现在欲复兴民族,须将民族全部份子提高起来,提高些什么呢? 我们的答案是:

第一,体格——中国民族为什么不中用,第一步乃是身体不健全,死亡率、病象、作工能力、体育状况,无论那一种统计,都显出我们民族的弱点,所以要复兴民族,第一步是设法使大家的身体强健起来,我闻张君俊先生说,中国民族衰老的现象,南方人智力较胜于北方人,而体力却较逊于北方人;北方人体魄强壮,而智力远逊于南人,因北方常有黄河之灾,且常为游牧民族所侵略,因而民族之优秀者均迁南方,此为历史证明的事实。如南北朝时代,如辽金元时代皆是。但南方气候潮湿,多寄生虫,不适宜优秀民族的发展,为复兴民族计,宜注重北方的开发。我以为北方固要开发,而南方亦可补救,我们若能发展北方人之智慧,增加南方人的体力,何尝不可用人为的力量,来克服自然呢? 巴拿马旧以多蚊而不能施工事,后用科学灭蚊法而运河乃成。我们欲使民族强健起来,一定可用人力来做到!

第二,知识及能力——中国人的智能,并非不如外国人,中山先生在民族主义演讲中说:"恢复中国固有的智能",足以证明,如指南针、印刷术、火药的发明,长城、运河等建设,素为外人所称道;但到现在,科学的创造,建设的能力,各民族正非常发达,而我民族则不免落伍,然我们追想祖先的智力与能力,知道我们决非不能复兴的。例如波兰,虽经亡国之惨变,今仍能恢复,即有民族文化之故;远之如哥白尼之天文,近之如居里夫人〈之〉化学,及其他著名之文学家、美术家,都是主动力,可以证明固有的知能足以兴国的。

第三,品性的修养——一民族之文化,一面在知识之发展,一面则赖其品性优良。向来称优良之品性为道德。道德不是绝对的,是相对的,是因为各地方各时期的不同而定的。不过其中有一抽象的原则,是不可不注意的。此原则即为"爱人如己"。他的消极方面即为"己所勿欲,勿施于人";其量则"由近而远",初则爱己,爱家,继则爱族,爱乡,爱国,而至爱世界的人类。此种道德观念,与其用信条来迫促他,还不如用美感来陶冶他。我们看美术的进步,亦是由近而远,初用以文身,继用以装饰身体,或装饰花纹于用品上,远则用以装饰宫室、且进而美化都市,其观念渐行扩大,由近而远,正与道德观念相应。

总之,复兴民族之条件,为体格、知能和品性;这种条件,是希望个个人都能做到的。目前中国具了这三条件之人,请问还有多少? 可说是少数。但我们希望以后能达到。不过如何去达到呢,还不能不有赖于最有机会的人——学生,尤其是大学生,先来做榜样了。

大夏大学设在郊外,早已采取了牛津、剑桥大学的导师制,更有做榜样的资格。故如欲复兴民族,应由你们做起。在这里,我得介绍一位章渊若先生,他是提倡自力主义的,就是说人人都要从自己做起来再说。我现在就要劝诸位自己先做起来。学生自治会,就是促进各人自己努力的机关。

第一,以体育互相勉励——提倡体育是一个改进民族的很好的办法。日本人提倡体育,很有进步,就影响到了全体民族。所以,我们不能不有认识,体育乃是增加身体的健康,同时谋民族的健康,而非为出风头。以前的选手制,常犯了偏枯的毛病,根本失却了体育的本意,因而,常会发生下面的几种错误:(一)不平均——体育为少数人所专有;(二)太偏重——部分选手则太偏于运动,牺牲了其他功课。今后对体育之认识,则为根据于卫生的知识,不一定要求其做国手:听说贵大学现在实行普及体育,学生自治会又在促进普及体育的成功,这是可喜的。

第二,以知识及能力的增进互相勉励——大学内天天有教师讲授,但单靠教师讲授是不足的。还要自己去用功才行;用功要得法,单独的与集合的用功,都有优点,可以并行。同学之互相切磋,那是很有益的。

自治会的组织与同学的知能增进,有直接关系。从前我们有读书会,大家选定几本书,每人认一本去读,读了分期摘要报告,或加以批评,如听了觉得有兴味的,自己再去详读,否则,也就与自己读过无异了。这一类互助的方法很多,对于学问,很有补益的。

第三,以品性修养互相勉励——彼此互相检点,对于不应为的事情,互相告诫;对于应为的事情,互相督促;固然是自治会应有的条件,然完全为命令式的,如"你应该这样";"你不应该怎样",有时反引起对方的反感。所以我主张以美术来代替宗教,希望人人都有一种自然而然的善意。因为人类所以有不应为而为的事情,大抵起于自私自利的习惯。有时候迫于贪生怕死的成见,那就无所不为了。惟有美术的修养,能使人忘了小己,超然于生死利害之外,若人能有此陶冶,无论何等境遇,均不失其当为而为,不当为而不为之气概。前十七、八年,我长北京大学时,北京还没有一个艺术学校,全国还没有一个音乐学校,所以我在北大内发起音乐研究会、书画研究会,使学生有自由选习的机会。现在艺术的空气,已弥漫全国,上海一市,音乐艺术的人才,尤为众多,贵自治会如有此等计划,必不难实现了。

贵自治会如能于右列三者,加意准备,则复兴民族的希望,已有端倪,我不能不乐观。

王凤楼、蒋炤祖 记

(此文刊于上海《晨报》,1936 年 7 月 1 日)

★傅斯年

　　傅斯年（1896—1950），字孟真，祖籍江西永丰，生于山东聊城，中国近现代历史语言学家、教育家、社会活动家。1913年考入北京大学预科，1916年秋升入北京大学文科。在此期间，积极参加"新文化"运动，于1918年与同学罗家伦、毛准等共同创立"新潮社"，发行《新潮》杂志，宣传新文学，提倡新思想。1919年作为北大学生代表参与发起了五四运动。是年夏毕业，年底赴英国留学，先后在爱丁堡大学、伦敦大学，研究实验心理学、自然科学，1923年转赴德国柏林大学哲学院研究学习比较语言学等，并还广泛涉猎哲学、历史、政治、物理、化学、数学、地质等学科。1926年冬归国，1927年任中山大学教授、文学院长，兼中国文学、历史学两系主任，创立语言历史学研究所，任所长。1928年应蔡元培先生之聘，筹设中央研究院历史语言研究所，任专职研究员兼所长，1929年兼任北京大学教授。"九一八事变"后，傅斯年通过言传身教，向学生宣传抗日爱国思想，曾重点探讨学校教育问题，接连写出《教育崩溃之原因》《教育改革中几个具体事件》和《再谈教育问题》等文章。1937年任中央研究院代总干事。1940年任中央研究院总干事。1945—1946年出任北京大学代理校长。1948年，傅斯年当选为中央研究院院士及立法委员。1949年1月20日，就任台湾大学校长。1950年12月20日突发脑溢血而猝逝。

　　傅斯年一生著述颇丰，其教育言论主要收集在《傅斯年校长最后论著》（台北：台湾大学，1950年）、《傅孟真先生集》（傅孟真先生遗著编辑委员会编，台北：台湾大学，1952年）、《傅斯年全集》（傅孟真先生遗著编辑委员会编，陈盘等校订增补，台北：联经出版事业公司1980年版）、《傅斯年全集》（欧阳哲生主编，长沙：湖南教育出版社2003年版）等。

去函与蔡元培论哲学门隶属文科之流弊

(一九一八年八月九日)

校长先生钧鉴：

月来学生对于吾校哲学门隶属文科之制度，颇有怀疑之念，仅贡愚见于次。

以哲学、文学、史学统为一科，而号曰文科，在于西洋恐无此学制。日本大学制度，本属集合殊国性质至不齐一之学制而强合之，其不伦不类，一望而知。即以文科一端而论，卒业于哲学门者，乃号"文学士"。文科之内，有哲学门，稍思其义，便生"觚不觚"之感也。

中国人之研究哲学者，恒以历史为材料。西洋人则恒以自然科学为材料。考之哲学历史，凡自然科学作一大进步时，即哲学发一异彩之日。以历史为哲学之根据，其用甚局；以自然科学为哲学之根据，其用至溥。美国研治科学，得博士位者，号"哲学博士"。英国牛津诸大学，研治哲学得博士位者，号称"科学博士"。于是可知哲学与科学之关系长，而与文学之关系薄也。

今文科统括三门：曰哲学，曰文学，曰史学。文、史两途，性质固不齐一。史为科学，而文为艺术。今世有以科学方法研治文学原理者，或字此曰 Science of Literature(见赫胥黎杂论集)，或字此曰 Philosophy of Literature(赫文引他说)。然是不过文学研究之一面，其主体固是艺术，不为科学也。虽然，文、史二事，相用至殷，自通常观之，史书之文，为文学之一部，而中国"文史"一称，详细沿用久矣。循名责实，文、史二门，宜不必分也。返观哲学，于文学绝少联络，不可以文史合科之例衡之。

以为哲学、文学联络最为密切，哲学、科学若少关系者，中国人之谬见然也。盖习文学者，恒发为立〔玄〕想、作玄谈者，每娴于文学，不知文学本质，原属普遍。西洋为哲学者，固恒有文学之兴会，其为科学者，亦莫不然，文学家固多兼诣科学者，尤不少也。中国文学，历来缺普及之性，独以高典幽艰为当然，又以无科学家，而文士又贯以玄语盖其浅陋，遂致文学与科学之关系，不可得见，反以哲学、文学、史学为三位一体焉。今为学制，宜怯此惑，不宜仍此弊也。

文学与哲学合为一门，于文学无害也，而于哲学则失当。何以言之，习文学者，能谋哲学学科之联络，其运用文学之思想，必不浅陋。然哲学取资于文学处，殊可概见。哲学主知，文学主情，哲学于各种问题恒求其能决，文学则恒以不解解之，哲学于事理分析毫厘，文学则强以感象为重，其本异，其途殊。今固不可谓哲学与文学毫不相干，然哲学所取资于文学者，较之所取资于科学者，固不及什一也。

一年以前，吾校之哲学门，仅可谓为"大清国大学经科理学门"（清季学制，经科有理学门，文科无哲学门），不足当哲学门之名。诚以所授诣者，不为古典之学（Classicism），便是怪秘之论（Mysticism），何有于哲学。今以教员之选、课程之革，大愈于前矣。然若不出哲学门于文科，入之理科，一般人之观念，犹如昔也。自学生观察所及者言之，同学诸君，以及外人，对于文科之观念，恒以为空虚之府，其志愿入此门者，绝不肯于自然科学多所用心。持是心理以观哲学，本此见识以学哲学，去哲学之真，不亦远乎。今学生所以主张哲学门应归于理科者，不仅按名求实，以为哲学不应被以文科之名也，实缘哲学入之文科，众多误会，因之以生，若改入理科，则大众对之，观念顿异，然后谋哲学与理科诸门课程上之联络，一转移间，精神上之变革，为不少矣。

若就教授上之联络而论，哲学门尤宜入之理科。物理门之理论物理，化学门之理论化学，数学门之天文学、聚数论、微积分，动植物门之生物学、人类学，皆与哲学有亲切之关系。在于西洋，凡欲研治哲学者，其算学认识，必须甚高，其自然科学知识，必具大概。今吾校之哲学门，乃轻其所重，绝不与理科诸门谋教授上之联络，窃所未喻也。

今之文预科，为预备入文学、哲学、史学三门而设，无所区别。试问此三门之预科，固应课程齐一耶？哲学门之预科，则不必然。又同学科，对于预备习文学之人，对于预备习哲学之人，应异其教授范围与其方法。哲学门之预科,其性质当与理科为近,而于文学门预科为远也。

　　总而言之,为使大众对于哲学有一正确之观念,不得不入之理科。为谋与理科诸门教授上之联络,不得不入之理科。为预科课程计,不得不入之理科。

　　然如此改革,事实上容有困难。即此兼统哲、理两方面之学长,人选已至不易。必不得已,惟有使哲学门独立为一科,今之文、理两科,变作哲、理、文三科也。若疑哲学一门不能成科,则性质同者,虽万门不妨归之一科,性质介立,虽一门不嫌单独也。

　　若犹以如此改革牵动学制,非可率然为之者,则学生为最少量之请求,乞分文预科为两类,一为哲学门设者,一为文学、史学门设者。其哲学门预科之课程,与教授之范围及方法,应与文学、史学门预科,异其旨趣。

　　以上所言,不过一时率然想到,恐不尽当。可否之处? 乞斟酌。

学生傅斯年谨启　八月九日

　　(此函标题为编者所加,此文原刊于《北京大学日刊》第 222 号,1918 年 10 月 8 日,见高平叔编:《蔡元培教育论著选》,北京:人民教育出版社 1991 年版,第 164—167 页)

教育崩溃之原因

（一九三二年七月十七日）

　　中国的学堂教育自满清末年创办的时候起到现在，从不曾上过轨道，而近来愈闹愈糟，直到目前，教育界呈露总崩溃的形势。中国现在正在全部社会的总崩溃状态中之一面，而与其他面分不开，不过，这样说来，牵涉太多，现在且先专说教育崩溃的一事。

　　欲知教育崩溃的范围，不应仅仅将眼光注射在中央大学师范大学等，且并不应注射在高等教育，一看小学中学，其糟糕的状态更远甚于中央大学、师范大学。就学的儿童及幼年人，全在"受教育"的标识下，学习一切紊乱的习惯，作恶的经验，不学不自知的意识，真正不堪设想呢！

　　教育崩溃的主要原因，据我看来，大致可分为五事：

　　第一，学校教育仍不脱士大夫教育的意味。中国在封建时代，"士"一个阶级不过是有统治权者之贵族阶级之工具，为他们辩解命令下来的事。试看孔二先生所教出来的那些门徒，还不是专找季氏孟氏寻出路？战国末年士人的地位高得多，然而士人用事者，终不如世卿贵门之数，自李斯相秦始皇，叔孙通相汉武帝封平津侯，挟书射策之人自然扬眉吐气，不过这些人才都不是考试得来的，而考试得来的董巫师，几乎以乱说阴阳送了老命。而汉魏晋南北朝总是一个门阀社会，门阀中人能读书，自然更有令誉，而专事读书的人不能组织统治阶级。自隋唐以来，考试的力量渐大，故士人的地位渐高，至宋朝而统治阶级的除皇帝外，皆是士人了。明朝野化承元朝，故宦官用事，文化承宋朝，故士人得意。明朝虽宦官每执大权，而士人总是统治阶级之组织者。清朝的统治阶级在满洲世族，而士人也颇有相当的地位，曾左以后士人之力量更大。有这么样的两千年历史,故演成了下列一个公式:"读书为登科,登科为做官"。一看中国的通俗文学,如传奇弹词之类,更要觉得这个国民心理之根深蒂固。

而且中国社会有一点与欧洲近代社会之根本不同处,即中国社会之中坚分子是士人;欧洲社会中的中坚分子是各种职业(Trades)中人,故中国的中等阶级好比"师爷",西洋的中等阶级是技术阶级(Professional class)。诚然,欧洲自中世纪以来也有一种知识阶级,这种阶级便是僧侣(Clerical),不过这个阶级自成一个最有组织的社会,虽也久与贵族连合来剥削平民,不过他不专是统治阶级的伺候者。中世纪的欧洲有些大城市,这些大城市中有不少的"自由人",那些"自由人"以其技能自成一种社会,以商业之发达,及新地的发现,这些自由人很得些富力,于是在贵族之无常权力(Temporal power),僧侣之精神权力(Spiritual power)之外增了一种第三权力:这是中国历史所绝无的。西洋科学之发达,大体上是这个阶级的贡献,因为这个阶级一面用技术的能力,一面有相当的自立,故既能动手,又有闲情。希腊的社会不如此,故希腊的思想都是些讲文讲道的,而动手的事是奴隶的事。我们不得不幻想,希腊的奴隶中,不知道埋没了多少的科学家呢!中国的士人不能动手,中国的百工没有闲情,或者这就是中国自然科学不发达的原因罢?士人之只有舞文弄墨的把戏,没有动手动脚的本领,在中国是自古如此,考工记说,"坐而论道谓之王公,作而行之,谓之士大夫,审曲面直,以饬五材,以辨民器,谓之百工"。士大夫是办事的,不是做工的。古代尚且把"智者创物,巧者手之"谓之圣人,自汉以来,都放在儒林文苑之下,而列在方技之中了。

然而近代的需要是百工,近代教育的作用大体上在乎训练处各种技术(广义的)人才,所以近代教育是欧洲的第三权力之创造品,以代替当年的精神权力之创造品者,一朝拿来,培植在"读书——登科——作官"的士田上,是不能不畸形发育的。自然的趋势既如此,不幸清末办学的人更把新教育与旧科举联上,于是学校毕业皆"赐"出身。我幸而不曾在满清时中学毕业,不然硬派一个拔贡做了二民呢!(当时我有一个中学同学,因满清政府要取消这个奖励,他的家长便把他从学堂里叫回家)!所以子弟到学校读书,为父兄者,大大多数不抱着使他成就职业的心理,而希望他毕业后得到一官半职。我记得我当学生时,每次回家,总有乡党邻里来问,"你几时出官,官有多大?"我自然愤的骂一顿,不过,这个引诱势力是如何大呢!看得出这道理最明白者,是吴稚晖老先生,他是士人出身,而在丽景街的多工学校做过工,深知此中奥妙,乃把一切弄文字者皆叫洋八股,于是纸上的科学是洋八股,胡适之先生之以新方法治旧学者,也叫做洋八股,而胡先生是"带着红顶子演说革命"者。大约胡先生很欣赏他这句话,遂把说空话的党义文叫做党八股。我今天这篇文章也是八股,胡先生逼着做出的每周课卷,其价值为得过于王韬冯桂芬之政论乎?惟其一切学问文章经济皆是八股,所以一切职业是做官,教书的是教官,办党的是党官,办公会的是工官,于是乎认字的人越多,失业者越多,学校办的越多,社会上寄生虫越多。

若想中国成一个近代国家,非以职工阶级代替士人阶级不可;若想中国教育近代化,非以动手动脚为训练,焚书坑儒为政纲不可。

第二,政治之不安定,是教育紊乱一个大主因。诚然,政治果永远安定,社会是只能在浮层增进的,不能在基本上改弦更张。不过,社会永不安定,一切事皆办不下去,袁世凯的阴谋政治激出来所谓新文化运动,(这个名词本不通,今姑从俗。)北洋军人与盗阀之横行激出来国民革命,假如中国政治变动只是这几个大纲,教育事业可以因时建设的,不幸大潮流之下,分成无数小潮流,来来往往,反反覆覆,事事皆成朝不保夕之局面,人人乃怀五日京兆之用心,上台是趁火打劫,下台是酝酿待时。校长不做上三年,办不出事业,教书不教上三年,做不成学问。试以山东安徽两省论,自国民革命军到后,安徽换了好几十个厅长,山东从未曾换过,故山东的教育比较差有秩序,而安徽是一团糟。革命的事业,不是革别人的命便成自己的事业,总要有相当时间的,试看苏俄。

第三,一切的封建势力,部落思想,工具主义,都乘机充分发挥。乱世造奸雄,奸雄造乱世。自袁贼世凯专用下等的走卒做封疆武臣,无聊的书办做地方大吏,以便自用,于是人人学他,现在的当局,其用人处有没有像袁世凯的呢?这个风气,影响到一切社会上,教育焉能成例外?清末办学者,尚且多存些公益事业的心,至不济,"门墙桃李"之观念是虚荣心作用,也不足害人的。而今呢?私立大学除办南开大学的张伯苓先生几个少数以外,有几个真正存心在教育事业呢?若是把办学当做买卖做,尚不是最坏的,若当做走狗制造场,乃真是乱国害政的大源。直弄到有政治野心者,非办大学不可,欲登门投靠者,非进大学不可,所以大学生选举校长,每举些权要与政客。因此我们真不能不佩服清华与中央大学的学生。他们选举校长——这诚然不是——还是几个读书人。

在这个办学的与从学的相互利用,以申张封建势力,发挥部落思想,充实工具作用之下,教育岂不是紊乱社会的根源?这样的事实可以写成一部一千页的大书,读者人人心中总有几个例子,我不用举了。

第四,哥伦比亚大学的教师学院毕业生给中国教育界一个最学好的贡献。我没有留学或行走美国之荣幸,所以我于哥伦比亚大学的教师学院诚然莫测高深。不过,看看这学校的中国毕业生,在中国所行所为,真正糊涂加三级。因此我曾问过胡适之先生,"何以这些人这样不见得不低能?"他说"美国人在这个学校毕业的,回去做小教员,顶多做个中学校长。已经希有了,我们却请他做些大学教授,大学校长,或做教育部长"。这样说来,是所学非所用了,诚不能不为这些"专家"叹息!这些先生们多如鲫,到处高谈教育,什么朝三暮四的中学学制,宝二墩的教学法,说得五花八门,弄得乱七八糟。我现在有几句话敬告这些与前清速成法政学生比肩的先生们:第一,小学,至多中学,是适用所谓教育学的场所,大学是学术教育,与普通所谓教育者,风马牛不相及。第二,教育学家如不于文理各科之中有一专门,做起教师来,是下等的教师,谈起教育——即幼年或青年之训练——是没有着落,于是办起学校自然流为政客。第三,青年人的脑筋单纯,与其给他些杂碎吃,不如给他几碗大鱼大肉,这些教育家们奈何把中学小学的课程弄得五花八门,其结果也,毕业后于国文英算物理等基本科目一律不通。其尤其荒谬者,大学校里教育科与文理科平行,其中更有所谓教育行政系,教育心理系,等等。教育学不是一个补充的副科,便是一个毕业后的研究,英国有好些大学以大学文理科毕业者习教育,未习文理科者不得习教育,德国的教育训练是把大学的哲学科(文理经济政治皆在内)学生于高年级时放在特设的一种教育学修习所中,以便教师之养成。总而言之,统而言之,做校长的要从教员出身,则无直接的经验,切近的意识,其议论必成空谈,其行为当每近于政客。然而要做教师,非于文理各科中有一专门不可,所谓教育行政教育心理等等,或则拿来当做补充的讲义,或则拿来当作毕业后的研究,自是应该,然而以之代替文理科之基本训练,岂不是使人永不知何所谓学问? 于是不学无术之空气充盈于中国的所谓"教育专家"之中,造就些不能教书的教育毕业生,真是替中国社会造废物罢!

第五,青年人之要求,因社会之矛盾而愈不得满足。今日中国的社会,是个最大的矛盾集团,时代的,地域的,阶级的,主义的,一切矛盾,毕集于中国之一身。在这个状态之下,国家无所谓"国是",民众无所谓"共信",人人不知向那里去,三十多岁的人尚且不能"而立",更何所责于青年? 在这样的情形之下,青年学生自然不能得安定——身体的,心理的,意志的。于是乎最基本的冲动,向最薄弱的抵抗处发动,于是乎青年学生的事不是风潮便是恋爱。共产党大开方便之门,故大有力量,老顽固无知识的作防川工作,是没有效果的,且或者驱人向共产党之人生观走,所以青年的"安心丸"是极不容易制造的,然而若想教育办好,这个"安心丸"又非造出不可。

以上的五项中,第一第二两项是基本的原因,第三第四两项是目下紊乱之直接原因:第五项是一种外感病,自身健康自然不染,自身不健康是免不了的。政府若想把教育澈底改革,非对这原因作有效的处置不可,否则改一回学制即增一回紊乱,作一次处分即种一次恶因。

至于改革的具体方案下次再谈。

(此文原刊于《独立评论》第 9 号,民国廿一年七月十七日(1932 年7 月 17 日),见孔德成主编:《傅斯年全集》第六册,台北:联经出版事业公司 1980 年版,第 3—10 页)

教育崩溃的一个责任问题

——答邱椿先生

（一九三二年七月三十一日）

邱椿先生这封信指示我很多事实上之欠妥，及语调上之过分，我不胜感谢之至！这篇文章的来原如此：我想把此日教育大糟其糕的由来写成一文，以衬独立评论的篇幅，而匆匆忙忙写不完了，故原拟八事，仅写五条，文题及前一段引子写时，都只有第一二几项在心中，写完时也不曾想想文中各节是否皆对题，便送给编辑先生了。而适之先生忙着发稿子，也不及与我商榷。把我那篇文中第四项与第一二三项同列，而以为是崩溃之原因，实在过分，至于第五项，乃简直不成原因，此点虽未承邱先生指正，我也很觉不妥。我对于这篇文字全部构造之不逻辑，及第四项有几句话言之过分的地方，非常抱歉！

邱先生提出辨正及商榷此事之态度，我固十分佩服，不过我对教育的见解尚不能因此改换，因为我觉得邱先生所说各节，尚未能使我心中焕然永释。

一、教师学院的中国毕业生确曾在中国民七八以来的教育界占一个绝大的势力，而其成绩我们似乎不敢恭维。这不是说他们都不行，这只是取多数以为论。一二年前，各大学之教育学院或系，几皆是他们主持。最初国人对他们的希望是很大，民七八年，一般人以为中国的最大问题是教育，而教育要教育学专家发命令，我们望风服从而已。居然民九民十以后几年中，我们见到教育学专家的若干设施与计画，其中发动者几全是留美学生，更以教师学院毕业者最有力量。邱先生的数目字当然不错，不过若把这些年来各大学教育学教授的人数之出身校别，及他们个人的地位与权能，分配着一看，不能使我们不觉到这些年来的大学中所谓教育学操在他们手中，而以他们在大学主持教育科的地位，在普通学校的影响是很大的。所以我现在以为他们虽不能当"教育崩溃"之主因,却也未曾不是一种大力量,这恐怕是邱先生也承认的罢。

二、这般教育学家高谈测验,教学、行政、心理等等,似乎花梢的很,而于教科究竟应该怎么样,学生的知识如何取得,如何应用,很少听到他们的议论,尤其少见他们的设施。以前我也曾托人物色到些国文历史的测验方式,说句不客气的话,简直没有意识,不特没有国文历史等之常识而已。先有一种文理专科之素养,再谈教育,方是实在的,否则教育学虽有原理,而空空如也,何所附丽? 教师学院中国学生诸位,大多数是务根本或务支节,希望他们自己考量一下。我所谓"不学无术"者,其意如下:对于一种学问,有一根本的训练(discipline)而得了解,谓之学,能把这了解施用在具体事实上,谓之术。所以一切洋八股,科学八股,党八股,教育八股,都是不学无术。……

至于邱先生向我提出讨论的三件事,及大学应否有教育学院,煞是大题目,将来我当作一文,敬求指正。最后我再表明,我极其感谢邱先生指示我的几件错误,并极其佩服他这见教与商榷之态度!

(此文原刊于《独立评论》第 11 号,民国廿一年七月卅一日(1932年 7 月 31 日),见孔德成主编:《傅斯年全集》第六册,台北:联经出版事业公司 1980 年版,第 18—20 页)

改革高等教育中几个问题

（一九三二年八月二十八日）

本文中所谓高等教育者，大体指学术教育而言，即大学与其同列机关之教育。此中自然也含些不关学术的事，例如大学学生人品之培养等，然而根本的作用是在学术之取得，发展与应用的。

在清末行新教育制以前，中国之学术多靠个人及皇帝老爷一时的高兴，其国家与社会之高等教育机关，只有国子监及各地书院，因为府州县学还近于普通教育。国子监只是一个官僚养成所，在宋朝里边颇有时有些学术，在近代则全是人的制造，不关学术了。书院好得多，其中有自由讲学的机会，有些作专门学问的可能，其设置之制尤其与欧洲当年的书院相似。今牛津圆桥各学院尚是当年此项书院之遗留，其行迹犹可见于习俗及制度中也。不过，中国的书院每每兴废太骤，"人存政举，人亡政息"，而且一切皆节于山长一人，无讲座之设置，故很难有专科之学问。且中国学问向以造成人品为目的，不分科的：清代经学及史学正在有个专门的新趋势时，桐城派遂用其村学究之脑袋叫道，"义理词章考据缺一不可！"学术既不专门，自不能发达。因此我们不能不想到，假如刘宋文帝时何承天等，及赵宋神宗时王安石等的分科办法，若竟永远实行了，中国学术或不至如今日之简陋。

清末改革教育，凡旧制皆去之，于是书院一齐关门，而一切书院之基金及地皮多为劣绅用一花样吞没了。今日看来，书院可存，而书院中之科目不可存，乃当时竟移书院中之科目，即旧新各式八股于学堂，而废了书院，这不能说不是当时的失策，现在我们论高等教育，这个帽子可以不管，因为今日之高等教育，除洋八股之习气以外，没有一条是绍述前世的，而是由日本以模仿西洋的。因为如此，我们不能不说说欧洲近代大学的演成。欧洲的近代大学可以说有三种含素。一是中世纪学院的质素，这个质素给它这样的建置，给他不少的遗训，给他一种自成风气的习惯，给他自负。第二层是所谓开明时代的学术，这些学术中，算学医学等多在大学中出，而哲学政治虽多不出于其中，却也每每激荡于其中，经此影响欧洲的大学才成"学府"。第三层是十九世纪中期以来的大学学术化，此一风气始于德国，渐及于欧洲大陆，英国的逐渐采用是较后的：于是大学之中有若干研究所，工作室，及附隶于这些研究所工作室的基金奖金。当清末办新教育的时代，这一叶欧洲历史是不知道的，以为大学不过是教育之一阶级。当时的教育既要"中学为体西学为用"，更以富强之目前功利主义为主宰，对于西洋学术无自身之兴趣，更不了解他的如何由来培养，与发展。试看张之洞张百熙的奏折，或更前一期王韬冯桂芬的政论，都是这样子。他们本不知道西洋在发财造厂以外有根本的学术，则间接仿造西洋的学术建置，自然要不伦不类的。我们现在正也不能怪他们，以他们当时的环境做出那些事来，比其现在的教育界领袖以今之环境做出这些事来，则今之人十倍不如他们。直到民国初年，大学只是个大的学堂。民国五六年以后，北京大学侈谈新学问，眼高手低，能嘘气，不能交货，只挂了些研究所的牌子，在今天看来当时的情景着实可笑，然而昏睡初觉，开始知道有这一条路，也或者是一个可纪的事。从那时到现在，中国也有两三种科学发达，一般对大学及学术制度之观念进步得多了，不过，今之大学仍然不是一个欧洲的大学，今之大学制度仍不能发展学术，而足以误青年，病国家。即如以先觉自负之北大论，它在今日之混沌，犹是十多年前的老样子哩！现在似乎政府及社会都感觉着大学教育有改革之必要，我也是写下几件一时感觉到的事。

第一大学教育不能置之一般教育系统中，而应有其独立之意义。大学也是教育青年的场所，自然不能说他不是个教育机关，不过，这里边的教育与中小学之教育意义不同。中小学之教育在知识的输进，技能之养成，这个输进及养成皆自外来已成之格型而入，大学教育则是培养一人入于学术的法门中的。诚然，中小学教育需要教授法之功用，这教授法可以用来使学生自动接受训练，而大学中也不是能够忽略知识之输进技能之养成者，不过，中学教师对学生是训练者，大学教师对学生是引路者,中学学生对教师是接受者,(无论接受的态度是自动的或被动的,)大学学生对教师是预备参与者,虽大学各科不可一概而论,工农医等训练之步骤要比文理法商为谨严,然而大体上说去,大学各科虽不同,皆是培植学生入于专科学术之空气中,而以指导者给予之工具,自试其事者也。因此情形,大学生实无分年的全班课程之可言,今之大学多数以年级排功课,乃将大学化为中学,不特浪费无限,且不能培植功专学术之风气。如大学不成为中学,下列办法似宜采用:

一、设讲座及讲座附属人员,以不布置中学功课之方法为大学课程。

二、除第一年级比较课程固定外,其余多采选习制。(文理法商之选习宽,工农医较有限定。)

三、每门功课不必皆有考试,但须制定一种基本检定:这种基本检定包含各若干及格证,得此项及格证之后,然后可以参与毕业考试。此项及格证在国文系者试作一例如下:

甲、中国语言文字学,

乙、中国文学史,

丙、中国通史,

丁、中国诗学(词曲在内)或词章学,

戊、一种西洋文学,

巳、若干部书之读习。

四、毕业考试由教育部会同大学行之,论文一篇,证明其能遵教授之指导用一种做学问之方法而已,不可不有,亦不可苟求。此外选择二三种最基本之科目考试之。

五、非满若干学期,不得参加毕业考试,但在学校中无所谓年级。

六、凡可有实习之科目,皆不可但以书本知识为限。

七、最普通的功课由最有学问与经验之教授担任,以便入门的路不错。

第二,大学之构造,要以讲座为小细胞,研究室(或研究所)为大细胞,而不应请上些教员,一无附着,如散沙一般。大学中的讲课,如不副以图书之参用,或实验之训练,乃全无意义,而在教授一方面说,如他自己一个,孤伶仃的,无助手,无工作室,乃全无用武之地,虽有善意,无以显其长，致其用。故大学中现在实在尚多用不着高于大学本身一级之研究院，而每一系或性质上有关连若干系须设一研究所。大学学生本身之训练，即在其中。大学教授之日进工程，即在其中。其中若能收些大学毕业继续受训练的，自然是好事，有时也很需要，不过，研究非专是大学毕业后事，而大学生之训练正是研究室之入门手续也。舍如此之组织而谈大学教育，只是空话。今之大学，各个都是职员很多，教员很多，助手很少，且有的大学教授一到校，非讲堂及休息室则无立足之地，此等组织，诚不知如何论学问。

　　大学本身之研究所，与大学外之研究院，也不应没有分别的。今之研究院，有中央北平二机关，近年皆能努力，若凭理想论去，研究院与大学中之研究所应有下列之分别。凡集众工作（Collective work），需要大宗设备，多人作工，多时成就，与施教之职务，在功夫及时季上冲突者，应在研究院，例如大规模之考古发掘，大组织之自然采集等。凡一种国家的职任，须作为专业，不能以有教书责任之人同时行之者，应在研究院，例如电磁测量，材料试验等，至于一切不需要大规模便可研究的工作，大学中仅可优为之，研究院不必与之重复，且有若干研究，在大学中有学生为助手更便者，在研究院反有形势之不便。如此说来，研究院之研究，与大学中之研究，本非两截，不过因人因事之分工而已。

　　第三，大学以教授之胜任与否为兴亡所系，故人学教授之资格及保障皆须明白规定，严切执行。今之大学，请教授全不以资格，去教授全不用理由，这真是古今万国未有之奇谈。只是所谓"留学生"，便可为教授，只是不合学生或同事或校长的私意，便可去之，学绩即非所论，大学中又焉有励学之风气？教育当局如有改革高等教育之决心，则教授问题应该求得一个精切的解决。我一时提议如下：

　　一、由教育部会同有成绩之学术机关组织一个大学教授学绩审查会。

　　二、凡一学人有一种著作，此著作能表示其对此一种学问有若干心得者，由此会审定其有大学教授资格。

　　三、经上列第二项手续之后，此学人更有一种重要著作，成为一种不可忽略之贡献者，由此会审定其有大学教授资格。

　　四、凡有大学教师或教授资格者，任何一大学请其为教师或教授时,受大学教员保障条例之保护,即大学当局如不能据实指明其不尽职,不能免其职。

五、既得有上列两项资格之一,而任何三年中不曾有新贡献者,失去其被保障之权利。

六、凡无上列资格,在此时情况之下,不得不试用者,试用期限不得过二年。

七、凡不遵守上列办法之大学,教育部得停其经费,或暂不给予毕业证书之用印。

既澄清了大学教员界,然后学术独立,学院自由,乃至大学自治,皆可付给之。如在未澄清之先,先付此项权利于大学教授,无异委国家学术机关于学氓学棍之手,只是一团糟,看他们为自身的利益而奋斗,而混乱而已。(此文写至此处,急须付印,尚有余议,且待后来再写。)

(此文原刊于《独立评论》第 14 号,民国廿一年八月廿八日(1932 年 8 月 28 日),见孔德成主编:《傅斯年全集》第六册,台北:联经出版事业公司 1980 年版,第 21—28 页)

再谈几件教育问题(节选)

(一九三二年十月二日)

几个星期前,我在独立评论上谈了几件关于教育的事,这几段文字都是齐稿前一晚赶着写的,急急忙忙,都没有把话说完,而引起好些辩论和骂来。虽骂的文章多数不值得反复辩论,却也有几事有再谈一谈之必要。不幸中间小病,隔时之后,冲动既歇,好些当时要说的话忘了。现在且把不曾忘的写下几件,零零碎碎,各段自是一事,合来不成一篇文章。

一、三件关涉教育学的意见,续答邱椿先生。在本刊第九号我那篇文字中,提出三件事来,第一、大学不是适用教育学的场所,第二、教育学家必于文理各科中有一专门,第三、中小学的课程要门类少,而内容充实。现在再依次解说之。(一)所谓教育学方法者,大致说来,当有下列几层作用:(一)适应学习者之心理。教者与学者年龄知识皆不同,强以自己所晓喻者加之于人是不行的。(二)所教科目之逻辑的,扼要的,明显的处置。……至于在大学中,做教师者,应假定其对于所教之一科有一种专门的训练,而非为教书之贩卖,应假定其对于所教之一科有一个会通的观点,则教出来自然应有提纲挈要的布置,如果他不是自己先不懂得的话。此外还要假定他有常识。这几个假定诚然不能实现于今之多数大学教员,然而大学教员本该如此。且大学中之学生,年龄上知识上都用不着教员之耳提面命,除非低能到不该入学的,所有教员自己能懂得的,自然有法子使学生懂得,不待那些繁文缛节的教育方案。然则大学教员,在教书上之作用,皆在其对于自己学科之了解与造诣,而以常识,学识,讲说风度,及人格,为其教育学,不学这一科,或学而无底者,焉得能为他想出教育法来?学一科,学而有底,自然能够自出教育法。即以我个人读书的经验论，在中学，在大学，在外国，所受益最多的教员，是学问最有根底的教员，绝不是注重教育法的教员。有的几位简直是老学究。诚然，学问既好，又了解教育法，固然是锦上添花的事，然而这事在大学中无关弘旨，不有正不足为害，而徒恃所谓教育法，忽略学问之自身，乃全无是处。我举一个实例。赫胥黎当年是以说话太快思想太速为初学人所诟病的。照欧洲及英国的习惯，最好的教员教最低年级的学生，因此赫先生教普通动物学等。教得有些人怨他说话赶不上，然而赫胥黎以其学问引出多少第一流生物学家呢？若请一位在哥伦比亚大学教师学院的教育专家兼习生物者来教，能得这样效果万分之一否？一种学问精通之后，自然生出一种教育法，这话虽不可以施之于一切大学教员，然大多数是如此的。况且大学科目以其专门性质更难有普遍应用之教育法，除非常识上事，本是人人应有的以外，至于大学中教学以外的事，尤其与教育学没有甚么关系。大学行政在欧洲真是简单到极度，而学问自然发达，今日中国弄得愈复杂愈不相干了。总而言之，在一个大学里，如上了轨道，行政正是九牛之一毛，不是甚么高谈教育学之场所，在一学科中只要教者有学识及常识，自然能教人，能引人，不待搽粉抹脂的事作。

（二）教育家必于文理各科之中先有一种专门，然后他的教育学有所寄托，不至流为不相干的空话。这话恐怕是学教育者平心静气时要承认的吧？以我所见，英德大学之习教育都必须先习一种文理专科，然后加以教师的训练，然后再谈教育学。所以教育不是有志做教员之副科，便是一个毕业后级的研究。诚然，也有一二个例外，如汉堡，如漫河法兰克佛。然这两个大学都是创办不久，并无多大学术上之权威，汉堡是个买卖城，其文化如中国之有上海，其大学中包有很多其他大学不屑的东西，不止教育一件而已。漫河法兰克佛是出名的犹太城，其大学尤不占学术上之位置。若引此为例徒使稍知德国大学者为之小怪而已。我在伦敦读书时，伦敦大学的教育学教授如 Adams 如 Nunn，都是先有专长再习教育的。有次我亲见一个中国学生跑到那里开头要学教育，碰到了一个无趣。诚然一国有一国的风气，不可扬此抑彼，不过我听说教师学院大体上也是大学毕业后的学生入的，如何能拿他当个模型，在中国大学中创一个教育学院，而使之与文理科同列呢？我实在不了解没有一种文理学科的专长，而空谈教学法又能谈出什么来呢？我更不了解，离了人文及自然科学之自身而谈教育，要教出什么来呢？我有一位学自然科学的朋友，有一天对我说，我现在明白了某某为什么罗罗索索做了那么多的教育研究而却是毫无关系的，我看见这几本美国教科书，才知道这些学问的来源。或者教师学院的中国留学生之缺陷，正以其很多开头便学教育学，不先在国内或国外文理一科中毕业吧？至于在大学以教育为主科，以文理之一科为副科之一种办法，尤其不上不下，不伦不类。其结果只是一碗杂碎菜，任何学科都得不到一个严整的训练。总而言之，做教员这一道，有体有用，学问是体，方法是用，不有其体，何处寄用？教员若先对于所教之材料无根底，还有什么方面可说？

　　……

依据上列的申说，和以前几次的文字，我冒然提议下列几件事：

一、大学中不设教育学院，因为这个不能本身独立成一种学问；也不设教育系，因为教育学自身不成一种严整的独立的训练。

二、大学中应设教育学讲座及教育研究所，以为有志在中学做教员之文理科学生学习教育之训练，并为文理科已毕业学生有志攻治教育者之训练场所。

三、大学文理科学生愿兼习教育者，其学分应如下列之分配——本科对教育科为三与一或四与一之比。若如北大之办法，教育系学生兼习系外功课占四分之一而弱，似仍不能成一种严切的训练，仍不免于杂碎之弊。

　　……

二、科学发达与研究机关之关系，中国人开始治科学不是很近的事了。我们且把耶稣会士之影响及上海制造局之事业扔开，中国开始派习科学之留学生并请外国教员在中国教科学，也有三十多年的历史了。到了现在，除地质学算颇发达生物科学看来也像有劲儿以外，理化医学等最重要科目真正寂寞的很。这是甚么缘故呢？难道说天之生才分配不均吗？我想，这道理很显然，以地质学之发达为例看去，便可了然。一个初在中国大学毕业或外国大学毕业的"科学家"，好的也还是一个初入门的毛雏儿，还需要多年的训练与培植。这个训练与培植包含三件事，一、在学问进步的环境中，二、在有能作典型的前辈做指导，三、充实为研究需用之工具，及所学事项之熔化。惟其如此，所以若把一个初毕业的大学生置之人海之中，不上几年，旧学尽荒从此落伍。中国知办大学而不想如何训练大学毕业生，能派留学生而不想如何安插留学生，因此常常见到在外国读书时很有成绩的青年，回来不久便落伍此岂是青年人之罪过？有些在美国学科学的，因为回来没有相当的环境，便在美国做起事来了，这真是太可惜了！在欧洲及美国历年的中国留学生学科学者，其中有不少有希望的，只是回国后一着不对把他们埋没了。理化等日新月异的科学，回国来一教书，一做事，两年便生疏，三四年便落伍了。地质学之比较发达者，因为有个地质调查所，能成一种从事科学进步的环境，能建设出相当的权威，能给大学新毕业生一个训练场。即如前几年不幸死于云南土匪的北大地质系毕业生赵亚曾先生，以一个中国大学毕业生，能在几年之内出如许多成绩，岂非难事？也正因为有地质调查所的环境帮助，否则一教书，一做事，便也完了的。物理化学在中国之不发达者，正以中国没有如地质调查所那样的理化科学机关，故国家出大资本培植的人才中道而废了，这是多么可惜的事！外国人办的协和医学院及上海之李斯特研究所尚能为中国安顿几个习自然科学的学人，中国人岂可不自己努力？近几年来，有中央研究院及北平研究院之设置，其中皆有理化的部分，听说很能吸引人才，这诚然是好现象。这样的机关建设的有个样子之后，然后大学的科学教育及留学生之科学教育得到补充，不至半途而废。

……

（此文原刊于《独立评论》第 20 号，民国廿一年十月二日（1932 年 10 月 2 日），见孔德成主编：《傅斯年全集》第六册，台北：联经出版事业公司 1980 年版，第 29—37 页）

大学研究院设置之讨论

（一九三四年六月二十四日）

　　前些时教育部公布了一件《大学研究院暂行组织章程》，凡十四条，关于大学研究院之行政的组织，规定略备。在现在各大学每已设立了所谓研究院的时候，有这样一个规定，自然是一件很切要的事情。详考这十四条中，关于大学研究院之行政的方面，规定得似无遗漏，这是值得大学称许的。不过，"徒法不足以自行"，仅仅有行政的规定，这大学研究院是未必能办得好的。所以我现在试谈几件大学研究院如何方可设立的情况。

　　一、大学之有研究组织是欧洲大陆上创始的风气，而英国是很后些时，受大陆的影响而变成的。这话不是指个人研究而言，个人研究在英国发达也很早。唯其这是一个很近的组织，故好些欧美大学中并不备有，或不充分的有这个组织。本来这个组织不是随便可成的。美国情形我所知甚少，所以不敢多说，英德情形是我所见，法国情形是我所闻。以我所见所闻而论，大学要办研究之前，有一先决条件，即大学本身先要充分的实行讲座制。所谓讲座制者，欧洲大陆国家之官设制度，与英国之私人捐助制度虽不同，私人捐助又每每各自不同，然有一个共同之点，即在此制度之下担任一科讲座的教授，应负对此一科之"教学相长"的责任：他不是单独的教书者，而应该是一面求学者；他不是在那里做一个知识贩子，虽然贩卖知识是不可免的，而应该自己有贡献于他的科目。在这一种制度之下，一个讲座之担负者，便是一研究员，其对高级优越肯去专研的学生，便是一个研究导师，如能奋斗出一个小组织来，有助手，有设备，便是一个小研究所。大陆及英国大学中之有研究，在英国称之曰"后毕业级"（Postgraduate Course）在大陆称之曰某科之研究所(Institute),虽是一件不远的事,而这种讲座制度,广义的说,是与大学建置同起的,狭义的说,也是很早的。先有这个制度,故大学中建研究院一段,甚为自然:大学自身的组织先是这个样,故大学中设研究一级,正可谓大学自身之扩充,其间并无对立的情形,也不成断然不同的阶段。廿世纪初年英国舆论界所讨论之"大学之近代化"者,正是学习欧洲,特别是德奥,在这一点上之先进主义,即扩充大学讲座之学术贡献能力,而更加大学中之学术的及其助成的组织。且向此方向之运动,在英国也并不始于廿世纪开世之年,更早说来,有英后配王阿尔伯为此努力,有赫胥黎诸大师为此宣扬。大陆上成此风气早已几十年,英国之为此奋斗也是经一个很长的时期然后达到的。回看中国要想一下子成就颇觉可疑,其故因为大学的本身不曾完成大学之意义者多。其中有些先进的,经济来源较裕的,办事人得力的,自然很有些部分可以作进一步的上级研究组织,然若有一个普遍的大学增设研究院之运动,或一个大学中不分教授之个人能力而普遍的高升到研究院一阶级,如某大学普遍发信给各教员,问他要担任研究院之指导否,实不免出于我们在外国所见所闻的常情以外。所以我以为在大学建置其研究院之前,应该先使得大学成大学,即澈底的建设大学中之讲座制,而变更此日之高中教师服务状态,即所谓"排钟点","拉钟点","教钟点","兼钟点"……者。若大学本身的品质不具,而更设研究院,虽以至诚之志赴之,亦必为低能的大学本身所劣化无疑也。

二、以我回国后服务之经验论,大学中之研究院,与独设之研究院,如中央研究院等,及其同样的研究机关如地质调查所等,就处境论,各有其不便处。大学之研究院有不及专作研究院机关之一便当处甚多。凡一事之需要较大量的设备,大规模的组织者,在大学各科并立的状态之下,颇难得一部分过分发展(虽然有时应该如此,例如北大之地质系),而在专作研究之机关中,可以较少此样的限制。又如需要长期在外工作者,不是担任教科之教授所便于长久负荷的。此等事若依绝对的需要,也是应该在大学中作,因为大学的教师也正需要此等历练,不过在教书的任务之下,这事总不是可以为常的,若在专事研究的机关中,毫不受此等限制。至于大学在此事下之优越于专作研究之机关者,也不止一事,科目多而得相互之帮助,讲习多而得陶冶之实在,皆其要点。其最重要者,在乎大学之有学生。惟其有学生,方可在若干工作上得大宗人之动手,在若干问题上得初步者之尝试。诚然,这样的学生虽选择了也还不及训练过的助员之能得心应手,然而助员人数不能多,且人少则思想之方面少,若众多学生,但能在水平线之上,虽不及助手一级之精干,却可以多为贵。而且好学生虽所凭藉者并非经验与训练,而是新锐之智力,却时能对研究之教师有所刺动。故专所之研究可以精炼深入处见胜,大学之研究可以活泼笼罩处见长。况且人是感情的动物,所谓"人之患在好为人师"者,也正是学究的最大安慰。在这些地方,孔二先生似不如孟大先生之精诚而痛快,所以孟先生便说,"得天下英才而教育之,三乐也"。教书遇到"启予者商"真是可以乐得手足舞蹈的事情。大学中之研究,是师生共之者,虽指导者遇到无识之谈,有时也颇可觉得天真之味,何况学生中颇多才智之士,陶熔虽费心神,却是一件乐事。

如此说来,大学中研究之便当过于非大学中者,正以大学之有学生,然则在大学中设研究院,当以训练大学本身之高级学生为重要,不当以"招收研究生"为专务,若为几个东来西去的所谓研究生,校内不得兼职,而校外似未尝不可兼职之研究生,建设一个庞大组织,似乎不值得。且以此时国民经济的状况论,大学毕业之后,能再做研究生者极少,继令大学研究院中设奖金膏火,究竟难以维持生活,其结果也,招收之研究生每每不是兼职挂名之求"科名"者,便是不得职业之可怜虫,或是本校毕业无出路,恋恋于宿舍之无房租者。我不是说招来的研究生都是这些,我只是说,招来的研究生好的恐怕不多。若但有区区不多之好研究生,不妨由国立各研究院或其他专业研究之机关负其责任,或无须乎为此建设一个庞大组织也。

第三,上一节中所求说明者,乃目下大学多不甚需要一个大学本科以上的阶级,若必设研究院,当以训练本科高级学生为主,至少此一事与招收之研究生应同等的重视。现在再说明大学本身之需要研究或讨论的各个小组织。大学之所以异于高中者,高中乃多方的自外训练,大学乃专门的自内启发。高中应是在社会上一般服务人之教育最高点,大学乃是为求专业者供给以基础的训练与启发。故大学中一门功课若教得好,必有切确的讨论,充分的实习,运用思想的实习,而非养成机械习惯的实习。如是,则一个讲座便须附带一个小小的窝巢,即是研究讨论的工具与助手。这样办然后所教者方能充实而进步,方能不是生抄硬贩的把戏。以类相从,聚集多个这样小窝巢,成一个较大的组织,其中工作互相照顾,如此方是一个研究所或研究部。这是大学本身所不可少,不当是专为上于大学之一级而设的。若研究但为毕业后之学生而设,研究所但为招收之研究生而用,则大学本身难免更要高中化了。若曰,未毕业生不够接受指导之程度,我则曰,既毕业生够的也不见得多,恐怕还不如未毕业者之新鲜(fresh)呢。

四、这个规程可以为限制各大学漫设研究院之处置(如第五条),也可以引起各大学竞作设置研究院之恶事。这事固系于各大学校长认识之力,同时也系于教育部操持之方。我想,教育部既已颁此令,应发挥其限制之力,而不应放任其竞设之习。第三条第二项及第五条各项,应认真从严办理。且教育部既已自定为判决应设与否之权威者,应先充实其判决之力量。以我所见,普鲁士各大学教授之任用,初决于本校教授会,最后决于教育部。如此,权可谓大,然而能行者,普鲁士教育部有此技术的力量也。我以为在教育部允准各大学设置研究院之前,应先组织一个大学教员资格审定委员会,专以著作定大学教员之资格,其尤有学术贡献者,方得许其为正教授,即执行研究院指导之任务者。若此层办不到,或办得未尽妥当,或未尽严,我恐各大学之所谓研究院,将如春笋之群发,麻茹之坚固,更为高等教育事件上加一紊乱而已。

此时之教育部是最肯以经验见识细心想着作事业,且去真作事业者,故期以"唯善人惟能受尽言"。未尽之意,待下次再言。

(此文原刊于《独立评论》第 106 号,民国廿三年六月廿四日(1934 年 6 月 24 日),见孔德成主编:《傅斯年全集》第六册,台北:联经出版事业公司 1980 年版,第 38—43 页)

★郭秉文

　　郭秉文(1880—1969)，字鸿声，江苏江浦县人，中国近代教育家。1896年毕业于上海清心书院。1908年赴美国留学，先后获伍斯特大学理学士、哥伦比亚大学教育学硕士及该校教育学博士学位。1914年回国，任上海商务印书馆编辑。1915年任南京高等师范学校教授兼教务主任，1918年代理校长，1919年8月任校长。1920年筹建东南大学，1921年任东南大学首任校长，系统引进"美国模式"。期间，郭秉文以民主与科学精神治校，主张"通才与专才平衡"、"人文与科学平衡"、"学术与事功平衡"、"师资与设备平衡"、"国内与国际平衡"及"严格甄审，宁缺毋滥"、"男女平等"的招生原则，提倡学术自由，鼓励通过实验开展科学研究，发扬科学精神；强调"寓师范于大学"，倡导师范生"教材教法的精研"与"器识抱负的培养"。1925年，郭秉文赴美国芝加哥大学哈里斯基金学院讲座教授，任中华教育促进会会长。翌年发起组织华美协进社，任社长。自1923年起连续三届当选为世界教育会议副会长。第二次世界大战后任联合国善后救济总署副署长。晚年创立中美文化协会，从事中美文化交流活动。

　　郭秉文出版的论著有：《中国教育制度沿革史》(1914年哥伦比亚大学博士学位论文，1916年由商务印书馆出版发行)、《民国十一年之高等教育》(单行本，中华教育改进社，1923年)、《中国近代教育之进步》(单行本，中华教育改进社，1923年)等。发表的论文有《五十年来中国之高等教育》(见《最近之五十年》，《申报》馆编印，1923年)、《太平洋各国大学如何最能增进国家了解与友谊》(《教育与人生》1923年第5期)等。

代理校长郭秉文关于本校概况报告书(节选)

(一九一八年十月)

南京高等师范学校概况

……

四、教育概况

本校教育概况,分训育、智育、体育三项说明之①。

一、训　育

本校训育取训练与管理兼重主义。训练注意启发,使知其所以然,管理注意实践,使行其所当然,二者交相互用,以期知行合一。其训育标准、方法、程序、实施,分述如下:

一、标准　以养成对于国家负责任之国民为意想中人格。此人格之要素,必具有坚强之体魄,充实之精神,而于道德、学术、才识三者又有适当之培养,盖必如此,然后对于应负之责任能知能行,而人亦能信愿以责任付之也。兹分言培养道德、学术、才识之要点,及其所向与其所本如下:(甲)属于道德者,一品性,如知力,如感情,如意志,要皆趋于中正;二行为,如容仪,如言语,如动作,要皆趋于和平。(乙)属于学术者,一知识,如普通,如专门,要皆使之明确,二技能,如应用,如美感,要皆使之精熟。(丙)属于才识者,一计划,如全局,如分部,要皆期乎悠久;二执行,如作业,如游戏,要皆期乎宽厚。而所谓中正、和平、明确、

---

①　另附的"训育大纲"省略——编者注。

精熟、悠久、宽厚者，则要皆本于至诚。此本校训育标准值大概也。

二、方法　　依上定标准而欲使学生之体魄、精神、道德、学术、才识各方面有相当之发达，固不可以抑制，亦不可以助长，惟宜启学生之自动之机，使自向所定之标准，进行以至于能自立而止，所当依据之原则分列如下：(一)利用天性之原则；(二)触发统觉之原则；(三)引起兴味之原则；(四)应用暗示之原则；(五)选择思想之原则；(六)养成习惯之原则。此本校训育方法之大概也。

三、程序　　依上定标准方法，而欲求达目的，亦非一蹴能几必也，为定程序使循序渐进，庶几无蹴之苦，而积久亦自可深造。本校训育程序先由一己以及他人，次由学校以及社会，盖以成为始，而以成为终也。兹分别言之如下：(一)对于自己之品性行为负修养之责任；(二)对于同学之品性行为负规劝之责任；(三)对于本校校风负巩固发扬之责任；(四)对于本校附属学校之训育负协助之责任；(五)对于本校附近社会之风俗负改良之责任。此本校巡游程序之大概也。

四、实施　　本校实施训育之大别有二：一曰修养，二曰服务。修养方面，于学生则重躬行与省察；于职员，则重感化与考查。有学生省察表，每周由学生记载，学监调阅一二级，因以审知学生之性行而诱导之。有职员考察册，每学期由各职员记载汇交学监处，因以品评学生之性行而劝勉之。

服务方面，于学生则重实践与研究，于职员则重示范与检查。校内各处与学生有关系者，均载明于服务生职务规程，由服务生分期轮流以实践其职务，有需要时则开服务生会以资研究。如有新生之事项，职员先行示之以范，迨既成为习惯，则由学生任之。每日由学监周行各处，检查一切，即记载于检查簿。

于修养、服务两方面有应行劝告勉励之处，其关于个人者，则为个人训话；关于团体者，则为团体训话。训话后又必考察期是否履行，如有不履行者，则必复加训话，至于履行而后已。此本校训育实施之大概也。

二、智　育

本校以诚为训育之本，亦以诚为智育之本。盖诚合成已成物而言，故格物所以致知，即所以至诚。中庸曰：自明诚谓之教。又曰：诚之者择善而固执之者也。曰明、曰择皆智育所有事而皆所以致其诚也。故本校智育以诚为本，兹将本校智育标准、方法、实施之概况略述如下：

一、标准　本校依据诚训，以养成思想及应用能力为智育标准。必使学者能思想以探智识之本源，能应用以求智识之归宿。盖明智识之本源，然后能取之无尽；明智识之归宿，然后能用之无穷。至于所思想应用之事物，则以适合于社会需要为本，总期所思所用，皆与社会生活有密切之关系。

二、方法　方法者，用以贯彻前定之标准，自明以至于诚者也。本校为贯彻智育之标准，注重二种方法：（一）养成思想能力，则注重兴疑与试验，盖必先使学者有所愤悱，然后乃能启发其思想，又恐其凭空构想也，故为设种种机会，俾能试验，使所思者皆有所据。（二）养成应用能力，各注重理想与实际之联络，必使所学者皆有所用，所用者皆本所学。试行以来，此种方法，对于透达智育标准颇有成效。

三、实施　本校智育均本所采之，智育标准与方法为实施之方针，就其实施言之，可分六种：（甲）设科，（乙）教授，（丙）实验，（丁）研究，（戊）实习，（巳）参观。试分别述其进行概括：

（甲）设科：本校依据智育标准，以适应社会需要，为设科主旨。但社会需要随时变更，是所设之科亦因之而异。故本校开办以来，鉴于国文、理化教法之宜改良，首设国文、理化两部，并设国文专修科，期速改良之效。鉴于社会体育不振，而任体操教师者又多不明体育之原理，故于五年春季设体育专修科，以养成中等学校与地方公共体育之体育主任、教员以及管理员。鉴于人民生产力薄弱，而一般毕业学子又多乏职业之智识技能，解决之法惟有提倡职业教育。本校为预养师资起见，因于五年秋季除续招国文、理化两部外，增设工艺专修科，六年秋季又续招工艺专修科，并增设农业商业专修科，以应中等职业学校之需求。鉴于中等学校英文教师之缺乏，同时又设英文专修科，以改良英文教授法为宗旨。鉴于教育一科之缺乏专才，因于今年续招农商体育三专修科外，添设教育专修科，志在养成教育学教员及学校行政教育行政人才。近世因生物学、心理学、社会学、哲学之进步，教育已成一种专门科学，非造就此种专门人才，不足以促教育之进步，增设教育专修科之微意也。

此外,各科授业初期皆授国语,应语言统一之需要也。又拟将国文部改为国文史地部,其理化部改为数学理化部,俟现在只国文部、理化部各班毕业后行之,以期适合中等学校教科之情形。此本校适应社会需要设科之大概也。

(乙)教授:教授依据智育方法,以养成思想独立之能力为目的,故重启发不重注入,重自修不重听讲。各科之利用参考书日有增加,而图书室亦渐次扩充,以应学生之需要。并拟于本年秋季,设教务研究会,求教法之统一及改进也。

(丙)实验:思想有待征之事实而后信者,则教室教授有时乎穷而实验尚矣,故本校物理化学、解剖学、土壤学、植物学、作物学,皆重实验,一意为学理之佐证,一以养成发明之习惯。今年理化部诸生,搜集中国药材,用化学分析法考察期成分,工科学生尝创制抽水机,此皆由实验之兴味得来也。

(丁)研究:研究亦为锻炼思想独立之一法。除校友会所设种研究会外,本校各部各专修科,于末一学年均定有研究一项。凡关于该科之各种重要问题,令学生各认一题或两题,详细研究,各撰报告书留校,以养成独立思想,并以是征其心得。此次体育专修科毕业生所撰体育研究报告,共分四门,一体育史,二体育原理,三体育组织,四体育教授法,各门又分细目共36篇,尚有心得之作。

(戊)实习:实习为养成应用能力之方法,与实验不同。本校实习有两种:(一)□□科之实习。所以养成各科之技能,如工有工场实习、农有农场实习、商有商社实习,平日则在校中实习,暑假则派往相当之处所实习。今年暑假期内,农科学生则派往苏、浙、皖各省农场实习;工科学生则派往沪上著名各工场实习;商科学生则派往各商店实习,总览各科报告颇多事实之谈。(二)为实地教授。为养成应用教育原理之方法。按原有章程,实地教授,统在末年第三学期举行,但一学期之实习时日究嫌短少,且所习与所教时间距离过远,学理应用联络较难,故本校略加变通,于来年之第一学期,即举行分组实地教授,教员及同级生在旁观察,课毕加以讨论,曾于体育专修科试之,颇见实效,嗣后各班均拟酌量仿行。

(巳)参观:参观亦为增长知识之一途。本校每班学生毕业前,均派往有关系之机关参观一切。本届体育专修科学生,于毕业前参观上海各国体育机关凡30余所,以比较得失,藉资借镜。

三、体　育

中庸言诚,包智、仁、勇三达德。希腊人恒言健全之心寓健之全身,盖体育为德智二育基本。欲求德智高尚,苟使身体孱弱不徙,任重道远,难以负担,且不足以表示优秀国民之完全人格,故本校对于体育极力注重。兹将本校体育标准、方法、实施概况分述如下:

一、标准　本校体育,以养成坚强之体魄,充实之精神为标准。对于全校,则重体育之普及,对于个人,则重全局之发育,务使人人能得健康之幸福,各部皆得平均操练,此本校所立体育之标准也。

二、方法　本校体育方法有三:一曰养护所,以培养元气,使御邪感于未然;二曰锻炼所,以操练筋骨,使作耐劳之标准;三曰医治所,以矫正体格,使偏害者复其健全,已罹病者复其强壮。此本校对于体育所施之方法也。

三、实施　本校体育实施,关于修护方面,有学校卫生,由卫生部主持其事。又为预防时症传染起见,劝令学生补种牛痘。至膳事则用分食之法,人各用一食器,内间为二,分贮荤素菜品,比数人共用一器为洁净,而合于卫生。关于锻炼方面,有体操正课、兵操、棒术、课外运动等,并有早操一门,每日晨起学生各于室外举行十五分钟早操,以养成终身早起运动之习惯。关于医治方面,有中西医校诊治疾病,并设调养室,以资调摄。每学年举行体格检查一次,体格有偏害者,由体育教员为选适宜之矫正体操,恢复期健全,其有疾病者,则由校医诊视。此本校体育实施之大概也。

……

五、职工教员概况

……

四、服务时间　教员授课,每周最多者28小时,最少者2小时,中数14小时,但专任教员授课外,皆兼负训育责任,并每星期内规定接见学生若干时,为质疑问难之机会或兼校友会内各研究会指导员,为课外研究之赞助。

　……

本校校友会概况

本校校友会,于民国六年九月成立,由本校前任职员、现任职员、毕业学生、在校学生共同组织,以崇尚本校校友之情谊,砥砺道德,研究学艺,修炼才识,培养坚强之体魄,活泼之精神,贯彻诚字校训,藉使发展教育事业为宗旨。

本会设总务处,主持一切会务,所有各分部,如职员部、毕业学生部、修养部、学艺部、体育部、交际部、编辑部等,均归统摄其重要事项。另设议事会,公决施行。本会所设之各分部,现已组织者为职员部、学艺部、体育部、编辑部,正在组织者,为毕业学生部、修养部、交际部,预计下学年内当可一律组织完备。各部所属之各属会及各属科,其已成立者,如职员部之职员交谊会,如学艺部之哲学、教育、国文、英文、数学、理化、农业、工业、商业、体育等研究会及演说、摄影、国乐、西乐、图画等会,如体育部之运动会,内分足球、篮球、网球、技击等队,如编辑部之杂志科等是也;其将成立者,如毕业学生部之第一级会、第二级会。如修养部、学生自治会、社会服务会,如文际部之乐群会,如编辑部之译书科等是也。

校友会与总务处及分部职员,均由职员任之,各分部之所设属会及各属科之职员,除职员交谊会外,均由学生任之,另有指导员为之指导,则职员任之,所以使学生自由活动于职员规定范围之内也,然会议校友会与总务处及分部之简章、规程、细则以及会务计划、经费预算、成绩报告及决算报告等事,亦有学生代表参与其间,而各分部设之各属会与各属科之简章、规程、细则以及会务计划、经费预算、成绩报告、决算报告等,由学生通过后又经有关系之职员核夺,则欲使职员学生之意思共同一致也。

以上成立之各会,哲学、教育、国文、英文、数学、理化、农业、商业等研究会及演说会,每年各出会刊二册,工艺、体育两研究会,每年各出会刊一册,又杂志科于今年暑假期后出校友会杂志一册,均由学生主持,由职员指导之。

　　本会自去年成立后,将届一载。此一载中会务颇觉发达,各职员均能热心从事,愿负责任,各会员亦多兴致奋发,重视会务,如能循此进行,则本会前途有无穷之希望也。

　　……

　　(见《南大百年实录》编辑组编:《南大百年实录》(上卷·中央大学史料选),南京:南京大学出版社2002年版,第52—60页)

太平洋国家的大学如何促进国际间了解与友谊①

（一九二三年七月二日）

在利用教育机构促进国际间了解与友谊方面，大学自然应该起重要作用。事实上，大学已经、正在或仍将发挥很大作用。我仅提及几个行之有效或值得认真思考的做法。

促进国际间了解与友谊的一个做法是交换教授。除一些有学术倾向的交换，国际间两所大学一两位教授或讲师的交换似乎不能带来什么利益，然而却直接促进了国际友谊。因为教授之交换意味着国际间思想之交流，借此一国文明之精华得以传播至他国。通过那些品格高尚、受过严谨推理训练和坚定捍卫理想信念的学者之间的相互访问而建立起来的个人联系同样弥足珍贵。这些不仅会自然导致相互钦佩，而且会造成相互了解与尊重。因此，这意味着向国际间的和睦迈出重要一步，尽管似乎微不足道。

事实上，众所周知，交换教授和讲师的做法已经实施了数十年，先在美国与欧洲国家之间，进来扩展到远东的国家之间。国际教育协会（The International Institute of Education）对此举起了促进作用。因此，当政客们就国际政策与安全高谈阔论，银行家门为国际义务与权宜之计斤斤计较，经济头领运用他们的哲学思想，社会学家发出警告和呼吁，大部分出版社都在炒作更多更大规模的战争威胁之际，许多国家聪明、讲究实际的教育群体正默默而坚定地携起手来，其合作规模逐渐在扩大。

---

① 本文为作者在加利福尼亚旧金山市举行的世界教育大会泛太平洋小组会上的发言，原文为英文，由王丽莉翻译、王晓群审校，摘自《郭秉文与上海商科大学》。

　　然而,虽然交换教授的做法已经实施了很长时间,但仍未得以广泛提倡,在某些情况下还是单方面的。只有相互间的交换才有效果。再者,交换有时与宣传工作联系在一起,这是危险的,因此应当避免。

　　将一国的学生送往他国是促进国际间了解与友谊的另一种做法。在外国学习的学生有机会近距离了解其逗留国。在教室里、运动场上、实验室里,在社会和校园生活中,他与其他国家的学生接触,了解他们的追求、理想和想法,也有机会让其他国家的学生知道他的思维方式和生活中的问题。一旦有了相互间的了解和欣赏,友谊的纽带才更加牢固。不仅个人受益,更重要的是具有国家和国际意义。以中国为例。自1868年以来,中国开始向国外派遣学生,汲取西方的知识与灵感。虽然高等学府的数量已经大大增加,但是中国仍仅有2000名学生留在日本,1500人在欧洲,至少有2000人在美国。近十几年来,数以千计的学生在国外学成归国。他们中大部分人现在政府任职,或担任工业和教育等部门领导。作为一个阶层,他们的贡献在于引进西方的思想和方法、制定重要改革措施和推动国家社会和经济秩序的逐渐转变等。作为西方文明的学生和中国知识与文化对西方的阐释者,他们对于建立在国家间相互充分了解基础上的亲密友谊作出了巨大贡献。对于中国是这样,对于其他国家亦然。既然事实如此,那么就应该通过传播有关其他国家教育体系、课程、学位、学费和其他方面的信息,通过给学生,特别是高年级和思想成熟的学生设立奖学金、研究金和资助,尽最大努力鼓励和促进将一国学生派往另一国。

　　相互交换教育代表团和考察团,了解不同国家的教育状况也能促进国家间更好的理解,因此应该大力提倡。1918年和1919年,英国派教育代表团访问美国,与此同时法国学者代表团对美国的访问,以及,据我们了解,欧洲和美国之间的许多其他代表团的互访都硕果累累。说到太平洋国家,还以中国为例,经验更证实了这一点。近几年来,中国不断派教育代表团访问日本、菲律宾和美国,亲身了解那里的教育状况和问题。这些代表团的访问不仅让中国从兄弟国家教育发展经验中受益,也使考察团的成员了解被访问国家的生活情况。其他国家的教育考察团对中国的访问也让中国受益匪浅。基督教教育考察团1922年对中国的访问,以及其调查结果和建议,证明对中国基督教教育改革起到了重要的促进作用。哥伦比亚大学和国际教育协会的门罗博士1922 年的访问促进了中国教育体制的重构和全国教育进步协会的建立。门罗博士还促成哥伦比亚大学的威廉·麦科考尔博士和俄亥俄州立大学的特维斯教授两位专家个人来华访问。前者帮助中国建立了一系列智力和教育的测评与评价标准；后者为改善中国自然科学的教学方法，对其自然科学的教学进行了调查研究。国外这样著名教育家的访问所取得的有益成果必然会对相关国家间的关系产生良好的影响。除教育考察团，还应鼓励辩论队、运动队、学生旅行和其他形式的互访，如果安排适当，也能获得理想的接触机会，因此也有助于国际间的相互了解。

应该将相互交换大学的出版物作为相互交换教授和讲师、相互交换教育代表团的补充。泛太平洋国家，以及世界多数国家著名大学在图书馆里都有大量出版物，如论文、目录、报告、期刊和书籍的副本。它们不仅含有大学工作的信息，还有艺术、历史、文学和科学发展的大量信息。如果能作出安排，系统地交换这类出版物，不同国家的学生和教授就能够熟悉世界各个知识中心所发生的事情，给予他们一个了解和关注的群体，为促进未来世界和平奠定基础。

高等院校增进国际友好情谊的另一个做法就是在联合办学上开展实质性合作。由中国和法国大学人士共同经营管理的法国里昂大学中国部，以及美国的两个名牌大学与国立南方大学拟合作建立的一所一流工程学院，都是各国教育家共同努力促进国际合作，增进国际友谊的典型例子。因此应该在太平洋国家的高等院校推广。

从课程设置角度看，通过学习外国文明、语言、文学、历史、地理和艺术，以及政府制度、金融体系和社会生活，大学能够增进国际间的了解和友谊。为了真正欣赏不同种族和民族的价值，我们不仅要知道他们的现在，还要知道他们的过去和他们的种族经历。我们还必须了解他们的心理、智性、宗教和感情生活。因此学习外国的语言、历史和艺术十分重要。认识到这一点还远远不够，在多数情况下人们对这种学习并非十分认真，而且仅仅局限于少数人，与学习中国语言、文学和历史的情况差不多。事实上除少数著名的终身从事汉学研究的专家外，中国文明对一般受过教育的西方人来说仍然是一部尘封的书。然而，据我们所知,某些国家已经认识到中国文明的真正价值,所以一些重要的大学中心开始认真学习中国文明。我们会毫不迟疑地说,他们的努力会得到加倍的回报。必须承认,中国语言难学确实是研究中国文明和中国人民的障碍,但是通过设立中国文学和历史的教授席位,通过图书翻译和其他有效手段,不管这个障碍有多大,也一定会被克服。

在大学里研究国际问题是另一个增进国际间了解的有效途径。一个令人感到惊讶的事实是不同国家的普通公民都不熟悉国际事务。甚至有文化的公民亦是如此。人们常认为研究国际问题是政治家和外交家以及政客们的事情,而忘记了参加国际政治事务是每个公民的权利和神圣的责任,从来没有人像现在这样呼吁公民们学习国际事务规则,以承担责任,或在这些问题上对公众舆论施加明智的影响。既然如此,普通公民往往缺乏正确判断其国家可能卷入的国际争端的标准也就不足为怪了。为了改善这种局面,我们希望强调第一届泛太平洋教育大会所提出的建议,即所有太平洋国家人民的政府作出适当的规定,在大学体制内研究太平洋地区问题,并在各自的社区传播这方面知识。我们也希望力劝不要从狭隘的民族主义观点,或通过某些固定政策的棱镜,而是要从一个公平的观察员和政治学学生的观点来研究国际问题。我们也力劝美国高校本科生建立的从事非党派国际问题研究的国际关系俱乐部也应该在其他太平洋国家的大学里组织起来。

转到精神方面,高等院校可以通过培养世界大同主义精神,提高对国际间的相互理解和友好情谊重要性的认识。大学的一个作用是追求真理,而真理不分地域和时空,也不受种族和民族的限制。大学这个词的意思就是思想、兴趣和同情感的普遍性。所以大学的责任是造就具有国际头脑、贤明、无私、能够抛弃自己民族偏见与偏爱的世界主义者,其影响在国家之间的交流中会显现出来。大学的责任是培养四海之内皆兄弟、宽容、和谐与平等的精神。为了这一目标,应鼓励思想自由、言论自由、尽量避免过度的政治和资本的干涉。

在国际关系中,一个国家的大学应该站在国际主义和平等的立场上,无论是否与其国家有关。如果国家的国际行为与最高的道德理想一致,那很好,另一方面如果国家的行为与最高的道德理想不一致,大学应该维护正义,敢讲真话,这样才不辱其最高使命。

　　我冒昧在这里再提一个想法。为了实施我在此建议的各种方法，为了进一步发展国际合作，让我们组成一个国际大学联盟，从太平洋国家的大学开始，逐渐扩大到世界其他地区的大学，届时人们将发现其必要性和吸引力。这会把大学联系在一起，并通过这些大学把它们所在的国家联系在一起。

　　这些就是高等院校促进国际间了解和友谊的一些方法：交换教授和学生、互相访问、交换出版物、建立联合教育企业、大学引进外国文明和国际问题研究的课程、培养世界大同主义精神和组织国际大学联盟，这些并非无一遗漏，但足以作为进一步讨论的基础，或作为此次大会之前的其他建议的补充。

　　（见东南大学高等教育研究所编：《郭秉文与东南大学》，南京：东南大学出版社 2011 年版，第 65—67 页）

南京高等师范学校校长郭秉文报告

（二十年代中期前）

南京高师在民国四年开办，不与两江师范有连续之关系，一中断于二次兵火、二性格各异，校舍仍之书籍、仪器已荡然无存。校舍已久驻兵队，故修理颇费经营。民国元年以来，江苏教育注重小学后，乃注意及于中等教育，故当时教育界请求设立，而部命省长代办经费，则由国库仍之，此成立异于他校者也。

学校行政之组织与他校同，而分布较强，校务会议限时本停。资次与小学、中学有关系者，主任亦出席而全校大会议，年但二三次耳，学生亦有服务生制度，如武昌高师办法服务之责任甚大。

校友会分二部：议事部、总务部。总务部又分四部：学艺、体育、交际、编辑等部是也。汇刊、杂刊等物皆由学艺部行之。去年，有周刊，今暂停。俟改良印刷机构后，继续办之，又有研究会十六种，体育会则人人入会，其分部游戏则任其自由选择，亦提倡体育之主义也。专科以两江师范毕业生甚多，故以东南几省所急需者为准，依调查之结果，以国文、理化为最大，故先设国文、理化二班，次立体育专修科、农工商三科、英文科等，而尤重国文。今尚有国文二班，理化则重实习，以向重理论不切于实用。今日工业未展汲待此科之改良。体育专修科学生均中学毕业生，本科注重体育，所以重国民体格之增强也。农、工、商三科重职业教育也，毕业后以备实业教育之用。三科与专门学校性质不同，彼养成企业家，而此养成职业的教员也。英文专修科，东南各省英文教育以教会教育造成者多，而中学生英文程度甚低，以教员少，教授法也是班不用翻译法而用直接教法，以期速成，且初学时候多者，多读而后教以文法,此拟改良英文教授法也。

课程　本校多专修科,故一切公共之功课较略,以后拟加国文与史地等功课。体育专修本二年毕业,后须改为三年。

教授法　养成学生自动之能力,令学生笔记先生之讲义,初行一学期,学生颇苦,又因言语不甚明了,故多困难。嗣后,注重国语,仍少效果。以向无笔记之能力也,故仍用讲义后当改良之。

研究会　向亲人演说,后改为多目行研究体育,亦使学生作报告书,如大学之研究部办法所困难者,书籍甚少。图书馆内书尚不多,又上课时间过多,故少研究之时间,拟以后减少教授时间。有一学生发明抽水机,经工科教员审查之结果,知比较普通之抽水机效力盛大,现正制造试用。

学生皆能自行实验,如理、化、农、工、商皆然。务令适用于社会如农科之有乡田实习,其一也;工、商之实行于工厂、商店,须俟明年为之实地教授,亦嫌一学期为不足。先教授,而后教以教授法为欧美之新法。本校试之于体育专修科,采取两种方法试验,行之尚见实效,教员除二人兼任外,余皆专任。

管理　介乎宽严之间,以时、以人、以地而异。

宗旨　以诚为知、仁、勇之根本。

使学生为笔记,命学监抽查各班,以观其道德之进步与否,成绩尚善情。各教员分任考查学生品性,而令生徒有接见之时间,命教员报告而学监汇齐之。

体格检查,入学一次,毕业一次。用美国未勒氏呼吸,体操使一般学生皆用之,又用进步之方法,以期无害于身体之发达,教员体操每星期班二次,教员亦与学生同打庭球,利多害少。

本校经费最困难临时费,预定二十一万,只收到七万,而经常费亦有时延宕至二三月后始收到者,日内节省为主义。

教员之养成有派往各地游历者,有派教员至美国留学英文教授法者。学界皆谓缺乏教育学专家,县视学之眼光过旧,则以进步之学校为不善,其害甚大。故教育厅拟令高师开视学讲习会,又拟立理化研究会以招校外会员,又拟立国语研究会,暑假时可利用校舍已开种种讲习会。附属中学开办不及一年,不甚完备,校舍新行建筑,尚俟经费,即在本校舍内移用若干校舍。须俟改良招普通科二班后,须招实业班。今中学有教授要目,有童子军,有商店。

附属小学为前年开办国民一、二、三年级,合班高等一、二级,拟试办职业补习学校,亦有童子军周介藩先生特别注意之点为感化主义。今周先生为省视学,恐未必能贯彻其宗旨,此南京高师之情形也。

(见东南大学档案馆档案,"校长郭秉文关于南高师简况的报告2",时间约为 20 世纪 20 年代中期前)

★ 胡 适

胡适(1891—1962),字适之。祖籍安徽绩溪,生于江苏川沙县,中国近代学者、教育家。早年在上海梅溪学堂、澄衷学堂、中国公学求学。1910年赴美留学,先入康奈尔大学学习农学,1915年入哥伦比亚大学哲学系学习,师从于杜威,自称"受杜威先生实验主义哲学的绝大影响",实用主义是他"生活和思想的一个向导"。1917年初胡适在《新青年》上发表了《文学改良刍议》,提倡使用白话文写作。同年,通过哲学博士学位的最后考试,回国后任北京大学教授,参加编辑《新青年》,提倡文学改革,提倡"大胆假设,小心求证"的研究方法,在学术界、教育界产生重大的影响。1920年出版中国新文学史上第一部白话诗集《尝试集》。1922年任国立北京大学教务长兼代理文科学长,1924年与陈西滢、王世杰等创办《现代评论》周刊。1926年与郭秉文等人在美国发起成立华美协进社。1927年正式取得哥伦比亚大学哲学博士学位。1928年创办《新月》月刊。任中国公学校长。1932年任国立北京大学文学院院长兼中国文学系主任,并邀傅斯年等人创办《独立评论》。1938—1942年任中华民国政府驻美国大使。1943年应聘为美国国会图书馆东方部名誉顾问。1946年任北京大学校长,扩建北大,在原有文、理、法三个学院的基础上增加了农、医、工三个学院;还提出了发展大学教育的十年计划。1950年应聘为普林斯顿大学葛思德东亚图书馆馆长。1957年11月任台湾"中央研究院"院长。1959年兼任台湾长期科学发展委员会主席。

胡适一生广泛地参加多种学术活动,在教育方面,他大力倡导杜威的实用主义教育理论和方法,对高等教育的建设和规划特别重视,并认为高等教育是国家学术研究的中心。其教育言论主要收集在《胡适文选》(上海:亚东图书馆1930年版)、自传《四十自述》(上海:亚东图书馆1933年版)、《胡适论学近著·第一集》(上海:商务印书馆1935年版;后删省为《中国新文学大系·第一集》(建设理论集,上海:良友图书公司1935年版)、《藏晖室札记》(上海:亚东图书馆1939年版;1947年由商务印书馆重排出版,改称《胡适留学日记》)等。

非留学篇

（一九一二年）

（一）

吾久欲有所言，而逡巡嗫嚅，终未敢言。然吾天良来责，吾又不敢不言。夫欲有所言而不敢言，是怔怯懦夫之行，欺人以自欺者之为也。吾何敢终默？作《非留学篇》。

吾欲正告吾父老伯叔昆弟姊妹曰：

> 留学者，吾国之大耻也！
>
> 留学者，过渡之舟楫而非敲门之砖也；
>
> 留学者，废时伤财事倍而功半者也；
>
> 留学者，为救急之计而非久远之图也。

何以言留学为吾国大耻也？当吾国文明全盛之时，泱泱国风，为东洋诸国所表则。稽之远古，则有重译之来期。泊乎唐代，百济、新罗、日本、交趾，争遣弟子来学于太学。中华经籍，都为异国之典谟；纸贵鸡林，以觇诗人之声价。猗与盛哉！大国之风也。唐宋以来，吾国文化濡滞不进。及乎晚近百年，则国威日替，国疆日蹙，一挫再挫，几于不可复振，始知四境之外，尚有他国。当吾沉酣好梦之时，彼西方诸国，已探赜索隐，登峰造极，为世界造一新文明，开一新天地。此新文明之势力，方挟风鼓浪，蔽天而来，叩吾关而窥吾室，以吾数千年之旧文明当之，乃如败叶之遇疾风，无往而不败衄，于是睡狮之梦醒矣。忧时之士，惩既往之巨创，惧后忧之未已，及忍辱蒙耻，派遣学子，留学异邦，作百年树人之计，以为异日急起直追之图。于是神州俊秀，纷纷渡海，西达欧洲，东游新陆。康桥、牛津、哈佛、耶尔、伯林、巴黎，都为吾国储才之馆，育秀之堂。下至东瀛三岛，向之遣子弟来学于吾国者，今亦为吾国学子问学论道之区。嗟夫！茫茫沧海，竟作桑田；骇浪蓬莱，今都清浅。以数千年之古国，东亚文明之领袖，曾几何时，乃一变而北面受学，称弟子国，天下之大耻，孰有过于此者乎！吾故曰：留学者我国之大耻也。

　　吾所谓留学者，过渡之舟楫而非敲门之砖者，何也？吾国今日所处，为旧文明与新文明过渡之时代。旧文明非不可宝贵也，不适时耳。人将以飞行机、无烟炮袭我，我乃以弓箭、鸟铳当之；人方探赜研几，役使雷电，供人牛马，我乃以布帆之舟、单轮之车当之；人方倡世界平等、人类均产之说，我乃以天王圣明、君主万能之说当之，人方倡生存竞争、优胜劣败之理，我乃以揖让不争之说当之；人方穷思殚虑，欲与他星球交通，我乃持天圆地方之说，以为吾国居天下之中，四境之上，皆蛮夷戎狄也。此新旧二文明之相隔，乃如汪洋大海，渺不可渡。留学者，过渡之舟楫也；留学生者，篙师也，舵工也。乘风而来，张帆而渡。及于彼岸，乃采三山神药，乞医国之金丹，然后扬帆而归。载宝而返。其责任所在，将令携来甘露，遍洒神州；海外灵芝，遍栽祖国；以他人之所长，补我所不足，庶令吾国古文明，得新生机而益发扬张大，为神州造一新旧泯合之新文明，此过渡时代人物之天职也。今也不然，今之留学者，初不作媒介新旧文明之想。其来学也，以为今科举已废，进取仕禄之阶，惟留学为最捷。于是有钻营官费者矣，有借贷典质以为私费者矣。其来海外之初，已作速归之计。数年之后，一纸文凭，已入囊中，可以归矣。于是星夜而归，探囊出羊皮之纸，投刺作学士之衔，可以猎取功名富贵之荣，车马妻妾之奉矣。嗟夫，持此道而留学，则虽有吾国学子充塞欧美之大学，于吾国学术文明更何补哉！更何补哉！吾故曰：留学者过渡之舟楫，而非敲门之砖也。

　　吾所谓留学者，废时伤财事倍而功半者，又何也？请先言废时。留学者，不可无预备。以其所受学者，将在异言之国，则不得不习其语言文字。而西方语言文字与吾国大异，骤习之不易收效。即如习英文者，至少亦须四五年，始能读书会语。所习科学，又不得不用西文课本，事倍功半，更不待言。此数年之时力，仅预备一留学之资格。既来异国，风俗之异，听讲之艰，在在困人。彼本国学子，可以一小时肄习之课，在我国学子，须以一二倍工夫为之，始克有济。夫以倍蓰之日力，乃与其国学子习同等之课，其所成就，或可相等，而所暴殄之日力，何可胜计！废时之弊，何待言矣。次请论伤财。在国内之学校，其最费者，莫如上海诸校。然吾居上海六年，所费每年自百元至三百元不等。平均计之，约每年二百五十墨元，绰有余裕矣。今以官费留学，每月得八十元，每年乃费美金九百六十元，合墨银不下二千元，盖八倍于上海之费用。以吾一年留学之费，可养八人在上海读书之资。其为伤财，更何待言。夫以四五年或六七年之功，预备一留学生，及其既来异邦，乃以倍蓰之日力，八倍之财力，供给之，然后造成一归国之留学生，而其人之果能有益于社会国家与否，犹未可知也。吾故曰：留学者废时伤财事倍而功半者也。

吾所谓留学者，救急之计而非久远之图者，何也？吾国文化中滞，科学不进，此无可讳者也。留学之目的，在于植才异国，输入文明，以为吾国造新文明之张本，所谓过渡者是也。以己所无有，故不得不求于人；吾今日之求之于人，正所以为他日吾自有之之预备也。求学于人之可耻，吾已言之。求学于人之事倍功半，吾亦已言之。夫诚知其耻，诚知其难，而犹欲以留学为储才长久之计，而不别筹善策，是久假而不归也。是明知其难而安其难，明知其耻而犹靦颜忍受不思一洗耻辱也。若如是，则吾国文明终无发达之望耳。读者疑吾言乎？则请征之事实。五六年前，留学生远不如今日之众也，而其时译书著书之多，何可胜计！如严幾道、梁卓如、马君武、林琴南之流，其绍介新思想、输入新文明之苦心，都可敬佩也。至于今日，留学人数骤增矣，然数年以来，乃几不见有人译著书籍者。国内学生，心目中惟以留学为最高目的，故其所学，恒用外国文为课本。其既已留学而归，或国学无根柢，不能著译书；或志在金钱仕禄，无暇为著书之计。其结果所及，不惟无人著书，乃并一册之译本哲学科学书而亦无之！嗟夫，吾国人其果视留学为百年久远之计矣乎？不然，何著译界之萧条至于此极也！夫书籍者，传播文明之利器也。无人苟欲输入新智识为祖国造一新文明，非多著书多译书多出报不可。若学者不能以本国文字求高深之学问，则舍留学外，则无他途，而国内文明永无增进之望矣。吾每一念及此，未尝不寒而栗，为吾国学术文明作无限之杞忧也。吾故曰：留学者，救急之策而非久远之图也。

右所言四端，留学之性质，略具于是矣。夫诚如留学为国家之大耻，则不可不思一雪之。诚知留学为过渡之舟，则不可不思过渡后之建设。诚知留学为废时伤财之下策，则不可不思所以补救之。诚知留学为可暂而不可久，则尤不可不思长久之计果何在。要而言之，则一国之派遣留学，当以输入新思想为己国造新文明为目的。浅而言之，则留学者之目的在于使后来学子可不必留学，而可收留学之效。是故留学之政策，必以不留学为目的。此目的一日未达，则留学之政策，一日不得而收效也。

（二）

吾绪论留学而结论曰：留学之目的，在于为己国造新文明。又曰：留学当以不留学为目的。是故派遣留学生之数十年之久，而不能达此目的之万一者，是为留学政策之失败。

嗟夫！吾国留学政策之失败也，无可讳矣。不观于日本乎？日本之派遣留学，与吾国先后同时，而日本之留学生已归而致其国于强盛之域。以内政论，则有健全之称。以外交军事论，则国威张于世界。以教育论，则车夫下女都能识字阅报。以文学论，则已能融合新旧，成一种新文学。小说戏曲，都有健者。以美术论，则雕刻绘画都能自树一帜。今西洋美术，乃骎骎受其影响。以科学论，则本国学者著作等身者殊不乏人。其医药之进步，尤为世界所称述云。日本留学成效之卓著者，盖如此。今返观吾国则何如矣？以言政治，则但有一非驴非马之共和。以言军事，则世界所非笑也。以言文学，则旧学已扫地，而新文学尚遥遥无期。以言科学，则尤可痛矣。全国今日乃无一人足称专门学者。言算，则微积分以上之书，竟不可得。言化学，则分析以上之学，几无处可以受学。言物理，则尤凤毛麟角矣。至于动植之学，则名词未一，著译维艰。以吾所闻见，全国之治此学者一二人耳。凡此诸学，皆不可谓为高深之学，但可为入学之津梁，初学之阶梯耳。然犹幼稚浅陋如此，则吾国科学前途之长夜漫漫，正不知何时旦耳。四十年之留学政策，其成效之昭然在人耳目者,乃复尔尔。吾友任叔永尝言吾国今日乃无学界,吾谓岂独无学界,乃并无学问可言,更无论新文明矣。

夫留学政策之失败,果何故欤?曰是有二因焉:一误于政府教育方针之舛误,再误于留学生志趣之卑下。

曷言之一误于政府也?曰:政府不知振兴国内教育,而惟知派遣留学,其误也,在于不务本而逐末。前清之季,政府以廷试诱致留学生。其视国外之大学,都如旧日之书院,足为我储才矣。当美国之退还赔款也,其数甚巨,足以建一大学而有余。乃不此之图,而以之送学生留学美国。其送学生也,又以速成致用为志,而不为久远之计。于是崇实业工科,而贱文哲政法之学。又不立留学年限,许其毕业即归,不令久为高深之学。其赔款所立之清华学校,其财力殊可作大学,而惟以预备留美为志,岁掷巨万之款,而仅为美国办一高等学校,岂非大误也哉!此前清之误也。今民国成立,不惟于前清之教育政策无所改进,又从而效之,乃以官费留学为赏功之具,于是有中央政府赏功留学之举,于是有广东、陕西、湖南、江西赏功留学之举,可以作人情赠品相授受也。民国成立以来,已二年矣,独未闻有人建议增设大学、推广国内高等教育者,但闻北京大学之解散耳。推其意以为外国大学,其多如卿,独不可假为吾国高等教育之外府耶? 而不知留学乃一时缓急之计,而振兴国内高等教育,乃万世久远之图。留学收速效而影响微,国内教育收效迟而影响大。今政府岁遣学生二百人,则岁需美金十九万二千元,合银元四十万有奇。今岁费四十万元,其所造就仅二百人耳。若以此四十万元,为国内振兴高等教育之费,以吾国今日生计之廉,物价之贱,则年费四十万元,可设大学二所,可容学生二千人,可无疑也。难者将曰:以今日吾国学界之幼稚,此国内二千人之所成就,必不如海外二百人所成就之多。则将应之曰:此无可免者也。然即令今日所成就,较之留学,为一与五之比例,则十年之后,或犹有并驾齐驱之一日。何则? 以有本国之大学在,有教师在,有实验室在,有课堂校舍在,则犹有求学之所,有推广学问之所也。今若专恃留学,而无国内大学以辅之,则留学而归者,仅可为衣食利禄之谋,而无传授之地,又无地可为继续研究高等学业之计,则虽年年派遣留学,至于百年千年,其于国内文明无补也,终无与他国教育文明并驾齐驱之一日耳。盖国内大学,乃一国教育学问之中心;

无大学,则一国之学问无所折衷,无所归宿,无所附丽,无所继长增高。以国内大学为根本,而以留学为造大学教师之计;以大学为鹄,以留学为矢,矢者所以至鹄之具也。如是则吾国之教育前途,或尚有万一之希冀耳。

曷言之再误于留学生也?曰:留学生志不在为祖国造新文明,而在一己之利禄衣食;志不在久远,而在于速成。今纵观留学界之现状,可得三大缺点焉:

一曰苟且速成。夫留学生既无心为祖国造文明,则其志所在,但欲得一纸文凭,以为噉饭之具。故当其未来之初,已作亟归之计。既抵此邦,首问何校易于插班,何校易于毕业。既入校,则首询何科为最易,教师中何人为最宽。然后入最易之校,择最宽之教师,读最易之课。迟则四年,早则二三年,而一纸羊皮之纸,已安然入手,俨然大学毕业生矣,可以归矣。及其归国也,国人亦争以为某也某也,今自某国某大学毕业归矣,学成矣。而不知四年毕业之大学生,在外国仅为问学之初级,其于高深之学问,都未窥堂奥,无论未能升堂入室矣。此种得第一级学位之毕业生,即以美国一国论,每年乃有五万人之多(美国有名诸大学每年得第一级学位者每校都不下千人)。在人则车载斗量,不可胜数;在我则尊之如帝天,指而相谓曰,此某国某大学之毕业生也。而留学生亦扬扬自满曰,我大学毕业生也。呜呼!使留学之结果,仅造得此种未窥专门学问堂奥之四年毕业生,则吾国高等教育之前途,终无幸耳。

二曰重实业而轻文科。吾所谓文科,不专指文字语言之学,盖包哲学、文学、历史、政治、法律、美术、教育、宗教诸科而言。今留学界之趋向,乃偏重实科,而轻文科。以晚近调查所得,盖吾国留美四百余大学学生中,习文科者仅及百人,而习工程者倍之。加入农学、化学、医学之百余人,则习实科者之数,几三倍于文科云。祖实科者之说曰:吾国今日需实业工业之人才甚急。货恶其弃于地也,则需矿师;交通恶其不便也,则需铁道工程师;制器恶其不精也,则需机械工程师;农业恶其不进也,山林恶其不修也,则需农学大师、森林学者焉。若夫文史哲学,则吾国固有经师文人在;若夫法家政客,则今日正苦其多;彼早稻田明治大学之毕业生,皆其选也。故为国家计,不得不重实科,而轻文科。且习文科者,最上不过得一官,下之仅足以糊口,不如习工程实科者有作铁道大王百万巨富之希望也。故为个人计,尤不得去彼而取此。此二说之结果,遂令习工程实业者充塞于留学界。其人大抵都勤苦力学,以数年之功,专施诸机械木石钢铁之间。卒业之后,或可以绘一机器之图,或可以布百里之路,或可以开五金之矿。然试问即令工程之师遍于中国,遂可以致吾国于富强之域乎?吾国今日政体之得失,军事之预备,政党之纷争,外交之受侮,教育之不兴,民智之不开,民德之污下,凡以此种种,可以算学之程式机械之图型解决之乎?可以汽机轮轨钢铁木石整顿之乎?为重实科之说者,徒见国家之患贫,实业之不兴,物质文明之不进步,而不知一国治乱、盛衰之大原,实业工艺,仅其一端。若政治之良窳,法律之张弛,官吏之贪廉,民德之厚薄,民智之高下,宗教之善恶,凡此种种之重要,较之机械工程,何啻什伯倍!一国之中,政恶而官贪,法敝而民偷,教化衰而民愚,则虽有铁道密如蛛网,煤铁富于全球,又安能免于蛮野黑暗之讥,而自臻于文明之域也哉?且夫无工程之师,犹可聘诸外人,其所损失,金钱而已耳。至于一国之政治、法律、宗教、社会、民德、民智,则万非他人所能代庖(今之聘外国人为宪法顾问者失算也),尤非肤受浅尝者所能赞一辞,以其所关系,固不仅一路一矿一机一械之微,乃国家种姓文化存亡之枢机也。吾非谓吾国今日不需实业人材也,实业人材固不可少,然吾辈决不可忘本而逐末。须知吾国之需政治家、教育家、文学家、科学家之急,已不可终日。不观乎晚近十余年吾国人所受梁任公、严幾道之影响为大乎?抑受詹天佑、胡栋朝之影响为大乎?晚近革命之功,成于言论家理想家乎?抑成于工程之师机械之匠乎?吾国苟深思其故,当有憬然于实业之不当偏重,而文科之不可轻视者矣。

三曰不讲求祖国之文字学术。今留学界之大病,在于数典忘祖。吾见有毕业大学而不能执笔一汉文家书者矣,有毕业大学而不能自书其名者矣,有毕业工科而不知中国有佛道二教者矣。吾不云乎,留学者,过渡之舟楫也。留学生者,篙师也,舵工也。舟楫具矣,篙师舵工毕登矣,而无帆、无舵、无篙、无橹,终不能行也。祖国之语言文字,乃留学生之帆也,舵也,篙也,橹也。帆飞篙折,舵毁橹废,则茫无涯际之大海,又安所得渡耶?徒使彼岸问津人,望眼穿耳。吾以为留学生而不讲习祖国文字,不知祖国学术文明,其流弊有二:

（一）无自尊心。英人褒克有言曰：人之爱国，必其国有可爱者存耳。今吾国留学生，乃不知其国古代文化之发达，文学之优美，历史之光荣，民俗之敦厚，一入他国，目眩于其物质文明之进步，则惊叹颠倒，以为吾国视此真有天堂地狱之别。于是由惊叹而艳羡，由艳羡而鄙弃故国，而出主入奴之势成矣。于是人之唾余，都成珠玉，人之瓦砾，都成琼瑶。及其归也，遂欲举吾国数千年之礼教文字风节俗尚，一扫而空之，以为不如是不足以言改革也。有西人久居中国，归而著书曰：今中国少年所持政策，乃趸卖批发之政策也。斯言也，恶谑欤？确论欤？

（二）不能输入文明。祖国文字，乃留学生传播文明之利器，吾所谓帆舵篙橹者是也。今之不能汉文之留学生，既不能以国文教授，又不能以国语著书，则其所学，虽极高深精微，于莽莽国人，有何益乎？其影响所及，终不能出于一课堂之外也。即如严幾道之哲学，吾不知其浅深，然吾国今日学子，人人能言名学群学之大旨，物竞天择之微言者，伊谁之力欤？伊谁之力欤？又吾国晚近思想革命，政治革命，其主动力，多出于东洋留学生，而西洋留学生寂然无闻焉，其故非东洋学生之学问高于西洋学生也，乃东洋留学生之能著书立说之功耳。使吾国之留学生，人人皆如邝富灼、李登辉，则吾国之思想政治必与二十年前丝毫无易，此可断言者也。

右所论三者，一曰苟且速成，二曰偏重实科，三曰昧于祖国文字学术。惟其欲速也，故无登岸造极之人才。惟其趋重实科也，故其人多成工师机匠，其所影响，不出一路一矿之微，而于吾所谓为祖国造文明者，无与焉。惟其昧于祖国之文字学术也，故即有饱学淹博之士，而无能自传其学于国人，仅能作一外国文教员以终身耳，于祖国之学术文化何所裨益哉？何所裨益哉？故吾以为留学之效所以不著者，其咎亦由留学生自取之也。

是故吾国数十年之举，一误于政府之忘本而逐末，以留学为久长之计，而不知振兴国内大学，推广国内高等教育，以为根本之图。国内高等教育不兴，大学不发达，则一国之学问无所归聚，留学生所学，但成外国入口货耳。再误于留学生之不以输入文明为志，而以一己之衣食利禄为志。其所志不在久远，故其所学不必高深。又蔽于近利而忘远虑，故其所肄习多偏重工程机械之学。虽极多造诣，但可为中国增铁道若干条,开矿产若干处,设工厂若干所耳,与吾群治进退,文化盛衰,固丝毫无与也。吾国留学政策之全行失败,正坐此二大原因。又不独前此之失败已也。若政府犹不变其教育方针,若留学生犹不改其趋向志趣,则虽岁遣学生千人,至于千年万祀之久,于吾国文明无所裨益也。但坐见旧文明日即销亡,而新文明之来,正遥遥无期耳!吾为此惧,遂不能已于言。吾岂好为危言,以耸人听闻哉?吾不得已也。

（三）

　　吾既论留学之性质及其失败之原因矣,然则留学可废乎?曰:何可废也?吾不云乎,留学者,救急之上策,过渡之舟楫。吾国一日未出过渡之时代,则留学一日不可废。以留学之效不著之故,而废留学,是因噎而废食也。病噎者,治噎可也,而遂废食,不可也。患留学之失败者,补救之可也,而遂废留学,不可也。补救之之道奈何?曰:改教育之方针而已矣。吾国在昔之教育,以科举仕进为目的。科举之废八年矣,而科举之余毒未去。吾观于前清学部及今日教育部之设施,一科举时代之设施也。吾观于今日国内外学子之趋向志趣,一科举时代之志趣也。考优也,考拔也,考毕业也,廷试留学生也,毕业生与留学生之授官也,皆以仕进利禄劝学者也。上以此劝,则下以此应。无惑乎吾国有留学生至数十年之久,而不得一专门学者也。以国家之所求固不在此,而个人之所志,亦不在此也。居今日而欲以教育救国也,非痛改此仕进利禄之方针,终无效耳,终无效耳!夫吾国今日果宜以何者为教育之方针乎?曰:今日教育之唯一方针,在于为吾国造一新文明。吾国之旧文明,非不可宝贵也,不适时耳,不适于今日之世界耳。欧洲有神话,记昔有美女子忤一巫,巫以术闭之塔上,令长睡百年,以刺蔷薇封其塔,人莫能入。百年既逝,有少年勇士,排蔷薇而入塔,睹此长睡美人之容光,遂吻其颊,而女子遽惊觉,百年之梦醒矣,遂为夫妇。吾国之文明,正类此蔷薇塔上百年长睡之美人。当塔上香梦沉酣之时,塔外众生方扰攘变更,日新而月异。迨百年之梦醒,而塔外之世界,已非复百年前之世界。虽美人之颜色如故,而鬟髻冠裳,都非时世之妆矣。吾国近事,何以异也。吾之长睡,何止百年?当吾梦醒之日,神州则忧是也,而十九世纪与二十世纪之世界,已非复唐宋元明之世界。吾之所谓文明,正如百年前之画眉深浅,都不入时。是故塔上梦醒之美人,而欲与塔外蛾眉争妍斗艳也,非改效时世之妆不可。吾国居今日而欲与欧美各国争存于世界也,非造一新文明不可。造新文明,非易事也,尽去其旧而新是谋,则有削趾适履之讥;取其形式而遗其精神,则有买椟还珠之诮。必也,先周知我之精神与他人之精神果何在,又须知人与我相异之处果何在,然后可以取他人所长,补我所不足,折衷新旧,贯通东西,以成一新中国之新文明。吾国今日之急务,无急于是者矣。二十世纪之大事,无大于是者矣。以是为吾民国之教育方针,不亦宜乎?

教育方针既定,则留学之办法亦不可不变。盖前此之遣留学生,但为造官计,为造工程师计,其目的所在,都不出仕进车马衣食利禄之间。其稍远大者,则亦不出一矿一路之微耳,初无为吾国造新文明之志也。今既以新文明为鹄,则宜以留学为介绍新文明之预备。盖留学者,新文明之媒也,新文明之母也。以浅陋鄙隘之三四年毕业生,为过渡之舟,则其满载而归者,皆其三四年中所生吞活剥之入口货耳。文明云乎哉!文明云乎哉!吾故曰:留学方法不可不变也。

改良留学方法之道奈何?曰:第一须认定留学乃是救急之图,而非久长之计(其说见一),久长之计乃在振兴国内之高等教育。是故当以国内高等教育为主,而以留学为宾;当以留学为振兴国内高等教育之预备,而不当以高等教育为留学之预备。今日之大错,在于以国内教育仅为留学之预备。是以国中有名诸校,都重西文,而西文教授科学。学生以得出洋留学为最高之目的,学校亦以能使本校学生可考取留学官费,或能直入外国大学,则本校之责已尽矣。此实今日最大之隐患。其流弊所及,吾国将年年留学永永为弟子之国,而国内文明终无发达之望耳。欲革此弊,当先正此反客为主,轻重失宜之趋向,当以国内高等教育为主脑,而以全副精神贯注之,经营之。留学仅可视为增进高等教育之一法。以为造就专门学者及大学教师之计,上也;以为造成公师机匠以应今日急需之计,其次也;至于视留学为久长之计,若将终身焉,则冥顽下愚之下策矣。不佞根据上列理由,敬拟二策:一曰慎选留学,所以挽救今日留学政策之失也;二曰增设大学,所以增进国内之高等教育为他日不留学计也。今分条详论之如下:

第一，慎选留学之法，可分四级论之。

甲　考试资格。凡学生非合下列资格者，不得与留学之选：

（子）国学：须通晓《四书》、《书经》、《左传》、《史记》、《汉书》，考试时，择各书中要旨，令疏说其义。

（丑）文学：作文能自达其意者，及能译西文者。其能通《说文》与夫《史》《汉》之文及唐诗宋词者尤佳，不必能作诗词，但能满足矣。

（寅）史学：须通晓吾国全史（指定一种教科书，如夏穗卿《中国历史》之类）。

（理由）上列三门，初不为苟求也。国文，所以为他日介绍文明之利器也；经籍文学，欲令知吾国古文明之一斑也；史学，欲令知祖国历史之光荣也。皆所以兴起其爱国之心也。凡此三者，皆中学以上之学生人人所应具之知识，以此为留学生之资格，安得为苟求乎？

（卯）外国语：留学之国之言语文字，须能读书作文，如留英美者须英文，留德法者须德文法文，皆须精通。

此外尚须通一国近世语言，如留英美者，英文之外，须通德文或法文。以粗知文法大义，能以字典读书为度。（理由）外国大学生大抵多能通二三国文字。在美国则入大学尚可以中国文代希腊拉丁，有时德法文亦可于入大学后补习，有时竟可豁免；然欲入大学毕业院，非通德法文，即不能得博士学位。故宜以早习之为得计也。

（辰）算学：代数、平面几何、立体几何、平面三角万不可少，否则不能入大学。

（巳）科学：物理、化学之大概，动植生理，能通更佳。

（午）所至之国之历史政治：如至美者，须稍知美之历史政治，至少须读过白来斯氏之《平民政治》（James Bryce's "*American Commonwealth*"）。

（理由）留学生不独有求学之责，亦有观风问政之责，非稍知其国之历史政治，不能觇国也。

以上所列，为选送留学万不可少之资格，以非此不能入外国大学也。论者或谓今日能具此种资格者盖鲜，不知留学为今日要图，若无及格学生，宁缺可也，不可滥竽充数也。且国家苟悬此格以求之，则国中之欲得官费留学者，必将竭力求及此格，不患缺也。

乙　留学年限。求学第一大病在于欲速成,第二大病在于陋隘。速成者浅尝而止,得一学士文凭即已满意,不自知其尚未入学问之门也。陋隘者除所专习之外,别无所知。吾见有毕业大学工科,而不知俾士麦为何许人者矣。欲革此二弊,当采年限之法。

(子)凡留学之第一二年,一律学文科(Arts and Sciences 或名 Academic Course),俾可多习语言文字、政治、历史、哲学、理化之类,以打定基础,开拓心胸。二年之后,然后就性之所近习专科,或习文艺,或习实业工程焉。

(丑)所学四年毕业之后,习文科者须入毕业院,至少再留一年,能更留二三年尤佳。其习工程者,至少须至实地练习一年,始可令归。

丙　鼓励专门学问。以上所陈资格、年限,都为直入大学者计耳。在外国大学四年毕业,其事至易,而所学綦浅,不足以言高深之学问也。真正专门之学问,须于毕业院求之,故当极力鼓励学生入毕业院。其法有三:

(子)择私费学生已毕业外国大学,又得大学保证,其所学果有心得堪以成就者,由国家给与官费,令入毕业院,继续所学。

(丑)择本国大学毕业成绩优美、有志往外国大学继续研究所学者,与以官费。

(理由)所以必须人学保证其学有心得成绩优美者,以毕业乃是易事,往往有所学,毫无心得,而勉强及格毕业者,故须保证也。

(寅)设特别专门官费。特别专门官费者,指定某项官费,须用作留学某种学问之费,如设矿学官费若干名,昆虫学官费若干名之类。此种官费,办法如下:

(一)分科:分科视国家时势所急需而定。如需昆虫学者,则设昆虫学官费;需植物学者,则设植物学官费是也。

(二)资格:凡于指定之科学有根柢,又有志研究更深学问者,皆得应考。又凡在外国大学专门已有成绩者,但有大学本科掌教保证,亦可给与。(参观丙子)

丁　官费留学生对于国家之义务。官费留学生归国之后,得由中央政府或各省政府随时征召,或入国家专门图书馆编纂教科书,或在国家大学或省立大学任教授之责,或在国家工厂任事,或在各部效力。其服劳之期限,视其人留学之年限而定。在此服劳期内,所受俸禄,皆有定额。著为律令。其有不服征召者,有罚,国家得控告之。

右所述诸条,皆改良留学之办法,但可施诸官费学生,而不能施诸私费学生者也。诚以今日留学界官费者居十之六七,其费既出自国家,易于整顿改革。彼私费学生,费自己出,非国家所能干预,无可如何也。

第二,增设大学。吾国诚以造新文明为目的,则不可不兴大学,徒恃留学无益也。盖国内之大学,乃一国学术文明之中心;无大学,则输入之文明,皆如舶来之入口货,一入口立即销售无余,终无继长增高之望(其说互见二)。吾国比年以来,留学生日众而国中高等教育毫未进步者,盖以仅有留学而无大学以为传布文明之所耳。国中无完美之大学,则留学生虽有高深之学生,无所用之,其害一也。国中无地可求高等学问,则学者人人都存留学之志,而国内文明永无进步之望,其害二也。外国大学四年毕业之学科(即所谓 Undergraduate Course),国内大学尽易教授,何必废时伤财,远求之于万里之外乎?(实科稍难,文科更易。)其害三也。外国有名之大学,当其初创,都尝经过一草昧经营之时代,非一朝一夕即可今日完美之境。吾国设大学于今日,虽不能完备,而他日犹有继长增高急起直追之一日。若并此筚路蓝缕之大学而亦无之,更安望他日灿烂光华之大学哉?其害四也。今国学荒废极矣!有大学在,设为专科,有志者有所肄习,或尚有国学昌明之一日;今则全国乃无地可习吾国高等文学,其害五也。积此五害,吾故曰不可不兴大学。

(附注)吾国今日有称"大学"者若干所,然夷考其学科,察其内容,其真能称此名者,盖甚少也。大学英名 University,源出于拉丁 Universitas,译言全也,总也,合诸部而成大全也。故凡具各种专门学科合为一大学校者,始可称为大学。其仅有普通文科,或仅有一种专门学科者,但可称为学院,或称某科专门学校。College 即如记者所居康南耳大学,乃合九专校而成:曰文艺院,曰农学院,曰法学院,曰机械工程院,曰土木工程院,曰建筑学院,曰医学院,曰兽医学院,曰毕业院。此九院者,分之则各称某院,或某校,合之乃成康南耳大学耳。今吾国乃有所谓文科大学,经科大学者,夫既名经科,既名文科,则其为专科学校可知,而亦以大学名,足见吾国人于"大学"之真义尚未洞然也。后此本文所用"大学"概从此解,其仅有一种专科者,则称专科学校(省称专校)。

增设大学之计画,管见所及,略如下方:

一、国家大学。直接隶属中央教育部,择最大都会建设之,如今之北京、北洋、南洋三大学皆是。此等大学,宜设法为之推广学科(今此三大学之学科不完极矣,几不能名为大学),增置校舍,及实验室。增设学额,分摊各省,省得送学生若干人。

此等国家大学,代表全国最高教育,为一国观瞻所在,故学科不可不完也,实验场不可不备也。校中教师罗致海内名宿充之。所编各学科讲义,宜供全省大学之教本。大学之数,不必多也,而必完备精全。今不妨以全力经营北京、北洋、南洋三大学,务使百科咸备,与于世界有名大学之列,然后以余力增设大学于汉口、广州诸地。日本以数十年力之经营东京西京两帝国大学,今皆有声世界矣。此其明证,未尝不可取法也。

二、省立大学。省立大学,可视本省之急需而增置学科,如浙江大学则宜有蚕学种茶专科,福建大学则宜有漆工及造船专科,江西大学则宜有瓷器专科之类,此省立大学之益也。

省立大学可就今之高等学堂改设之。先于高等学堂内设大学科,以高等毕业生及招考所得者实之。又可合本省之高等实业、高等商业、法政专科、路矿学堂、高等师范诸校而并为一大学,既可节省无数监督提调之薪俸,又可省去无数之教员,利莫大焉。

省立大学隶于本省之教育司,由本省议会指定本省租税若干为经费。

省立大学学费宜轻,能免费更佳。如不能免费,则每县应有免费若干名,以考试定之。

各省大学,入学程度及毕业年限,均由中央教育部定之,以归画一。其毕业所得学位,与国家大学所给同等。毕业生之程度,宜竭力求与各国大学同等。

内地人少民贫之省,不能设大学者,可与他省联合设立大学,如陕甘大学、云贵大学之类。

三、私立大学。凡以私人财产设立大学者,须将所捐财产实数及立学宗旨,呈报本省教育司立案。成立之后,宜由教育司随时考察其成绩。其成效已大著者,国家宜匡助之。匡助之法,或捐款增设学科于其校中,以助成其完备(记者所居之康南耳大学为私立大学,而纽约省政府乃设农院及兽医院于是);或捐款设免费额若干名于其校中,俾贫家子弟得来学焉。

私立大学之入学资格及毕业年限,皆须与国家大学及省立大学同等。

私立大学在各国成绩卓著,而尤以美国为最著。美国有名之大学,哈佛 Harvard,耶尔 Yale,康南耳 Cornell,约翰霍铿 John's Hopkins,卜朗 Brown,芝加角 Chicago(煤油大王洛克斐老所捐),皆私立大学也。私立大学非一人所能成,所赖好善之士,慷慨继续捐助,以成创始者之美,始有济耳。

以上所述三种大学,略具梗概而已。尚有专科学校亦关紧要,故附及焉。

四、专科学校(或官立或私立)。上所述之大学,皆以一大校而具若干专校者也。合诸专校为一校,既可节省许多职员教员之薪俸,又以诸校同居一地,学生可于本科之外,旁及他科,可免陋隘之弊。惟有时或经费不足设大学,或地方所需以某科为最急,或其位置所在,最适于某科,于是专科学校兴焉。在吾国,如江西之景德镇可设瓷器专科学校,萍乡、大冶可设矿业学校是也。

专科学校有三大目的:(一)在于造成实用人才。如矿业学校须造成矿师,铁道学校在造成铁道工程师之类。(二)在于研求新法以图改良本项实业。如瓷业学校不独须研究瓷器之制造,并须研究改良吾国瓷业之法。(三)在于造成管理之人才。今人徒知工程之必要,而不知工程师正如一种人形的机器,供人指挥而已。各种工业实业之发达,端赖经理得人。此项经理之才,譬之军中之将帅,一军之安危胜负系焉。若工程师则兵而已耳,枪炮而已耳,是故专校宜注意此项知识。习银行者,不独能簿记分明而已,尤在能深知世界金融大势。习铁路者,不独知绘图筑路,尤宜知铁路管理法及营业法。

专科学校毕业生,宜与大学毕业生同等。

以上所述大学及专校之组织,但就管见所及,贡其刍荛而已。此外尚有二要点,亦未可忽,略陈之如下:

（甲）大学中宜设毕业院。毕业院为高等学问之中心，以四年毕业之大学生，尚为足以语高深之学问。各国于学问，其有所成就者，多由毕业院出者也。鄙意宜鼓励此种毕业院。院中组织，以本学所有各科正教习兼毕业院教习，另推一人主之。院中学科以研究有心得为重。美国大学毕业院有两种学位：一为硕士，至少须一年始可得之；一为博士，须三年始可得之。院中学生须择定一正科一副科（欲得博士者须二副科），所习各课大概多关此二科者。又须于正科内择定一重要问题，足资研究者，而旁搜博采以研究之。有所心得，乃作为论文，呈本科教师，谓之博士论文，或硕士论文。如所作论文果有价值，则由大学刊行于世。

大学无毕业院，则不能造就高深之学者，然亦不必每校都有毕业院。鄙意国家大学必不可少此制，省立大学从缓可也。

（乙）大学中无论何科，宜以国语国文教授讲演，而以西文辅之。此条在今日似不能实行，其故以一、则无译本之高等教科书；二、则当教员者未必人人能编讲义；三、则科学名词未能统一，不易编著书籍。此三层阻力，可以下法消除之：

（一）国家设专门图书馆，选专门学者居其中，任以二事：

（子）编译专门教科书供各大学采用。

（丑）编译百科辞典。凡译著书者，须将所用名词，以求统一。词典未出版以前，译书著书者，须将所用名词，送交此馆中本科编纂人，得其核准。如著译人不愿用词典中名词，须注明"词典中作某名"。

此图书馆或即与国家所立大学同设一处，俾编译教科书者即可实地练习，视其书适用与否。

（二）凡国立省立各大学中，非能用国文教授者不得为教师。其能自编讲义者听，惟所用名词，须遵用国家专门图书馆词典。其不欲编讲义者，可采用图书馆所编之教本。

（三）大学生至少须通一外国文字，以能读书为度，故各大学可用西文书籍为参考互证之用。

夫居今日而言，大学必用国文教授，吾亦知其难。惟难不足畏也，今日勉为其难，他日自易易。若终不为，则难者终无变易之一日耳。须知吾辈今日求学问，并非仅作入他国大学计已也，乃欲令吾所学于人者,将由我而输入祖国,俾人人皆可学之。然此非以国文著译书籍不可。今之所以无人著译科学书籍者,以书成无所用之,无人读之耳。若大学既兴,而尤不能用国文教授讲演,则永永无以本国文字求高等学之望矣!

结　论

　　吾作《非留学篇》乃成万言。冗长芜杂之咎,吾何敢辞! 今欲提挈纲领,为国人重言以申明之,曰:吾国今日处新旧过渡青黄不接之秋,第一急务,在于为中国造新文明。然徒恃留学,决不能达此目的也。必也一面亟兴国内之高等教育,俾固有之文明,得有所积聚而保存,而输入之文明,亦有所依归而同化;一面慎选留学生,痛革其速成浅尝之弊,期于造成高速之学者,致用之人才,与夫传播文明之教师。以国内教育为主,而以国外留学为振兴国内教育之预备,然后吾国文明乃可急起直追,有与世界各国并驾齐驱之一日,吾所谓"留学当以不留学为目的"者是也。若徒知留学之益,乃恃为百年长久之计,则吾堂堂大国,将永永北面受学称弟子国,而输入之文明者如入口之货,扞格不适于吾民,而神州新文明之梦,终成虚愿耳! 吾为此惧,遂不能已于言。知我罪我,是在读者。

　　(此文为胡适于 1912 年所作,刊于《留美学生年报》第三年本,1914 年 1 月,另刊于《甲寅》月刊第 1 卷第 10 号,1915 年 10 月)

国立大学之重要

（一九一五年二月）

　　与英文教师亚舟先生（Prof. J. Q. Adams, jr.）谈，先生问："中国有大学乎？"余无以对也。又问："京师大学何如？"余以所闻对。先生曰："如中国欲保全固有之文明而创造新文明，非有国家的大学不可。一国之大学，乃一国文学思想之中心，无之则所谓新文学新知识皆无所附丽。国之先务，莫大于是。……"余告以近来所主张国立大学之方针（见《非留学篇》）。先生亟许之，以为报国之义务莫急于此矣。先生又言，如中国真能有一完美之大学，则彼将以所藏英国古今戏本千册相赠。先生以十五年之力收藏此集（集者英文 Collection），每年所费不下五百金。余许以尽力提倡，并预为吾梦想中之大学谢其高谊。先生又言："办大学最先在筹款；得款后乃可择师。能罗致世界最大学者，则大学可以数年之间闻于国中，传诸海外矣。康南耳之兴也，白博士（Andrew Dickson White）亲至英伦聘 Goldwin Smith，当日第一史家也；又聘 James Lowell，当日文学泰斗也：得此数人，而学者来归矣。芝加哥大学之兴也，煤油大王洛氏捐巨金为助，于是增教师之修金，正教师岁得七千五百金。七千五百金在当日为莫大修脯，故能得国内外专门学者为教师。芝加哥之兴勃焉，职是故也。"先生此言与郑莱君所谈甚相合。

　　吾他日能生见中国有一国家的大学可比此邦之哈佛，英国之康桥牛津，德之柏林，法之巴黎，吾死瞑目矣。嗟夫！世安可容无大学之四百万方里四万万人口之大国乎！世安可容无大学之国乎！

　　国无海军，不足耻也；国无陆军，不足耻也！国无大学，无公共藏书楼,无博物院,无美术院,乃可耻耳。我国人其洗此耻哉！

（此文为 1915 年 2 月 20 日和 21 日的日记,原收于亚东图书馆,1939 年《藏晖室札记》卷 9,见姜义华主编:《胡适学术文集》,北京:中华书局 1998 年版,第 23—24 页）

论大学学制(节选)

(一九一九年七月)

……

我且先论工科的问题。北京大学与北洋大学本来都有工科,蔡校长因为这个办法太不经济了,况且北洋也是国立的大学,工科成绩较好,不如由北洋专办工科,把北大的工科并入北洋,而北洋的法科并入北大。这个办法,两校的设备都经济,是一利;两校的教授都经济,是二利;北洋附近多工厂,便于实习,是三利;两校各办所长,不相重复,不相冲突,是四利。——有如此四利而无一弊,何以还有人偏反对呢?这里面的情形不消说得,只是一个饭碗问题了。

我再论蔡校长这两年多的种种改革。

第一,预科三年改为两年。预科的功课大都是语言文字的预备。中学毕业生不能进大学,已是大不经济了。单习这些大学预备功课,要用三年的功夫,那是更不经济了。预科占了三年,本科也只得三年,三年的本科能学得些什么?蔡校长改预科为两年,是极好的办法,其中只要教授得人得法,两年尽够了。将来中学程度增高,预科还可减少,到后来竟可完全废止。一方面延长本科为四年,开办大学院后,又加上两年,如此方才有高深学问可望。

第二,文理两科合并。造谣人说大学废止理科,专办文科,这是极荒谬的话。蔡校长因为学文科的人或专治文学,或专治哲学,于一切科学都不注意,流弊极大;理科的人专习一门科学,于世界思潮及人生问题多不注意,流弊也很大。因此他主张把文理两科打通,并为大学本科。他的目的是要使文科学生多懂得一些科学,不致流为空虚;使理科学生多研究一点人生基础观念,不致流为陋隘。这种制度是世界最新的制度，美国之大学以"文理院"为基本，即是此意。世之妄人，乃引中古相传的学制来驳他，岂非大笑话吗？

第三，法科问题。法科也不曾废除。蔡校长因为经济、政治两门在欧美各国都不属于法科，况且新合并之大学本科之哲学、史学诸门皆与政治、经济极有关系，故想把这两门加入文理科真成一个完备的大学基础。而法科则专习法律，为养成律师法官之人材。这是欧美各国通行的制度，用意本很好，后来因为法律一门孤立，于事实上颇不方便，故索性把法律一门也合起来，和其他各科同组织一个大学教务处，以归划一。但法科学长一职至今存在，法科大学并不曾废，何用恢复呢？

以上诸项，除预科年限一项系由民国六年北京国立六大学校长联名请教育部核准公布外，其余各项均由去年十月全国专门以上七十余校校长会议通过，又由本年三月教育部召集全国教育调查会详细审定通过，请部颁大学试行。原案具在，利害得失，都可复核。我因为一二腐败政客任意诋毁蔡校长一片苦心，故不能不把这里面的实情报告给全国知道。

国立北京大学文科教授　　胡适

（此文原刊于上海《民国日报·觉悟》副刊，1919 年 7 月 9 日，见季蒙、谢泳编：《胡适论教育》，合肥：安徽教育出版社 2006 年版，第 6—8 页）

大学开女禁的问题①

（一九一九年九月）

《少年中国》的朋友要我讨论这个问题，我且随便把我的一点意思发表在此，只可算作这个讨论的引子，算不得一篇文章。我是主张大学开女禁的。我理想中的进行次序，大略如下：

第一步，大学当延聘有学问的女教授，不论是中国女子是外国女子，这是养成男女同校的大学生活的最容易的第一步。

第二步，大学当先收女子旁听生。大学现行修正的旁听生规则虽不曾说明可适用女子，但将来如有程度相当的女子，应该可以请求适用这种规则。为什么要先收女子旁听生呢？因为旁听生不限定预科毕业，只须有确能在本科听讲的程度，就可请求旁听。现在女子学制没有大学预科一级，女子中学同女子师范的课程义不与大学预科相衔接，故最方便的法子是先预备能在大学本科旁听。有志求大学教育的人本不一定要得学位。况且修正的旁听规则明说旁听生若能将正科生的学科习完，并能随同考试及格，修业期满时，得请求补行预科必修科目的考试，此项考试如及格，得请求与改为正科生，并授与学位。将来女子若能做得这一步，已比英国几个旧式大学只许女子听讲不给学位的办法更公平了。

第三步，女学界的人应该研究现行的女子学制，把课程大加改革，总得使女子中学的课程与大学预科的入学课程相衔接，使高等女子师范预科的课程与大学预科相等，若能添办女子的大学预科，便更好了。

① 此文作于 1919 年 9 月 25 日，原载于《中国少年》第 1 卷第 4 期，1919 年 10 月，又载于《北京大学日刊》，1919 年 10 月 22 日。

这几层是今日必不可缓的预备。现在的女子中学程度太浅了,外国语一层,更不注意,各省的女子师范多把部章的每年每周三时的外国语废了。即使不废,那每周三时的随意科,能教得一点什么外国语呢? 北京的女子高等师范预科,去年只有每周二时的外国语,今年本科始加至每周五时。高等师范本科的学生竟有不曾学过外国语的,这是女子学校自己断绝进大学的路。至于那些教会的女学校,外国语固然很注意,但是国文与科学又多不注重,这也是断绝入大学的路。依现在的情形看来,即使大学开女禁,收女学生,简直没有合格的女学生能享受这种权利! 这不是很可怪的现状吗? 前两个月,有一位邓女士在报上发表她给大学蔡校长请求大学开女禁的信。我初见了这信,以为这是可喜的消息,不料我读下去,原来邓女士是要求大学准女子进补习班的! 补习班是为那些不能进预科的人设的。一个破天荒请求大学开女禁的女子,连大学预科都不敢希望,岂不令人大失望吗? 这个虽不能怪邓女士,但是我们主张大学开女禁的人,应该注意这一点,赶紧先把现在的女子学校彻底研究一番,应改革的,赶紧改革,方才可以使中国女子学有进入大学的资格。有进大学资格的女子多了,大学还能闭门不纳女子吗?

以上三层,是我对于这个问题的意见。我虽主张大学开女禁的,但我现在不能热心提倡这事。我的希望是要先有许多能直接入大学的女子。现在空谈大学开女禁,是没有用的。

八年九月二十五日夜

(此文原刊于《北京大学日刊》,1919 年 10 月 22 日,姜义华主编:《胡适学术文集》,北京:中华书局 1998 年版,第 214—215 页)

回顾与反省[*]

（一九二二年十二月十七日）

今天的纪念盛会，我很想说几句话；不幸我在病中，不能正坐写字，所以只能极简单的发表一个意见，一面纪念过去，一面希望未来。

我看着五年的北大，有两大成绩。第一是组织上的变化，从校长学长独裁制变为"教授治校"制；这个变迁的大功效在于：（一）增加教员对于学校的兴趣与情谊；（二）利用多方面的才智；（三）使学校的基础稳固，不致因校长或学长的动摇而动摇全体。第二是注重学术思想的自由，容纳个性的发展。这个态度的功效在于：（一）使北大成为国内自由思想的中心；（二）引起学生对于各种社会运动的兴趣。

然而我们今天反观北大的成绩，我们不能不感觉许多歉意。我们不能不说：学校组织上虽有进步，而学术上很少成绩；自由的风气虽有了，而自治的能力还是很薄弱的。

我们纵观今天展览的"出版品"，我们不能不挥一把愧汗。这几百种出版品之中，有多少部分可以算是学术上的贡献？近人说："但开风气不为师"（龚定庵语）。此话可为个人说，而不可为一个国立的大学说。然而我们北大这几年的成绩只当得这七个字：开风气则有余，创造学术则不足。这不能不归咎于学校的科目了。我们有了二十四个足年的存在，而至今还不曾脱离"裨贩"的阶级！自然科学方面姑且不论；甚至于社会科学方面也还在裨贩的时期。三千年的思想、宗教、政治、法制、经济、生活、美术……的无尽资料，还不曾引起我们同人的兴趣与努

[*] 本文为纪念北京大学成立 25 周年而作。原载 1922 年 12 月 17 日《北京大学日刊》（纪念刊）；收入 1992 年人民教育出版社《胡适教育文选》（柳芳主编）等。——编者

力！这不是我们的大耻辱吗？

至于自治一层，我们更惭愧了。三年组不成的学生会，到了上一个月，似乎有点希望了。然而两三星期的大发议论，忽然又烟消雾散了！十月十七日的风潮，还不够使我们感觉学生自治团体的需要吗？今回办纪念会的困难，还不够使我们感觉二千多人没有组织的痛苦吗？

我们当这个纪念过去的日子，应该起一种反省：

学校的组织趋向于教授治校，是一进步。

学校的组织与设备不能提高本校在学术上的贡献，是一大失败。

学校提倡学术思想上的自由，是不错的。

学校的自由风气不能结晶于自治能力的发展，是一大危机。

所以我个人对于这一次纪念会的祝词是：

祝北大早早脱离裨贩学术的时代，而早早进入创造学术的时代。

祝北大的自由空气与自治能力携手同程并进！

(见胡适著：《胡适全集》(20)"教育·语言·杂著"，柳芳、季维龙整理，合肥：安徽教育出版社2003年版(2007年重印)，第103—104页)

赠予今年的大学毕业生(节选)

(一九三二年六月)

……

你们毕业之后,可走的路不出这几条:绝少数的人还可以在国内或国外的研究院继续作学术研究;少数的人可以寻着相当的职业;此外还有做官,办党,革命三条路;此外就是在家享福或者失业闲居了。第一条继续求学之路,我们可以不讨论。走其余几条路的人,都不能没有堕落的危险。堕落的方式很多,总括起来,约有这两大类:

第一是容易抛弃学生时代的求知识的欲望。你们到了实际社会里,往往所用非所学,往往所学全无用处,往往可以完全用不着学问,而一样可以胡乱混饭吃,混官做。在这种环境里,即使向来抱有求知识学问的决心的人,也不免心灰意懒,把求知的欲望渐渐冷淡下去。况且学问是要有相当的设备的;书籍,试验室,师友的切磋指导,闲暇的工夫,都不是一个平常要糊口养家的人所能容易办到的。没有做学问的环境,又谁能怪我们抛弃学问呢?

第二是容易抛弃学生时代的理想的人生的追求。少年人初次与冷酷的社会接触,容易感觉理想与事实相去太远,容易发生悲观和失望。多年怀抱的人生理想,改造的热诚,奋斗的勇气,到此时候,好像全不是那么一回事。眇小的个人在那强烈的社会炉火里,往往经不起长时期的烤炼就熔化了,一点高尚的理想不久就幻灭了。抱着改造社会的梦想而来,往往是弃甲曳兵而走,或者做了恶势力的俘虏。你在那俘虏牢狱里,回想那少年气壮时代的种种理想主义,好像都成了自误误人的迷梦!从此以后,你就甘心放弃理想人生的追求,甘心做现成社会的顺民了。

要防御这两方面的堕落,一面要保持我们求知识的欲望,一面要保持我们对于理想人生的追求。有什么好法子呢?依我个人的观察和经验,有三种防身的药方是值得一试的。

第一个方子只有一句话:"总得时时寻一两个值得研究的问题!"问题是知识学问的老祖宗;古今来一切知识的产生与积累,都是因为要解答问题,——要解答实用上的困难或理论上的疑难。所谓"为知识而求知识",其实也只是一种好奇心追求某种问题的解答,不过因为那种问题的性质不必是直接应用的,人们就觉得这是"无所为"的求知识了。我们出学校之后,离开了做学问的环境,如果没有一个两个值得解答的疑难问题在脑子里盘旋,就很难继续保持追求学问的热心。可是,如果你有了一个真有趣的问题天天逗你去想他,天天引诱你去解决他,天天对你挑衅笑你无可奈他,——这时候,你就会同恋爱一个女子发了疯一样,坐也坐不下;睡也睡不安,没工夫也得偷出工夫去陪她,没钱也得撙衣节食去巴结她。没有书,你自会变卖家私去买书;没有仪器,你自会典押衣服去置办仪器;没有师友,你自会不远千里去寻师访友。你只要能时时有疑难问题来逼你用脑子,你自然会保持发展你对学问的兴趣,即使在最贫乏的智识环境中,你也会慢慢的聚起一个小图书馆来,或者设置起一所小试验室来。所以我说,第一要寻问题。脑子里没有问题之日,就是你的智识生活寿终正寝之时! 古人说:"待文王而兴者,凡民也。若夫豪杰之士,虽无文王犹兴。"试想葛理略(Galieo)和牛敦(Newton)有多少藏书? 有多少仪器? 他们不过是有问题而已。有了问题而后,他们自会造出仪器来解答他们的问题。没有问题的人们,关在图书馆里也不会用书,锁在试验室里也不会有什么发现。

第二个方子也只有一句话:"总得多发展一点非职业的兴趣。"离开学校之后,大家总得寻个吃饭的职业。可是你寻得的职业未必就是你所学的,或者未必是你所心喜的,或者是你所学而实在和你的性情不相近的。在这种状况之下,工作就往往成了苦工,就不感兴趣了。为糊口而作那种非"性之所近而力之所能勉"的工作,就很难保持求知的兴趣和生活的理想主义。最好的救济方法只有多多发展职业以外的正当兴趣与活动。一个人应该有他的职业,又应该有他的非职业的顽艺儿,可以叫做业余活动。凡一个人用他的闲暇来做的事业,都是他的业余活动。往往他的业余活动比他的职业还更重要,因为一个人的前程往往全靠他怎样用他的闲暇时间。他用他的闲暇来打马将,他就成个赌徒;你用你的闲暇来做社会服务,你也许成个社会改革者;或者你的闲暇去研究历史,你也许成个史学家。你的闲暇往往定你的终身。英国十九世纪的两个哲人,弥尔(J. S. Mill)终身做东印度公司的秘书,然而他的业余工作使他在哲学上,经济学上,政治思想史上都占一个很高的位置;斯宾塞(Spencer)是一个测量工程师,然而他的业余工作使他成为前世纪晚期世界思想界的一个重镇。古来成大学问的人,几乎没有一个不是善用他的闲暇时间的。特别在这个组织不健全的中国社会,职业不容易适合我们性情,我们要想生活不苦痛或不堕落,只有多方发展业余的兴趣,使我们的精神有所寄托,使我们的剩余精力有所施展。有了这种心爱的顽艺儿,你就做六个钟头的抹桌子的功夫也不会感觉烦闷了,因为你知道,抹了六点钟的桌子之后,你可以回家去做你的化学研究,或画完你的大幅山水,或写你的小说戏曲,或继续你的历史考据,或做你的社会改革事业。你有了这种称心如意的活动,生活就不枯寂了,精神也就不会烦闷了。

第三个方子也只有一句话:"你总得有一点信心。"我们生当这个不幸的时代,眼中所见,耳中所闻,无非是叫我们悲观失望的。特别是在这个年头毕业的你们,眼见自己的国家民族沉沦到这步田地,眼看世界只是强权的世界,望极天边好像看不见一线的光明,——在这个年头不发狂自杀,已算是万幸了,怎么还能够希望保持一点内心的镇定和理想的信心呢? 我要对你们说:这时候正是我们要培养我们信心的时候!只要我们有信心,我们还有救。古人说:"信心(Faith)可以移山"。又说:"只要功夫深,生铁磨成绣花针。"你不信吗? 当拿破仑的军队征服普鲁士占据柏林的时候,有一位教授叫做菲希特(Fichte)的,天天在讲堂上劝他的国人要有信心,要信仰他们的民族是有世界的特殊使命的,是必定要复兴的。菲希特死的时候(1814),谁也不能预料德意志统一帝国何时可以实现。然而不满五十年,新的统一的德意志帝国居然实现了。

一个国家的强弱盛衰,都不是偶然的,都不能逃出因果的铁律的。我们今日所受的苦痛和耻辱,都只是过去种种恶因种下的恶果。我们要收将来的善果,必须努力种现在的新因。一粒一粒的种,必有满仓满屋的收,这是我们今日应该有的信心。

我们要深信:今日的失败,都由于过去的不努力。

我们要深信:今日的努力,必定有将来的大收成。

　　佛典里有一句话:"福不唐捐。"唐捐就是白白的丢了。我们也应该说:"功不唐捐!"没有一点努力是会白白的丢了的。在我们看不见想不到的时候,在我们看不见想不到的方向,你瞧! 你下的种子早已生根发叶开花结果了!

　　你不信吗? 法国被普鲁士打败之后,割了两省地,赔了五十万万佛郎的赔款。这时候有一位刻苦的科学家巴斯德(Pasteur)终日埋头在他的试验室里做他的化学试验和微菌学研究。他是一个最爱国的人,然而他深信只有科学可以救国。他用一生的精力证明了三个科学问题:(1)每一种发酵作用都是由于一种微菌的发展;(2)每一种传染病都是由于一种微菌在生物体中的发展;(3)传染病的微菌,在特殊的培养之下,可以减轻毒力,使它从病菌变成防病的药苗。——这三个问题,在表面上似乎都和救国大事业没有多大的关系。然而从第一个问题的证明,巴斯德定出做醋酿酒的新法,使全国的酒醋业每年减除极大的损失。从第二个问题的证明,巴斯德教全国的蚕丝业怎样选种防病,教全国的畜牧农家怎样防止牛羊瘟疫,又教全世界的医学界怎样注重消毒以减除外科手术的死亡率。从第三个问题的证明,巴斯德发明了牲畜的脾热瘟的疗治药苗,每年替法国农家灭除了二千万佛郎的大损失;又发明了疯狗咬毒的治疗法,救济了无数的生命。所以英国的科学家赫胥黎(Huxley)在皇家学会里称颂巴斯德的功绩道:"法国给了德国五十万万佛郎的赔款,巴斯德先生一个人研究科学的成绩足够还清这一笔赔款了。"

　　巴斯德对于科学有绝大的信心,所以他在国家蒙奇辱大难的时候,终不肯抛弃他的显微镜与试验室。他绝不想他的显微镜底下能偿还五十万万佛郎的赔款,然而在他看不见想不到的时候,他已收获了科学救国的奇迹了。

　　朋友们,在你最悲观失望的时候,那正是你必须鼓起坚强的信心的时候。你要深信:天下没有白费的努力。成功不必在我,而功力必不唐捐。

二十一,六,二十七夜

　　(此文原刊于《独立评论》第 7 号,1932 年 7 月 3 日,见季蒙、谢泳编:《胡适论教育》,合肥:安徽教育出版社 2006 年版,第 51—56 页)

知识的准备(节选)

(一九四一年六月)

一

在这个值得纪念的仪式完毕之后,你们就被列入少数特权分子之列——大学毕业生。今天并不是标示着人生一段时期的结束或完毕,而是一个新生活的开始,一个真正生活和真正充满责任的开端。

人家对你们作为大学毕业生的,总期望会与平常人有所不同,和大多数没有念过大学的人有所不同。他们预料你们言行会有怪异之处。

你们有些人或许不喜欢人家把你们目为与众不同、言行怪异的人。你们或许想要和群众混在 起,不分彼此。

让我们向你们保证,要回到群众中间,使人不分彼此,是一件容易做到的事。假如你们有这个愿望,你们随时都可以做到,你们随时都可以成为一个"好伙伴",一个"易于相处的人",——而人们,包括你们自己,马上就会忘记你们曾经念过大学这回事。

虽然大学教育当然不该把我们造成为"势利之徒"和"古怪的人",可是我们大学毕业生一直保留一点儿与众不同的标志,却也不是一件坏事。这一点儿与众不同的标志,我相信,是任何学术机构的教育家所最希望造成的。

大学男女学生与众不同的这个标志是什么呢?多数教育家都很可能会同意的说,那是一个多少受过训练的脑筋,——一个多少有规律的思想方式——这会使得,也应当使得,受大学教育的人显出有些与众不同的地方。

　　一个头脑受过训练的人在看一件事是用批判和客观的态度,而且也用适当的智识学问为凭依。他不容许偏见和个人的利益来影响他的判断,和左右他的观点。他一直都是好奇的,但是他绝对不会轻易相信人。他并不仓卒的下结论,也不轻易的附和他人的意见,他宁愿耽搁一段时间,一直等到他有充分的时间来查考事实和证据后,才下结论。

　　总而言之,一个受过训练的头脑,就是对于易陷入于偏见、武断和盲目接受传统与权威的陷阱,存在戒心和疑惧。同时,一个受过训练的脑筋绝不是消极或是毁灭性的。他怀疑人并不是喜欢怀疑的缘故;也并不是认为"所有的话都有可疑之处,所有的判断都有虚假之处"。他之所以怀疑是为了想确切相信一件事,为了要根据更坚固的证据和更健全的推理为基础,来建立或重新建立信仰。

　　你们四年的研究和实验工作一定教过你们独立思考,客观判断、有系统的推理,和根据证据来相信某一件事的习惯。这些就是,也应当是,标示一个人是大学生的标志。就是这些特征才使你们显得"与众不同"和"怪异",而这些特征可能会使你们不孚众望和不受欢迎,甚至为你们社会里大多数人所畏避和摒弃。

　　可是,这些有点令人烦恼的特点却是你们母校于你们居留在此时间中,所教导你们而为此最感觉自豪的事。这些求知习惯的训练,如果我没有判断错误的话,也就是你们在大学里有责任予以培养起来的,回家时从这个校园里所带走的,并且在你们整个一生和在你们一切各种活动中,所继续不断的实行和发展的。

　　伟大的英国科学家,同时也是哲学家的赫胥黎(Thomas H. Huxley)曾说过:"一个人一生中最神圣的行为就是口里讲,内心深感觉到这句话:'我相信某件事是实在的'。紧附在那个行为上的人生存在世上一切最大的报酬和一切最严重的责罚。"要成功的完成这一个"最神圣的行为",那应用在判断、思考,和信仰上的思想训练和规律是必要的。

　　所以在一个值得纪念的日子,你们必须问自己的第一个问题就是:我是否获得所期望于为一个受大学教育的我所应有的充分智识训练吗? 我的头脑是否有充分的装备和准备来做赫胥黎所说的"一个人一生中最神圣的行为"?

二

我们必须要体会到"一个人一生中最神圣的行为"也同时使我们日常所需做的行为。另一个英国哲学家弥尔(John Stuart Mill)曾说过："各个人每天每时每刻都需要确切证实他所没有直接观察过的事情……法官、军事指挥官、航海人员、医师、农场经营者(我们还可以加上一般的公民和选民)的事,也不过是将证据加以判断,并按照判断采取行动……就根据他们做法(思考和推轮)的优劣,就可决定他们是否尽其分内的职责。这是头脑所不停从事的职责。"

由于人人每日每时都需要思考,所以人在思考时,极容易流于疏忽,漠不关心,和习惯性的态度。大学教育毕竟难以教给我们一整套精通与永久适用的求知习惯,原因是其所需的时间远超过大学的四年。大学毕业生离开了他的实验室和图书馆,往往感觉到他已经工作得太劳累,思考得太辛苦,毕业后应当享受到一种可以不必求知识的假期。他可能太忙或者太懒,而无法把他在大学里刚学到而还没有精通的知识训练继续下去。他可能不喜欢标榜自己为受过大学教育"好炫耀博学的人"。他可能发现讲幼稚的话与随和大众的反应是一种调剂,甚至是一种愉快的事。无论如何,大学毕业生离开人学之后,最普遍的危险就是溜回到怠惰和懒散方式的思考和信仰。

所以大学生离开学校后,最困难的问题就是如何继续培养精稳实验室研究的思考态度和技术,以便将这种思考的态度和技术扩展到他日常思想、生活,和各种活动上去。

天下没有一个普遍适用以提防这种懒病复发的公式。但是我们仍然想献给列位一个简单的妙计,这个妙计对我自己和对我的学生和朋友都很适用。

我所想要建议的是各个大学毕业生都应当有一个或两个或更多足以引起兴趣和好奇心的疑难问题,借以激起他的注意、研究、探讨,或实验的心思。你们大家都知道的,一切科学的成就都是由于一个疑难的问题碰巧激起某一个观察者的好奇心和想像力所促成的。有人说没装备良好的图书馆和实验室是无法延续求知的兴趣。这句话是不确实的。请问亚基米德、伽利略、牛顿、法拉第,或者甚至达尔文或巴斯德究竟有什么实验室或图书馆的装备呢? 一个大学毕业生所需要的仅是一些会激起他的好奇心,引起他的求知欲和挑激他的想法求解决的有趣的难题。那种挑激引发的性质就足够引致他搜集资料、触类旁通、设计工具,和建立简单而适用的试验和实验室。一个人对于一些引人好奇的难题不发生兴趣的话,就是处在设备良好的实验室和博物馆中,智识上也不会有任何发展。

四年的大学教育所给予我们的,毕业只不过是已经研究出来和尚未研究出来的学问浩瀚范围的一瞥而已。不管我们主修的是那一个科目,我们都不应当有自满的感觉,以为在我们专门科目范围内,已经没有不解决的问题存在。凡是离开母校大门而没有带一两个智识上的难题回家去,和一两个在他清醒时一直缠绕着他的问题,这个人的智识生活可以说是已经寿终正寝了。

这是我给你们的劝告:在这一个值得纪念的日子里,你们该花费几分钟,为你们自己列了一个智识的清单,假如没有一两个值得你们下决心解决的智识难题,就不轻易步入这个大世界。你们不能带走你们的教授,也不能带走学校的图书馆和实验室。可是你们带走几个难题。这些难题时刻都会使你们智识上的自满和怠惰下来的心受到困扰。除非你们向这些难题进攻,并加以解决,否则你们就一直不得安宁。那时候,你们看吧,在处理和解决这些小难题的时候,你们不但使你们思考和研究的技术逐渐纯熟和精稔,而且同时开拓出智识的新地平线并达到科学的新高峰。

三

……

所以为少数特权阶级的我们大学男女,严肃的和胜任的把自己准备好,以便像在今日的这个时代,这个世界,每日从事思考和判断,把我们自己训练好,以便作有责任心的思考,乃是我们神圣的任务。

有责任心的思考至少含着三个主要的要求:第一,把我们的事实加以证明,把证据加以考查;第二,如有差错,谦虚的承认错误,慎防偏见和武断;第三,愿意尽量彻底获致一切会随着我们观点和理论而来的可能后果,并且道德上对这些后果负责任。

怠惰的思考,容许个人和党团的因素不知不觉的影响我们的思考,接受陈腐和不加分析的思考为思考之前提,或者未能努力以获致可能后果,来试验一个人的思想是否正确等等就是智识上不负责任的表现。

你们是否充分准备来做这件在你们一生中最神圣的行动——有责任心的思考?

(此文为胡适于1941年6月中旬在美国普渡大学毕业典礼上的讲演,郭博信译,辑自胡颂平编,台北:联经出版事业公司1981年版,《胡适之先生年谱长篇初稿》第5册,见季蒙、谢泳编:《胡适论教育》,合肥:安徽教育出版社2006年版,第34—42页)

争取学术独立的十年计划(节选)

(一九四七年九月二十八日)

　　我很深切的感觉中国的高等教育应该有一个自觉的十年计划,其目的是要在十年之后建立起中国学术独立的基础。

　　我说的"学术独立",当然不是一班守旧的人们心里想的"汉家自有学术,何必远去欧美"。我决不想中国今后的学术可以脱离现代世界的学术而自己寻出一条孤立的途径,我也决不主张十年之后就可以没有留学外国的中国学者了。

　　我所谓"学术独立"必须具有四个条件:

　　(一)世界现代学术的基本训练,中国自己应该有大学可以充分担负,不必向国外去寻求。(二)受了基本训练的人才,在国内应该有设备够用和师资良好的地方,可以继续作专门的科学研究。(三)本国需要解决的科学问题如工业问题、医药与公共卫生问题、国防工业问题等等,在国内都应该有适宜的专门人才与研究机构可以帮助社会国家寻求得解决。(四)对于现代世界的学术,本国的学人与研究机构应该和世界各国的学人与研究机构分工合作,共同担负人类学术进展的责任。

　　要做到这样的学术独立,我们必须及早准备一个良好的、坚实的基础。所以我提议,中国此时应该有一个大学教育的十年计划,在十年之内,集中国家的最大力量,培植五个到十个成绩最好的大学,使他们尽力发展他们的研究工作,使他们成为第一流的学术中心,使他们成为国家学术独立的根据地。

　　这个十年计划也可以分做两个阶段。第一个五年,先培植起五个大学;五年之后,再加上五个大学。这个分期的方法有几种好处:第一,国家的人才与财力恐怕不够同时发展十个第一流的大学;第二,先用国家力量培植五所大学,可以策励其他大学努力向上,争取第二期五个大学的地位。

我提议的十年计划,当然不只是顾到那五个、十个大学,而不要那其余的大学和学院了,说的详细一点,我提议:

(一)政府应该下大决心,在十年之内,不再添设大学或独立学院。

(二)本年宪法生效之后,政府必须严格实行宪法第一百六十四条的规定:"教育文化科学之经费,在中央不得少于其预算总额百分之十五,在省不得少于其预算总额百分之二十五,在市县不得少于其预算总额百分之三十五。"全国人民与人民团体应该随时监督各级政府严格执行。

(三)政府应该有一个高等教育的十年计划,分两期施行。

(四)在第一个五年里,挑选五个大学,用最大的力量培植他们,特别发展他们的研究所,使他们能在已有的基础之上,在短期间内,发展成为现代学术的重要中心。

(五)在第二个五年里,继续培植前期五个大学之外,再挑选五个大学,用同样的力量培植他们,特别发展他们的研究所,使他们在短期内发展成为现代学术的重要中心。

(六)在这十年里,对于其余的四十多个国立大学和独立学院,政府应该充分增加他们的经费,扩充他们的设备,使他们有继续整顿发展的机会,使他们成为各地最好的大学;对于有成绩私立大学与独立学院,政府也应该继续民国二十二年以来补助私立学校的政策,给他们适当的补助费,使他们能继续发展。

(七)在选择每一期的五个大学之中,私立的学校与国立的学校应该有同样被挑选的机会,选择的标准应该注重人才、设备、研究成绩。

(八)这个十年计划应该包括整个大学教育制度的革新,也应该包括"大学"的观念的根本改换。今年所争的几个学院以上才可办大学,简直是无谓之争。今后中国的大学教育应该朝着研究院的方向去发展。凡能训练研究工作的人才的,凡有教授与研究生做独立的科学研究的,才是真正的大学。凡只能完成四年本科教育的,尽管有十院七八十系,都不算是将来的最高学府。从这个新的"大学"观念出发,现行的大学制度应该及早彻底修正,多多减除行政衙门的干涉,多多增加学术机关的自由与责任。例如现行的学位授予法,其中博士学位的规定最足以阻碍大学研究的发展。这部分的法令公布了十六年,至今不能实行，政府应该早日接受去年中央研究院评议会的建议，"博士候选人之平时研究工作及博士论文，均应由政府核准设立研究所五年以上并经特许收受博士候选人之大学或独立学院自行审查考试，审查考试合格者，由该校院授予博士学位"。今日为了要提倡独立的科学研究，为了要提高各大学研究的尊严，为了要减少出洋镀金的社会心理，都不可不修正学位授予法，让国内有资格的大学自己担负授予博士学位的责任。

这是我的建议的大概。这里面我认为最重要又最简单易行而收效最大最速的，是用国家最大力量培植五个到十个大学的计划。眼前的人才实在不够分配到一百多个大学与学院去。（照去年夏天的统计，全国有二十八个国立大学，十八个国立学院，二十个私立大学，十三个省立学院，二十一个私立学院，共一百个。此外还有四十八个公私立专科学校。）试问中国第一流的物理学者，国内外合计，有多少人？中国专治西洋历史有成绩的，国内外合计，有多少人？这都是大学必不可少的学科，而人才稀少如此。学术的发达，人才又是第一要件，我们必须集中第一流的人才，替他们造成最适宜的工作条件，使他们可以自己做研究，使他们可以替全国训练将来的师资与工作人员。有了这五个、十个最高学府做学术研究的大本营，十年之后，我相信中国必可以在现代学术上得着独立的地位。

这不是我过分乐观的话，世界学术史上有许多事实可以使我说这样大胆的预言。

……

所以我深信，用国家的大力造成五个十个第一流大学，一定可以在短期间内做到学术独立的地位。我深信，只有这样集中人才，集中设备，只有这一个方法可以使我们这个国家走上学术独立的路。

三六，九，一八

（此文于 1947 年 9 月 18 日定稿，原刊于《中央日报》，1947 年 9 月 28 日，见季蒙、谢泳编：《胡适论教育》，合肥：安徽教育出版社 2006 年版，第 262—266 页）

大学教育与科学研究(节选)

（一九四七年十月十日）

　　方才进礼堂来,看大家都是有颜色的,我却是没有颜色的。我在政治上没有颜色,在科学上没有颜色。我也可算是一个科学者,因为历史也算一种科学。凡是用一种严格的求真理的站在证据之上来立说来发现真理,凡拿证据发现事实,评判事实,这都是一种科学的。希望明年"双十节",史学会也能参加这会,条子也许会是白颜色的。

　　我今天讲一个故事,希望给负责教育行政或负责各学会大学研究部门的先生们一点意见。我讲的题是"大学教育与科学研究",不用说,科学研究是以大学为中心。在古代却以个人为出发点,以个人好奇心理,来造些粗糙器皿。还有,为什么科学发达起于欧洲呢?这一点很值得注意。对这虽有不少解释,可是我认为种种原因都不重要,最重要的是自中古以来留下好几十个大学。这些大学没有间断,如意大利伯罗尼亚大学,法国巴黎大学,英国牛津大学、剑桥大学等,这些都是远有一千九百年或七八百年历史的,因此造成科学的革命。这些大学不断的继长增高,设备一天天增加,学风一天天养成,这样才有了科学研究。研究人员终身研究,可是研究人才是从大学出来的,他们所表现的精神是以真理求真理。这一个故事是讲美国在最近几十年当中造成了好几个大学。美国以前没有 University 只有 College,美国有名符其实的大学是在南北战争以后。为什么在七十年当中,美国一个人创立了一个大学,从这一个人创立了大学,提倡了新的大学的见解、观念、组织,把美国高等教育革命,因而才有今天使美国成为学术研究中心呢?美国去年出版了两个纪念专集,一个是威尔基专集,一个是吉尔曼专集。吉尔曼(D. C. Gilman)创立了约翰斯·霍普金斯(Johns Hopkings University)大学,后来许多大学都跟着他走,结果造成了今日美国学术领导的地位。大家听了这个故事,也许会从中得到一个 Stimulation。

……

（此文为胡适在 1947 年 10 月 10 日在天津六科学团体联合年会上的讲演,原刊于《世界日报》,1947 年 10 月 11 日，见季蒙、谢泳编:《胡适论教育》,合肥:安徽教育出版社 2006 年版,第 190—193 页）

考试与教育(节选)

(一九四七年十月廿一日)

　　我在民国二十三年,曾在考试院住过几天,也在此会场讲过话,所以这次重来,非常愉快。尤其看到考试院的建筑没有被破坏,并知道今年参加高考的人数超过以前任何时期,现在交通如此不方便,而全国各大城市参加高考的人数,竟达万人以上(就在我们北大的课室中,也有不少的人在应试)。我感觉到,自民国二十年举行第一次考试以来,这十六年间,考试制度的基础已相当巩固。我是拥护考试制度的一个人,目睹考试制度的巩固,与应考人数的增多,至为高兴。

　　……

　　我近年来,在国外感觉到,中国文化对世界有一很大的贡献,就是这种文官考试制度。没有其他的民族和国家,其考试制度会有二千多年历史的。我们即以隋朝到现在来说,已有一千四百年,唐朝迄今,有一千三百年,宋朝迄今,也有九百多年。没有别的国家,能这样早的考试制度。我国以一个在山东牧豕出身的公孙弘先生,能于二千年前有这种见地,实在是件了不起的事。

　　再从世界的眼光来看,中国考试制度,也影响了别的国家。哈佛大学的《亚洲研究杂志》,前年刊登一篇北京大学教授丁士仪先生写的文章,题为《中国文官考试制度影响到英国文官考试制度的研究》。丁先生特别搜寻英国国会一百多年来赞成和反对采用中国文官制度的历次讨论记录,用作引证。并说明十八世纪(其实早在十七世纪)便有耶稣会的传教士介绍中国的历史文化和政治制度到欧洲,其中便曾有人提到中国的考试制度。首先在法国革命时(纪元 1791 年),法国革命政府宣布要用考试制度,这思想是受了中国影响的,不过后来革命政府失败,所以没有实现这个制度。其后这种思想,由欧洲大陆传入英国,英国当时有所谓"公理学派",主张改革政治、改革社会以谋取最大多数人类的最大幸福为目标(这个学派也可称作为幸福主义学派),他们同样看重了中国的文官考试制度,主张英国也应加以采用。

后来英国议会讨论这个问题时,有赞成和反对的两派意见。赞成派的理由,是中国能维持几千年的统一局面,主要的是因为政府采用这种公开的客观的考试制度;反对派则认为中国自鸦片战争以来,历次对外打败仗,所以不应仿效中国的制度。由此可知无论赞成的和反对的,都承认这是中国发明的制度。

后来英国在印度和缅甸试行这种制度,到十九世纪以后,再在国内施行。

其后德国也采用考试制度,不久复传到美国。这都是直接或间接受到中国影响的。

在太平天国时代(十九世纪中叶),英国出版一本书叫做《中国人与中国革命》,这本书前面,有个附录,是一个英国官员向英政府及人民写的条陈,要求英国采用中国的文官考试制度。

由这些事例,可以看出中国文官考试制度影响之大,及其价值之被人重视,这也是我们中国对世界文化贡献的一件可以自夸的事。

现在我们的考试,已经不采用诗词了(考试院的各位先生平常作诗作词,不过是一种余兴),考试的内容已和世界各国相差无多。比之古代,虽然进步了很多,但是我们回过头看,现在却缺少了上面所讲的社会上的心理期望。

现在人家择女婿,不以高考及格为条件的,小姐们的理想丈夫,也不是高考第一名的先生! 现在大家所仰慕的,高考还不够,要留学生,顶好是个博士,而且是研究工程的,这是一个显明的事实。

尽管现在社会对考试制度已较民国二十年时,认识得清楚,参加考试的人数也已增多,但是小姐们并不很看重高考及格的人员。我们不可忽视,小姐是有影响考试制度的相当权力的。

怎样才能使社会人士和小姐们养成对考试制度的重视呢? 我还没有方案来答复大家这个问题。

我曾和戴院长谈过北京大学一个学生的故事。这个学生,今年毕业,是学法律的,中英文都很好,他的毕业论文,全篇用英文写成,故被目为该系统成绩最优的一个。学校要留他当助教,他说"谢谢,我不干"。北平地方法院的首席检察官在学校兼课,也邀他到法院去帮忙,他也说"谢谢,我不干"。后来一查,他的毕业论文虽作了,却没有参加毕业考试,原来他到一个私立银行当研究生去了,他的薪津比敝校的校长还要多,他用不着参加考试,因为这个私立银行是不用铨叙的。

我有三十二张博士文凭(有一张是自己用功得来,另31张是名誉博士),又当了大学校长,但是我所拿的薪津,和一个银行练习生相差不多。我并不是拿钱做标准来较量,但是在这种状态之下,如何能使社会上的人士对考试及格的人起一种信仰呢?

我希望各位在研究国内外各种高深学问之余,再抽时间看明朝以来三百年间流行的才子佳人小说,研究一下怎样才可以恢复过去社会上对考试制度敬重的心理,就算我出这个题目来考考大家。

(此文为胡适先生于 1947 年 10 月 21 日在考试院的讲演,原刊于《中央日报》,1947 年 10 月 24 日,见季蒙、谢泳编:《胡适论教育》,合肥:安徽教育出版社 2006 年版,第 12—18 页)

★胡先骕

胡先骕(1894—1968),字步曾,号忏庵,江西省新建县人,中国近代植物学家、教育家、文化家。1909入京师大学堂预科学习,1913年赴美国加利福尼亚大学农学院学习,1916年获农学学士学位。回国后,于1918年起先后任南京高等师范学校、国立东南大学农科教授,兼生物学系系主任。1919年在《东方杂志》发表《中国文学改良论》一文,站在中国传统文化的立场上,对北京大学陈独秀、胡适等人所倡导的白话文和文学革命提出批评。20世纪20年代初,与梅光迪等发起成立综合性人文学术刊物《学衡》,致力于维护中国文化,发展国学。1923年再次赴美,在哈佛大学学习,1925年获植物分类学哲学博士学位后,任东南大学教授和中国科学社生物研究所植物部主任。1928年,胡先骕与秉志等人创办了静生生物调查所,并任调查所主任,同时兼北京大学和北京师范大学生物学系教授。1940—1944年任中正大学首任校长。1946年,任中正大学农学院生物系特聘研究教授。1948年当选为中央研究院第一届院士。

胡先骕积极倡导"科学救国、学以致用;独立创建、不仰外人"的教育思想,并身体力行地开展科学研究,一生撰写了涉猎文学、植物学、教育学、园艺学、农学、社会学、经济学、政治学等众多领域的学术论文,其中,在高等教育方面,《说今日教育之危机》《创办研究院案》《留学问题与吾国高等教育之方针》《师范大学评制评议》《论反基督教运动》《致熊纯如先生论改革赣省教育书》《论博士考试》《精神之改造》《教育之改造》等论文观点独到,在文学方面,《中国文学改良论》《欧美新文学之趋势》《文学之标准》等论文既含有对中国古典传统文化存留与否的论争,又有对古典诗形式应否保存、诗的本质、诗的优劣及创作方法的争鸣;在自然科学方面,其论文达数百万字,其中,仅植物学专著就达19种,涉及经济植物学、树木学、园艺学、农学等学科。其人文类作品主要收集在《胡先骕文存》上卷(张大为、胡德熙、胡德焜合编,南昌:江西高校出版社1995年版;自然科学类作品收集在《胡先骕文存》下卷(胡德熙、胡德焜合编,南昌:中正大学校友会,1996年)。

说今日教育之危机

（一九二二年）

　　中国教育之改革。其动机由于西方文化之压迫。此尽人所知者也。中国在未有新式教育之先，未尝无教育。旧式之教育虽无物质的科学，与夫曾经用科学方法所组织之社会科学。然人文主义之学问。如经学文学史学等。固不亚于欧洲中世纪之时也。自清季国势浸衰。外侮日至。国内执政者。渐知吾国物质教育之缺乏。于是曾文正始有派遣幼童出洋留学之举。然当时犹以为吾国所缺者物质科学耳。造枪炮。建战舰耳。至戊戌庚子以还。言新学者。始昌言政治之改革。于是纷纷赴日本习法政。国内学校亦逐渐成立。然习新学者。犹信中学为体西学为用之说。在国内政府设立之学校。舍西方之科学外。犹极重视固有之旧学。赴日留学者亦多素有国学之根柢。而学法政者。以欲归国后为显宦。居高位。故亦不敢放弃旧学。当时教会所立之学校。在科举未停时。甚且授学生以八股文。至彼不通国学之欧美留学生。亦惟有自认其短。但求充技术人员外交人员而已。至宣统元二年。美国退还庚子赔款。赴美国留学者乃骤众。而留日学生之政治革命种族革命之运动。亦以成功。清室以之颠覆。政府以功名羁縻人士之法亦废。最后至民国六年。蔡孑民先生长北京大学。胡适之陈独秀于新青年杂志提倡"新文化"以来。国人数千年来服膺国学之观念。始完全打破。于是由研究西方物质科学政治科学。进而研究西方一切之学问矣。吾国二三十年来提倡"西学"之目的。至是始具体得达。自表面上观之。新文化至是始有切实之进步。自兹以往。普及教育。发达物质技术。促成民治。建设新文化。前途之希望方且无量。孰知西方文化之危机已挟西方文化而俱来。国性已将完全澌灭。吾黄胄之前途。方日趋于黑暗乎。

吾非故作骇人听闻之言也。吾非反对西方文化也。吾即亲受西方教育。而并深幸得受西方教育之人也。今日西方文化最受人者。厥为过重物质科学。而吾又适为治物质科学之人也。然竟作此危言者。则以吾人之求西方文化之动机。自曾文正派遣幼童出洋留学以来。即不正当。美国哈佛大学文学教授白璧德(Irving Babbitt)。以为欧洲文艺复兴运动之鄙弃古学。不免有倾水弃儿之病。吾则谓吾人之习西学。亦适得买椟还珠之结果。不但买欧人之椟而还其珠也。且以尚椟弃珠之故。至将固有之珠而亦弃之。吾国教育之危机。可想见矣。

吾国为世界一大文化之中枢。而为惟一现存文化发源之古国。五千年来。虽屡经内乱。屡为外族征服。而至今巍然尚存。此非偶然之现象也。梁任公以为吾民族之成绩。为能扩张版图。同化异族。使成为一大民族。此但就表面观察而言。至吾族真正之大成绩。则在数千年中能创造保持一种非宗教而以道德为根据之人文主义。终始勿渝也。中国二千六百年来之文化。纯以孔子之学说为基础。尽人能言之。孔子之教则正心诚意修身齐家治国平天下。克己复礼。以仁智勇三达德行君臣父子夫妇昆弟朋友五达道者也。又以中庸为尚。而不以过与不及为教者也。其学说自孟荀光大。汉武表章以来。加以宋明程朱陆王诸贤之讲求。已成中国惟一之习尚。虽思想以学定一尊。而或生束缚。然国民性之形成。惟兹是赖。其教义之深入人心。至匹夫匹妇每有过人之行。惊人之节。白璧德教授以为中国习尚。有高出于欧西之人文主义者。以其全以道德为基础故。洵知言也。

夫教育之陶冶人才，尝有二义。一为养成其治事治学之能力。一为养成其修身之志趣与习惯。如昔时所谓之六艺与文章政事。今日之学术技艺。属于前者。至所以造成健全人格。使能正心诚意修身齐家者。则属于后者，二者缺一。则为畸形之发达。欧西文化在希腊鼎盛之时期。苏格拉底、柏拉图、亚里士多德诸贤讲学。咸知二者并重。至中世纪。则基督教亦能代希腊文化。以教人立身之道。在中国则自孔子同时主张博学笃行以来。知行合一已为不刊之论。泛观欧西近世学术史。每觉有博学明辨与笃行无关之感。于是知中国文化之精美。而能推知其所以能保持至于今日之故也。

在今日物质科学昌明之时。吾国之所短。自当外求。曾文正之送学生出洋。立同文馆。制造厂。译书局。其宗旨即在求此物质科学也。然以当时不知欧西舍物质科学外。亦自有文化。遂于不知不觉中。生西学即物质科学之谬解。浸而使国人群趋于功利主义之一途。彼旧学家。一面既知物质科学之不可不治。一面复以人文主义之旧学不可或弃。乃倡中学为体。西学为用之说。然一般青年。则认此为旧学派抱残守缺者之饰辞而心非之。以为既治西学。则旧日之人文学问必在舍弃之列。虽清季学校尚极重视旧学。然一般青年只认之为不得不遵循之功令。初无尊崇信仰爱重之心也。以吾自身在学校之经验言之。同学中以意气相尚者有之。以文学相尚者有之。以科学相尚者有之。或欲为实业家。或欲为政治家。或欲为学问家。高视阔步。自命不凡者。比比皆是。独无以道义相砥砺圣贤相期许之风尚。盖功利主义中人已深矣。至美国退还庚子赔款。以为选送学生赴美留学之资。国人亲承西学之机日众。民国以还。留学考试既废。已不须国学为猎取仕进之敲门砖。功利主义之成效。亦已银行交通制造各事业之日增而益著。其不为功利主义所动者。又以纯粹科学为其最高洁之目的。盖不待文化之狂潮。旧日之人文学问已浸趋于澌灭矣。

吾尝细思吾国二十年前文化蜕嬗之陈迹。而得一极不欲承认之结论。则西方文化之在吾国。以吾欧美留学生之力。始克成立，而教育之危机。亦以吾欧美留学生之力而日增。吾国文化今日之濒于破产。惟吾欧美留学生为能致之。而旧文化与国民性之保存。使吾国不至于精神破产之责。亦惟吾欧美留学生为能任之也。其所以然者。亦种种因缘以酿成之。上文吾曾云。教育常包有治事治学与修身之二义。今试以西方之教育而论。二者亦并不偏废也。在欧美各邦。基督教义已成社会全体之习尚。其认道德与基督教义几为一物。亦犹吾国之认道德与孔子教义几为一物也。欧美诸邦。信基督教者十居其九。彼孩提之童。自喃喃学语以来。父母即朝暮教之祷祝。至束发受书。圣经乃与一切学问同时并授。其社会上历史上之模范人物。莫非基督教义最高尚之表现。其文学之作品。莫不包涵基督教与希腊哲学之精神。至学校之教育。除物质科学外。人文学问亦极重视。故其教育所陶冶之人才。除有治事治学之能力外。修身之志趣习惯亦已养成之。此种修身之教育。吾国旧学固已备具。苟国人诚知保其所长而补其所短。宁非幸事。奈一般青年。误认治事治学为教育之惟一目的。对于正心修身之旧学。常弁髦视之。甚或鄙夷之为迂阔。又吾国人宗教观念素称薄弱。而基督教又为异教。故虽或貌为皈依。然信之终不能如欧美人民之诚挚。及至留学之日。对于欧美之人文学问。又以身为外人。浅尝辄止。以身为外人之故。而复能得学校教师之原谅。且以身羁异国。日力不给。吾国所需者为专门家。故以全力治专门学。而无暇顾及他人之人文学问。即或治此种学。然亦以专门家之眼光视之。结果亦不过成为一种专门学而已。初不求借镜之以为修身之轨范。故欧美留学生。多有专门之学。能胜任专门之职务。而甚少可称为有教育之人。及其返国而为社会服务也。其弊乃立见。就其最佳者而言。亦只能以其专长供社会之用。不为社会之恶习所濡染。不失为洁身自好之士而已。再进则亦仅能热心研究提倡其专门之学。引起国人重视此项学问之心而已。至于立身。则以无坚毅之道德观念。故每易堕入悲观。进退失据。若不得志。固不免怨天尤人。即处境较佳。则又因物质欲望之满足而转觉人生之无目的。盖此类学者。其求学时代之惟一愿望。爵在名成业就。及此目的已达。则惟一之精神刺激已去。乃渐觉其十数年来学校中胶胶扰扰之生活。为无意义矣。此纯粹之知慧主义之流弊也。若再遇一二拂逆之事。精神将益委顿。结果则惟抱混世主义。其下者。乃浸为社会恶习所软化。否则抱厌世观念。甚或至于风魔与自杀矣。其次者则纯为功利主义之奴隶。其目的惟在致富。苟能达此目的。不惜牺牲一切以赴之。对于家庭、社会、事业之责任。咸视为不足重轻。故任教育之责者。但图一再兼职。以求薪金无限之增加。为医生律师者。则视病家及当事者之肥瘠。以为敲诈勒索之标准。任工程之责者。不惜随腐败之官吏为俯仰。以为巩固地位之方法。对于其职责之良窳。初不置意。其最不肖者。在求学之初。即无高尚之目的。一入社会则随波逐流沉溺不返。社会恶习无一不染。无论所任何事。其腐败皆可较今日最恶劣之官吏而过之。此皆畸形教育之害也。（吾非谓全体欧美留学生皆如此。然此种欧美留学生实居多数则可断言者也）

即彼自命为新文化之前锋者。亦与上举之人物无别。其求学之时。惟一之愿望。为在社会上居高位享盛名。自来既无中正之修养。

故极喜标奇立异之学说。以自显其高明。既不知克己复礼为人生所不可缺之训练。故易蹈欧西浪漫主义之覆辙。而疾视一切之节制。对于中西人文学问。俱仅浅尝。故不能辨别是非。完全不顾国情与民族性之何苦。但以大而无当之学说相尚。同时复不受切磋。断不容他人或持异议。有之则必强词夺理以诋諆之。结果养成一种虚骄之学阀。徒知哺他人之糟。啜他人之醨。而自以为得。使中国旧有之文化日就澌灭。欧西偏激之学说风靡全国。皆此种学者之罪也。

此种崇尚功利主义之习。固不但欧美留学生为然。而吾独归罪于欧美留学生者。则以欧西之功利主义。惟吾欧美学说为能代表之。吾国固有之文化。惟吾欧美学生为敢诋毁之也。尝考吾国之提倡物质科学也。国内学校。虽施有科学教育。然仅浅尝。未能见之实施也。至留学日本者。又多习政法。其习物质科学者。亦多未能深造。故国人对于功利主义之信仰。不以国内学生或日本留学生之成绩而加坚。至欧美留学生。则亲承欧美物质文明之陶冶。而具有充分之技能。泛观今日国内之铁路、机械、化学、矿冶工程师。大多数为欧美留学生也。各种高深之科学家大多数为欧美留学生也。加以欧西之文学哲学。亦以亲炙其教之欧美留学生言之较详。他人亦以其亲炙其教。而不敢或疑其语为诬枉。在社会一般之眼光。已见其物质文明之成绩如彼。复闻其精神文明之议论如此。自不免为之潜移默化。加以任最高教育之责者。复为欧美留学生。国内学生之愿望。亦为他日得为欧美留学生。故以欧美留学生而提倡功利主义。诋毁旧学。自不难有风行草偃之势。即有二三老辈。偶一答辩。社会亦惟嗤之为顽旧而已矣。夫如是。吾乃不得不谓吾国固有文化今日之濒于破产者。惟吾欧美留学生为能致之也。

吾人今日皆知痛诋政府官僚之腐败。而鲜察国民道德之堕落已至何等程度。复不知政府之所以腐败。国民道德之所以堕落。完全由于崇尚功利主义之故。尤不知挽救今日政治腐败之法。厥维提倡已视为腐旧而以节制为元素之旧道德。今日中国之现象。固不仅上无道揆。下无法守已也。人欲横行。廉耻道丧。已至于极点。洪宪党人之阿谀袁氏。固已丑态百出。然今日之堂堂国务总理。即洪宪罪魁也。苟非以武人之反对。则此洪宪罪魁。且继续居总揆之地位矣。当彼未登台之先。海内方且以整顿财政之重任而属望于此公矣。又彼号称为清室忠臣之张勋。既已旗帜大明。为清室复辟之谋主。则失败之后，宜若不再为民国服官。以全其臣节也。然已为林垦督办。且更有大欲。而谋为督军巡阅矣。洪宪时代阿媚取容之人。至今日又可高谈民治主义。而为人力车夫会长矣。以革命之首功。乃可为洪宪罪魁。又更为西南义军首领矣。在昔日士君子苟有一二较此为小之失德。即足使至友绝交。社会不齿。在今日。不但友人不知深责。即社会亦漠然视之。以为官吏之固然。宁非国民之社会观念。日趋于退化乎。不但素以腐败著称之官吏。腐败至于此极也。今试观一般之社会。金钱之崇拜。投机事业之发达。拐骗欺诈罪恶之日增。诲淫诲盗之戏剧小说之风行。据书业中人言。今日最流行之出版物。厥为某名流赞为写实小说之黑幕大观、妇女孽镜台、中国恶讼师等小说。即有识者所视为不中正而富有流弊之新文学书报。销行亦初不广。凡此皆为国民道德堕落之证也。不知者。以为此种现象。首由于袁世凯之任用金壬。至有上行下效之影响。再由于民治主义不发达。法治之习尚不立。至国民无监督政府之能力。实则崇拜功利主义鄙弃节制的道德有以酿成之也。吾尝考鄙弃节制的道德之运动。已与功利主义之运动。在清光绪间同时发轫。政治之腐败。在李文忠当国时。已启其端。至袁世凯乃广植私党。汲引金壬。逐渐造成今日之政局。而社会一方面。戊戌维新之时。即有矜奇炫博之习。如康南海之创孔子改制、春秋三世、小康大同、抑荀扬孟诸学说。谭浏阳之著仁学。梁任公东渡后。国内外言诗则主龚定庵。言佛教则尚大乘。言理学则遵阳明。放言高论。不一而足。此皆欲脱离昔日节制的道德之动机也。且当时之言新政。亦以输入物质文明为主旨。彼时之维新教主康南海。日后非著有物质救国论乎。故虽辛亥革命。与夫今日之极端唾弃旧学。崇尚功利主义。为康南海所不及料。然其破弃旧习之新异学说。实其滥觞也。破除旧习。疾视节制。崇尚功利主义之风。自此日甚一日。至有今日廉耻道丧。人欲横行之现象。苟不及时挽救。则日后科学实业愈发达。功利主义之成效愈昭著。国民道德之堕落。亦将愈甚。而吾数千年之古国。或将有最后灭于西方文化之恶果矣。可不惧哉。

今日之新文化运动者。虽自命提倡艺术哲学文学。骤视之。似为今日功利主义之针砭。实则同为鄙弃节制的道德之运动。且以其冒有精神文明之名。故其为害。较纯粹之功利主义为尤烈焉。今日社会主义共产主义诸运动最重要之特征。厥为认物质的享用为人类一切文明之根本。苟经济之分配能得其平。则太平可立致。马克思之唯物历史观。即此思潮之代表也。其求达此郅治之方法。不在节制的道德。乃在阶级之相仇。某旧学家尝有言。欧洲美德中无一让字。吾闻其言。深许其能切中西方文化之症结也。今日资本主义之弊害。正为不知节制物质之欲望。故贪得无厌。致酿成今日贫富悬殊之现象。今日新文化所主张之文学哲学之精神。亦正类此。非极端之写实主义自然主义。即极端之浪漫主义象征主义。绝无中正和平涵养性情之作品。不求正心诚意。而高谈博爱。不能修身齐家。而肆言互助。己不立、能立人。己不达、能达人。天下有此理乎。吾徒见其引导青年于浮嚣虚骄之习。而终无补于世道人心耳。

今日中国社会之领袖。舍吾欧美留学生莫属。此无庸自谦者也。吾辈既居左右社会之地位。则宜自思其责任之重大。而有以天下为己任之心。切宜知偏颇教育之弊害。庶于求物质学问之外。复知求有适当之精神修养。万不可以程朱为腐儒。以克己复礼为迂阔。一人固可同时为牛顿、达尔文、瓦特、爱迪生与孔子孟子也。对社会亦宜提倡节制的道德。中正的学说。使一般少年。不致为功利主义浪漫主义之奴隶。庶几物质文明与精神文明。得以同时发达。则新旧文化咸能稳固。社会之进步。政治之修明。虽目前未能实现。二三十年后。终能成也。斯乃吾欧美留学生与一般社会学者教育学者之真正使命。苟不漠视。则中国其庶几乎。

（此文原刊于《学衡》第 4 期,1922 年,见张大为、胡德熙、胡德焜合编:《胡先骕文存》(上卷),南昌:江西高校出版社 1995 年版,第 82—90 页)

创办研究院案

（一九二三年一月）

大学教育之目的，不仅为注入式之灌输学术于学生，要在指导作育学生，使能独立研求宇宙间真理，以增进人类之识智与求其实际上之应用，以今日学科门类之纷繁，大学课程之须，使学生得广博之基本学问与人文学科。在匆匆四年之短期间，所能成就者亦已仅矣。故说者有谓大学教育不过为高等普通教育。欲求作育专门人才，则尚有待于研究院为。

尝考欧美各国大学，莫不说有研究院。英国大学毕业后称"学士"，赓续研究一年至三年，则称"硕士"。牛津大学硕士之声价乃与德、法诸邦之博士相等。近年以适应外国学生之要求，亦设有博士学位。法国大学毕业称学士，入研究院研究，有心得作为论文，经博士试得隽，则为博士。在德国则无学士学位，仅有博士一阶级。美国大学毕业后至少修业一年，研究有得，则称硕士，更尽而有更重要之研究，经博士试及格，则称博士。凡著名公、私大学，靡不设有研究院。稍次之大学，亦必授硕士学位。惟小规模之大学，但以授高等普通教育为目的者，则仅有大学四年之课程，而无研究院。此类大学毕业生如欲研究高深学问，必须从其他著名大学，入其他研究院。盖欧美各国学术进步，一日千里，不致固步自封者，其得力要在大学研究院也。

我国教部大学规程本有"大学得设研究院"之条文。北京大学、北京师范大学、清华大学亦曾先后设立研究院。教会设立之大学如燕京大学、东吴大学、金陵大学均已设立研究院有年。吾校学科大备，成绩素优，奈何于此独落入后手，且吾校毕业生每有毕业后仍继续留校从事研究者，或在本校服务为助教而以余力从事研究者，研究之结果有问题甚大费力甚多，在外国大学研究院可得博士学位者，而以本校无毕业院不能授以较高之学位以彰其功。难在劬劳之士，未必便以学位之有无而弃其趋舍，然究其奖掖后进之道也，或以为吾校经济素不充裕，图书、仪器尚未大备，设有研究院恐力有未逮，实亦不然。盖可研究之问题至彰，中国亟待研究之问题之多，尤易于成功，苟善于择题，固不必特殊之设备，耗巨量之金钱，方能从事研究。巴斯德之德绩即例也。研究过去之问题。吾校之设备与学生之学力，或有未逮，如研究硕士学位所须解决之问题，则殊非难，而同时并不须增加学校经费上之负担，且研究问题之多寡、难易，以学系，而与各系于仪器、设备、师资、学力四者。能设立研究所者，则设之，不必强同，宁缺毋滥，亦不必以一时未能设立研究科，便引以为羞，而草草将事，则于各科系行政自无问题发生，而有志向学之士，亦知所确矣。关于组织方法及研究院章程，粗议其端于左尚祈，公决是幸。

（甲）研究院组织

（一）文、理、教育、农、商五科合立一研究院。

（二）研究院设主任一人，由全体教授会公举，其职务为总持研究院一切事务，年年呈报各系研究生之应得硕士学位者于校长，以便授与学位。

（三）每系组织一研究生考试会，会员二人，主任为研究生系主任，其他一人为研究生副系主任或教授。

（乙）研究院规则

（一）研究院研究生如欲硕士学位，必先在本校大学本科毕业或在其他大学毕业而经本系教授会认可。

（二）研究生必须能作通顺流畅之英文与阅读，参考德文或法文专科书籍。

（三）研究生必须在研究院从事二学期以上之研究。

（四）研究生每学期除研究学科外必须修习九学分本系或副系课程。

（五）研究生对于所研究之题目，必须作一优良之论文，表明其有独立研究之能力，而于人类学术上有确实之贡献。

（六）研究生除所选十八学分课程与所研究论文外，必须经一度考试,或口试或笔试,由该系研究生考试规定之。

（七）研究生考试或论文不及格,得继续研究一年,再经考试倘仍不及格,则须退学。

（八）研究院学费为大学本科之半数,实验费由各系规定之。

（九）研究院毕业得称文科、理科或农科硕士(M. A.,M. S.,M. S. A.)

提议人：张子高、陈　桢、工季梁、秉　志

孙洪芬、胡先骕、唐启宇、戴芳澜

孙恩麐、邹树文、陈清华、王善佺

郝象吾、廖世承

（见东南大学档案馆档案第 29 卷,"东大创办研究院案 1",1923 年 1 月）

留学问题与吾国高等教育之方针

（一九二五年）

　　偶读中华教育界所载怡怡君论留学生问题一文，颇佩其洞见留学界之症结。身曾前后留学美国两次，且任国内大学教授数年，自谓知留学生与今日中国高等教育之利病，当较他人为详，请得为一详尽之讨论。怡怡君责留美学生亦有一二过苟之处，此处亦稍稍为之辩护。而吾国高等教育将来所应取至方针，平日颇深研几，与时下所谓"教育专家"之意见，甚有不同之处，亦条举之以供国人之参考。

　　吾国派遣留学之举，始于曾文正。惟当时国人尚昧于世界大势，富贵人家之子弟，皆不敢轻于尝试。然中国之命运，已受其影响不少；如伍廷芳唐绍仪之任外交，丁汝昌辈之组织海军，皆彰彰在人耳目者；而严复之翻译西籍，其功尤伟。惟严氏之成就，完全为其回国后之努力，与其留学时代所得之学术无与；故不能以严氏代表此期之留学生。在美国退还庚子赔款派遣留学生以前，留学欧美学生惟一之特点，在不通中国文。曾忆科学杂志在美国初创之时，或以举示詹天佑，詹乃以留美学生能作此等中国文为异事。吾所亲从受业之某某教师，于留学廷试时，于中文策问，至不能作一字。故此期之留学生，舍在外交与工商方面外，于国家社会贡献殊少也。

　　庚子变法以后，国人竞赴日本留学。留日学生在今日虽以流品过滥为人所轻视，然亦有所贡献。最著者为改订法律与组织陆军；政治革命亦以留日学生之力为多。至因此而政治日就窳败，军人日益骄蹇，则另有他因，似不能全归罪于留日学生，留日学生最大之短处，在不肯耐心由日本高等学校肄业以至帝国大学卒业。故鲜有高深之学问。日本高等学校系取法德国之 Gymnasium，程度在美国 High School 之上，功课极为严重；故苟能由日本高等学校与帝国大学本科卒业，学问自有根据。然尚有一短处：即日本大学课程过重理论，而实验与实习尚嫌不足。（此友人市岛君自言者）在日本学生，自大学卒业后，或为助手，或亲至工厂与商场中服役，日久自得经验，故尚无大害。吾国留学生，在日本大学卒业，已非易事，尚何心继续研究与实习？故返国之后，以无实地经验，每每坐而言不能起而行也。至在日本专门学校卒业者，则学术根柢既浅，经验尤少，其多数不能为独立之研究，尤无论矣。

近年来留美学生所以渐渐得势者，一由于清华学生人数渐多，互相提携，较前为易；一由于革命之后，国人倾心共和，而共和先进之美国，复与我善，于是与美国关系日密，而留美学生亦为国人所重视。然最重要之原因，尚在留美学生之学力；第一，留美常较留日为难。盖中日不啻同文，而学英文至于能日常酬对听演讲作笔记，费力已比以一年半载学通日文为多。且道途辽远，生活昂贵，私费非巨富不办，官费则竞争激烈，故苟来美，其求学之诚，自较一般一苇航日者为殷。来者不滥，故一般成绩亦稍佳。第二，美国大学极重实用，实习实验皆在日本学校之上，而尤奖励独立之研究。治工商矿业者，卒业后虽无主持全局之能力，然确能胜任局部之职务。故近日铁路工厂银行公司中，多用留美学生，如詹天佑之筑铁路，王宠佑之炼铁矿，皆最令人注目者。而留日学生，则除为官吏教师议员军官外，绝少能任技术上之职务。至留美学生曾得博士头衔者，能掇拾中国旧闻或钞译九通以充博士论文者亦有之，然多数至少舍英文外更通德法两国文字，与曾为一次有结果之研究。故庸中佼佼，而得逞一日之长也。

至其弊则如何？留美学生最大之病，在不通中文。昔日之留学生如詹天佑辈无论矣；近日之留美学生，不通中文者，亦触目皆是，而尤以广东华侨子弟与教会学校出身者为多。其甚者至不能操中国语，更无论作文著书矣。结果则此种人物于社会直接不能有所贡献。怡怡君责留美学生少有从事著译者，此一大故也。然此种留美学生之害，尚不在对于社会少有贡献，而在其未受中国固有文化之陶冶；同时复以身为异国人故，于欧西文化道德，亦无久长深远之浸润。此种人才，实为仅有职业训练而未受教育之人，今乃为社会之领袖，其影响之恶可知矣。

其次则但求得博士学位，而不真实求学。夫跋涉万里，靡费巨金，至异国求寻常大学教育，诚非得计；然以国内师资之缺乏，图书仪器之不备，则留学美国，亦为救急之策。至入欧美大学毕业院从事高深之研究，则尤为中国学生目前不能不取之途径。惟留美学生中，颇多不以求学为目的者。美国大学程度至为不齐，宽严亦自有别，乃有贪第二三流学校课程较易，而不敢入第一流学校者。哥伦比亚大学待中国学生极宽。以吾所知，有同在北京高等师范学校卒业者，一入芝加哥大学，两年始得学士学位；一入哥校，一年即得硕士学位。有某君在益令诺大学插第一年级，以屡次不及格被摈，入哥校两年反得硕士。故同为留美学生，其优劣之相去，常有不可以道里计者；而终日流连中国餐馆，出入戏园，学习跳舞，取媚女友之徒，亦非少数。此诚可以叹惜痛恨者也。

美国教育之佳处，在注重实习与实验，故留美学生之学工商与科学者确有相当之学术与经验。然其大学之程度则非甚高。美国著名物理学家密理根（Milikan）自赴欧洲物理学会归国，至谓美国物理极为幼稚，欧洲物理学家所治数学俱较美国数学家所知者为深云云。美国大学卒业生入英国牛津大学三年始能得学士学位。凡此种种，留美学生，宜有自知之明，不可自谓在美国大学卒业后，便已登龙门，声价十倍也。

然非谓留学欧洲，便较留美为高也。在英国除牛津剑桥两大学外，其他大学，亦无远过美国之处。德法以及其他欧陆大学，皆过于自由；学生与教授甚少接触，甚至功课不相衔接。其得博士学位，亦仅藉研究一题目之论文，其普通学术之基础可以不问。结果留欧学生反有不如留美者。欧战后德国生计困难，日本所派遣之留学生，至有资馈贫困之科学家，请之代为博士论文者。故与其抑此扬彼，毋宁以个人之学业为本位之为愈也。

留学政策，自一方面言之，自为治标之方法，然亦不可过非之。吾国大学略具规模，实在民国成立，大批留美学生毕业归国之后。当余在北京大学肄业时，学校不惜以六七百金一月之巨薪，聘请外国博士教授预科之物理化学；其程度之幼稚，远非今日之比。此种学术之提高，不得谓非留美学生之力也。他校吾不知，东南大学毕业生，多能直接入美国大学毕业院；南高毕业者，则插大学第四年级。在中国学术幼稚时代，无强有力之政府以奖励督率学校之进步，社会复不能为经济上之援助，有如是之成绩，不得谓非差强人意也。要之目前国内大学，仅足教授普通大学课程,而工科矿科医科,在国内尚少学习之处;自毕业院之研究,则因图书仪器之不备,教师学识经验之不足,一时难期其尤成绩,故尚不可留学为非。美国至今尚有所谓"Rhodes Scholarship"者,专为派遣大学卒业生之优秀者,入英国牛津大学而设。日本近日仍继续派遣学生赴欧美留学,唯其方法绝对与吾国不同。日本派遣留学欧美,必大学卒业身任大学或专门学校教授或教员若干年,始有派遣之资格;派出后在美国留学一年,在欧洲留学一年,不必得何种学位。此实最佳之制度。盖大学卒业后且经服务若干年,其学术经验自深,再假以两年留学欧美之机会,必能大有进益,或解决若干学术上重要问题;而尤以与世界学问家接触与交换意见最为有益。日本派遣留学政策与吾人异者,更有一点,即经济上之特殊优遇是也。其平常学生月给百八十美金,此为吾国留美学生月给之二倍;除往返川资外,无论游历何处之旅费,皆由政府支给。盖欲其广见闻而多与异国闻人交际也。吾国政策则不然,两度以官费来欧美留学者,为数甚少。闻教育部政策,似以曾在欧美卒业身任大学教授者,仍以官费留学,不啻夺取他人之机会。此说似是而实非。盖欲提高学术,正非派遣有学术经验之人留学不可。日本民族,最能综核名实,彼所取政策,吾人殊宜效法;派遣名额较少,学费较优,资格较难,实为以后教育部派遣留学所宜取之方针也。若说不必派遣留学,仍能使学术提高耶? 请举一例以明之:日本东京帝国大学植物学助教授中井猛之进博士,为日本当代有数之植物学家;自大学卒业后,治斯学十五年之久,著作有朝鲜植物志多卷,以及其他散见之论文。彼去年被派至欧美留学,曾在美国波士顿哈佛大学之阿诺得森林植物院研究;以此度之研究,利用此处与哈佛大学本校之植物标本,乃解决多数小问题而有著作发表。今彼已赴欧洲各著名植物院研究,于斯学必更有所贡献也。日本大学素称美善,其图书馆尤称宏富,然其国学者,尚不能闭关自守,而仍须至欧美留学也,故为研究高深之学问计,非俟国内大学图书仪器大备,则舍留学无他方,惟派遣大批学生学习普通大学课程,则为失计耳。

　　怡怡君责留学生不著书,所言未尝不是;然亦有数点,不可不计及之:第一,国内学校程度幼稚,无高深教本之需要。合于大学程度之著作。以吾所知,仅昔年伍光建曾译 Garnot 之物理学一种,然此书虽在商务印书馆出版,销场极为有限。以故书馆不愿承印高深书籍;能著作翻译高深书籍之人,以其书无市场之故,亦鲜愿为劳而无功之举。(商务印书馆,自新总编辑王君云五就职后,始改定方针,而渐肯承印高深之书籍。)盖士不悦学,与一般学校程度低下,实为著述不发达之主因;在吾国著述得不偿失,故鲜有人从事于此。在日本则著书几为利薮,盖日本社会笃信新学而喜于购书也。若谓留美学生无著书之学术与能力耶?马寅初博士所著之"*Finance of New York City*"王宠佑所著之"*Antimony*"皆为欧美学术界所称道,然皆以英文著作,否则必无销场焉。再则学然后知不足,治学自深,日见其艰,不敢轻于执笔,此正可喜之事。英国一般学问,似比美国为高,英国人不轻于著作,然一书之出,几皆有不朽之价值;美国人则轻于著作,同类之书,尝有十余种之多,且数年之后,必须改订一次。故英国书籍以品质胜,美国书籍以数量胜。英国著名学者,每有终身不著一书者,吾甚愿吾国出版界,少发表未成熟之著作,以免开吾国学术界浅薄之风气也。美国当代第一流育种学家(育种学以美国最为发达,世界治斯学之闻人四人,美国占其三。)依士特教授(Prof. East)每称日本之科学根基不巩固,其人之著述与研究之结果,常不可恃,吾人幸勿蹈其覆辙可也。

对于怡怡君评论美国留学生之答辩或补充之言,尽于此处。今更将余个人对于吾国高等教育之意见,与国人一为商榷。

(一)关于留学所应取之方针。在一独立之国家,教育自应独立,不可永远扶墙摸壁,谓皙人之马首是瞻;故自一种意义言之,留学政策,实为治标方法。然须知学术大同,无国家民族界限之可言。近日欧美各国方极力提倡交换教授与相互留学。每年法比各国大学之课程纲目与入学章程等,皆煌煌揭示于美国大学之内。俄国内乱,学者纷纷转徙,法国巴黎大学,竟为之聚集流亡,在校内建一俄国学院。此种学术大同之精神,有两效用:一则知识界究为左右人群之阶级;知识界若能多为精神上之接触,国家与民族间之猜忌嫉妒,自可减少,而日趋友善。美国各种科学家,昔日多留学于德国,故美德虽为敌仇,然战后德国科学家以纸币之故,贫不聊生,乃多向旧日生徒求助,美国科学家亦慨然解囊助之。同时复有救济俄国科学家,与日本地震后捐助书籍金钱等种种举动。中美两国近年国交日密,亦以派遣留学为要因。吾国留日学生类疾视日本，此固半由于日本人士之狭隘国家主义所致；然吾国留学生，亦自有过。日本政府所持之政策尝不利于我，固国民所应痛心；然因以断绝国民外交，至师生之间，皆绝无情谊，不啻德法两民族之疾视，则不但非两国之福，亦非黄种之福，安知他人无黄白两种之争耶？平日睚眦之怨，即为他日相杀相斫之原因，中日两民族，似宜于智识上发生同情心，而为真正亲善之基础也。二则虽云同治一学；各国学派每每不同，欲求学术根基之博大，意见之不偏颇，则容纳沟通，实为要著，精神学科如文史政治等尤甚。欲求兼收博揽，则以留学为上。且各国学术每有专长。如数理文哲，美不及欧，工商化学，则欧不及美；近日医学，美已突过德国。故虽在学术已经发达之国家，尚须交换留学，矧吾国高等教育。方在萌芽之时，讵可以国家主义相号召，而毅然停止派遣留学耶？又如工矿冶金各科，设备至为繁重，医科亦极耗费，且为人命之所系；在中国皆难急求发达，而宜以留学与救济目前缺陷之方法。美国哈佛大学，医学最精，平均大学对于医科学生，除收学费外，尚须年贴千三百美金，可见此科耗费之巨；吾国学生将亦以国家主义之故，而不屑来哈佛学医耶？就此二点观之，留学政策，仍为国家教育政策之一部，而不得概谓为治标方法也。

惟留学政策为一事，留学所取之方针又为一事。派遣之方法，上文已言之綦详，兹不多赘。近日专派学生留美，殊非善法，宜就学生留学之志愿，视各国对于各种学术之短长，量为派遣。以留学欧美相较；就普通言之，所得学术相等，而留欧较留美所费为少，故自费学生，以留欧为上。留学日本所费尤寡，日本大学，程度亦高，余上文已言之，故国人近日夷视留日，实非得策。惟日本之专门学校程度甚浅，只求实用，吾国自办大学不难超越之；远涉异国，乃以此种学校为归宿，则殊为不智耳。留学日本之学生，在大学卒业后，仍宜留学欧美二三年。盖近世学术，究以欧洲为发源地，不与欧美人士接触，于所学终有隔膜偏颇之弊；且欧美大学耆儒硕学，远过日本，图书仪器之富，亦非日本新造之邦可比，留学以日本为止境，终非得策也。至入学校求学之方法，不外博观约取，精深博大，二者兼之；尤宜注重基本学科。同在一欧美大学卒业，以自由择课之故，其人学问相去之远，常不可以道里计。又美国大学或专门学校，常有偏重实用，轻视理论之弊，如哥罗辣多矿学专门学校，麻省理工学校、普度大学（Purdue University）之工科等等，皆注重实用，轻视理论，其结果亦因之大异。初出服务之时，哥罗辣多矿科学生，较哥伦比亚矿科学生，麻省理工之工科学生，较哈佛大学工科学生，皆见优越；年事既久，则二专门学校之学生仍为分工程师，而哥校与哈校学生已积渐而占重要之位置矣。康乃尔之土木工科所以特殊优越，哈佛大学之法科与医科，所以执美国各学校之牛耳者，亦以此故。故择校与选科，关系于个人学术之前途者极大，不可不慎也。吾国留美学生，常有一种意见，以为：入较小之学校，易于教授接触，而得其指点。此虽有片面之理由，然终非善策。盖学科虽同，而名师之议论见解，远非二三流学校之教授可比；得聆听名师一点钟之言论，其益恐远较二三流教师之反复解释为大也。又美国大学农科或农业专门学校，主要目的常在造成一般有高等智识之农夫，故课程每趋实用，而不重视理论。此其国情有然，无须责难。然吾国所需者，则为农学专门家之能从事于研究者。吾国学生至美学习农科，苟不知此点，但效法美国学生之选课，不知偏重物理化学生物地质等基本科学，则回国后多不能应付中国农业情形，而为重要之研究，但有自误误人而已，身为此中过来人，故特为揭橥以为后人之南针焉。

　　（二）关于国内高等教育之方针　　吾人既知言民族主义之教育，尤宜首定民族主义教育之方针。常考今日各国高等教育之精神，可分为三种：（1）养成领袖人物所谓君子人（Gentleman）者，可以英国牛津大学代表之。此种精神，专注意造成高尚之人格，最注重文史哲学等科目；即专治科学者，亦莫不博闻强记，文采斐然。大科学家如牛顿、达尔文、赫胥黎、丁到尔（Tyndall）之著述，舍其科学上之贡献外，其文章亦可传之无穷，即食此种教育精神之赐也。（2）专求高深之知识。此精神可以英国剑桥大学与德法以及其他欧陆各大学代表之。欧陆大学制度，极为自由，学生生活极为放荡，荡检逾闲，视为故常。大学教授除授课外，对于学生仅依考试之成绩以定品评。此种精神之弊，在舍造成学问家外，毫不影响于高等社会之人格，甚非吾国所宜效法者也。（3）专求应用之学问。此种精神，可以一般之美国大学代表之。实验主义，在今日几成为美国之民族精神。富家子弟，迫于父母之命，入大学不过虚应故事，匆匆数年，毕业后即以所受之教育置之脑后，仍从事于工商。

贫家子弟入学之目的，在他日之饭碗，故但求实用，而无高尚之理想。即治文哲诸科者，亦视之为将来之职业，而少钦仰挚爱之热诚。求学之目的既隘，选课治学方法亦随之而偏。一般大学学生之文史知识极为下劣，对于世界大势以及古今中外之历史与文化递嬗之迹，茫如聋瞽。而大学学生文理不通，尤为美国高等教育一重要问题；舍吾国外，全世界恐无其匹也。甚至大学教授亦有不能以笔达其学说与研究之结果者。即其近年之文学，亦欠优美；美国文学著作，十九不能伦荒之气，即西人所谓"Provincialism"也，故英人鲜有重视美国文学者。治科学者，亦但知偏重实验而轻视理论，故欧洲科学家每以美国科学仪器精美而少科学上重大之贡献为讥。又美国大学毕业院，每有学生已从事于研究而尚缺乏基本知识者，盖但求实验有结果，可以应用，可以致富，至于理论，则囫囵吞枣可矣。此种精神，舍致用一端外，不啻为上述两种精神之大敌，于有形无形中，遗害于文化前途，实匪浅鲜也。日本留学生影响于吾国教育精神者甚少，故日本高等教育所具之精神，与吾人不甚发生关系。至美国留学生则近年方执吾国教育界牛耳，故美国化之实验主义，乃弥漫于全国高等教育机关。领袖人物之不通本国文而得居高位之现象，在欧洲仅文化未发达诸邦，如昔日之德俄有之，（两国在昔日皆以能操法语为上流社会之荣誉，俄人竟有不能操俄语者）不谓乃见于五千年文明之旧邦，此真我国之大耻也。此外则上海一般所谓大学者，亦蹈此弊，以能直接用西文听讲读西文原本，为惟一能事；科学与西文之教授，必求其佳，国文教授，则等闲视之。盖一般大学生竟不知能写清顺纯洁之国文，为受有高等知识之国民第一步之义务，更无论于洞悉本国历史与本国文化之源流矣。夫如是，安能希望养成国家主义之教育，与发扬光大固有之文化哉？

美国教育精神之另一恶影响，在吾国已渐见端倪者，厥为但求精专，不求广博，抑若各种学问毫不相关者然。自五四风潮以来，学生多不欲求学。东南大学之学风较佳，学生多能以求学为职志，然其求学，每有但求精专之弊。余授生物学，请以生物系学生为喻：学生之治生物学者，似有一种误解，以为但求尽习生物系所有之课程，即可以生物学名家。文史等陶冶人格与生物学无关之课程无论矣，德法文为治学之工具，亦鲜有愿学者。拉丁文为治分类学必须之锁钥，学校既无此科，恐有之,亦非强迫之必不愿学也。治生物学者,常畏数学,然育种学与植物生理学乃须应用微积分。地史学为研究生物天演所必须之知识。地质学为土壤学之根基,亦即生态学所倚赖。近日研究植物刺激性之大家,如印度之波塞博士(Dr. Bose)坎拿大之布勒教授(Prof. Buller)皆极精于物理学者。近日植物营养学所应用者,全为有机化学与物理化学。治生物学之学生,乃对于此种种有关系之学科,皆不欲过问,但求治生物学,焉有大成之望乎? 如系如此。他系可知;一校如此,他校可知。东南大学为国内有名学校;生物系亦为东南大学甚有进步之系,生物系学生,尤勤勉好学;而情形有如此者;可以推知一般青年之心理矣。盖学生心目中只有"专家"一观念,遂不知即欲造成一第一流之专家,亦须有广博之学问矣。又如东南大学教育系章程,曾规定学生之学教育者,须治生物学。余曾教此系学生,彼等虽迫于功令,不得不选此课,然对于此探讨生命之奥秘之科学,乃毫不发生兴趣。以视希腊爱智之精神,宋儒"一物不知儒者之耻"之标准,望尘莫及矣。可知彼等求学之宗旨,不在求知;而在得专门知识以为他日谋生之具,与号为专家之旗帜。学校与学生若以此为高等教育之目的,则不但不能造成有完全人格之学者,且不能造成第一流之专家也。

　　吾国大学与专门学校教授外国语言文学之程度,亦极不足,英文为吾国学校之主要外国语,然在多数大学与专门学校,其程度实远在日本帝国大学之下。某校前英文主任,竟不主张教授英国文学史,且无论专治英文或普通之学生,皆从无作文之练习,但日以时下最流行之语音学相号召,一似大学生之习英文,仅以能读书为足者。昔日北京大学所办之预科,与今日之高级中学程度相当;当吾辈就学于预科时,舍英文外,第二外国语如德法文者,亦为重要之必修科。在今日之大学,则德法文已视为随意科,学校既不重视,学生亦淡漠视之,以较日本大学,又复望尘莫及。故当吾辈留学时代,多数均有第二外国语之门径;近日来美学生,则每每在大学本科已经卒业,尚未习德法文,如是乃发生种种之困难。拉丁文为欧洲近世语言之鼻祖,某文学教授曾谓习拉丁一年,可抵习英文三年。在欧美各国中等学校,无论文科或实科学生,几皆须学习拉丁文,盖不独文科不可缺拉丁,实科如生物学医学等,亦不能离拉丁,分类学且须用拉丁文记载新种也。然在吾国大学,则舍少数教会大学与清华学校外，无备拉丁课程者。日本帝国大学卒业生，皆通英法德三国文字，亦皆略知拉丁。吾国办高等教育，似至少须追及日本，然仅就语言文字一端，已相去若是之甚，遑论其他课程乎？以语言文字预备之不充分，吾国大学学生，遂鲜能读参考书；英文虽为主要课程，学生亦多不能读英文之参考书。故今日大学学生之知识，仍不外得之于教授之讲义与口授；虽有指定之参考书；学生亦从不参考，强迫之则金以为过难。以不读参考书之故，在国内大学乃发生一现象；近日选课制大兴，然在外国大学，每学期课程只许修习十六至十八学分；在吾国大学，学生每每修习至二十学分以上。非我国学生知力远在西人之上，盖不读西文参考书，自觉学二十余学分，尚有余裕也，然其所得之寡可知矣。故以后大学与专门学校。尚须加倍注重外国语也。

　　吾国大学最大之短处，自是图书不备。学生不读参考书，亦半由无参考书可读之故。东南大学号称进步，仪器设备，亦颇敷用，惟图书一项，极为缺乏。故每每教授与学生皆有为高深研究之程度，而缺乏图书以供参考。是诚俗谓没足蟹者矣。闻之北京学校如师范大学与农业大学者，图书缺乏尤甚；私立大学与教会大学，尤无论矣。每有学校所储关于某科之书籍，不及各教授私人所藏之富者，尚何言哉？

　　吾国大学尚有一种不良之趋势。与精专之精神相关，而在今日似宜先事预防者，即过于重视博士学位，但求为专门之研究，而牺牲广博之学问是也。博士学位，固为表示学者程度之一良好标识；盖某某学问如何，甚难臆度，而博士学位则须有专门研究之论文发表，与经过一严重之博士考试，必显知其有研究之能力，与充分之学识，方能与以荣衔也。然过于重视学位，则有学位万能之误解。一若既得博士学位，曾为专门之研究，则其人之有学问必无疑义。彼仅得学士硕士之学位或未得学位者，无论如何，终逊一筹；即日后如何用功，如何研究，社会终不重视之。殊不知区区博士学位所需之研究，实至有限，以哥伦比亚大学对于中国学生之宽大，其博士学位，直有羊头羊胃之讥。而硕学如严复梁启超者，又何尝在外国大学，得一博士头衔乎？最有趣者，为英国大学新颁博士学位之制，英国大学素不给与博士学位，近日以应外国学生之要求，乃给与此学位，而所需之年限，反较硕士学位为少。牛津大学之硕士，其名誉乃远在博士之上焉。美国大学之给予硕士学位，有两种制度：如哈佛则欲得硕士学位者，须通德法两国文，而不必作论文，他校则必须为一小研究，作一论文，而不必通两国文。余意以哈佛制为优。盖欲于一年之内，为有结果之研究，其研究之不重要可知；反不若以此精力，治高深学问之为愈也。吾国大学卒业为数已渐多，不久各大学必设毕业院，虽不能骤给博士学位，然不难给硕士学位。余意给予硕士学位不必须研究论文，但取哈佛与哥伦比亚之制可也。美国大学之博士论文，多有仅足供覆瓿之用者，吾国大学之硕士论文，可想而知矣。

　　关于吾国大学之发达，尚有一要点，似宜注意。吾国昔日办学，每费巨金，聘西人为教授；今日国内各大学则几无西人之迹，表面上观之，似大有进步。以昔日之滥聘西人，虚縻公帑，则今日视之诚为进步。然究不能谓为无上之得策。日本大学至今尚聘西人，其异于我者，则所聘皆第一流之学者，俸给极尤，所教之学生极少，结果遂亦造成多数有名之学问家，以传其薪火。吾意吾国大学若能有充分之经费，宜多聘世界有名学者，可为今日各大学之教授所师事者，优与俸给、与以充分之图书仪器，使之半为研究，半教高级学生，庶中国教授亦日得其切磋浸渍之益，其无形之利，盖难臆度矣。惟不可如今日大学之以巨金而仍聘无足轻重之西人，但以肤色之不同，定俸给之高下尔。

　　更有一层：即国家社会，正求养士之道，昔日之翰林号为词臣，不必服官而朝野优礼之，视为清显。秦汉之置博士等官，尤为良法。法国设有通儒院以纲罗贤俊。英国大学则有所谓“Fellow”者，膏火极厚，终身享之，但使从事学问，并不须任教职。美国社会，不知奖勖学术，故无此制；然大学亦有专从事于研究之教授，各研究所亦有专事研究之学者，今年密息根大学亦特设一丰腆学额以养诗人弗士脱（Forster）使不为衣食职守所累，得专于吟事。此种制度，实奖励学问之良法，吾国所宜仿效者也。前数年政府亦曾颁学术奖励金办法，然悬格极高，奖金极微，且有不许服务之限制。此种儿戏之官样文章，不值有识者之一哂，若诚欲奖励学术者，必不可刻印不与，悭如项羽也。至少各大学对于教授，必须有奖励其研究之方法。大学教授之职责，可分为教授与研究二种：有喜于教授者，有喜于研究者，二者皆属要事，自无容有轩轾。然研究为增加人类知识之方，大学自不能不加意奖励之；使喜于研究之教授，少负教课之责，多与以图书设备之便利，则庶乎吾国学术可露头角于世矣。某教育学家乃以所授科目与学生之多寡,为测量教授之成绩之标准,真不知高等教育之意义矣。左右舆论之教育巨公,其注意于此欤?又吾国大学教授之待遇,虽非极薄,然亦不丰;权利观念过重者,尝视为清苦职业。故近日来美国留学者,鲜有习文哲科学等学科者,大多数不习工商医学,即学政治外交。人人胸中,不外升官发财两种观念,此甚非奖励学术之道也。余非谓工商政法不必学,教授生活之优越,有与此类职业等齐之一日也。然使智识界不为利禄所蛊,师儒得享丰厚之生活,亦文明国家所宜励行之政策。今以生活艰窘之故,彼所学不甚专门,舍为教书匠无他途者,每每以学校为借径;苟遇良机,甚或不履行契约,中道弃去矣。此亦社会之病状,而宜有救济之道者也。

以上所陈,自谓于指陈留学与国内高等教育之弊害,颇有独到之处。要而论之,吾国高等教育之方针,宜效法英国,以养成人格提高学术为职志,决不可陷于美国化之功利主义中,仅图狭隘之近利;既知国家主义教育之重要,则必须极力提倡吾国固有文化,以保持吾民族所特具之道德观念于不坠。去年留美学生开年会,竟有妄人某博士者,谓欲改革中国政治,须以美国人如菲律宾总督伍特将军为总监。是美国人心目中,竟视吾堂堂华胄,与彼半开化之岛夷相若,吾国人亦知耻乎?吾国提倡国家主义之教育者,亦瞿然警觉,急起直追,以改进吾国之高等教育乎?余不禁馨香祷祝之矣!

(此文原刊于《东方杂志》第22卷第9期,1925年,见张大为、胡德熙、胡德焜合编:《胡先骕文存》(上卷),南昌:江西高校出版社1995年版,第284—299页)

师范大学制平议

（一九二五年）

　　中国教育，迩来有一特殊之组织。为欧洲各先进国所无或稀有者。厥为所称师范大学者是。以教育为专门学科。而加以精深之研究者。当首推美国。在欧洲英德法诸邦。教育学只为文科中附属之课程。不但不能为之立一独立大学。且每每不得成为大学中之一系。所谓教育哲学、教育心理学者。亦不得为大学中独立之学科。而此数邦之教育。迥不落美国之后。去岁英国教育名家费歇尔（Fisher）至美考察教育。曾发表一文。以为美国小学教育。在欧洲各国之上。而大学教育。则望尘莫及。即就美国而论。著名学校中。亦无号称师范大学者。赫赫有名之哥伦比亚大学师范院。亦只为大学内之一部。其他赫赫有声如哈佛、耶尔、加利福尼亚各大学。教育只为文理科中之一系。而美国第一大批评文学家、哈佛大学比较文学教授白璧德（Prof. Babbitt）。且谓美国大学中所不为同僚重视者。厥为教育学与社会学教授焉。如是观之。教育学在欧美诸先进国。尚视为幼稚而未发达于成立之时期。其诸教授所主张之学说。亦未尽为国人所信仰。吾国学子数年负笈。略剽师说。便奉为圭臬。已属非是。今更扩而充之。尽力创立非驴非马之师范大学。以期垄断高等教育。其贻害之大宁可臆度哉。

　　余非治教育学者。不能为专科之辩论。然从事国内高等教育有年。专业之暇。尝究心于欧洲文化之渊源。与近代思想之沿革。迩者重游美国。于彼邦之国情。与其教育之利弊。亦曾为深切之观察。自谓颇具旁观者清之长。近在东方杂志发表论吾国高等教育一文。立论即与时下所谓教育家者异趣焉。美国为新造之邦。素无特殊之精神文化。如爱默孙（Emerson）郎佛罗（Lonfellow）诸文学哲学家。不过继承英国旧文化之作者耳。美人以北方民族冒险之天性。复加以移民拓殖之精神。故能于物质文化有一日千里之进取。而文学、哲学、美术等精神文化。则事事落人后。士不悦学而国不重士。流风所被。浸及思想。故有詹姆士(William James)杜威一派之实验哲学(Pragmatism)。以致用与成功为人生之惟一目的。以殖产之能力为人品之权衡。遗毒之深,遍于全国。欧战之后。道德日坠。人欲日张。某大学女学生。竟有百分之七十。在未婚前与男子有性交者(据哥伦比亚某社会学教授之调查)。芝加哥一城有男妇三千人。以拦路行劫为职业。罗马末年之衰征已逐渐暴露。其能否不蹈罗马之覆辙。尚系于其国人文运动之有效与否也。

其教育之弊首在学校之众多与求学之易。一人一大学教育。已成为社会之口头禅。公私大学以数百计。每校学生以千数百人计。办学校者务求学生之众。故不惜降低其程度。以达其市侩招徕之术。其首都某私立大学校。竟昌言五百金授硕士学位。千金授博士学位。其国第一流大学校如哈佛、耶尔、芝加哥、霍布金士所斥退之学生。在他校且得为高才生。即同为第一流之大学。宽严亦自有别。北京师范大学同班之毕业生。一入芝加哥大学须补习一年方能得学士学位。一入哥伦比亚师范院。一年即得硕士。其学校程度之不齐。类如此也。哥伦比亚大学教育院之课程。分目极细。参考书虽众多。然皆千篇一律举一即足以反三。分目既细。遂至学教育者。于各种教育无鸟瞰之识见。加以平日于中西学术绝无根柢。故除墨守师说如鹦鹉学舌外。别无他能。友人程柏庐曾云。彼留美国二年。在芝加哥大学所得。远较哥伦比亚大学为多。哥校学制之弊可知矣。哥伦比亚大学之博士论文。素有覆瓿之讥。而吾国该校学生所草论文以易博士者。其上不过撦拾九通。下则剪贴报纸。某博士之论文。为一中国教育统计问题。而其调查推论之方法。即背统计之原则。无怪今日虽以哥伦比亚大学。亦不收关于中国事件之论文也。美国近代教育伟人。当首推哈佛大学前校长艾立药(Dr. Eliot)。而白璧德教授、即以彼未败坏美国教育之罪人。彼为主张选课制最力者。美国教育之日坏。即食选课制之赐。在美国大学。以教授之众多图书仪器之丰富。有志求学之士固能造成高深学问。而规避取巧者亦能利用选课制。选易习之课混得学位。加以哥伦比亚大学。主张废止考试。故学位尤滥。为亡羊补牢计。哈佛大学近年乃加设卒业考试。大学四年课程修习完竣。而卒业考试不及格者仍不得卒业。加利福尼亚大学复另有英文与外国文之特试。学校内英文与外国文课程修习完竣者。尚须应考。不及格者仍不得谓第三年级学生。可见彼一国之中。教育家主张之歧异。有如此者。今乃以一派偏颇之学说播于全国。以全国之青年为其试验品。且设专校以扩充其势力。谬种相传。其害之大不难想见。年来学风之坏。致身为之倡者。犹生诸君入瓮之感。宁非社会所讥为教阀者之罪哉。夫师范教育之宜提高。自不待言。然提高之道不在设立师范大学而在规定师范生服务之资格。故欲任中等学校某学科之教席。或欲得此项资格之特种文凭者。可规定先须在各大学专治此科。卒业后再须治教育学、心理学等学科一年或二年。使其程度略等于硕士。方可取得此项资格或文凭。夫于是而谓不胜师范之职吾不信也。以吾所知。美国加利福尼亚州即采是制。闻德国亦然。否则可采法国师范大学制。同在一大学。苟欲以师范为职业者。除普通大学训练外。再须加授某种特殊之训练。于是不必立骈枝之学校。而师范教育自可提高。吾国昔日之高等师范学校。取法于日本。然目中所见之中国学生在日本高师毕业者。舍教育学外。于各种科学类皆浅尝。盖为制度时间所限。有不得不尔者。今高等师范学校。既皆逐渐改为大学。正师范教育程度提高之佳兆。乃反有主张恢复高等师范学区。改为师范大学区。与反对消灭师范大学之议案。殆欲保存特殊势力范围。以把持高等教育耶。行见终成为一种非驴非马之制度而已。

（此文原刊于《甲寅》第 1 卷第 14 号，1925 年，见张大为、胡德熙、胡德焜合编：《胡先骕文存》（上卷），南昌：江西高校出版社 1995 年版，第 300—303 页）

致熊纯如先生论改革赣省教育书

(一九二六年)

纯如老伯惠鉴。鄂赣军兴。音问阻隔。谣诼孔多。尤为系念。雨生兄来。知杖履多吉。并主持省政。无任欣慰。关于政治。值党军新胜。气势正张。而此间仇南之念方深之时。骕以超然派不欲有所论列。徒招两方之忌。而无补于乡国。推公亦教育界泰斗。复主省政枢要。一言重于九鼎。故不揣陋劣。于省中教育。窃欲稍贡刍荛。幸赐垂鉴。如蒙采择。有裨于桑梓。必非浅鲜也。闻省中教育。已彻底改革。增设小学。裁并中学。改组大学。取消一切有名无实学校。皆系至计。肇基于此。前途必有可观。惟尚有以下诸事。必须三致意焉。

(一)宽筹经费。吾乡教育费素绌。教育薪俸以钟点计。不足养廉。势必兼课至二三十钟点方能自活。无修养之时。无进步之望。数年之后。便成弃材。窃谓无论中小学或大学教员。皆须专任。不令兼职。授课一周不得过十六小时。而优定俸给。使事畜之外。更有余财。再定养老与恤金办法。庶人可以教育为终身事业。继乃严为取缔不称职者。不稍姑容。则教育必能切实有进步。而一洗从前暮气与浮奢之习也。又于仪器图书两项。尤宜宽筹经费。庶学生于科学有实验之机会。不徒困于书本教育。终于隔靴搔痒也。以骕所知。吾赣全省学校。几无一可用之显微镜。举此一例。他可知矣。至于大学。则尤须有充裕之预算。吾赣人士办教育。对于经费一端。眼光如豆。久堪扼腕。广州大学每月实领经费小洋九万余元(指骕今夏在广州科学社年会所闻。)如此可谓粗有规模。东南大学每年预算四十余万元。而拮据万状。东大农科受校外各项补助。连同校中预算及农场收入。每年几有二十万元。始能于棉稻麦治蝗。治螟。蚕桑。畜牧。粗有贡献。

而以经费不足。不能举办之事业尚多。然即此区区。收效已异常之大。如南京近郊。皆用东大农科蚕种。棉种。稻麦种。而产量因以激增。今年治螟结果。稻之产量增加三倍。昆虫局助教吾乡广信籍之杨君惟义。费四百元。纠集徐州。海州。乡民捕获蝗虫至二千五百担之多。植物系苗圃中所采得之宜昌野橘二株。美国农部施永高博士索取其一。云可值美金八百元。于此可见中国农业前途。希望异常之大。国民政府方以为农民谋幸福相号召。则尤宜以巨款兴办农业教育矣。(惟熊世绩之流。非能办农业教育者。以其根柢异常浅薄。而暮气已深。决不能有所作为也。)农科如此。他科可知。至于医工两科。尤非宽筹经费。设备周全。直是误人子弟。窃谓举办农科至少须及东南大学。办工科须及南洋大学。办医科须及江苏医科大学。故大学开办费。除划贡院为校址外。图书设备须五十万金。每年经常临时两项经费。至少须六十万金。苟有此宏大之基础。吾赣自不难为全国文化中心也。

（二）广延人材。不问党籍省籍。国民党历年军阀之压迫。抱明哲保身之义者。类不敢入党。绩学之士而无政治欲望者。亦不肯入党。故党中人才。异常消乏。今夏在粤。南政府要人如谭祖庵。孙哲生。皆再四言之。而于赴会非国民党科学家亦极力罗致。如南洋大学无线电教授李熙谋即任无线电处长。大夏大学理科王仕曾昭抡博士即任为政府化学技师。近闻武昌中央大学。延致人才。舍国家主义派。其余不论有无党籍。但能与国民政府合作者。皆可罗致。此种宽大之主张。实改革吾赣教育之要着。吾赣人材异常消乏。在赣主持教育者。颇有斗筲之徒。类皆在外省无法谋生者。乃回省在暮气沉沉之教育界中。猎一饭碗。若换汤不换药。欲此辈兴办大学。必蒙南辕北辙之讥也。故骕以为一方面宜集中赣籍优秀人才。一方面宜礼聘外籍学者。隆与俸给。优为设备。使一方面能授大学功课。一方面尚能从事于研究。庶不致告朔饩羊。徒糜国帑。今夏在粤。见广州大学教授中。颇多他地无从啖饭之徒。乃投入广东政府。以革命为号召。以猎食为宗旨。甚至秘书多至六十人。以广州大学经费如彼之充。国民政府又以革新为职志。乃所办大学。视所处于军阀之下东南大学。有霄壤之别。岂不哀哉。所以者何。人才消乏故也。诸葛武侯在蜀闻徐元直位处闲散。而有魏国多才之叹。北政府以中央为号召，人争趋之。故人才甚多。非若南政府以初毕业之学生任高位者可比。如甘乃光竟为中央政治委员。此岂国民政府盛事。骝有戚某君。今夏由东南大学。转入广州大学。近有信来。出乔迁幽。懊恨无比。吾省不办大学则已。欲办则必须办一模范大学。不仅为制造党员机关也。南政府百事皆取法苏俄。然须知苏俄之大学教育。决非广大之比。其教育宗旨。与其谓为政治化。无宁谓为科学化。而于国内学者优礼有加。科学研究与推广事业。较前在专制政体下。实进至锐。公主持教育。幸勿蹈广州积习。但知传授党纲。而徒为非国民党之科学家所讪笑也。

（三）提议一切学校免收学费。吾国民贫财尽。即一切学校免收学费。贫寒子弟。尚难卒其大学之业。在公家所收学费。不过戋戋。无补于度支之毫末。而此小数每每即足以定一寒士之命运。此外尚须设法多立寒畯补助金。以资助苦学之寒士。此种资助。不可以入党与否为之区别。如广州然。以免奖励投机趋时之弊。学校亦不可强迫学生入党。盖在非国民党统治下之学校。可容国民党籍学生肄业。国民党更不可示人以不广也。

（四）提倡笃实认真之学风。近五年来。吾赣学风日趋浮薄。教员以结党社交为能事。学生则置学问于脑后，故出外升学。动辄落第。夫办学而不切实。则一方为虚糜公帑。一方为误人子弟。破坏固属革命军分内之事。然非有建设之人材。必不能收拾炉余。重登衽席。政治改革经济改革之外。更须有科学与教育之建设。学生固须有政治常识。然既有政治军事学校。则不可使所有学生。徒浪光阴于政治运动。骝今夏在黄埔军官学校演说。即讽国民政府。未能注意于建设事业。以为中国非俄国之比。俄国有科学。中国无科学。俄国革命事业既成。其科学家立起为建设事业。故自其新经济政策施行后。建设事业。遂有一日千里之势。在中国即幸而以宣传之力。使全国皆为国民政府所统一。而民生凋敝。仍如畴昔。将使国人失望。或反足为反动派张目也。骝当时曾云。何以中国兵工厂若不用德国技师。即须用俄国技师。盖无此项人材也。举此一例。其他可知。政治运动可利用宣传方法。与人民倒悬之心理。以取胜于一时。至建设事业。则非口舌所能取胜。必赖绩学之士为之。则在学校提倡朴学之风尚矣。说者每讥东南大学卒业生。太不与闻政治。然服务成绩。东大学生远在北师大大学生之上。故欲求政党宣传员或不能取材于北大。欲求中小学确有学问之良师。则不得不求诸东大也。即以吴君正之为例。他校卒业生之成就。有能及之者否。朴学之效可见矣。处此党军得势学生会气势方张之时。或难免挽回一时之风气。然以公在赣教育界之宿望。苟坚决主张之。或能挽回颓波于万一也。即以社会改革一端而言，处中国国富民财两相交困之际。事前无卓识之经济学家研究探讨。为之定一矜慎可行之方针。骤然减轻佃租。加征田税。提倡罢工。抑制资本。恐不幸或如至友素来倾向于经济改革之某君所言。资本劳工。交受其弊。则殊非国民党诸志士之始意矣。俄国终至抛弃旧有政策。而行其新经济政策。然大讥之后。元气大伤。百年难复。国民党诸公。不可不引以为殷鉴。则提倡精深不偏不党之经济学研究。逐渐订定可行之税则。实为要图。故就社会改革一方面而言。亦须提倡朴学也。

（五）提倡道德教育。自五四运动以还。孔子变为众矢之的。凡旧社会风俗之罪恶。一切皆归诸孔子。夫以孔子之圣。霄壤间自有不可磨灭者存。胡适之吴稚晖之攻击。故不能损其毫发。如"言忠信。行笃敬。虽蛮貊之邦行矣。言不忠信。行不敬笃。虽乡里行乎哉"之语。诚万世八荒皆准之名论。无论在专制政体。或共产政体下。皆能适用者也。近世文明之大症结。在凡百罪恶皆委之环境。　若　国之兴衰。与人心之良窳无与者。实则环境之影响尚属其次。人心之诚谲乃最要之关键。军人官僚之罪恶固大。方本仁乃已附民党者。其在赣之罪恶。且过蔡成勋。冯玉祥之掠夺清宫宝器。詹大悲之赃私数十万。皆彰彰在人耳目者。党军得势后。招收党员。已投机之是防。宜知旧党员中已不乏投机之辈。苟于教育不提倡道德，则在在皆投机之辈。胡瑛。孙毓筠。柏文蔚。孙武。非其例乎。公固治船山学者。宁待骈之哓哓。第恐积愤已深。或竟以抱残守缺为不适于今之世耳。夫章句训诂之学。诚非今日救国之良图。而反为时下谈国学者之所喜。然我国民族不可磨灭之精神。足以使吾国文化几废几兴。终不失坠者。仍为昔圣昔贤道德学说之精粹也。故在此人欲横流。国维久驰叔季之中国。舍政治组织之彻底改革外。人心之改革。端为要图。诵中山遗嘱。与熟读三民主义建国方略诸书。虽能鼓动青年于一时。究不能使为确不投机。真为党国之志士也。道德教育之说。蕴诸怀者有年。在处皆曲高和寡之叹。公幸得主持教育。又夙寝馈于儒学。甚望能为吾赣提倡气节。藉承文谢之坠绪也。即以公自身而论。非德操过人。焉能以七十垂暮之年。冒刑戮缧绁之危机。毅然入国民党乎。国民党最后之成败姑勿论。公此种为众生入地狱之精神。全国殆无其匹。公造成继成公志之人才。亦不可不提倡道德教育也。上述五端。自谓皆吾赣革新教育之要图。江山遥隔。身处敌邦。不能趋侍左右。一罄所怀。幸三思其言。逐渐施行。虽政治军事之利钝不可知。乡邦教育受公之惠。要无穷既矣。天寒岁暮。诸为珍摄。专此敬颂

冬安

　　　　　　　　　　　　　　　　　　仼胡先骕顿首。十二月十三日

（此文原刊于《东南论衡》第 1 卷第 29 期，1926 年，见张大为、胡德熙、胡德焜合编：《胡先骕文存》（上卷），南昌：江西高校出版社 1995 年版，第 321—326 页）

精神之改造

（一九四〇年）

我们在这个抗战建国的时候，非但应该动员全国的人力和物力，尤其应该动员全国国民的精神，根据抗战四十个月来的经验，我们知道精神力量是何等伟大！我们的物质虽不如人，可是因为我们同仇敌忾的精神，始终坚强如一，遂能支持如此之久，而使强敌处于必败之地！由此可见，我们每个国民的精神健全与否？在今日不仅是个人和家庭的问题，而是有关国家民族绝续存亡的问题。本席今天所要讲的，就是如何使我们每个人的精神更趋健全，也就是如何改造我们的精神？

第一，醉生梦死的生活必须改正——没有合理的生活，绝不会有健全的精神。一般的说来，国人的生活，自抗战以来，都过着一种简单质朴的生活，自然是一种好现象；然而仍旧有一批人，尤其是那些靠国难发财的奸商和贪官污吏，仍旧过着纸醉金迷的醉生梦死的生活。在上海那是在特殊环境下，一般人依旧沉溺在声色货利中，丝毫看不出抗战的新气象，且不必说它；但是在大后方的几个大都市中，也不乏这些醉生梦死者流；听说有些大都市里，有些人听到警报一响，就躲到很坚固的地下室里，开上电灯，打起牌来，那是多么足以寒心的事！希特勒说法国只有两种人，一种人进跳舞厅，一种人上咖啡馆，虽未免形容过火，但法国人的萎靡颓废，可由这句话里看出来！希特勒看准了这一点，所以不顾法国边境上有怎样坚固的马奇诺防线，终于在两三个月内，把整个法国占领了下来。古罗马的文化之发达，是我们大家所熟知的，然后到了后来，因为太平已久，人民的生活就骄奢淫佚起来；在罗马快要衰亡的时候，那些上层阶级，蓄上成千成百的奴隶，所过的豪华挥霍的生活，非我们所能梦想，终于被野蛮民族所灭亡。由此，我们可以知道，个人家庭的醉生梦死的生活,对于国家民族的前途,影响多么重大!

　　第二,奋发蓬勃的朝气必须养成——抗战以前,云贵一带的机关,非到下午没有办公的人;一般人民也都有晏起的习惯,那种暮气沉沉的景象,至今犹留著若干痕迹。这自然是要不得的!然而所谓朝气,不仅起得早就行;在心理方面,我们须养成坚韧不拔的自信心,和奋发图强的进取心;在生理方面,须养成整齐清洁的习惯。现在有些人居然以不修边幅为自豪的,认为这样才足以表示他的清高,他的不凡,这是错误的心理,应该加以纠正!此外,守时守信的习惯,也必须养成的!这在社交中,是最低限度的礼节。讲到国家民族中最是朝气蓬勃的,莫过于美国;在这一方面,英国也不及美国,记得在某一个万国博览会中,英国的陈列品竟有高尔夫球棒。英国人星期日早饭在床上吃,到十一点才起床,可见英国优闲自在的风气,故此次也会受到德国的侵略。

　　第三,苟且偷生的习惯必须革除——人终有死的一天,与其没没无闻的生,不如轰轰烈烈的死!所以苟且偷生,是大可不必的!中国民族并不是苟且偷生的民族,至今赣南一带械斗之风依旧很盛,这一姓的人往往因细故与另一姓的人结为世仇,聚集数千百人斗争到数千百年不休,这自然是不可长之风!然而由此可以证明中国民族并不是懦怯的民族。这种风气若能因势利导,亦未尝不可以使这些人成为抗战前线的健将。从历史上讲,中国民族的勇武的壮举,至今犹为世人所传颂,不胜枚举。唐太宗派高仙芝越过帕米尔高原以征服异族,是史所罕见的奇迹,比起汉尼拔越过比里牛斯山征伐罗马,不知艰难多少倍!据军事专家的意见,以那时候的交通工具,率领大军经过帕米尔高原,简直是令人难以置信的事!我们的历史上也不乏凭着一股正气,视死如归,以与异族抗衡的忠烈;文天祥、史可法便是最好的例子。至于像法国那样,拥著一百五十万的精兵败于一旦,在中国历史上是从未见过的!

　　第四,自私自利的企图必须打破——以个人的劳力工作,换取社会的酬报,以供养家庭,不能算是自私自利;唯有贪图过份奢侈的生活,以不光明的手段,获取非分的利得,那才是自私自利。一切自私自利的企图,都是从挥霍浪费的生活所产生的!所以我们要消灭那一种企图,首先须过俭朴的生活。中国的士大夫是不以贫为耻的!无非要养成勤俭质朴的风气,论语上所谓"一箪食,一瓢饮,在陋巷,人不堪其忧,回也不改其乐。"是中国士大夫安贫乐道的最好的例子。我们自古有一句最好的成语，叫做"俭以养廉"，现在的一般汉奸，如已死的黄邱岳、陈箓、偷生着的汪精卫、梅思平、周佛海之流，若能过俭朴的生活，不专为个人的名位利欲打算，便也不至于去做汉奸了。

第五，纷歧错杂的思想必须纠正——青年人免不了有好高骛远的思想；几乎每个年青人的脑子里，都有着一个乌托邦，所谓二十岁左右的人不革命（这革命是指激烈的暴动而言），是无血性，四十岁的人还谈革命，便是不通世故；足见每个人都会经过思想上发生变化的阶段。然而在今日的中国的青年，是不必有纷歧错杂的思想；譬如日本人所倡导的大亚细亚主义，无论说得怎么天花乱坠，其目的无非想由日本来统治中国。然而究竟几千万人口的国家能不能来统治四万五千万人口的国家？就文化而言，所谓日本文化，除去了中国文化，与因袭的欧西文化，究竟还剩些什么、所谓大亚细亚主义，实在是不值一驳的！中国只有大贫小贫之分，并没有欧美资本主义国家中的资产阶级。三民主义中已经有防止资产阶级产生的"平均地权，节制资本"的规定，欧美资本主义国家对于均富这一点，也采着渐进的办法，其中最有效的手段是征收遗产税。美国遗产税的累进率非常高，譬如一万万元的财产，遗产税就要抽百分之八十七，那就是说，有一万万遗产的人，子女只能得一千三百万，因此美国的资本家对于社会事业的捐输，非常慷慨，像洛克费罗，像梅隆，几乎全世界的文化事业都沾着他们的光。这样，也自然而然的走向均富的路上去了。所以以社会主义建国，虽是全世界的趋势，但达到此目的，自有和平稳健的路径。明白了这层，尤必须纠正纷歧错杂的思想了。

（此文原刊于《国立中正大学校刊》第 1 卷第 3 期，1940 年，见张大为、胡德熙、胡德焜合编：《胡先骕文存》（上卷），南昌：江西高校出版社1995 年版，第 352—355 页）

教育之改造（节选）

（一九四五年十二月）

（一）教育之目的

　　教育之目的在教人如何增进其知能，修养其德性，以适应一切生活之环境，能达成此目的者为优良教育，不能达成此目的者，为恶劣教育。美儒威廉氏云："社会问题以生存为重心"，孙总理云："民生是社会进化的重心"，是人生一切努力皆有益于生存与民生，民生与生存即人民之生活，故教育必须求能改进人民之生活也。

　　人民之生活，非仅包括狭义之衣食住行物质生活而已也，若仅限于物质生活，则人类异于禽兽几希。所谓生活乃包括人生之一切活动，包括谋生之知能，物质之需要，身体之发达，保健之方法，求偶生殖之本能，求知之欲望，情感之发泄，道德感与美育之满足，宗教伦理之信仰，德性之修养，政治社会之活动等等，此多方面之活动若能平均发展，则为美满之人生。教育之目的，即在如何指导与训练个人，使人人皆能在生活之各方面尽量发展其潜能，以达到尽善尽美之域，如中庸所谓能尽其性与尽人之性者。且须使之深切了知若何之生活方式于个人于民族有不可避免之恶影响，于是方能正人心风俗，庶几熙攘大同之郅治，能实现于今后之世界，以此为衡，则今日吾国之教育制度远不能胜此巨任明矣。

　　……

(三)近代我国教育剿袭欧美之流弊

近代我国之学制导源于欧西,欧西之教育与我国渊源大异,欧西之文明导源于希伯来之教义,与希腊之爱智精神,前者究天,后者究物,独于人世,则鲜探讨,故其教育与政治脱节,其个人之修养与宗教信仰合而为一,着眼在出世而不在入世,其流弊与印度相仿佛,其圣哲之修持,非一般民众所能企及,故至近世乃发生极大之反动,宗教之信仰日衰,而群伦遂陷溺于物欲。近代科学,导源于希腊,而成长于文艺复兴时代,自伽利略将物之可测量与不可测量之性质区分,物质科学,固日进千里,工艺文明于兹产生;然人生乃为物质所奴役而不能自拔,故今日欧美之教育仅囿于求知,当学习工农医药等实用之技术,以言个人之修养,则非所计及矣。我国现行之教育制度,仿之欧西,在低级学校所学之学科,仅为升入专门以上学校之预备,而与日常之广义生活无关也,苟不能升学,则所学几全无用。苟能升入高级学校矣,生徒亦仅知修养其所专治之学科,对于个人德性之修养或处世接物之道,从不注意也,对于本国及世界之文化,素无所容心也,身受高等教育,而对于立国之政治经济原理,或本国现行之政制与法令,茫无所知也,盖除其所专门之学科外,几一无所知,一无所能,一无所好。燕居之暇,无精神上之寄托,则饮酒赌博,或放辟邪侈,言不及义而已,此等未受教育之专家,实非国家社会之福,使此等人物参预政治,支配经济,主持建设,教育青年,欲求有良好结果,宁不等于缘木求鱼耶? 其所以致此者,则教育之不善故也。

(四)确定我国之教育目标

欲挽救上述之流弊,首须确定教育之目标,此须检讨教育之内容,不可徒囿于欧美教育之陈述,务求创立我国独立之教育制度,以求如何藉教育之陶冶,以充实提高个人全部之生活。宜将各级学校之全部课程全部从新检讨,何种科目应设,何种科目应去,应有几分之几分时间,研究修身之道;几分之几分时间,研究应世接物治事之方;几分之几分时间,研求如何作一国家之世界之公民;几分之几分时间,研求专科之学问。以言师范教育,则在研究如何讲授,如何训导,以达成此目的,而不徒尚空言。允宜自小学至大学,皆编制一种"生活学"课程,包括一切切要之讲习与训练,庶几生徒在每一级学校毕业后,即对于全部生活有关之知识技能,已了解与熟习至某一程度,个人之修养曾收若干之成效,而使俊秀之士,得无限之发展其潜能,则国家民族咸受其益矣。

我国古代教育之目标在"己立立人","己达达人",在"正心诚意修身齐家治国平天下",在"明明德止于至善",在六德六行六艺"教万民而实兴之"此即文武合一,德术兼备之教育宗旨,自小学至于大学,小而庸德之行,庸言之谨,大而赞天地之化育,为天地立心,为生民立命,皆不能违此宗旨。小学中学之生徒,盖有志于此而未逮者也,大学生徒,修此习此以期为民者也。今日学校中一般课程乃术也,四维八德乃德也,有术而无德,不得为君子之儒,有德而无术,尚不失笃行之士焉。今日物质科学之发达,日新而月异,此术惊人之发展也,然人与人之关系,则数千年来并无更与进步。天下之达道古犹今也,充类至尽,至于民胞物与,所谓尽人之性,尽物之性,可与天地参,此古昔圣贤之大志,在今日亦应为吾人所企望也。范文正公为秀才时,即以天下为己任,在今日至少每一大学生,于入大学时,即当立任天下之志,存以先知觉后知之心,斯之谓立德,至于术则次要之事耳。故在今日而言教育,首须揭明此旨,俾生徒认清教育之目标,则南针既存,自不至迷方不返矣。

（五）教育改造之要旨

以言教育之内容,则至为复杂,而有若干要旨,不可不知。

（子）教育不可过于标准化

在一方面教育须求普及,一方面教育须培植特殊之天才,且人类赋性不齐,才能各异。长于此者,或短于彼,是宜因才而教,使各尽其性。通常长于文艺美术之人每短于数理,长于综合者每短于分析,同为天才,亦有长于直觉而长于思考之分。伟大之文学家宗教家艺术家,其福利人群,固不在伟大之科学家之下也,莎士比亚但丁与歌德,其重要固不在牛顿与哥白尼之下也,世无牛顿哥白尼固不能有今日之进步,设使世无孔子耶稣佛陀者,则人类文明将成何种现象?而此诸贤哲天才固迥不相侔,亦无所轩轾也。在今日标准化之课程下,特异之天才,必不能竟其业,欲求李白杜甫王维吴道子学习大代数或微积分,宁非不可想像之事乎?近代物质科学发达,物质文明遂为世所崇拜,浅识之士,对于数理科学乃有过分之崇拜,学生可不娴习文学与艺术,而决不可不习代数与几何,殊不知无数学天才之人,对此浅尝之数学,在其毕生中,将不发生任何作用,使人人尽趋数理之一途,亦尤科举时代尽驱人以习词章帖括也,故以后各级学校之课程。一面固须各科具备,以求广开探讨之门,然同时亦必须有甚大伸缩性,以求生徒能各尽其性,此一义也。

(丑)适应学生个性

人类之智力不同,其智商之差别,不可以道里计,通常城市居民较乡村居民之智力为高,同在城市之中,其智力亦相去甚远,通常社会之阶层,实为智力差别之自然结果,然以人类遗传性之极端复杂,在同一之社会与家庭环境中,个人之智力差别亦极巨大。教育之目的既为求尽人之性,则在学校中,宜极力重视生徒之个性,使之能尽量发展其潜能,一方面固求使智力低者,得尽量接受其所能获得之教育,以成为社会有用之人,一方面使智力高者,得尽量发挥其天才,以成国家社会之领袖,而不可强低能之人以上企天才,尤不可降低标准,使隽才以迁就驽劣也。尤宜奖励有天才之生徒使博求学问,期能淹贯宏通而不限于一二专科之学业,即同一科目必使其进度之迅速,与课业之质量,咸能适合于个别生徒之能力,而不可整齐划一之,此又一义也。

(寅)培养高尚人格

人之德性之不齐,亦如其智力之殊异,有天生圣哲,秉性即先天下之忧而忧,后天下之乐而乐者,六德六行,在他人出于勉强,在彼则为本能,亦有生而暴戾恣睢,阴贼险狠,刻薄寡恩,知有己不知有人者,是为不可移之上智下愚两等。或则既非上智,亦非下愚,可以为善,可以为恶,上达下达以环境为转移,大多数之人属于此类。此种品德之差别,心理学家可以检定之而与以评价,其商数谓之人格商,亦犹智力之评价之称为智商也。个人之人格固基于先天之禀赋,然亦可因训练学习而发达,教育之重要使命,即在如何发达个人之德性或人格,亦即如何增进个人之人格商。个人之人格发展，其个人之幸福，与其对于社会之价值亦随而增长。我国古代之教育，其重视人格之修养，无论为孟子之"扩充仁义礼智之四端"，或荀子之"专心一志，思索孰察仁义法正大积而为圣人"，皆在如何以养之，所谓"蒙以养正"，换言之即在如何养成可以影响他人之习惯与技能是也。今日我国之教育，则不知注重人格之修养就，但知传习知识而已，甚至为人师者，其德性人格即无足称，而其所行所为，每招生徒之鄙视，如此焉能启迪生徒使之上达乎？故以后在各级学校，训育必须视为较教学为尤重要，而择师尤须注重德行，庶能领导生徒，使之迁善，而训育着重感化，而不可仅重视功令式之奖惩，生徒之行检卑劣不堪教诲者，虽学业优异，亦在摈斥之列，务使生徒咸知敦品励行之重要，远在求知之上，则年积月累，小而可以养成十室之忠信，大而可以养成纲维世教之君子儒，此又一义也。

……

（亥）师范教育之改进

师范教育为教育之基本，我国教育之不发达，良好师资之缺乏，实为主因。在理想教育制度，小学教员亦当以专治小学教育之师范大学毕业生充任之，今日之中等师范学校，实为暂时过渡制，简易师范学校或类似之师范班，则尤为过渡之过渡矣。欲求师范大学毕业生肯充小学教员，第一必纠正学生心理，必须此少年学生的保傅，自觉其掌握国家命脉的责任，在次一代国民里面，播下国家与民族独立坚韧不拔的种子，是国家民族一二十年之后，有接续不断为国应用之器材，第二必须给与小学教员亦优越之待遇，使小学教员之薪给，与中学教员无大差别，中学教员之薪给与大学低级教师无大差别，俾中小学教员，可终身安于其所业，而不轻视中小学教师之职业，政治社会各方面，更须深切认识此中小教育使命的重大，特别加以尊重与爱护，予以鼓励与奖励，使中小学教育能与大学教育在经费与人才上平衡发展，否则有志之士，鲜能安心从事中小学教育，则中小学教育安能益臻于健全，而心理建设，亦不能成功矣。复次吾人既知伦理建设之重要，中小学教员对于教育，须有甚深之修养，而于应用心理学，尤须有极深之研几，否则空言训导必难收效，故在师范学校特宜着重伦理学与应用心理学讲习，而今后各级学校之训育人员，非于伦理学与应用心理学深造之人，不得充任，庶几确能训导青年而收德育之效。再者政治经济知识之教育,既极为重要,则在师范学校,政治经济社会法律各课程,亦宜加以讲授,非仅通常所谓之公民训育而已。最后则尤宜在师范学校施以适当之广义美育,盖美育能使人改变其人生观,对于实现世界有与庸俗之人不同之估价,而养成高尚优美中正和平之人格,其变化气质之功效有非言语所能形容者,美育实为宗教与伦理教育之中介,欲一般人民美育发达,必须有富于美育之师资,此与心理建设伦理教育有莫大之关系焉。总之,今后中国之教育既须彻底改造,则师范教育并宜彻底改造,以适应迫切之需要,此又一义也。

……

(六)改造教育制度之具体方案

……

(丙)高等教育之改造

大学教育在养成一国之领袖人才,故倍宜提高其标准,与充实其内容,抗战时期之粗制滥造政策,亟须绝对放弃,庶以免画虎类犬之消。大学即古昔之国子监与太学,为一国之最高学府,尤宜礼聘名儒,使之领导,在古之国子祭酒或太学祭酒,其地位极为清贵,在欧美各国,大学校长之地位尤极崇高,盖惟名流硕彦,长德元勋,始克膺此殊选,以拟我国书院之山长,尚非其伦,既得其人,则政府当局与社会皆须优礼之,尊为宾师,决不可视同一般之高级政府官吏,拘之以功令,困之以事务,使贤者裹足,不肖者滥竽,则庶几收领袖群英宏奖学术之效焉,大学教授亦必须学术宏通品德高尚,可为青年表率者始得充任,盖必如古昔所称为经师人师者,始能作育英才,使其学问与品德,皆受陶冶,其品德不足畏青年师表者,虽有专门之学问,亦不得使之据最高学府之讲席,以免予青年以恶影响,战时大学教授之冗滥,其贻害之大,令人痛心,战后必须大为淘汰,方能救一时之弊政,而同时政府与社会对于大学教授则宜崇敬宏奖之,优其礼遇,丰其俸给,使得专心于作育英才潜心学问之盛业,而不为外物所诱,此影响于国家民族之前途者,至深且巨,执政者万不可忽视也。

　　大学教育,既贵专精,尤贵宏通,必使诸生多有自由讲习研求之机会,而不可过于专业化、今日大学课程之弊,即在课程限度太严,必修课程太多,使生徒太少选习专业以外之课程,而在学生一方面,其弊亦在但知专精,而不博涉。大学教育在过度专业化积习之下,遂造成无数未受宏通教育之专家,其专门学问,或尚有可观,而高等常识,一般学术上之修养,则太嫌不足,尤以学应用科学如农工医商者为甚,以此等专家领导国家社会,其害有不可胜言者,欧美大学重视"自由教育"即以此也。挽救之道,在将专业课程之修习时间大为减少,而将自由选课之时间加多,同时规定学生舍专业课程外,必须选习相当数量之政治经济社会历史哲学科学美术等课程,以收"自由教育"之效。尤宜养成不求速成之风气,勿以为在大学求学,只限于四年,有愿修习二三门以上专业课程者,不但不宜阻止,且宜鼓励之,尤以高材生为然,盖现今学问范围极广,而淹贯宏通之人士,为国家社会所急需,故为求养成伟大之社会领袖人才计,必须鼓励积年劬学之士也。美国伟大之生理学家加勒尔博士,在其"未了知之人类"一书中,主张由国家遴选卓越之天才,以二十五年之长期间继续不断研究解剖学,生理学、生物学、心理学、玄学、病理学、医学,遗传学、营养学、教育学、美学,伦理学、宗教学、社会学与经济学,此等学者至五十岁时,以其淹贯宏通之学识,必能根据人类之真性,以指导人类及其文明之建立,此等学者由国家培成之,以充政府之顾问,一切国策由彼等拟具指导批评,以为政府施政之方针,则不至于盲目的、自以为是的,妄为举措,则国家有南针矣。此种教育程度,并非不可实行,西藏大寺中,即有潜修二十年之"智者"学位。中国古昔之学者,素有皓首穷经之志,苟政府奖励之,必有有志之士,愿献身数十年潜修学问,以谋国利民福者,是在政府有此远识与否耳。英国牛津剑桥等大学皆有研究员之制度,卓越之学生,被举为研究员后,学校即优与廪饩,任其潜修,无时间之限制,苟不婚不宦,虽终其身治学亦可,如大文学家裴脱即其一例,大哲学家怀特里德教授亦多年为剑桥大学之研究员,所不同者彼为专精,此须博学,彼为自由研究,此为有计划而求宏通之研究。除少数遴选之学者,须长期研究外,尚须鼓励自由之长期博涉,故在大学,学生愿做以余年博习多种学问者,政府宜多方鼓励之,今日各大学之助教,略有此项之精神,然必须在各大学多设助教研究员之名额,以鼓励其潜修,如某大学规定助教之任期限为两年,任满即须离校,此固欲使其他学生多得为助教之机会,然非作育人才之道也。

复次,关于大学教育尚有三种办法,必须普遍推行,(一)大学学生一般应分为普通生与高材生,同一课程,若有高才生愿意深造者,必须由教授以特别之指导,在英美大学除普通大学生外,尚有一部分选"名誉"课程者,其阅读研究内容,及其评定分数之标准,皆远较一般普通生为高,其学业文凭上特标出"名誉",以资鼓励,此种制度,收效极宏,我国大学亟须仿行之,若遇异常卓越之天才,且须由国家施行特殊之教育,而不泛泛视之。(二)在欧美大学除普通大学生外,尚有自由选课一种,凡在合格之中学毕业,或年龄过大,不须学位之人,皆可入大学自由选课,盖大学教育之目的,在传播教育,而不在墨守功令也。(三)大学应办函授或推广教育,以备因故不能入大学或不愿入大学者选习,并可斟酌情形,给予函授学生以毕业证书,以为其就业之助,亦良好制度,我国大学亦宜仿效也。

各大学宜有充分之经费设备与人才,以设立研究院与研究所,宜给与此项研究机关以较大之自由,惟必须鼓励综合性之研究,而不宜鼓励过于专精或过于狭小缺乏意义之研究,德美两国大学研究论文之为人所讥议,即以此也,此不可视研究为一种功令,大学生至毕业时能作一有价值之毕业论文,自是佳事,但大学本为最高等之普通教育,大学生不一定能为有价值有创造之研究论文,其不能作有创造性之研究者,仍不失为良好之大学毕业生,与实际有用之人才,且一般之二三流大学教授,亦每每无指导学生以作有价值毕业论文之能力,与其强学生以写作无价值之毕业论文,反不如使之多选读一二门功课之更为有益,故写作研究论文,宜视为选课而不宜视为必须之功课也,至如研究院学生之研究,则必须严格指导,尤不可视为功令,宏通之研究,宜较专精之研究更为重视,美国哈佛大学得硕士并不需研究论文,此又值得深思者也。

专科学院与专科学校其目的为造就专门人才,与大学性质自又相同,专科学校之程度,视大学决不可及,而每每过之,如法国师范学院及瑞典德国之各种专科学院即其著例,吾国专科学院自宜仿效之,惟此类专科学院亦宜少设为是,盖其重要缺点,在使学生无自由选习专业外之文哲科学等之机会,而每易养成狭隘而不宏通之专家,而贻恶影响于国家社会,在此类专科学院亦宜规定学生必修若干之文哲政治课程,以扩展其心灵境界,而在医学院尤宜着重综合之研究,今日医学界之专业化,实为人类之灾难,我国协和医院,即继承美国医学界之恶习而亟宜及时纠正者也。至于专科学校,则以作育实用技术人才为目的,在现阶段,自有多设之必要,以应付战后建国之急需,但此项学校,亦须有少量政治课程,使之能有一般受有高等教育之公民不可缺少之政治常识,同时亦须有一种弹性制度,使此项毕业生,有补习大学课程之机会也。

　　……

　　(此文原刊于《江西南昌大众日报丛书》,1945 年 12 月,见张大为、胡德熙、胡德焜合编:《胡先骕文存》(上卷),南昌:江西高校出版社1995 年版,第 406—426 页)

★蒋梦麟

蒋梦麟（1886—1964），原名梦熊，字兆贤，号孟邻，浙江余姚人，中国近代教育家。1898年就读于绍兴中西学堂，1903年就读于浙江高等学堂，1904年入上海南洋公学就读，1908年赴美，入加利福尼亚州立大学学习农学，后改习教育学，1912年，以教育为主科，历史与哲学为两附科，毕业于柏克莱加州大学教育学系。1912年毕业后，赴纽约入哥伦比亚大学，师从杜威，攻读哲学与教育学，1917年以论文《中国教育原理之研究》获哲学博士学位。同年回国，在上海任编译工作，主编《新教育》月刊。主张教育应"发展个性以养成健全之人格"；"注重职业陶冶以养成生计之理念"；"注重公民训练以养成平民政治之精神"。1919年后受聘于北京大学，先后任哲学系主任、总务长、代理校长等职务，主持校务，完善评议会、教授会制度；注重提高行政效率。1927年，南京国民政府浙江省省政府委员兼教育厅长、国民党中央政治会议浙江分会秘书长。国立浙江大学成立后，出任浙江大学校长。1928年出任教育部长，兼任浙大校长，10月兼任国民政府大学院第二任院长。1929年不再兼职校长，专任南京国民政府教育部部长。1930年任北京大学校长，按照美国大学教育体制对北京大学的教学与科研进行改革，主张"教授治学、学生求学、职员治事、校长治校"。抗日战争时期任西南联合大学校务委员会常务委员。1948年任国民政府委员。同年10月任中国农村复兴联合委员会主任委员。1949年去台湾。

蒋梦麟关于高等教育的言论主要有《中国教育原理之研究》、《高等学术为教育学之基础》、《过渡时代之思想与教育》、《和平与教育》等，辑于《孟邻文存》（台北：正中书局2003年版）、《蒋梦麟教育论著选》（曲士培主编，北京：人民教育出版社1995年版）。

高等学术为教育学之基础

(一九一八年一月)

　　自十九世纪科学发达以来,西洋学术,莫不以科学方法为基础;即形而上学,亦以此为利器。至今日一切学问,不能与科学脱离关系;教育学亦然。故今日之教育,科学的教育也。舍科学的方法而言教育,是凿空也,是幻想也。幻想凿空,不得谓二十世纪之学术。

　　二十世纪之学术,既为科学的,然科学厥有二种:曰纯粹科学,曰实践科学,或曰应用科学。纯粹科学,独立而不依,不藉他科学为基础;如物理学,化学,算学是。实践科学,又曰复杂科学,不能离他科学而独立;如工程学,政治学,教育学是。工程学之基础,物理,化学,算学也。政治学之基础,历史,地理,人种,理财,心理,社会诸学也。教育既非纯粹科学,必有藉乎他科学。然则其所凭藉者,为何科乎?曰:欲言其所凭藉,必先言教育学之性质。

　　(一)教育为全生之科学　何谓全生?在英字为 complete living,即言享受人生所赐予之完满幸福。英儒斯宾塞,以教育为预备人类生活之方法;分此方法为四步:直接保护生命者为第一步;间接保护生命者为第二步;保护传种为第三步;供给消遣娱乐为第四步。(见斯宾塞 Education)直接保护生命者,例如衣食住是也。间接保护生命者,例如政府社会是也。保护传种者,例如嫁娶是也。供给娱乐者,例如文学美术渔猎旅行是也。是数者备,则全生矣。子华子曰:全生为上,亏生次之,死又次之,迫生为下。全生者,六情皆得其宜也。亏生者,六情分得其宜也。迫生者,六情莫得其宜也。斯宾塞之论全生,以生理学为起点。子华子则以人之感情为起点。其起点虽不同,而将欲达乎全生则一也。社会进化,人类生活,日趋丰富;教育者,所以达此丰富生活之方法也。

（二）教育为利群之科学　明德新民，己欲立而立人。个人与社会，固相成而谋人类进化者。社会愈开明，则个人之生活愈丰富；个人生活丰富之差度，则亦与社会程度之高低，成正比例。盖合健全之个人，而后始有健全之社会。故求全生而广大之，即所以利群，利群即所以求全生也。社会不振，个人之自由，必为之压迫；个人之幸福，必为之剥削；则亏生者众矣。故全生者，教育之目的；利群者，达此目的之一方法也。

（三）教育为复杂之科学　人生至繁。即以物质上言之，一人之所需，百工斯为备。若概精神而言之，则所需之广，何啻倍徙。教育既以人生为主体，故凡关于人生之问题，必加研究，教育之事遂繁。此必赖乎各种科学为之基，综核其所得之真理而利用之，此即二十世纪新教育之方法也。爰撮大要，为表如下：

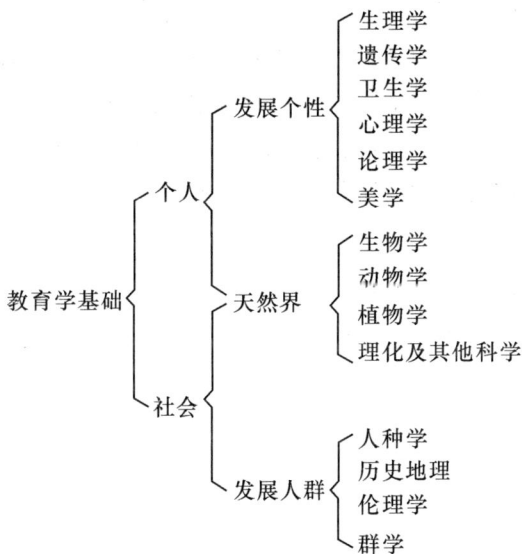

教育学基础
- 个人
  - 发展个性
    - 生理学
    - 遗传学
    - 卫生学
    - 心理学
    - 论理学
    - 美学
- 社会
  - 天然界
    - 生物学
    - 动物学
    - 植物学
    - 理化及其他科学
  - 发展人群
    - 人种学
    - 历史地理
    - 伦理学
    - 群学

复难之科学，既有赖乎他种科学；教育学之有赖乎高等学术也明矣。观上表，知教育学不能离他科学而独立；则其有赖乎高等学术也更明矣。

离社会则不能言教育，舍个人则更不能言教育。盖个人为教育之体，社会为教育之用，两者兼则教育之体用备。然将何以达此体用乎？曰：此即有赖乎高等学术也。个性将何以发展乎？曰：必先习乎生理，遗传,卫生,心理,论理,美感诸学。人群将何以发展乎? 曰:必先习乎人种,历史,地理,伦理,政治,群学诸科。个人与社会,日与天然界接触;且事事物物,皆在天然律范围之内。即宋儒所谓事事物物皆有至理,朱子解理字曰:理有二方面,曰:何以如此? 曰:所以如此。所以如此者,天然律之体。何以如此者,天然律之用。欲识天然律之体用,必先习乎生物、动物、植物、理化诸科。以上所述各科学,凡研究较深者,皆得称之曰高等学术。不博通乎此,则不可以研究教育。以西洋而论,大教育家中如亚利士多得(Aristotle)、马丁·路得(Martin Luther)、福禄培①(Froebel)、斯宾塞(Spencer)诸子,何一非大学问家? 以吾国而论,大教育家中如孟子,荀子,程明道,伊川,陆象山,朱晦庵,胡安定,王阳明诸子,何一非大儒? 即以现今西洋社会而论,彼握教育枢纽者,谁非为人所信仰之学问家? 其教育院中之学子,何一非兼长他学? 有真学术,而后始有真教育,有真学问,而后始有真教育家。吾国自有史以来,学问之堕落,于今为甚。今先不讲学术,而望有大教育家出,是终不能也。无大教育家出,而欲解决中国教育之根本问题,是亦终不可能也。或曰:"方今士夫,竞为虚浮,欺世盗名,弁髦学术。子毋作迂阔之言而自速讪谤!"余曰:其然乎? 是诚余之迂也。

(此文原刊于《教育杂志》第 10 卷第 1 期,1918 年 1 月,见曲士培主编:《蒋梦麟教育论著选》,北京:人民教育出版社 1995 年版,第 19—22 页)

---

① 福禄培,后译福禄贝尔。

世界大战后吾国教育之注重点(节选)

(一九一八年一月)

　　欧战开始以来,已经四载。于戎马倥偬军书旁午之际,欧美人士,不忘百年树人之计,对于教育问题,煞心研究,不遗余力。去前两年之间,欧美报章,对于战后教育之进行,论著甚多。而专书论此为余所见闻者,英有伯特莱氏（Badley）之《战后教育》（*Education after the War*）,美有地恩氏（Arthur Dean）之《战时及战后之学校》（*Our Schools during and after Wartime*）,法有彼高氏（Pécaut）之《战后之学校》（*L'Ecole aprés la guerre*）,日本有民友社发行之《战后之学校》及同文馆之《战后我国（日本）之教育》。回顾吾国,对于此大问题发布言论者,凤毛麟角,不可多见。

　　当今之世,世界潮流之趋势,尤国能逆之。甲国与乙国起重大交涉,而丙丁戊等国,决不能处旁观地位。是以此次欧战之初,因俄奥交涉而牵动德法英比诸国,既而及于土耳其,而日本,而意大利,而美利坚,而中国。夫兵,凶器也;虽所不愿,无可为力;潮流横来,莫能幸免。此所以今日之谈政治、实业、学术者,不得不察世界之大势,而为相当之设备。夫教育何独不然?战后之教育,实为立国之一大问题,然欲言战后之教育,不得不先言欧战之原因及希望战胜之基本需要。

　　……

　　依上列三条件而谈战后之教育,吾人所当注意者,以教育行政方面言之,厥有四端:以学校设施方面言之,厥有五端。今请析而言之。

（一）教育行政方面

……

（丙）推广大学及专门教育，以养成倡导社会进化加增经济能力之领袖
　　义务教育，补习教育，职业教育，足以增进平民之知识技能，而促社会之
进化。然而平民主义，非有领袖为之先导，必难进行。大学及高等专门教
育者，所以养成平民主义之领袖者也。观英、美大学学生，对于战时之多能
牺牲者，可知矣。以我国幅员之广，人民之众，而全国国立大学，只北京一
处，将何以养成将来之领袖乎？世界各国大学及高等专门学生数，每人口
十万人中，瑞士得二百六十二人，德国一百七十八人，苏格兰一百七十三
人，美国一百七十一人，英国一百人，奥国九十九人，法国九十人，意大利八
十八人，俄国四十四人，中国则七人而已（由民国四年度至五年教育部报告
推算而得）。西人尝谓中国少领袖人物；今受高等教育人数若尔之少，领袖
将从何出？除出产草莽英雄，如水浒传中之领袖人物外，以今日高等教
育之幼稚而论，吾又将何处觅平民主义之领袖乎？

……

（二）学校设施方面

（甲）发展个性以养成健全之人格　人格教育，非道德教育之代名
词也，亦非保守遗传道德之谓也。人格云者，本个人故有之特性，具独
立不移之精神，其蕴也如白玉，其发也如春日，而此特性，此精神，即所
谓人格也。（参观本书第三编之《进化社会的人格教育》）此特性，此精
神，均为个性分内之物，发展个性，即所以发展此特性此精神也。欲增
进个人之能率，此其一端也。

（乙）注重美感教育体育以养成健全之个人　美感教育者，所以发
展个人优美之感情，即王阳明所谓唱歌即所以发扬其意气之谓也。西洋
人以增进个人之欲望为则，东洋人以抑制个人之欲望为归。吾国若不采
取西洋之文明则已，如欲采取，当以增进个人之欲望为前提。欲增进个
人之欲望，则图画所以发扬其想象力，舞蹈所以发扬其奋兴力，音乐所以

发扬其感情;此数者,皆足以养成活泼之个人也。又人类有天生优美之身体,所以寓天生优美之精神也。希腊人有恒言曰"健全之心寓于健全之身",(Mens sana in corpore sano)或译健全为美丽,则美丽之心,寓于美丽之身矣。盖希腊人之观念,美丽者必健全,健全者必美丽,二者不可须臾离也。故欲发扬美感,非有健全之身体不为功。体育者美育之基础,两者并进,健全之个人乃成。欲增进个人之能率,此其又一端也。

(丙)注重科学以养成真实正当之知识　近世西洋学术,莫不具科学之精神。科学云者,好求事实,使之证明真理是也。我国思想学术,向不注重系统,故往往以一人之言,前后冲突,东西背驰,欲却其病,科学其良剂也。欲养成头脑清醒之国民,科学其圣药也。又近百年东西洋种种进步,其原因在能制天然力而为人用。科学者,即制天然力唯一之利器也。

(丁)注重职业陶冶以养成生计之观念　尊重劳动,为欧美经济发展至基础,二十世纪工业社会之柱石也。儿童求学,除训练其思想技能身体外,须养成其劳动之习惯。德国教育部于千九百十二年(民国元年)发一通告云:"公家学校中大半学生,未受工作之教育,故儿童对于劳动之兴趣,甚为薄弱,勤劳之习惯,渐渐消灭。此非但大城市中之学校为然,国中多数之学校,大都若是。是以手工业中,多抱乏良徒之叹,工业界中,缺乏有技能之工人……故训练勤劳,为工业社会之所必需。工人受训练,则社会始狄种种新发明之利器,而德国得操胜势于世界商业竞争之场矣……"吾国今日之情形,能劳动者,不受教育,受教育者,不能劳动,甚至轻视职业,以不作工为高。则学校愈多,有游民亦愈众矣。职业陶冶者,所以养成尊重劳动之精神,而为世界工业竞争之基础也。

(戊)注重公民训练以养成平民政治之精神,为服务国家及社会之基础　由健全之个人,组织进化的社会。进化的社会,还以养成健全之个人。个人与社会,实为一有机体。凡训练个人以服务国家及社会者,曰公民训练。学生自治团也,学校服务团也,公民团也,童子军也,皆所以训练公民之方也。欲解决将来政治上之问题,使我国达到完满平民政治之目的者,当于今日之学校开其端也。

(此文原刊于《教育杂志》第 10 卷第 10 期,1918 年 10 月,见曲士培主编:《蒋梦麟教育论著选》,北京:人民教育出版社 1995 年版,第 58—63 页)

《教育评论》(节选)

(一九一九年三至五月)

一、高等教育与思想及言论自由

　　文明之进步,赖自动的领导,赖高等教育之思想及言论自由以养成之。"大学学问自由"(Academic Freedom)之主张,已成欧美之先进国学问之大宪章。虽以德国军阀之横暴,而大学之中,自成一种自由国,而莫感侵犯。他若英之牛津、剑桥;法之巴黎;美之哈佛、耶路诸大学;莫不以保全学问自由,为神圣不可侵犯之事。吾国高等教育,近方萌芽,欲求将来学问之发达,亦非保留其学问自由不可。三月四日上海申报,传来北京专电,载大学教授四人,因出版物被驱逐。一时惊闻四传,学界惶恐。吾人闻之,以教育部诸公之明哲,大学校长之重望,必竭其所能,保全学问自由之大宪章,以维教育独立之精神。后得京讯,果无其事,人心始安。兹特选录上海报纸对于此事之言论如下。盖亦可以窥舆论之一斑矣。

　　三月五日时事新报曰:"……夫大学者,囊括大典,网络众家之学府也。(此系大学校长蔡元培先生之言。)凡任大学教员者,宜有思想自由学说自由之权利。出版物者,发表思想学说之机关也。则大学之出版物,自不当受外界拘束。今以出版物之关系,而国立大学教员被驱逐,则思想自由何在?学说自由何在?以堂堂一国学术精华所萃之学府,无端遭此奇辱,吾不遑为……诸君惜,吾不禁为吾国学术前途危。愿全国学界,对于此事,速加以确实调查,而谋所以对付之法,毋使庄严神圣之教育机关,永被此暗无天日之虐待也。"

六日该报对于此事又曰:"当此学说自由之时代,苟非实际上之动作,而纯为理论之讨究者,皆应有自由之权利。……"

五日中华新报:"……夫大学为一国学术之府,教员皆圭璧自爱之士。而以一己之爱憎不同,遽下逐客之令,自民国建立以来,未有辱士若此之甚者也。……"

后得都中确讯,实无其事。时事新报以《大学教员无恙》为题评论曰:"……凡欲革新一代之思想学术,终不免有忤逆世俗之处。来日方长,挫折正未有艾。寄语以革新事业为己任者,勿以区区之恫喝而遂气沮也。"

记者曰,教育部为全国学府之中心,吾知必能为学问自由之保障者,必不容外力之干涉。苟因此而受他种势力之反对,则全国舆论,必为主正义者之后盾也。

(此文原刊于《新教育》第1卷第2期,1919年3月,见曲士培主编:《蒋梦麟教育论著选》,北京:人民教育出版社1995年版,第102页)

二、学术进步之好现象

自蔡子民氏长北京大学以来,网罗国中新旧式人物,主讲大学。新派竭力提倡思想文学之革新。旧派恐国学之沦亡,竭力以保存国粹为事。于是新旧两派作思想学术之竞争,而国立大学遂为此竞争之中心点。高屋建瓴,其势将弥漫全国,由黄河而长江,由长江而浙水、闽水、珠江,必将相继而起。昔欧洲文运复兴,肇自意大利古城。由意而德而法而英,卒至蔓延全欧。酿成十八世纪之大光明时代;而中古千年之漫漫长夜,若遇天笑而复光明,星星之火,竟至燎原。彼被动派之反抗,犹若扬风止火,适足以助起焰耳。

今日吾国之新潮,发轫于北京古城,犹文运复兴之发轫于意大利古城也。其弥漫全国之势,犹文运之澎湃全欧也。此岂非学术进步之好现象乎?

(此文原刊于《新教育》第1卷第3期,1919年4月,见曲士培主编:

《蒋梦麟教育论著选》,北京:人民教育出版社1995年版,第103—104页)

三、教育新精神之利用

北京爱国学生热诚勃发后,全国学界,相继而起,振刷精神,与黑暗魔力作战。其成败虽未可逆料,而教育之新精神已于此时产生矣。此后教育界所当为者,厥为二事:(一)如青年胜而魔鬼败,则当益自奋发,励志勤学,勇往直前。把中国社会政治二者,从精神上基本的改造之。(二)如魔鬼胜而青年败,则知中国尚为魔鬼世界,青年之能力,犹未足以抗之。一面当保护此新精神,勿使基本摧残。一面当讲学以厚青年之能力。战端既开,惟有扬旗鸣鼓,勇往直前而已。耶氏有言:"但求真理,真理自放光明。"讲学以求真理,真理得而魔鬼自去。根本救国之道,如是而已。

(此文原刊于《新教育》第1卷第4期,1919年5月,见曲士培主编:《蒋梦麟教育论著选》,北京:人民教育出版社1995年版,第105—106页)

四、南方当急立大学

吾国之大,而足以号召全国之大学惟二:曰北京大学,曰北洋大学。北京大学设文理与法科,北洋大学设工科,分之为二,合之实一也。吾国教育虽幼稚,而据民国四年统计,全国学生已达四百万人有奇,其中中学生七万人;仅一国立大学,其足以容纳之乎?且查全国学生数,黄河流域及以北诸省,仅一百六十万人,而长江流域及以南诸省,有二百三十五万人。以二百三十五万之区域,而无一大学,执政诸公,将何以自白于吾民乎?

(此文原刊于《新教育》第1卷第4期,1919年5月,见曲士培主编:《蒋梦麟教育论著选》,北京:人民教育出版社1995年版,第107页)

初到北京大学时在学生欢迎会中之演说

（一九一九年七月二十六日）

诸君因爱蔡先生而爱梦麟，梦麟诚不胜其感激。此次诸君领袖全国，为爱国之运动，不但国人受诸君之感动，而敬崇诸君；即世界各国，亦莫不对诸君而起敬意。然则诸君此次之表示，为有价值的，已不待言。诸君对于蔡先生望其即日回校，蔡先生为最肯负责任者，岂有不允回校之理？惟今日病犹未愈，若因回校而病转剧，岂非为欲负责反不克负责乎？此蔡先生之所以不即来也。诸君须知蔡先生为平民化的，无论何人，皆平等视之。南方有谓蔡先生之离大学，大学生对之有如子女之失父母者。蔡先生即答云："大学生皆能自治者，固不同子女之于父母，必待督率而后无失；故予于大学生非父母可比，不过为大学生之兄弟耳。"此次梦麟到杭，蔡先生及约予往谈，云有事托我，至则语我云："大学生皆有自治能力者，君可为我代表到校，执行校务，一切印信，皆交由君带去，责任仍由我负之。"蔡先生既以代任校务委我，我即以二事求其承认：（一）代表蔡先生个人，非代表北京大学校长。（二）予仅为蔡先生之监印者。蔡先生一一承认，且以三事语我：（一）各界代表之至杭者日必数起，迄未答谢，请君代表我为我致谢各界。（二）代表我有回校之决心。（三）大学责任我愿继续完全担负。又云："自今以后，须负极重大之责任，使大学为全国文化之中心，立千百年之大计。"予因受蔡先生之委托，遂即日离杭来京。余尝论蔡先生之为人，具中国固有文化之优点，而同时受西洋文化之陶熔。昔孔子以有温良恭俭让五种美德，因以洞悉各国政治。蔡先生以具此种美德，故每至一地，于当地事，人无不乐告之。蔡先生因受西洋文化之影响，极喜音乐，以其能发人至感，且能收人生各部平均发达之效果。又倡以美术代宗教。有谓其反对宗教者，误也，不过蔡先生于宗教之误谬处，不肯赞同耳。又蔡先生平时待人接物，大度包容，温厚可亲，但一遇重要大事，不肯丝毫改变其主张，所谓富贵不能淫，威武不能屈。总括以上所言，蔡先生所具者有三种精神而熔合于一炉，（一）温良恭俭让，蔡先生具中国最好之精神。（二）重美感，具希腊最好之精神。（三）平民生活，及在他的眼中，个个都是好人，是蔡先生具希伯来最好之精神。此次五四运动所以能感动全国者，未始非此种精神于不知不觉间灌输于诸君脑海中之效果。故做事时，困难不成问题，危险不成问题；所患者，无此伟大之精神耳。讲到这里，我们要问一声，蔡先生这种精神，怎样得来的呢？是从学问中得来的。故诸君当以学问为莫大的任务。西洋文化先进国到今日之地位，系累世文化积聚而成，非旦夕可几。千百年来，经多少学问家累世不断的劳苦工作而始成今日之文化。故救国之要道，在从事增进文化之基础工作，而以自己的学问功夫为立脚点，此岂摇旗呐喊之运动所可几？当法之围困德国时，有德国学者费须德在围城中之大学讲演，而作致国民书曰："增进德国之文化，以救德国"。国人行之，遂树普鲁士败法之基础。故救国当谋文化之增进，而负此增进文化之责者，惟有青年学生。昔人有诗云："可怜年年压针线，为他人做嫁衣裳。"现在青年作救国运动，今日反对这个，明日反对那个，忙得不了。真似"可怜年年压针线，为他人补破衣裳。"终不是根本办法。吾人若真要救国，先要谋文化之增进。日日补破旧衣裳，东补西烂，有何益处？深望诸君，本自治之能力，研究学术，发挥一切，以期增高文化。又须养成强健之体魄，团结之精神，以备将来改良社会，创造文化，与负各种重大责任。总期造成一颗光明灿烂的宝星，照耀全国，照耀东亚，照耀世界，照耀千百年而无穷。

（此文原刊于《上海时事新报》，1919 年 7 月 26 日，录于《胡适来往书信选》，北京：中华书局 1979 年版，见曲士培主编：《蒋梦麟教育论著选》，北京：人民教育出版社 1995 年版，第 118—120 页）

学生自治

——在北京高等师范演说

（一九一九年十月）

今日为北京高等师范成立纪念日，并学生自治会成立的日子。我得这个好机会和北京高等师范的学生诸君谈学生自治的问题，我心里很快活。这个问题，杜威先生和蔡孑民先生，已经在我的先讲过了，我不知道能否在两先生讲的以外，加添些新意思。我想我们讲学生自治，要研究三个要点。

第一就是学生自治的精神——精神就是全体一致到处都是的公共意志。这个公共意志的势力最大，凡团体有这东西在里边，一部分的分子，就会不知不觉的受他感化。自治的基础就在这里。这个精神就是自治的基础。没有这精神，团体的意志，就不能结合起来。里边的分子非但不能互相进行，而且要互相阻挠。团体解散，都是从这里生出来的。诸君要知道团体是一个有机体，譬如一个人，手足耳目口鼻，要和意志一致行动。若意志要看书，这眼看了桌旁的一盆花；意志要讲英语，这口去操法语；意志要走，这脚偏不动；这岂不是变了一个疯子么？团体的精神，就是团体的意志。若分子不照这意志行事，这个团体就疯了。

所以团体结合的要素，不是在章程，是在养成一个公共的意志。换一句说，就是养成一个精神。在学校里面，我们亦叫他做"学风"。我们旧时办学校的，也时时讲这"学风"两个字。我国从前的太学生，在历史上很占重要的位置；他们聚了几万人伏阙上书的时候，虽很有权势的狠吏，也怕他们。因为他们都从"富贵不能淫，威武不能屈"的"学风"中培养出来的。

学生自治，并不是一种"时髦"的运动，并不是反对教员的运动，也不是一种机械性的组织。学生自治,是爱国的运动,是"移风易俗"的运动,是养成活泼泼地一个精神的运动。学生自治,要有一个爱国的决心;"移风易俗"的决心;活泼泼的勇往直前的决心。没有这种大决心,学生自治是空的,是慕虚名的,是要不得的。

第二是学生自治的责任——学生自治既不是一个空虚的美名,大家就要去干这自治的事业,大家就负了重大的责任。诸君,学生没有自治以前,学校学风不良,你们可以归罪教职员。学风不良,大家骂办学校的人。办学校的人也不能逃罪。若学生自治以后,教育不良,大家就可以骂学生。到那时候,诸君岂不是变了中国教育不良的罪人么?我们主张学生自治的人,也要受人唾骂,没有面目见"江东父老"了。我想学生自治,有四个大责任。(一)是提高学术程度的责任。现在我们中国学校程度太低,教员说,学生太懒惰,不肯好好求学。学生说,教员不好,不能循循善诱我们。这两边的话,都具一方面的真理。今日讲学生自治,我把教员一方的责任暂时搁置起来不讲。我想做教员的应该责备教员,做学生的应该责备学生,不要彼此互相责备。彼此互相责备,就是彼此逃责任,那就糟了。做学生的,先要从自己身上着想,自己问自己,自己的责任,是不是已经尽了,若还没有尽,不要责人家,先责自己罢了。这就是真正的自觉。学生对于学术方面,要有兴会,要想得透,要懂得彻底。不要模模糊糊的过去。过一天算一天,上一课算一课。照这样做去,哪里能够提高学术呢?(二)公共服务责任。自治是自动的服务,是对于团体服务。自动的服务,是自己愿意服务,不是外面强迫的。本自己的愿意,对于团体做公益的事。这是有两方面:一方面是消极的,一方面是积极的。消极方面是个人不要对于团体做有害的事。积极方面是个人要做团体有益的事。消极方面就是自制,是削除乱源的办法。积极方面就是互助,是增进公共利益的办法。自治之中,自制和互助都不能少的。(三)产生文化的责任。学生自治团体,不是组织了以后,学校里不闹"乱子"就算满足了。自治团体,要有生产力。农人自治,要多生农产;工人自治,要多出工作;学生自治,要多产文化。多产文化的方法,就是多设种种学术研究团体。如演说竞争会,学生讲演会,戏剧会,音乐会等等,互相研究,倡作种种事业。(四)改良社会的责任。学生事业,不仅在校内;要与社会的生活相接触。以学生所得的知识,传布于社会,作社会的好榜样。使社会的程度,渐渐提高。真正的自治,就是要有这四种的责任。诸君! 自治不是好玩的事呀。

　　第三点是学生自治的问题——学生团体,是全校团体的一部分。学生团体所做的事,是全校负责任的。所以学生团体与学校中他团体有密切关系。要联络进行,共谋全校幸福。这就生出几种问题来。这几种问题不解决,将来恐生出种种阻力。(一)学生个人和教职员个人或团体的问题。自治会成立后,学生个人行动,是否应受教职员的干涉? 我说学生个人行动不当,不但教职员当干涉,学生团体亦当干涉,学生团体不干涉个人不当的行动,这自治就破坏了。所以学生团体不但要去干涉他,而且要教职员大家帮忙,共同维持全校的名誉。(二)学生团体和教职员个人的问题。学生团体,应该欢迎教职员的忠告。诸君! 要知道教职员和学生,同是谋全校幸福的一分子。(三)学生自治团体和教职员团体的问题。这个问题比较以前两个问题复杂不少。将来的问题,恐怕都从这里生出来的。活泼有精神的自治会,必欢喜多干事,范围必渐渐儿扩大。那时因这个范围问题,就会和教职员的团体发生冲突。有一件事发生,学生团体说,这是在学生团体的范围内的,教职员团体说,这是在教职员团体范围内的。此时两方面各要平心静气,推诚布公,把这个问题大家来讨论,讨论有了结果,然后来照行。不要因一时之愤激,生出许多无谓的误会。两个团体之间,凡有一个问题发生,终要照这个办法来做,行了一二年,范围就定了。学生自治的机关就稳固了。有了精神,知道了责任,又能平心静气来解决问题,学生自治会没有不发达的道理。

　　(此文原刊于《新教育》第 2 卷第 2 期,1919 年 10 月,见曲士培主编:《蒋梦麟教育论著选》,北京:人民教育出版社 1995 年版,第 133—138 页)

北京大学二十三周年纪念日演说辞

（一九二〇年十月二十日）

今日是我们北京大学第二十三周年的生辰；我们来到此地庆祝，可算是家庭中的庆祝，一堂都是自家人，也没有请外宾，全由本校的教职员及同学们自由发表意见，关于校务的，好着实的来改良。大庆祝当在二年后本校二十五周年纪念时来举行。关于二十三年来本校的经过情形，已在今日的北大日刊上揭载——如校歌，国立北京大学略史，现行组织，图书馆，仪器室，学科课程，现时体育的组织，学生的生活和活动，出版品及修正旁听生的章程；所以在今天开会时，也无需我再来报告了。

我想关于庆祝，约略可分为二种：

（一）来庆祝我们过去的成绩。

（二）来庆祝我们将来的希望。

如果要说今天来庆祝我们过去的成绩，现在的成绩，可以说是没有，这是很觉惭愧的！我们今天所当庆祝者，是在将来的希望。因为盛名之下，其实难副，所以今天开会庆祝的目的，只好在将来的希望上了！

关于将来的希望，我以为有三件重要的事，很应当注意的，由这三件上着力，我们大家一齐的做去，等十年或二十年之后，再开会时，我们就或许可以庆祝过去的成绩了。这三件就是：

（一）当输入西洋的文化，用全力去注意他——这话虽是老生常谈，不过现在我们是要去实行。从前张之洞说："中学为体，西学为用"，总要体用兼备才对。现在我们却要把这句话反过来说了，当以"西学为体，中学为用"。这是我一个朋友说的话，真是有理。因为我们的同学须经过一番整理的功夫才行；整理国学，非用西洋的科学方法不可。所以第一步还是先要研究西学。况且现在应用的学问，大半须从西洋得来。以本校而论，想着实的来输入西化，先要改良图书馆，多买西籍，希望诸位同学,熟悉英、德、法……文,能直接看书,不至于有不懂和误解的地方。我们既都是自家人,也不妨老实的说;要是外国文太不好,无源之水,将来一定是要干涸的;能谙习了外国文,能多读外国的书籍,那么"宝藏兴焉";无奈我们学校的诸同学,外国文的程度,虽然也有好的,但多数同学的外国文程度总有些儿不够!

(二)当整理国学——要是随随便便的,拿起中国的什么书籍来看,是没有什么用处的!我们如果有了学问,应当去做乾嘉时代一般学者的功夫,以科学方法去研究的结果,来把国学整理一番,将来好出一部北大的"国学丛书"。现在商务印书馆,虽说出了一部"四部丛书",其中善本虽不少,但未经今人用科学方法整理过的。我们若能够以科学方法研究出来的结果,出一部"国学丛书",使将来一般的国民,领会了国学以科学方法来研究的好处。更能使将来的中学中或是一般国民,拿起一部"国学丛书"来,便可以知个国学的大概,用不着再要拿许多的书来读才知道,这不是求学的经济方法么?

(三)当注重自然科学——这是很重要的;现在文化运动基础不稳固,缺点就是因为不注重自然科学。我们若想来使文化运动的基础稳固,便不得不注重他。西洋文化的所以如此发达者,就是因为他们的根基,打在自然的科学上;而且现在我们首当明白的,要晓得在中国十年或十五年后,必有一种科学大运动发生,将来必定有科学大兴的一日。所以无论是文科的,法科的,理科的诸同学们,凡关于天文地理……一类的自然科学上,都着实的注意才好!在学校方面,要把经费节省下来,把理化的仪器室,特别的推广;好请一般的同学们和教职员诸君切实的去研究磋磨,使有最新式最完全的试验室来实现,且不特我们去研究西洋已发明的科学,且要来发明新原理;这样的下去,庶几乎方有稳固的根底!等到四十周年或三十五周年时,有了显著的好成绩,也可以在世界上去讲,就不至于竟是挂一块招牌的了。等那时候,我们当举行一个公开的大庆祝,因为已经有了许多的成绩在社会上了!不知我的话,诸君以为何如?

(此文原刊于《北京大学日刊》第 773 号,1920 年 10 月 20 日,见曲士培主编:《蒋梦麟教育论著选》,北京:人民教育出版社 1995 年版,第 212—214 页)

学风与提高学术

（一九二二年十二月二日）

我们办教育的人，近来真觉得日暮途穷了。从前我们以为政治不良，要从教育上用功夫，养成人材，去改良政治。近年以来，政治愈趋愈纷乱，教育界经济上和心理上，都因此受莫大打击，不但经济破产，精神上破产的征象，已渐渐暴露了。于是数年前"只讲教育，不讲政治"的迷信，渐渐儿打破。

学生藉群众的势力，去干涉政治——如烧房子，围省议会，开国民大会等等——教员批评政治，或发通电对于政治有所主张。此种举动，于实际政治问题，不无小小的影响，但对于政治基本问题，还搔不着痒。若以学校本身而论，因此反惹起外患和内乱。我们办教育的人，更觉苦于应付。

现在教育界正处于刚才所讲的困难地位中。学校之中，人心惶惶。数年前勇往直前的精神，为沉闷不堪的空气所包围，好像一轮红日，为黑沉沉的云雾所围绕，弄得一点不通光了。

教育界这三年来，所用于自卫或攻击的武器，只有一件，就是罢课。但这件武器，一用再用，再而三，三而四，已破烂不堪，不能再用了。杀人不下，近来竟用以自戕了。武器破烂，教育自卫之道，从此穷矣。

自卫之道既穷，于是沉闷之气，日甚一日。近来又发现了一件很困难的事，即是"学风"问题。

什么叫"学风"呢？一个学校里，教员学生，共同抱一种信仰，大家向那所信仰的方面走。前清时代，这个"学风"就是欧化。一个学校里，能多请几位外国人，或多请几位洋文优长的教员，多造几座洋房，大家就高兴的了不得。自民国六七年间至九年，大家所抱的信仰，就是"文化运动"。那个时候，讲起"文化运动"，大家都抱无穷的希望。现在又渐渐儿消灭了。哪里还能以"文化运动"四个字来唤起精神？究竟我们共同的精神在哪里？这个问题，实在无人能作一个正确的答复。

现在我们所能勉强提出的一个办法，就是"提高学术"。但这办法，实行很不容易。一来是提高学术，不是短促时期内所能办得到的。二来是不能马上用来出风头。三来是要在图书馆、试验室里用苦功，哪里能耐烦呢！所以要把"提高学术"来唤醒精神，养成一个学术化的学风，谈何容易。

况且学术两字，是太抽象了。哪一种学课，不是学术？要提高哪一种？说"提高学术"，好像说"要做好人"。好人是人人愿意做的，不过要怎么样做，便成"好人"。就是一个困难的答案了。又好人的种数正多呢，要做哪一种好人？这又是一个困难的答案。学术也如此。提高学术，人人所欢迎的。怎么样提高？要提高哪一种？普通的谈提高，是唤不起精神来的。学术在一个时代内，有比较的价值。非提出一种学术来，作一个普遍的运动，唤起多数的兴会；怪闷的在图书馆中坐不住的。如十九世纪初，德国大学之人文主义运动，当时哲学、文学、教育学说，都受他的影响，十九世纪中英国之科学运动，因此产生了社会科学。

我们应该把什么学术，来做教育界共同的大运动？我们尚找不着。所以大家沉闷。

以前的旧书院，倒有一种学风。虽因时势变迁，旧书院都死了；但现在的学校，竟像一种不中不西的杂货店，哪里还有学风呢？

现在不中不西的学校，好像市上所卖的新式西洋椅，既无洋椅之舒服，又无旧式太师椅之美观和坚固。画虎类犬，我们还说在这种学校里培植人材。

唉！为什么高谈阔论！我们那一种残缺不全的学校，今年还过不了年。经费没有了。没有经费，哪有设备？学生哪有书看？教员哪有机会增进自己的学问？说什么提高学术！

政治腐败，我们哪里能不谈政治；既谈政治，教育界哪里能不遭政客的摧残，仇视，利用。即退一步，我们可不谈政治；然而哪里能不主张公道？主张公道，那不公道的一班人，就与我们捣乱。

这种捣乱，也不要紧，不过多加一层麻烦罢了。到底我们本身问题,还在提高学术上用功夫。提高学术,第一要工具,第二要人材。人材就是专门学术上之导师,工具就是学校的设备,——如图书、仪器等——学校无适当的设备,先生口授,学生耳听,限学术于口耳之间,哪里配说是学术。

设备要有经费去办。学术上的导师要有经费去养他。没经费怎么办得动。设备不完,人材不够,哪里配讲学术。

(此文原刊于《北京晨报副刊》,1922 年 12 月 2 日,见曲士培主编:《蒋梦麟教育论著选》,北京:人民教育出版社 1995 年版,第 222—224 页)

杭州大学意旨书

杭州大学董事会

（一九二三年三月二十七日）

　　梦麟这回赴杭，参与杭州大学董事会，和同事草就意旨书一通，章程九十三条，计划书一通。回京后，向我索取者颇不乏人。我所以把他们登载大学日刊，以便大家参考。

蒋梦麟　三月廿六日

　　同人等受本省立法最高机关之委托，本平素之经验，参酌学理，草定杭州大学章程十七章，计九十三条，计划书一通。凡有解释之必要者，均已逐条附以说明。兹汇集诸点，加以未尽之余义，谨述意旨，用告国人。

　　今年以来，国人知非有高级学术机关，以科学的方法，整理及研究思想界及自然界之事物，不足以发扬本国固有之学术，与夫吸收世界之文化。政治不良，非改革社会不为功；社会不良，非奖进学术，传播知识为不功。二三年来，各省倡立大学之议勃兴，而着手筹备者，已有数处，此不得不为吾国学术界前途贺也。

　　顾筹办大学，宁为易事，政局未定，库藏空虚，筹费不易，一难也。社会变动，潮流错杂，思潮初发，尚未结晶，定五十年或百年之方针求能适用于现时及数十年后之组织，其势不易，二难也。近世学术中心在欧美，国中学术界之人才，为数不多。学校初设，求师不易，三难也。处此三难之下，厥有三要。仪器不完，不可以言发明新理；图书不备，不可以言深求知识；故图书仪器之设备，须求丰富，一要也。师资不尊，不足以言重学术；待遇不丰，不足以言一心志；故崇视教授之座位，而厚其俸给，二要也。研究学术而有所顾忌，则真理不明；故保障学术自由，三要也。

同人等有鉴于斯,谨本此而陈术意旨。进行方法,有已规定于章程及计划书者;有未能规定由同人等于筹备期间,随时设施者;有希望本省最高立法机关,本首先倡议筹办大学之精神,而力为策划者;有希望本省机关,本其爱护本省之精神,而力予赞助者;有希望省内外贤者,本奖励学术之精神,予以知识上或物质上之助力者;有希望在开校后,经内部之试验而改进之者。

一、经费　本大学经济独立,为本省最高立法机关之所主张者;且已规定按年从省税中提百分之二为本校基金矣。然本省人民每年所负担之税,约计一千六百万,而列入省税项下者,不过三百万。按年所得之基金,不过六万金。若以此推算,则五十年后方得三百万金,一百年后方得六百万金。以年息六厘计,一百年后方得三十六万固定之常年经费。是远不济近,不可不另图方法者也。本省于各种事业上咸有人才缺乏之感,大学发展至期越延迟,则本省事业发展至机会亦越延迟。本省最高立法机关诸贤,素以谋本省利益为心,必有以谋补救之道。既倡立之于前,必有以助成之于后,此固无庸同人等之过于忧虑者也。

然同人等既受委托而任筹办,则一得之愚,不敢不竭诚贡献于人民代表之前。同人等再四研究,以现在省库之有限,何能骤增数十万大学经费之担负。大学之成立,又不容缓。迫不获已,唯有请本省人民,略增担负。酌加地丁附税,每两加征一角五分,每年可得三十六万元。以□元为大学建设费,□万元为本省扩充教育费。现在出诸民者甚微,而百年树人,将来之收效实大。况地丁附税,大部分出诸于中产阶级,而将来大学大部分之学生,事实上亦为中产阶级之子弟。且以现在之税率平均计算,每两带征一角五分,再以银数按亩摊派,近年来谷价大增,十亩之家,每年多出一角五分之税,于担负之轻重,实不成问题。是加税无病于民,建学足以资治。谅为人民代表所乐为赞成者也。

此外吁恳贤者,慷慨捐助,同人等以力之所及,必尽心为之。两浙素多崇学之士,国内不乏好义之人,是同人等之所望于省内外诸贤者也。

二、经费之管理　大学经费之管理,一难问题也。同人等甚愿以每年预算所规定之经费管理权,付诸主持校政者;但因经费问题,学生与学校主持者冲突之事,已数闻于国中矣。同人等经数次之研究,以凡关于经费问题,由董事会直接负责为宜,且以大学校长出自教授之互选,管理经费,非学者之所长;而任期又只一年;学术上之事务已甚繁重,实不能再请其负责管理经费之责任。故章程之规定会计长由董事会选派,掌理全校一切收支事务,直接对于董事会负责;而仍付校长以监督之权。凡预算所规定者,会计长自不能不遵校长之命,照数支付。于学校行政,绝无掣肘之弊。学术行政之全权,归诸校政会议,经费管理之全权,付诸董事会。划分职权,各司所事,殊途同归,共谋大学之发展。学术自由,经济公开两者,各得其道矣。

三、设备费与他项经费之比率及预算单位

我国专门以上学校,薪水及行政派费二项,以一般而论,大概占全校经费百分之九十以上,甚至有占百分之九十七以上者。本省中等学校,薪水及行政费,竟占百分之九十九,图书报纸之费,仅占百分之一,而仪器费则有竟无分文者。设备枯窘,教员既无增进学业之机会,而学生求学,又限于口耳之授受。中等教育如此,高等教育又如彼。知此,则中国学术衰落之理由,不言而喻矣。

有学校成立二十余年者,教员学生,旧者去而新者来;已屡来屡去矣,学制度,章程改矣;而所谓成绩者,无他,几座空房而已。同人等有鉴于斯,故在章程中规定,本大学图书仪器之设备费,至少须占全校经费百分之四十;薪水及行政费,不得超越百分之六十。

向来学校预算但分项目,不定单位。故校中设备恒与所受科目不相称。或备其所不需,或缺其所需,比比然也。故同人等在章程中规定,以一个科目所需要之薪水及设备费,按一定之率制成预算,为预算之单位,所以实行上述目的的之方法也。

四、校址 西湖秀美,之江雄伟,固闻名于国内外者也。故本校选择校址,第一必兼有两者之胜。第二必历数十年或数百年而有扩充余地。第三须与城市隔离。第四须有一大部分为公地。同人等以此为标准,择定凤凰山为校址。据志书所载,凤凰山旧为吴越王国治。嗣改为杭州府治,宋高宗南渡驻杭(原文不清,疑为"杭"字。——本书编者注),因州治建行宫。万松岭者,凤凰山之一岭也。敷文书院旧址,不过万松岭之一隅耳。本校校址,以凤凰山为主体,旁及附近各山。面积可数千亩,且官地甚多,足资推广。其地带江襟湖。登山四望,鸟瞰四境。

一日之间,旭日初升,夕阳西沉,均无障目之物。钱江怒潮,西湖游艇,万家烟火,隔岸云树,均历历在目。诚天然胜境,修养身心,研究学术之喜地也。

五、发展程序　学术机关之长成,为有机的生长。人材经济有限,揠苗助长,适足以害之。同人等之方针,以专精为主。故但求从纵的发展。不以铺张门面为事。故不求从横的发展。与其多设各科,孰著精专一科。不设科则已,苟设一科,必求达最高之标准。如此,则足以发展高深之学术。若不度经济人材之能力,而贸然扩张,其腐败可立而待。同人等纵不能造福于现时,决不敢造祸于后世也。同人等既主张从纵向发展,故于设科,不得不有先后之序。择其最要者,先设之。自然科学,为我国所最缺乏,亦所最需要者。故主张先设自然科学。然自然科学范围亦甚大,设备费也较巨,故不得不先酌设自然科学院之若干系,旁及人生所必需之他项课程若干门。

六、教授治校　吾国办学,向来重视校长,而不重视教员。但一校之学术,出自教员而不出自校长。故同人等主张以学校行政兴学术之权,畀诸全体教授。校长由教授互选,所以选教授治校之目的也。设讲座制,所以厚待遇而崇学术也。畀以学术自由之权,所以求思想与学术自由之发展,不受外力之阻挠也。本大学既以发展学术之全权付诸全体教授,则教授之责任重矣。而第一次之教授,其责任尤为重大。盖创始不善,后将无及。基础不实,难建大厦。日后之为善为恶,恒于创始时卜之。

七、身心之指导与训练　近年来吾国专门以上学校,教员学生,自成风气。除在教室内讲演时,口耳相授外,师生之间,不相问闻。无以言指导,更无以讲训练。故同人等希望本大学开校以后,师生间多有接触机会。授课以外,须加以身心上及学术上为友谊的指导与训练。

八、授课时间与研究时间　现在吾国专门以上学校,授课时间太多;而研究机会太少。教员若苦于讲演,学生疲于上课。其结果则教员乏增进学术之时间,学生少自己求得之学业。故同人等主张本大学开学后授课与研究之时间,须有相当之分量。又一般课程与专门研究,亦须有相当之分配。同人等主张在大学四年之中,以前二年为一般课程,授予人生所必需之知识及情感的陶冶,与夫预备专门研究之基本知识。

智育与美育并行。后二年为专门研究,以求专精一艺,备丰富之图书与仪器,为研究之工具。教员以平生所得之经验,躬自指导。

九、外国教授　我国学术人才,尚不甚多,于教授一般课程,虽绰有余裕;作专攻研究之指导者,恐力有不足。外国专家,虽亦今专精一方面,不能精通各该门的各方面,但于所研精之方面,确有心得,足任研究之指导者。惟同人等主张聘外国专家时,当不惜重资,聘任确有学问之外国大学教授为本大学教授。

同人等对于筹办杭州大学之所欲言者,已约略尽乎是矣。群策群力,共谋进行,是有赖乎内外省之热心高等教育者。

（《杭州大学章程》略）

（此文原刊于《北京大学日刊》第 1189 号,1923 年 3 月 27 日,见曲士培主编:《蒋梦麟教育论著选》,北京:人民教育出版社 1995 年版,第 230—235 页）

专门以上学校教学法中的一个问题（节选）

（一九二三年四月十七日）

　　我国专门以上学校，向抄日本旧法，发给讲义，相沿成风，习为固然。近年以来，各校中已有逐步改革，改用笔记者。于是讲义与笔记，遂成专门以上学校教学法中的一个困难问题。北京医学专门学校，于十二年前全部改用笔记，今年因此而起风潮。本校觉得该校评议会同人报告笔记风潮一文，于此问题颇加讨论，实有研究之价值，特为宣布于日刊。

梦麟

　　本校所以不发讲义的重要理由：

　　一、从世界潮流上着想。专门以上的功课，教者口授，学生笔述，可以说是东西各国绝无例外的事实，还配不上说世界潮流。假使有一个人，出去调查专门以上学校的状况，近自日本，远道欧美，若是问人家，"贵校的讲义，是学生笔记的呢，还是印刷了分配给学生的呢"，人家一定诧异，以为你是个傻子，因为这种问话，在轨道以外，而且在常识的水平线以下。专门以上学校讲义发给印刷物的，世界上恐怕只有我们中华民国。但是医专以外的各校，都有久远的历史，各校的先生们虽想改革，难免有积重难返的趋势。不过我们相信，各校目下虽办不到"废止讲义"，在最近的将来，也一定归到这条路上，因为世界上明明白白的事实，终久没有法子违反，医专行了十一年，已经有了七班毕业生，忽然要想跳出竞走的圈子，自愿做个时代落伍者，我们以极诚恳的意思，请问一二年诸君"应否如此"。

　　二、从经济上着想。医专自从开办以来，就没有关于印刷讲义的预算。试看北京大学，并非全部都用讲义，但是这一项费用，一年要四万元,听说高师也要两万元之谱。医校倘使发讲义,我们也可以占出一个约数,就是四班学生,每一班至少用两个笔记。八个书记之中还得预备他害病或有事,所以至少非添十个人不可。(医学子开办迄今只有书记二人)每人送三十块钱一月,一年就是三千六百元。油墨纸张,如此昂贵,一年怕也非万元不可。医专是最要大宗经费的学校,别国的医专经费,每年总在三十万以上,往往病院经费还不在内,北京医专,学校带病院,每年只有十一万元,所以买酱油的钱,不能买醋。要想添个事务员,不知道要盘算多少次。二百元以上的用款,校长非交评议会通过不可。况且近来学校经费,实足欠到五个月,再是几个礼拜,政府不发钱学校只好关门。在这种状况之下,一二年诸君,忽然要强迫命令学校每月增加千元左右的担负,不是要了学校的命吗? 再退一步说,若使果然于学生的学术上、训练上,有极大利益,非此不可的,那就无论多少钱,学校当局,不能吝惜。纵使学校明天关门,今天也要硬干。反过来,不应该用的钱,纵使学校经济宽裕,一文也不应该浪费。印刷讲义,据我们的观察,不但于学术上毫无利益,而且是灌溉青年惰性的肥料。学校一年有一万元的余裕,用在设备上,十年下来,要添多少书籍仪器,诊察所早已改成病院,何至于可怜到这步田地。从这种地方看起来,硬要把维持学校生命的钱,拿来做学生退行性病变的滋养料,论情论事,有没有这种办法? 我们听见学生说:"学校印刷讲义,学生拿钱买"这句话未免太小气,书记薪水、工役工资,学生也能代出吗? 光是为了两个铜子的讲义费,不是在北京学校中,闹过风潮吗? 学校花了钱,违背世界的事实,促成学生的退化,而且自己找风潮受,请问有这种办法吗?

三、从养成学生能力上着想。人们的头脑,越用越精密,这是无可疑的。现在的青年,最好不用心,饭烧现成了,拿来吃,这是最可悲观的现象。北大哲学系,是用笔记的,我们听见胡适之先生说,所有学者讲义,名人言论,记得最好的,就是哲学系学生。可见笔记能力,也非养成不可。况且我们医科学生,一到三年,就得问病人的既往症,病人嘴里说,择要就得记下来,先生凭此诊断。要不是有笔记的素养,写出来一定是驴唇不对马嘴,还能使病人预先带着印刷品来验病吗。况且毕业以后,要再求高深的学问,到了欧美去,先生在上面讲,学生悠游不迫,择要记载。我们因为没有这种修养,纵使听得懂,也写不下来,你能要求外国的教授，发给讲义吗。

四、从延揽世界学者上着想。不要说外国大学里，断没有发讲义的事实，就是本校现有的外国教员，他在本国教过二十年书，从没有编好讲义，发给学生的，你要他于指导学术之外，自费一番心，替你编讲义；能办得到吗。医专万一能将来经济能稍稍宽裕，也想常请世界学者，来作定期的教授，好意思要求他编讲义吗。这都是办不到的事情。

五、从伸缩时间上着想。讲义绝对没有伸缩的余地，讲不完了，整堆的讲义，补给学生，有何用处，能看得懂吗。要是笔记尽有伸缩余地，预料时间不足，在每门之下，可以删烦摘要。总可以把极重要的地方，使学生多一点见闻。这种理由，前面已经说过。

六、从采取教材上着想。这一条我们的见解，也与学生相反，前面也说过。

七、从功课接替上着想。一种科目，没有讲完，中途换人，也是学校常有的事。用讲义的学校，恐怕极感困难。因为各人的所见不同，取材不同，文笔又不同，往往因此发生耽误。像我们这种学校，甲今天不教，乙明天可以接上去。哪样便利，请大家想吧。

八、从学生十分了解上着想。用讲义的学校，有两种现象，恐怕免不了。第一是在课堂上，有人看所讲科目以外的东西。譬如教历史的时候，有些学生，在讲堂上看算学，上化学班的时候，有人看英文，恐怕还有人看报看小说的。反正有讲义，随后再说就得了。不发讲义，天然没有这种事情，无论怎样不用功的人，非静听不可。第二是发讲义的学校，学生告假的百分数，一定比不发讲义的多出几倍。这是事实，可以查得出来的。不发讲义，听你怎样懒怎样忙，非亲身听讲不可。这一点确是于学生有些不便，但是本校用笔记，并非专门取这一种消极的作用，防止学生缺席。其目的是你要用过一番心，不能让你囫囵吞枣的过去。非十分了解，自己写不下去。若是印刷讲义，那就一个月不看，也不要紧。我们可以举一个浅近的实例，每年秋季开学之后，学生迟到一个月半个月，不算一回事。独有医专，每年风雨无阻，至九月十一上课。全体学生里头，不到的恐怕不上十人。一礼拜以后，个个到齐。一者因为无讲义可补，一者因为借同学的讲义抄，非两三点钟不可。我们都是过来人，还有什么不好说的呢。

九、印刷讲义有种种滞碍,实在不合于进化的规律,无可讳言。所以全国教育家所组织的教育改进社,去年在济南开会时候,由天津法政学校代表提出废止讲义的议案,以大多数议决通过。纵使发了几十年讲义的学校也渐渐设法减少讲义,务必达到废止为原则。新立的学校,断不可把历史上的遗迹,拿来重演。何况最先实行这种主张已经行之十一年的学校,要缩转来发讲义。是不是与全国教育界的心理背驰,就用不着再说了。

现在学生已经从对事问题,走入对人问题,我等甚为叹惜。但是我们仍旧心平气和,静待诸君反省,一方面把我们的意见,择要写出来,求海内外诸先生的指数。

(此文原刊于《北京大学日刊》第 1215 号,1923 年 4 月 17 日,见曲士培主编:《蒋梦麟教育论著选》,北京:人民教育出版社 1995 年版,第 246—253 页)

北大之精神

（一九二三年十二月十七日）

本校屡经风潮，至今犹能巍然独存，决非偶然之事。这几年来，我们全校一致的奋斗，已不止一次了。当在奋斗的时候，危险万状，本校命运有朝不保夕之势；到底每一次的奋斗，本校终得胜利，这是什么缘故呢？

第一　本校具有大度包容的精神。俗语说："宰相肚里好撑船"，这是说一个人能容，才可以做总握万机的宰相。若是气度狭窄，容不了各种的人，就不配当这样的大位。凡历史上雍容有度的名相，无论经过何种的大难，未有不能巍然独存的。千百年后，反对者，讥议者的遗骨已经过便成灰土；而名相的声誉犹照耀千古，"时愈久而名愈彰"。

个人如此，机关亦如此。凡一个机关只能容一派的人，或一种的思想的，到底必因环境变迁而死。即使苟延残喘，窄而陋的学术机关，于社会决无甚贡献。虽不死，犹和死了的一般。

本校自蔡先生长校以来，七八年间这个"容"字，已在本校的肥土之中，根深蒂固了。故本校内各派别均能互相容受。平时于讲堂之内，会议席之上，作剧烈的辩驳和争论，一到患难的时候，便共力合作。这是已屡经试验的了。

但容量无止境，我们当继续不断的向"容"字一方面努力。"宰相肚里好撑船"，本校肚"里"要好驶飞艇才好！

第二　本校具有思想自由的精神。人类有一个弱点，就是对于思想自由，发露他是一个胆小鬼。思想些许越出本身日常习惯范围以外，一般人们恐慌起来，好像不会撑船的人，越出了平时习惯的途径一样。但这个思想上的胆小鬼，被本校渐渐儿的压服了。本校是不怕越出人类本身日常习惯范围以外去运用思想的。虽然我们自己有时还觉得有许多束缚,而一般社会已送了我们一个洪水猛兽的徽号。

本校里面,各种思想能自由发展,不受一种统一思想所压迫,故各种思想虽平时互相歧异,到了有某种思想受外部压迫时,就共同来御外侮。引外力以排除异己,是本校所不为的。故本校虽处恶劣政治环境之内,尚能安然无恙。

我们有了这两种的特点,因此而产生两种缺点。能容则择宽而纪律弛。思想自由,则个性发达而群治弛。故此后本校当于相当范围以内,整饬纪律,发展群治,以补本校之不足。

1923 年 12 月 17 日

（此文原刊于《过渡时代之思想与教育》,上海:商务印书馆 1933 年版,见曲士培主编:《蒋梦麟教育论著选》,北京:人民教育出版社 1995 年版,第 250—260 页）

★雷沛鸿

雷沛鸿(1888—1968)，字宾南，广西南宁人，中国近现代教育家。1903年至广州，先后在两广简易师范学堂(文科)、两广高等学校(预科)学习。1907年赴香港，加入中国同盟会，后回广州宣传革命，参加新军起义和黄花岗起义。1913年公费留学英国克里福学校。第一次世界大战发生后，赴美国入密歇根大学、欧柏林大学，学习政治与教育。毕业后入哈佛大学研究院，获哲学硕士学位。1921年秋回国，任广西省长公署教育科长。后任国立暨南大学师范科主任，1924年参与创办上海政法大学，1929年任省立江苏教育学院教授，兼国立中央大学教授，讲授比较教育学、成人教育学等课程。后转至浙江大学、中山大学任教。1933年任广西省教育厅厅长。1936年获美国哈佛大学博士学位。1940年9月至1941年6月，任国立广西大学校长，提倡学术自由。1943年负责筹建西江学院，1944—1952年任西江学院院长等职。雷沛鸿曾三次到菲律宾及南洋群岛考察教育，两次到欧美考察成人教育。在广西任职期间，大力开展成人教育活动，并在其创建的国民基础学校，兼及年长失学者的补习教育；在国民中学，兼及成人教育与社会教育。在西江学院，以文理科为基础，兼顾专科教育；提倡自由思想以追求科学真理，并与民众结合，以改造社会。中华人民共和国成立后，历任中国致公党中央常委、中国人民政治协商会议全国委员会委员及广西壮族自治区委员会副主席等职。

主要教育言论收集于《雷沛鸿文集》(下册)(韦善美、马清和主编，南宁：广西教育出版社1990年版)。

创设西江学院建议书

（一九四六年一月一日）

一、理　由

（一）苦战诞生教育　此次吾国对日战争，系"全面抗战"，故唯有全体动员方能最后胜利。如今抗日已逾七年，险阻艰难，当之殆尽，惟对全体动员一义之实践，尚待努力，此则不无遗憾。曩者，英国牛津学者斯密士，当第一次世界大战之后，著论研究爱国教育，反复申论战争与人民爱国心的培养煞有关系，末后遂作断语云："战争毕竟是人间伟大教师"。基于此旨，吾人愿在高等教育方面作一个新尝试，相谋创设此一高等教育组织于吾国西南方之一个曾经国际战争有名的都会，行将用以体察这番民族抗战所得经验，并以接受此次世界大战所带来的亲切教训，诚如是，我中华民族的血与泪与汗，庶几不至虚流，而毫无代价。

（二）由抗战联想到建国　抗战与建国相将并进，此实为吾国最高国策。顾抗战需要学，建国尤需要学。不学无术，必不足以言抗战，更不足以言建国。所以《学记》有言"发虑宪，求善良，足以谀闻，不足以动众；就贤体远，足以动众，未足以化民，君子如欲化民成俗，其必由学乎。""玉不琢，不成器，人不学，不知道，是故古之王者：建国君民，教学为先。《兑命》曰：'念终始，典于学。'其此之谓乎。"

"虽有嘉肴，弗食，不知其旨也；虽有至道，弗学，不知其善也。是故学然后知不足；教然后知困。知不足，然后能自反也；知困，然后能自强也。故曰：教学相长也，《兑命》曰：'学学半'其此之谓乎。"

由此观之,建国有道,教学为先。如欲认真去做,做到战时能动员民众,做到平时能化民成俗,则必由学。至于为学之道,有如琢玉,锲而不舍,如食嘉肴,愈精审愈见滋味。惟有从事于学,然后知不足,惟有从事于教,然后知困。知困乃能自强,知不足乃能自反。惟有"学学半",唯有教学相长,乃足以发挥教育的社会功能。而今而后,吾人在一方面,必须发扬光大,吾国在学问上的优良传统;在别方面,又须向国外吸收消化他人在文化上真美善思想及科学方法,然后足以应付建国大业之迫切要求。

(三)国家建设与地方建设　建国大业在目前主要工作,可分两大类:其一为国家建设,其二为地方建设。而后者是为前者之基础。惟有基础巩固,然后大业可以完成。故地方建设,在目前两种工作中,特为较重。但无论如何,地方建设固需要人才,国家建设亦需要人才。而且此两种需要在战时固属迫切,在战后尤为迫切。基于此旨,吾人深愿群策群力,创建斯院,以追求科学及哲学上的兴建,复兼办高等专门学校,以发展生产技术。综括言之,吾人愿为国家,又为地方,负起培养建设专材之责。

(四)教育改造与社会改造　抗战建国之关键,是在于教育。但综览七年间抗战经验,吾人在一方面既感社会之腐败,其结果使军事与政治无从进展,于是,在别方面复感现行教育所费人力财力已不少,但所有成就,尚不足以应付抗战建国之需求。而且此项感觉,在教育同志中以学而知不足、教而知困之故,特为锐敏。于是,教育改造运动,在现代中国至为热烈。不过教育原为社会机能之一,其事业概寄托于社会,社会本身既欠健全,则教育改造之工程,无疑地终难推行顺利。换言之,教育改造与社会改造互相依倚,互相渗透,始免顾此失彼,而相得益彰。就本省而论,近十年来,全省致力于"建设广西",可说是社会改造之初步工程;而国民基础教育普及运动之推行,国民中学之创制,则为教育改造的具体表现。今后如何进一步发展高等教育,以启发青年思想,造就建设人材,促进社会改造,乃为当务之急。

(五)科学与发明　现代文明之产生,由机器及生产技术之配合运用。而现代机器及生产技术,则来自现代各种文明。顾发明一事,倘若自其应用于人力物力后之所得效果观察,当然是十分重要,倘若自其应用前之尝试与失败经过观察,却是卑卑不足道。只以人类有生,便有需要,于是人类生活之迫切要求,即为发明之母。但古代发明,实是不及现代之丰富,现代物质文明,更非古代梦想所及。试一加以推究,吾人当可见其最大区别;殆因古代发明,概得诸生活经验,现代发明,则凭科学研究。十八世纪末叶而后,欧美各国极力创设各类专门技术教育机关,同时复将大学之教育内容彻底改造;此外复以私人企业和国家均尽力提倡设立各种专门学术研究机关。于是整个高等教育体系,均肩起研究学术培养专才之使命,由是科学与发明,互为因果,遂造成现代物质文明。故为抗战与建国着想,为教育改造与社会改造着想,或更卑之无甚高论,为地方建设与地方人才之培养着想,吾人必须努力于发展地方高等教育,是科学发明互相契应,徐图进展。

(六)理想与实施 理想是事实的向导,事实是理想的实践。自"九一八"事变以来,吾人即以东北沦陷及农村衰落二大事为教育设施之社会基础,而开展教育工作及发挥教育功能。迨至"七七"事变爆发,教育理论更随民族战争而发展,顾思想前进,终速于事实,而教育设施在事实观察,深感追赶不上。以上各点,系针对现实社会立场,并非出于主观的武断,若嫌其持义过高,请再就本省浅显事实,略为论列。近十年来,本省国民基础教育固渐次普及,即中等教育亦极形发达,于是各县欲求升大学之青年,所在多有。故在理在势,自宜追踪欧美各先进国,除却国立大学之外,多设若干所地方之"公民大学"(Civic University),以更进一步发展整个民族教育体系,提高国民文化,培植各种专门人才。惟目前省内高等教育之设施,实未足配合如此迫切需要。此就客观事实观察,不特青年之受教育机会极不均等,左右二江及边远县份尤有弃材及才难之叹。《汉书》有言:"一夫不耕,或受之饥;一妇不织,或受之寒。"吾人生于现代,敢补一语,即谓"一夫一妇不学,或受其累"。《孟子》有言:"禹思天下有溺者,犹己溺之也;稷思天下有饥者,犹己饥之也。"吾人生于现代,敢本禹稷之用心,以从事于推进国民文化,尤其边疆文化。因见兔而顾犬,以急起而直追。

根据上列数义,吾人深愿竭智尽愚,通力合作,相与推进在广西省内之高等教育,先创设西江学院于南宁,后联系南宁农业专科学校,创设医、工、商、矿、渔、牧等专科学校,一俟试验有效,再谋择地推行同类教育,谨拟初步计划,敬告有道。至祈乡诚扶助,共襄盛举。

二、办法(略)

发起人雷沛鸿等 130 人(名单略) 民国三十三年 7 月 18 日

(此文原刊于《广西教育研究》第 7 卷第 1 期复刊号,民国三十五年
一月一日(1946 年 1 月 1 日),见韦善美、马清和主编:《雷沛鸿文集》
(下册),南宁:广西教育出版社 1990 年版,第 437—440 页)

西江学院之教育实施方针

（一九四六年一月一日）

一、本学院所欲实施之教育，原为文理科大学教育。此在平时，自应遵循自由博通的教育理论而发展。惟本学院既在此次世界大战中孕育及诞生，其目前与未来的方向，当不囿于吾国现行之大学教育，或限于传递固有文化，而应进一步加重学术的研究，道德的实践，民族意志及责任心的培育。果尔，此番战争，实为中华民族的伟大导师，吾人必须诚恳地接受其教训及启迪。

二、本学院创设伊始，即受各县参议会所支持，复为海内外热心于高等教育改造之人士所拥护，此实为其社会基础。故其教育目标，倘若加以分析，则有三层次：其一，为地方建设之参与；其二，为国家建设之参与；其三，为世界建设之参与。而此项参与工作，有表达之于理论者，有表达之于实际者。但无论其为理论或实际，一概经过一番学问思辨的功夫。概括地说，本院的教育，应随各层此的社会建设的进步而演进。

三、本学院的教学内容，一概以人与社会、与自然为对象。而以人文学问为其钥匙，复以群性的标准测定其价值。申言之，凡一切教材、课程、科目的选择，均所以培植教育学者及公民正确的人生观、世界观及宇宙观。由是无论在思维与行动上，或在学问与事功上咸求有以适应，又有以控制战时以至战后之剧烈而又广泛的变化，且谋有以创造新中华文明，又有以贡献于世界文明。

四、不过本学院的教育，是活的教育，却非死教育。换言之，此既不是装实器物于空箱内的历程，亦不是把一种器具磨之使利的历程。其实每一个教者，每一个学者，以至每一个民众都是人，即均为活的有机体。吾人对于此类的有机体的自动的发展及生长，只能加以启发，复加以辅导，庶几有以开浚其智力，培养其智慧而臻至真至美至善的境域。柏拉图所云："智慧之为德，于国家则为立法者，于个人则为合理的能力"，即是此旨。这便是本院的教育本质。

五、因之，在教育方法上，训练与自由并重，此中关键，乃在教育实践上发现二者间的适当均衡，使教学研究推广及各方面，均收取最高速率的效果。

六、本学院的整个学校生活，应为极有意义的教育历程。在此历程中，不但有以满足现实的需要，且有以创造未来的生活。在此历程中，导师与学生由互教共学，互助共信而建立有目的有计划的大学教育。在此历程中，彼此顾贯学业，淬厉身心，以造成切合实用而又学识丰富，在品格上更能和平奋斗，卓然有所树立的人物。在此历程中，不但有以建立全校为一富有自治力的民社，而且有以助成未来的民主社会。

七、吾人将按照学校及社会需要，次第建立各种研究所，再综合而成一研究院；诚如是，大学教员、大学毕业生及其他学生，均将有机会作高深学术的研究，并从事于农业、工业、政治、经济及其他事业的设计。

八、吾人将按照学校的需要，设立各专业学校，例如法学院、医学院、教育学院及其他学院。又设立各技术专门学校，例如工学院、农学院，或农业、工业、商业、医药等专科学校。

九、吾人将按照学术需要，设立图书馆、美术馆、天文台、植物园、动物园、农场、林场、畜牧场、工厂及医院，以便利研究传授知识，促进生产技术，增加民众幸福。

十、本"与人为善"及"取之于人以为善"的理想，西江学院将回顾及协助学校系统中之定式教育，例如，中学、师范学校、职业学校，又如国民基础教育下之国民学校，中心国民学校，对于各教育层次，吾人均不欲有所干涉，有所支配，但愿加以切实联系而携手并进，以一齐造诣于进步的教育。譬如，为着教育的科学研究，而举行学校调查，苟有所得，吾人自愿公诸社会，以资改进。又如，为着教育上之分工合作，对于此等学校，或予以承认，或予以特约，吾人均愿彼此互助，各站在其固有岗位，各尽其本分，复共同有所贡献于后一代的教育。

十一、本着"生活即教育"及"社会即学校"的理想，西江学院将由定式教育而注意到非定式教育,以倡导大学教育的扩张运动。所谓大学教育的扩张运动,不为文凭、不为学位,唯以启发民智,改善人生为企图。

十二、就现状言,吾国依然滞留于中古农业文明,而左右江一带,即以农业生计而论,尤为原始及单调,对于此类现象,西江学院殊不能袖手旁观。具体地说,吾人必须努力参与全国产业革命运动及左右二江的水利事业、造林事业、畜牧事业。盖唯有从实际生活的改善,及社会上、经济上地位之提高,以扶植生产者——农人工人——智能之长进,才能于社会彻底改造中,完成公共教育体系的改造。

十三、各科研究所、各专业学校、各技术专门学校,均以西江学院的文理科教育为基础及中心,从而逐渐构成一包罗万象的西江大学。不宁唯是,凡以上各学术制度、文化制度、教育制度、社会制度,均以西江大学的科学技术、道德及审美教育为核心,以发挥教育的最大作用。

十四、综合地观察,有西江学院发展西江大学,当为吾人在大学教育上之努力方向。推进学术之博大与精深,普及科学知识之广泛用途,促进团体道德之实践,提高艺术教育的审美人生观,当为吾人在大学教育上之主要企图。训练实用技术人材,造就公忠体国的政治家,养成意志坚强,而又智勇双全的民族战士,培植有专门知识,有思想力、审美力、同情心的学者,当为吾人在大学教育上之中心活动。继承文化遗产,创造新文明以适应环境、控制世变,当为吾人在大学教育上之终极鹄的。

(此文原刊于《广西教育研究》第 7 卷第 1 期复刊号,民国三十五年一月一日(1946 年 1 月 1 日),见韦善美、马清和主编:《雷沛鸿文集》(下册),南宁:广西教育出版社 1990 年版,第 441—444 页)

对自己的学问与行动负责

（一九四六年一月十九日）

　　昨日有两位同学，因家庭变故，请求于下学期回校时，再补行学期考试。此为，目前训导会议，讨论许多关于学生奖惩的办法。因此，我想就考试与奖惩两件事说几句话。

　　首先，就考试来说。在科学的教育原理上，考试不一定能测验每个人的学问造诣。但人类的文明进步还有限制，在文化落后、学问落荒的中国，为勉励青年用功学业，自求长进，考试一事，在教育上还有它的作用。

　　怕考试是青年的共同心理，学校的期考、大考，无疑地惹起青年学生很大的恐慌，这是现代中国移植欧美教育制度，而不善于活用的结果。一般学校规定，学期考试有若干主要科目不及格者，即使学生留级、降级或退学，难怪学生对于考试，有谈虎色变的恐慌。在本院教育理想与教育方法运行之下，我们是要运用学分制，帮助每个同学获得按部就班的进展。因此，大家对于学期考试，尽可泰然处之，不必恐慌。

　　学分制首倡于美国哈佛大学，距今约六十年。民国八年前后，美国教育学者，如杜威、孟禄诸氏，先后来华讲学，我国随于民国十一年，施行所谓新学制。大学方面，也开始采用学分制。外国学制输入中国，大大地变质，新学制下的学分制，也同样地矫枉过正，不能中道而行。其最大流弊有二：一方面，养成学生的偷惰。学分制的一个要点，是教员讲授一小时功课，学生须做二三小时的工作而计给一学分。但我国普通只拘泥于教员的讲授，忽视学生的工作；于是，大凡上一小时课，即可得一学分。如果每学年修习四十学分的功课，而每日上课六七小时，每周三十六小时或四十二小时，则一学期的时间，即可修完一学年的功课。学分这样的"将来全不费功夫"，学生就乐得偷闲，逍遥自在地博取文凭。别方面，教育行政当局，鉴于学生赚取学分文凭，太过容易，于是，在学分制中，仍以学年制来约束。在学分制之下，主要学科三科不及格即留级,非主要学科若干科不及格也留级。这样,学分制就有名无实,不能帮助学生学问的长进,只增加学生的苦恼而已。

本院要打破这种陈规,活用学分制,辅以学年制。最大的用意是:(一)适应个性差异,使每个人的学问造诣,受着指导,而按部就班地学习;(二)实事求是,指导每个人的向上进展;(三)不及格学科继续补修,不影响学年制,具体的做法,这里不暇论列,大家可在实际行动中逐渐去体认。我愿恳切地提醒大家,在这样的安排之下,不必把期考看到太严重,而对考试发抖!

其次,就奖惩来说。拟订许多条文,规定学生要这样做,不要学生那样做,一味强制学生的行动;这同样不合现代进步教育的理想。我们说教育是生长,这种生长,虽然要有向导,但只有在学者个人自觉自动地力求长进的状态之下,向导才能发生积极的作用。只有外铄的强制,没有内发的努力,教育的生长与发展,如果不说是不可能,至少也很困难。

窃本学期开学以来,我已屡次说明:学府生活的经营创造,必须每一个同学以至每一个同事,要对自己的学问事业或工作负责任。在此地,让我再郑重地提示,每一个同学,要对自己的行动与人格的圆满发展负责任。同时,运用集体力量来互相鼓励,互相劝勉,促进集体生活的发展。最近,学生自治会已重新组织成立,大家应好好地运用这个组织,展开自治的工作。总之,我不相信教育用强制可以成功。我总希望大家通过自觉、自动、自治的努力,通过有意识的有方法的向导,而避免奖惩条文在背后的鞭策。

记得1937年,我作世界教育的旅行。当抵达瑞典时,瑞典国会有人提出废除监狱的议案,理由是瑞典的监狱,没有犯人光顾,用不着虚耗公帑来维持监吏的生活。当真这样措施,那便是最理想的现代民主社会。这在中国,自然是一个遥远的理想,但无论如何,我们的教育,不能不朝着这个理想去奋斗迈进!

(此文原为民国卅五年一月十九日(1946年1月19日)升降旗礼演讲词,卢显能记,刊于《教育导报》第1卷第2期,民国卅五年二月廿五日(1946年2月25日),见韦善美、马清和主编:《雷沛鸿文集》(下册),南宁:广西教育出版社1990年版,第489—491页)

什么是我们用力处所在

(一九四六年一月二十五日)

　　今天,我在报告教务工作之余,想简括地提出两个问题,使大家明白在我们的学府生活中,共同用力处所在。这两个问题是:

　　一、如何负起本院的社会责任? 要本院充分地负起她的社会责任,首先要认识大学教育的功能。大学教育的功能有三:其一,是求学术的深入研究;其二,是培养教育家及技术专门人才;其三,是把学术研究所得成果,表达于民间,感应到每个老百姓的身心,进而改善他们的生活。这是创造性的工作,创造性的教育。然而,本院将怎样展开这种创造的教育工作,而负起伟大的社会责任? 简约地说,这是要求每一个同事与同学,不管是教是学,对于每一种工作或学问,都要透彻了解,彻底力行。《中庸》有云:"博学之,审问之,慎思之,明辨之,笃行之。有弗学,学之弗能弗措也。有弗问,问之弗知弗措也。有弗思,思之弗得弗措也。有弗辨,辨之弗明弗措也。有弗行,行之弗笃弗措也。"可见,知与行,学问与工作,都要透彻,不透彻不能创造有成,更无从发生教育作用,负起社会责任。

　　二、如何创造本院的教育学术环境? 教育环境与学术环境的创造,是本院教育事业生长与发展的基本条件,这种环境的创造,有待每一个同事与同学的提撕警觉,相与合作。近二十年来,中国一般从事公务的人员,说句不客气的话,大家都很对不住老百姓,对不住国家。因为大家无论治学或做事,都习染着工程上偷工减料的作风。在教育机关方面,无论是教者与学者,都没有尽责,有心无意地造成偷惰的风气。所以青年的学问功夫,做得很敷衍,很肤浅。这种积习,使我们今日的教育工作,不管是教者或学者,都感觉到很痛苦! 在这样社会环境之下,要创造我们的教育环境与学术环境,最根本的要求是:在肯定方面,每一个同事与同学,都要掬出热诚,忠于所事,笃于所学。其实,只有热诚还不够,每一个人还要善自追求学问的造诣,培育做事的才能。在否定方面,要能对抗偷工减料的风气,不为恶劣的传统习俗所濡染。这样的立身行事,不但关系本院事业的成败,即整个中华文明的兴替亦有攸关。

　　希望大家深思力行,共同努力,负起本院的社会使命,创造本院的教育学术环境。

　　(此为景佳所记,见《教育导报》创刊号,民国三十五年一月廿五日(1946年1月25日),见韦善美、马清和主编:《雷沛鸿文集》(下册),南宁:广西教育出版社1990年版,第485—486页)

学问知识的真实性

（一九四六年一月二十五日）

今天是学期考试的开始，在考试之前，我想对大家说两句话：一为学问要有真实性；一为怎样达到学问真实性的要求。

教育，尤其是大学教育，其最大功能之一，在求取真学问、真知识。《论语》上说："知之为知之，不知为不知，是知也。"这是知识之真实性的注脚。

记得我在哈佛大学修业的时候，每逢考试都没有教授来监考，只由每个学生，以自己的名誉作荣誉的保证。这就是，在考试完毕后，郑重地在卷面写着"我不求别人帮助，也不曾帮助别人"两句话，并随即签自己的姓名。这叫做考试的"荣誉保证"。当时的同学，都认真地保持这种荣誉，谁也不愿作不名誉的行动。这是追求知识真实性的一个实例。

中国近二十年来，教育上的偷工减料，诱致青年对于学问知识的偷惰取巧心理。在学校考试上充分地暴露青年自欺欺人的恶习，夹带抢递，大显神通，不以为耻。这真是教育的一大失败！

我时常说学问事业不能侥幸成功。学问的花果，必须辛勤地用心思行动去操作培成，偷惰随便，决不能成功济事受用的学问。真实的学问知识，必须日积月累，融会贯通，不是一蹴而就。平时不用功，临到考试期间，才作"临渴掘井"的卖力，这只是一种病态心理的表现，不是为学做人之道。

我说这些话，并不是恐怕大家平时不努力，而斤斤于严格考试，侦查大家有无舞弊，我只是就教育原理上，郑重提示：学问知识，有它的真实性；做学问，必须求取真知灼见，而且只有脚踏实地，不避艰苦，实事求是，才能获得渊博贯通的造诣。这是每个人应有的警觉，每个人应有的要求,并且要以实际的行动去培养这种要求。

　　(此为民国卅五年一日廿五日(1946 年 1 月 25 日)升旗礼上的演讲词,卢显能记,刊于《教育导报》第 1 卷第 2 期,民国卅五年二月廿五日(1946 年 2 月 25 日),见韦善美、马清和主编:《雷沛鸿文集》(下册),南宁:广西教育出版社 1990 年版,第 495—496 页)

科学发明的社会条件

（一九四六年四月十七日）

前几天讲实事求是的再估价，我尝说，根据事实，运用科学方法，追求科学真理，是我们应有的科学精神。

在现阶段的中国，讲究实事求是，以谋科学的发明，社会的进步，这诚然是迫切的需要。但科学发明，须有事实根据，不能以主观愿望出之。所谓事实根据是什么？浅近点说，这要借教育作科学真理的提倡。然而深一层来说，科学教育的发展，科学发明的可能，必须有它的社会条件。

现在，征引一篇文字，做我们说话的资料。本年四月号的上海《密勒评论报》里面有一篇文章，题为《中国专利法施行的必要》，其题旨是："中国现代所以少有科学发明，是因为缺少法律上关于专利的奖励与保障之故"，因此，欲谋科学发明，必须制订施行各种专利法(Patent Law)。

原文的引论，说有许多理由，被人分析为现代中国在科学与技术上少有贡献的原因。例如，中国人没有发明的头脑，中国的家族制度，对于每个人有很多限制，智慧不能自由发展，而对科学有所努力；中国一部分人的生涯，耗费于读书写字，其头脑满象形文字，负担很重，不暇思考，如有思考多流于时髦的庸俗的倾向。原文作者认为这些说法，有一部分理由，但不能用来完全解释下面的事实：为什么古代中国，有火药、指南针、印刷术和瓷器等发明？为什么现代初盛在美国的中国人，他们认识中国文字，并不多于上海的苦力工人，而每年却有千百人向美国登记发明？作者以为，对于古代中国人怎样发明，不能解释，但可猜想，他们的发明，非如现代产业社会之名为利，而作有意识的行动。——其实，古代的发明，并非出于一人的功力，乃是知能技艺上，世代相传，藉"工多艺熟"的经验积累而成，所以各种发明，没有主名。其有主名者，多系后人的托古附会。这点作者没有提及。作者的若干论点，只在说明中国须制订专利法律，来奖励与保障科学发明。

我的看法，不是这种，我的意思，还要进一步。那是要说，在实事求是的观点上，现代的科学发明，须有科学教育——创造性的教育。但科学教育，要有它的寄附体，不能凭空发生与发展。教育的寄附体为何？是社会。科学教育所寄附的是什么样的社会？是自由社会。没有自由社会，不能有自由思想，不能追求科学真理，更不能有科学发明。自由社会，总是奖励与保障科学发明的基本条件，专利法律只是由此基本条件派生的枝节而已。

现代中国，当真要有科学教育与科学发明，用力处还是建立一个自由社会。不过，自由社会的建立，不能不归结到教育工作。诚然，生在现代中国，以至任何国家，"变"是必然的事。目前社会的政治、经济、文化制度，正在复杂地急剧地变，谁也不能抗拒这种变的潮流。可是，不幸之至，中国社会硬化大甚，古语"天不变，地不变，道不变，法亦不变"，正象征着中国社会的死硬精神。时至今日，这种死硬精神，必须尽情打破。用和平方式打破不得，势必提倡革命。但中国现行革命的理论与方法，在若干方面，只是"春蚕作茧以自缚"，而阻碍中国从旧社会变到自由社会。现代中国的革命，刻意苛求机械的组织权力，过去党部门首，有所谓"党纪似铁，军令如山"的标语，使人望而生畏。在这场合之下，有何自由思想、自由表示、自由发明的可能？如果一味施用暴力革命，有如张献忠到处写着千万个"杀"字，把老百姓大杀一场，把中国杀成一个沙漠，自由社会又从何产生，科学发明又从何说起？归根结底，我们要求一种有秩序的变，这就须诉诸高度的理性、智慧，诉诸自由思想、自由讨论，诉诸正确的自由教育。更踏实地说，这要靠教育环境的改造，更要靠社会改造的统一进行。这就是科学发达进步最有利的社会条件。

（此为升旗礼演讲，显能笔记，见《教育导报》第 1 卷第 6 期，民国三十五年六月一日（1946 年 6 月 1 日），见韦善美、马清和主编：《雷沛鸿文集》（下册），南宁：广西教育出版社 1990 年版，第 518—520 页）

"实事求是"的再估价

（一九四六年六月一日）

　　"实事求是"是中国人做人做事的一种经验。生活在现代，要做现代的人，做现代的事，而要求其有效率，对于实事求是这一句老话，须重新估价。估价的标准是什么？我说是：现代科学。

　　我曾屡次不一次地提示，"实事求是"是本院所欲切实造成的学风；但过去没有机会说明我的意思，最近看到本年二月号的《中学生》杂志，在卷头语之后有《论实事求是》一篇文字，把它读了一遍，我想藉此机会，申述我的意思。

　　这篇文字，有三个子目。其一是从实际出发才是有意义的思想；其二是什么东西妨碍了我们的思想从实际出发？其三是必须经过努力才能做到实事求是。在第一个子目中，作者说明思想并不神秘，无非就是观察实际，发现实际中的问题，又根据实际的情况而求得解决。所以思想必须从实际出发。在第二个子目中，作者指出：对于思想的神秘观念、思想的偷懒、思想的守旧和主观愿望四者，都是妨碍思想从实际出发的东西。接着作者指出，必须经过努力——要深入到实际中去钻研，要抱着追求真理的强烈意志，要有科学的方法去探索、分析、研究，才能做到实事求是。

　　这篇文字观点是对的。但作者的说话偏于消极方面、否定方面。在此地，我要加以补充。换言之，我要从积极方面、肯定方面，要把"实事求是"重新估价。

　　我们当真要做到实事求是，固然要从实际出发去思想，但运用什么方法呢？我说是科学方法。然则什么是科学方法？概括地说，主要的是实验法与观察法。譬如，在实验室里面，用实验方法，去分析化学变化的原素及其化合的各种分量，判断其在同一情形之下是否发生同样的变化,屡试不爽,而得到化学方程式。其他自然科学,也可以采用此项实验方法,把事实归纳为各种公式、定理。不过,实验室的实验,偏于理化方面物质的分析控制。科学上有许多事实,非尽如理化可用实验室里面的实验方法,求取科学真理。例如,太阳之运动,有一定的轨道,天文学的研究工作,就须借助于望远镜和各种观测仪器,非理化实验室的工具所能济事。因此,科学方法的运用,就从实验方法扩大为观察法。天文学即藉观察法。由各个天文台,作个别的观察记录,再由各处天文台的互相联络、互相通讯,把各方面的记录,加以综合的比较归纳,而制成各种公式、定理。

但理化、天文学,都是属于自然科学的范围,研究的对象,比较容易有控制。至于社会现象事实,错综复杂,变化不居,社会科学的研究非如理化、天文之可以运用物质的分析化合,或交换观察记录的方法。于是,统计方法就被运用于社会科学,把许多事实加以搜集、统计、排比,从而分析其因果关系,诠译其可能趋向,而求取科学真理。现代教育所以把统计方法看成一种重要的技术,原因即在此。

用科学观点来把"实事求是"估价,所谓"实"就是科学的事实,所谓"是"就是科学的真理。要当真做到"实事求是",非仅单纯地排除思想的障碍——对于思想的神秘观念,思想的偷懒,思想的守旧和主观愿望等,因为,只有消极方面的努力还不够,须在积极方面做功夫,才有实际的效果。积极方面的用功,就是运用科学的实验方法、观察方法、统计方法等,去作实事求是的实践,求取科学真理。

总之,面对现实,不向现实妥协;认识现实,不为现实蒙蔽;随时随地,脚踏实地,躬行实践。根据事实,运用科学方法,追求科学真理,这是我们应有的科学精神,也是本院所欲造成的学风。希望大家一齐努力合作,创造这种优良的学风。

(此文为民国三十五年四月十一日(1946 年 4 月 11 日)升旗礼演讲,显能笔记,刊于《教育导报》第 1 卷第 6 期,民国三十五年六月一日(1946 年 6 月 1 日),见韦善美、马清和主编:《雷沛鸿文集》(下册),南宁:广西教育出版社 1990 年版,第 515—517 页)

西江学院是什么

（一九四六年七月一日）

去年十一月本院迁邕开学之际,雷院长对全体员生讲述本院教育理想与教育方法。本文为其中一部分,其他讲词,将发表于《广西教育研究》。

西江学院是什么? 在这个命题之下,我想概括地对西江学院为什么称为公立,为什么称为西江,又为什么称为学院,做一番诠译工夫,藉以阐明西江学院是什么一种教育组织或教育制度,又是什么一种学术组织或学术制度,而答复"西江学院是什么"这个问题。

一、为什么称为公立

在中国教育行政的传统上,或者在现行教育法规的运行上,学校的立案有公立和私立之分。在公立学校的范畴中,只有国立、省立、市立三种。至于公立、私立的唯一区别,是在经费来源:只由私人或私人团体支出经费者,为私立;由政府支出经费者,为公立。

西江学院非国立、省立、市立,但不称私立,却冠以公立,这不只为一般人所诧异,也为教育行政上的主管人员所不了解。今夏(三十四年),我到重庆出席国民参政会会议,与教育部负责人商量本院立案一事,杭次长立武即这样发问:西江学院即非国立、省立、市立,当系私立,何能冠以公立? 这一发问自然有它的理由;但在教育功能上则大有商榷余地。所以当时我说:这是一个值得研究的问题,请教育部试加研究;相信经过一番平心静气的正确研究,其结论不应与我的观点两样。后来,教育部对于省政府咨转本院校董会呈请立案的公文,用文书咨复,查询本院之性质及所欲训练何项人才。上月,我们已用正式公文答复。

　　其实,教育原是为公,今日的教育必须为公,学校之公立私立名义,原非重要问题,初不必左右祖。西江学院的教育,彻头彻尾都是为公,它所以冠以公立,可从教育史与教育本质,去绅绎其理论与事实根据。

　　从教育史观察,教育原是为公。私有制度产生,教育之"公"暗然弗彰。"教育属谁"一问题,随之聚讼纷纭,至难分解。中世纪教育多为私人团体主办;在欧洲,主其事者为寺院,故有宗教教育。寺院主持的教育,本来亦以"公"为标榜,天主教之号称公教,意即谓为人类全体而设教。但宗教寺院之外,有国家的政治组织,国家与寺院的并存,影响了教育公和私性质的分野。原来欧洲国家制度的发展,大体由市府国家(City State)而封建国家(Feudal State),而世界帝国(World Empire),而民族国家(National State)。前期民族国家,在产业革命前已发生,英国在十世纪,法国、瑞典等在十二三世纪,即以一民族组织成一国家的形态,自有一定的疆界,而与不分疆界的天主教寺院相对峙,更为争取子民及统治权,而互相冲突,在思想与理论上,形成两大分野:在宗教寺院方面,是管理人民的灵魂——来生的生活;在民族国家方面,则管理人民的现世生活。寺院的教育,在培养宗教统治人才及信徒;国家则企图攘取这种教育权,以培养国家统治人才及国民。于是,强调教育为公及世俗化的要求,制定法律,鼓励私人或运用各种基金,设立摆脱寺院束缚的公众学校(Public School)。从此,学校乃有公立(Public foundation)与私立(Private foundation)之分。产业革命后,后期民族国家从拿破仑蹂躏欧洲的灾难中,各以民族独立、民族革命的姿态出现。在政治制度的本质上:前期民族国家,属于君主专制;后期民族国家,则为民主共和。在民主政治与产业革命相互发展之下,后期民族国家的社会秩序掀起了空前的剧变,文化教育,随之勃兴。在大学教育方面,有国立大学的产生,产业发达的新兴城市,则有地方公立的公民大学(Civic University)的创设。这些大学,其经费来源,不论系政府或私人,一概属于公众学校性质,一概属于公立范畴,以自别于宗教寺院主持的学校。寺院主持学校,均称私立。试征实例,例如,英国著名牛津大学、剑桥大学,各有其教育理想,自订课程、自筹经费、自聘教员,不受英国政府的管制,但以其教育性质为公,其教育影响及于全国,所以英国人不称她为私立大学,却称为国立大学(National University),以与各地方大学对称。各地方大学,如曼彻斯特大学、利物浦大学,以其由地方公立,性质范围及于一地方,反映当地社会需要,则称为地方公立的公民大学。

从教育史、政治史的演变观察,可得这样结论:第一,凡是教育,都是为公,否则不能继续存在,遑论其发展;第二,学校公立与私立的区分,在欧洲,是民族国家与宗教寺院对立的结果,由国家管理者为公立,由寺院主持者为私立,并非以经费来源为区分的标准。在中国,并无宗教与国家对立的现象,除外国教会所设圣经学校外,中国没有宗教学校。准此以观,西江学院系公立而非私立,可以不待烦言而解索。因为:第一,在法律上,本院与其他国立、省立学校一样受国家法律管理,不能自外生成。第二,在经费上,本院经费来源是由联立各县分担,非出自私人或私人团体。第三,最重要一点,本院的教育设施是要由学术为公,教育为公,做到天下为公。名为公立,更具有天经地义的道理。

再从教育本质观察,人类不能离开社会而生存。教育的本义,是介绍未成熟的个体于成人社会,发展有意识的行为,以调整人与社会生活。教育是每一时代的人,为对生活环境不断地调整而发生与发展,不能凭任何私人的主观愿望所能杜撰而继续存在。在教育史上,教育最初属于氏族,其后属于家庭、教庭以至民族与国家,但教育的对象总是公众而非私人,教育的性质,总或多或少地为公,趋向于为公。在中国文化传统上,历史观念很重,一般的人生观总是往后回顾,崇拜祖先,以图:"承先启后,慎终追远"。《三字经》所谓"扬名声,显父母,光于前,裕于后",这是极有感召力的教育传统。千百年来,家庭居于教育的主体,教育为浓厚的家族观念所渗透,俨然有"教育为家"的偏向。但试加深论,则中国从氏族以至宗法社会而后,教育非纯为私,教育为公的事实,有时虽若断若续,若隐若现,然而"天下为公"毕竟是中国文化的优良传统,教育为公的本质,谁也涂抹不去。

西江学院及其前身南宁农业专科学校的创设,都是为公,并非为任何私人或少数人的利益。我在《私立南宁农业专科学校创设计划》中,尝说明创设与缘起有三:一、为纪念失地收复;二、为协助战区复兴;三、为培成技术社会基础。又在《私立南宁农业专科学校之教育旨趣》中郑重地指出："本校虽于名称之上,冠以私立二字,然而其所有作风以至一切活动,都尚公而不尚私。"接着,我溯源古代中国文化,引用《礼记·礼运篇》及孙中山先生对于"天下为公"的热烈主张,指出天下为公,真是我中华文化的优良传统。天下为公,实为本校——南宁农专——的立校精神,且将本着天下为公的文化传统,以公存心,以公行事,而服务于公众。名称上冠以私立,不过依照教育部现行法令从经费来源上为之区别,至于在实质上或功能上,实在为公而非为私。这种明辨工夫,应用到西江学院,更可了然于它的名称,所以冠以公立,自是实至名归。

总之,从教育史与教育本质观察:教育实不应有公私界限;学校之为公立私立,并非专以经费来源为区别。唯其如是,西江学院之冠以公立二字,有它的历史背景,及社会基础在。在法律上或名学上,都站得住。

二、为什么称为学院

西江学院的前身是私立南宁农业专科学校,现在南宁农专并入本院为农业专修科,另有土木工程专修科。将来,还要添设法律、医、矿……等专科。然则,为什么称为学院? 学院与专科学校有什么区别? 在教育体系中,西江学院所占的地位及所进行的工作是什么? 让我用概括的话说,解答这些问题。

西江学院目前所以侧重专科教育,有二大动机:其一,现代中国教育,太过形式化,专工表面敷衍,对于社会实际需要,无大帮助,对于广大民众生活,尤其漠视。因之,学校教育越高贵,离开现实更远。教育部对于专科学校的要求,在解决各种社会实际问题,依之,本院的专科教育,实谋以帮助解决广大民众生活问题,及新中华文明问题。其二,我国四十年来,教育上一味盲目抄袭外国,高等教育也是依样画葫芦,模仿外国成法,未能面对现实,把握现实,作适应国情的变革,而发挥教育的创造公能。由专科学校以至研究院,制度上没有适当的安排,政策上没有贤明的措施,使获得分工合作的实效。本院正要从专科教育做起,本实事求是的态度,做一番探险创造工夫。

欧美的高等教育,各国的设施有别。试以美国为例,其体系大体分为：一、专科学校。其本义为技术学校，其引申义为农业、商业……等专科学校。二、学院。三、大学。四、专业学校。五、研究院。美国的专业学校与我国的专科学校有类似，但本质不同。我国专科学校地位次于大学；美国的专业学校，地位则高于学院。试以哈佛大学(Harvard University)为例：哈佛大学的医学校、法律学校，属于专业学校的范畴，其入学资格，医学校须系文理学院的理学士、法律学校须系文理学院的文学士。哈佛大学的文理学院系合设，成为哈佛学院(Harvard College)它代表文理科大学教育。因为哈佛大学的专业学校，并非一种职业教育或手工业教育，它所造就的是好学深思，学有专长的专门人才，所以须藉文理学院，树立其博通教育的基础。哈佛大学是以大学文理科教育，为其整个教育设施的基础与中心。在哈佛学院之上，设文理研究院、工商管理研究院、教育研究院，使毕业于哈佛学院的文理学士进一步作高深学问的研究，或纯粹学理的追求。一九三八年，为纪念哈佛大学成立三百周年，又有行政研究院的创设。

就美国的事例观察，可知中国高等教育体系之运用，很成问题。在此际，我们的努力方向，是用"射人先射马，擒贼先擒王"的方法，在高等教育制度当中，把握它的基础与中心，使它起一种核心作用，而给予高等教育有革新的可能，以负起时代的使命。换言之，即以文理科教育，为大学教育的基础与中心。大学教育的功能之一是研究高深学术；但学问不可以侥幸成功，高深学术的研究，须要博通教育(Liberal Education)底文理科教育为基础。文理科大学教育之"文理"不可分割，英语的文(arts)，包函文学、艺术、道德、哲学、社会科学，理(Sciences)，包函物质科学和生物科学。文理教育融合贯通，而成为渊博透彻的学问，以应用于人生。此番，我们在国民大学教育的初步试验中，用"射人先射马，擒贼先擒王"的方法，先着手于"学院"的组织，即欲以文理科教育为大学教育的基础与中心，由西江学院而徐图构成森罗万象、兼容并包的西江大学。在纵的方面，将由农业、工业、商业、法律、医药……等专科学校，构成农工学院、医学院、教育学院……等教育组织，以及图书馆、科学馆、博物馆、艺术馆、天文台、农场、工场、畜牧场、植物园、动物园、医院……等学术组织；在横的方面，将有教育研究院、文理科研究院的设置。

但在现阶段中国，我们所努力的教育改造动向，尽管有崇高的理想,远大的企图,却不能不以实事求是的态度出之。一切从实际出发,从根本做起,而卑之无甚高论。那时要说,我们在教育改造运动的主张与实践,首先是从远处大处着想,从近处小处着眼,而由下而上地施工;其次,各教育阶层质地的改善、提高,最扼要的方法,是在较高一层次用力。其次,我们深感中国最近二十年来的教育,在动荡的社会环境之下,实在太过敷衍。一般青年,得不到正确地教育培养,因而自暴自弃,不肯好学深思,躬行实践,追求真理,达成高度的学问造诣,只图猎取文凭,名利是务,对于学问事功,一味浅尝辄止,深闭固拒。唯其如是,我们的教育工作,不能不实事求是,以期从根本做起。复次,从本省现实观察,本省十数年来,国民基础教育与中学教育的发展甚速,而学生尤其中学生,程度的低落问题,亦相伴发生。八年抗战以来,问题更形严重。于是,中等教育问题又惹起高等教育问题,这就是如何桥接中等教育,引进青年学子于大学或专科学校。这是现阶段高等教育问题的核心所在,也是西江学院当前教育设施的用力处所在。

面对这种现实问题,广西教育研究所于二十九年成立后,即继承其前身广西普及国民基础教育研究院的遗业,注力于中等教育问题的解决。现在则以高等教育桥接中等教育为其事业中心,而与西江学院合作,以之为研究实验的实际工作园地。西江学院则以文理学院的姿态,概分其教育设施为大学教育、专科教育、预科教育三个单位,以适应现实需要。

三、为什么称为西江

在本院筹办之初,定名一事,几经讨论。若干提名,倾向于地方性,如桂南、大南、邕南……等等,后来决定取"西江"二字。其着眼点有三:其一,就本地风光观察,我在辛亥革命之初,回南宁任左江师范监督,后转到南宁中学任校长。民国成立,本省闹迁省问题,我向省参议会借款二百元,在南宁创办《西江报》。马驹誉、蒙云程两先生都参与其事。因为有此文化渊源,所以有人提出"西江"二字,我就决定采用。其二,就中国文化发展观察,中国地理分为黄河、扬子江、黑龙江及西江诸大流域。中国文化的发展又起源于黄河流域,发展于扬子江流域。我们深感西江流域文化的落后,今后须大大努力,力谋发展,务有所贡献于新中华文明乃至新世界文明。其三,就广西地方文化观察,广西地方文化亟须从"生存竞争"的阶段,引进到"理智竞争"的程途,以适应新中华文明、新世界文明的进步。这一点最为重要,因此地方文化是地方教育的最大根据。在此地,特加以申论。

民国二十七年九月二十四日,我应华中大学之邀,以《广西地方文化的研究一得》为题,发表我研究广西地方文化的心得。这篇演讲词,先后被发表于教育部的《教育通讯》、桂林《广西日报》,另一部分发表于《中国农村》杂志,它可以说是本院取名"西江"在思考上与事实上的一个渊源。

依我的研究心得,我认为广西地方文化,有五大特质:其一是同化力,其二是大同精神,其三是质朴性和未成熟性,其四是女性主义,其五是复杂性的农业。广西文化,导源于中原、西南、东南各方,而汇流于本省。在种族、语言、农业各方面,都表现它的复杂性。在空间上,既是四方会流,在时间上,却有若干成分起源于秦汉以后,有若干成分起源于秦汉以前,取之与整个民族文化比较,即为日尚浅,而显现它的质朴性和未成熟性。广西文化的质朴性和未成熟性,有它的长处和短处。例如质朴、勤劳、俭约、勇敢等,都是长处所在。至于短处,是在生活简陋、心理早熟、眼光浅短、气量狭小,所以在学问与事功上,类多浅尝辄止,不肯也不能长进。唯其如是,广大民众对于生存竞争,虽然表现得特别显著,而富有生活动力;但胼手胝足,终岁勤劳,但仍不得温饱,对于精神文化无从创造与享用,这却表现出广大民众深受生存竞争的困扰,而为我们民族的施教要点所在。

文化是广大群众的生活方式,或民众生活的象征。文化是人类对生活环境不断调整的产物。所以在达尔文的《进化论》中,有"物竞天择,优胜劣败","适者生存"的说法。在文化发展程途上,有野蛮与文明之分。凡是一个民族,对于变动不居、问题孳生的生活环境,能作合理的适应控制,她的生活与文化,就进入文明的境地。反之,如果只是随波逐流地任由环境支配,而无以自处,她的生活与文化,就被禁锢于野蛮的地步。中国有四千年的历史,我们的祖先,随时随地表现"筚路蓝缕,以启山林"的生活动力,而保世滋大;八年抗战胜利,更证明中国人民生活动力的伟大。概括地说,中国文化已跨入文明境地。但平情而论,广大民众的生活,尚滞留于生存竞争的阶段,这实在是中国文化的短处。今日的劳苦大众,仅凭挨饥受苦的精神,骨力如柴的体力,作物质上衣食上的生存竞争,不禁令人有"天意何茫茫,人生何太苦"之感,这样原始式的生存竞争,从今以后,能否继续生存,实成疑问。纵使能继续生存,决不能建立现代化新中国,自可断言。我们的老百姓,穷年累月,劳碌于物质上衣食上的生存竞争,不暇置身于精神上理智上的生存竞争。理智生活粗野可怜,学问造诣低劣无似。这是中国文化的致命伤,在广西地方文化上,尤为显著。说到这里,我们提出题外的、然而却是切要的问题,这就是:一般知识青年,在学问事功上,一味偷惰,同时深受二十年来自外输入底政治斗争风气的困惑。本来在民族生活上,在国际生活上,政治权力的竞争,是极平凡的事,但在民族政治经验丰富的国家,如英、美各国所有政争,一切诉于议会,诉于民意,诉于舆论,而求取合理的解决,却不象中国所谓政治斗争的浅薄、卑鄙、残酷、毒辣,而时常造成民族自杀的内战。在政治斗争之下,一般青年惟有受威胁利诱,趋炎附势,甚至徒供牺牲。这实非民族国家之福,不只是世道人心之忧。这诚为今日教育所应用力而加以否定的地方。

综括地说,从本地风光乃至民族生活,或从广西地方文化乃至中国文化观察,本院之取名西江,实有深远的意义在:在一方面,我们将有以引进青年与成人群众,超越单纯的生存竞争与残酷的政治斗争,走向理智生活、学问造诣,或物质文明、精神文明的竞争。在别方面,我们深感黄河、扬子江流域的中原文明,日趋于古老,东南海岸线的低原文化,则受资本主义自由竞争的影响,为金融资本、官僚资本所腐蚀,都非重新调整,不足适应现代文明。西江流域文化的未成熟性,却有生长与发展,而贡献于新中华文明与新世界文化的可能。那是要说,西江流域文化,对于中国文化与世界文化,更富有截长补短、撷精去糟、提炼发扬和批判创造的可能性。本院即把这种可能性施教,把西江流域文化,加以发扬光大,以贡献于三民主义的新中国,乃至民主、自由、和平的新世界。

（此文为卢显能笔记,刊于《教育导报》第1卷第7期,民国三十五年七月一日(1946年7月1日),见韦善美、马清和主编:《雷沛鸿文集》(下册),南宁:广西教育出版社1990年版,第449—458页）

什么是构成大学大的特性

（一九四六年九月二十四日至十月十七日）

一、什么不能构成大学的"大"

今天是本学期第一次升旗礼,我想提出"什么是构成大学大的特性"这个问题,让大家考虑明白,并共同努力。首先,在否定方面,我们要问:什么不能构成大学的大;或者仅有某种要素不能构成一个大学?其次,在肯定方面,我们要问:什么是构成大学大的特性? 或者什么是使大学当真成为一所大学?

让我先从否定方面说起,而且就本院所有经验或浅近事实说起。

本院自开办以来,在很短的一年半的时间,我们的人力、财力、物力,大部分用在物质条件的加强,不断地设法增加建筑,充实设备,以培成教育环境、学术环境。今年暑假,预定的物质建设,项目很多,但直到现在,还未能一一达到要求,最大的原因,大家都知道,第一是经费困难。就以修建大礼堂来说,原来是请由邕宁县完全负责建赠,邕宁县参议会第一次常会并已成立议案。但议决案的执行,殊多困难。因为原议决案分两部分:一部分由邕宁拨工程费六百万元;一部分由南宁市政工程处拆拨观音阁及一部份城砖木料。前者已承邕宁县政府照拨,后者工程处没有执行,且给我们一个难题,要我们自拆自运,而且要将该处的城泥挖填壕塘。迁延了许多时日,仍未能动工。到了八月下旬,我们深感物价波涨,如不及早设法,困难必有加无已。八月十九日,乃毅然招商投筒,以二千万元由建筑商承包,价目已比较二月间的估价高一倍。如果迟到现在来投筒,恐非三千万元不可。幸亏所需砖料,暑假期内,本院工作同仁工友,辛勤努力,已事先准备;同时,省政府本年下半年的补助费一千万元,也适时拨到,这次的投笔动工才有可能。其他建筑设备,如教室、宿舍及辅助房舍的建筑,校具的添置,生物标本的采集,生产实习田园场地的扩充,电灯机器的购买等等,都需款甚巨,进行也很艰难。

除了经费之外,还有最重要的一点,就是人力运用的困难。暑假期间,行政工作人员照常办公,没有休假,而且整天很忙碌地工作,这点,我衷心的感谢各位同仁的忠于所事。但只有少数人的努力,总是不够。行政工作以外的同仁,因中国教育传统,教员不管校务,假期休假离校为当然的事,虽然暑假需要各同事协助办理的事很多,无奈人力不能充分联系运用,而工作进行困难重重,若干工作且因而落后。例如,农业专科过去因战事影响,教学进程亟须调整,打算开办暑期学校来补救过去学习之不足。可是一方面因为传统学校无此习惯,别方面因为本院缺少暑期生产实习设备。想与第四区农场合并,利用其设备也不尽适宜,结果,原定计划不能实现。后来,才本着"反求诸己"的态度,企图利用暑期,尽量扩充田园场地的设备。为着这件事,我们不断地开会,不断地操作,复不断地检讨。经过一番努力,诚然有了若干的进展;但严格的说起来,还有遗憾,原因就是人力联系运用的困难。

经费及人力联系运用的困难,是就学校行政方面来说话。再就学生行为方面来观察,也有缺憾。

首先,我要指出,中国五四运动以后,学术思想大有进步,但在教育上有一大缺点,恐怕再过三五十年还不容易矫正。这就是,教育徒务虚名,读书的目的,还是求资格,猎功名,学生不肯用功学问,追求真理,这是中国教育的致命伤。因此,我常时说,西江学院多收一个学生,就多一个问题。这自然有悠久的历史条件及社会背景,我们无心责怪学生本身。试略加分析,本院同学所犯的通病,最显著的是惰性很大。英谚"人是他的环境的产物",这一代青年,遭受不良环境的影响特别大,表现在我们的教育经验上是:假期结束了,一部分同学仍未来院,来院的同学一部分还未办理注册手续;注册的同学一部分还未安心上课,于是从学生全体来看,开学上课,就表现得零落不整齐。

其次,因为教育徒务虚名,大家不肯脚踏实地去求实学,又加以中国的伦理关系,束缚人心,一般人对于求学这件事,总想避难就易,甚至投机取巧。举例来说,一些学问造诣不好,而又不肯用功的同学,上学期考试不及格,照理应重读、补修,或退出原班次,另谋适如其分的学习;但有些人却不断地向我要求,解除学校所加于他本身的责任。此外,在本届招生期内、及招生完竣之后,不断地有许多朋友、青年或其家长戚友关系人等,用书信,用口头,向本院要求,准许通融入学。自九月一日到现在,我的时间精力,大部分便消耗在批阅请托的信,接见请托的人,疲劳得无法休息。请托的人,多数是不参加入学试验或投考失败,而要求通融办理,有的请求复请求,接见复接见,仍然接二连三地继续要求。大家苦苦要求入学,动机总是好的,我们十分同情,但本院的人力、财力、物力实在有限,杜少陵有句"安得广厦千万间,大庇天下寒士俱欢颜",我们深有同感。进一步分析,我们又有无限感慨;大家要进学校,为什么规避考试? 如果学问造诣不好,为什么不痛自反省,努力补救? 学问事功,不可以不劳而获,更不可以侥幸成功,自己准备不充分,为什么要勉强学校通融?

　　就这些浅近事实,来检讨本院的学校行政及学生行动之后,我要提示一个要旨,就是:教育是从每个人的努力或用功开始,没有这种努力,就没有施政的可能,大学教育是从学校本身的努力或用功开始,没有这种努力,学校的存在还成问题,遑论继续进展。通过全体教职员学生的通力合作,循着下方途径去努力,才能构成满意的学府生活:

　　一、全体员生,密切联系,尤其有关全体的学问事功,求取切实联系;

　　二、继此,将人力、财力、物力、时力、一心一德、向一定的目的运用推进;

　　三、有组织、有计划的进行,而且不断地检查、改进,使切合事实与理想的需要而求进步;

　　四、追求效果,计日程功。

　　说到这里,我想将一个故事做旁衬。丹麦的民众高等学校,是近代世界成人教育运动的一个典型,也是丹麦社会文化改造运动的策源地。民国十七年,我作世界教育旅行,到了丹麦,尝参观一所世界著名的民众高等学校。她的创办人是丹麦"民众高等学校之父"格龙维(N. F.

S. Grundtvig)的信徒,叫做柯尔特(Christen Kold)。这个学校初创时,十分简陋,创制的历史上,有很多优美故事。其中有一个故事,是表现柯尔特艰苦缔造的一种努力。柯氏创校之初,赤手空拳,一切都亲自领导创造。有一天,他的朋友来访,那位朋友衣履很讲究,柯氏却请他把鞋子脱掉,才进接待室。那位朋友有点奇异,不禁发问:怎么室内不能穿鞋? 柯氏向他解释,室内地板,天天由妹子亲自用抹布洗净,现在刚洗好,不好让鞋底的泥把它弄污。客人乃恍然首肯。这个故事,说明这种尽其在我的努力,在教育开始之可贵。如果没有这种躬行实践的努力,柯尔特不会把格龙维崇高的理想,创造成功有名的教育制度,而发挥光大。

本院白手起家,的确要好自为之,切实努力。通常创办学校,总要建筑校舍,充实设备。此项物质条件,本院亦不能没有。换言之,物质条件的加强,是我们一种本位努力的要点。诚以中国尚滞留于农业经济、乡村社会和宗法秩序阶段。在平时,教育的物质条件尚感不足,在大战之后,物质艰困更不待言,今日欲谋教育的复兴与发展,当然要重视物质条件,必物质条件具备,然后大学教育之如本院者,才有生存的可能。

但在此地,我要郑重提示,没有自己的努力,没有物质的条件,固然不能构成一所大学;只有物质条件,或者只是解决经费及人力运用问题,或者仅矫正青年对于学问的通病,还不能构成大学之大,而使大学名副其实。这就要引进下方说话的题旨。

二、什么是构成大学"大"的要素

然则,什么是大学大的特性? 或者什么是构成大学大的要素? 在此地,我要指出三点,就是与民众结合、自由思考和科学方法。

一、与民众结合。上面尝说,一个大学,须有充分的物质条件,在大战之后,更要强调物质条件的安排。但只有物质条件还不能构成大学之大;而且物质条件的来源,也值得注意。依常理观察,举办学校或发展教育事业,须有大量经费,经费最可靠的来源,莫过于政府的拨给。在平时,省立国立大学的经费,固然仰给于政府,战后各国立大学更由国库支给整千万、整万万的复员费。表面看来,政府可发行纸币,用多少就印多少,大学的财源,取之于政府,比较的容易,取之于民众则比较困难;而避难就易,乃是人之常情。可是,本院的用力处,却是相反。本院自创立以来,又在教育复员声中,未耗费过国库一分文,我们所用的一些经费,所有的物质建设,都取之于民间,以地方民众力量为其源泉。尽管本院所在地的西江上游各县,多是经济落后的县份,民众生活艰苦,大战之余,更是民生凋敝,本源物质条件的取得,十分困难;但我们却是避易就难,这是何故?

原来中国教育,一向与民众生活背离;自欧美教育制度输入中国,更未尝适合国情,生根于民众生活;广大民众则饱尝这种教育的恶果。这是现代中国教育的一个致命伤,也是我们在教育改造运动上用力处所在。我们在国民基础教育上,国民中学教育上,辛勤操作的主要企图,是谋使教育生根于民众生活,尤其是劳苦大众生活。继此而创设西江学院,以至将来扩大构成的西江大学,其最大用意亦复如是。本院基于海内外热心教育人士的努力而诞生,复由西江上游各县的拨款而成立。它的基础,建筑在广大民众的生活,它的存在与滋长,仰仗于广大民众的力量,它行将发挥其教育功能、作用于民众生活,而相与促进民众的利益和幸福。只有朝着"毋忘老百姓"的目标去努力,然后教育,尤其是大学教育,才能有深广的社会基础,当真生根于民众生活,得民众力量的沾溉,而发荣滋长。

依事实观察,我们的企图,并非可望不可即,我们的努力,也并非白费工夫,社会地方民众,对本院事业,已寄予无限同情,并多方地协助支持。就第一期建设费募捐运动来说,此事只是在开始,但南宁一地方的反应,并不令人失望,南宁商界的热烈协助,尤使我们衷心感戴。八月二十七日孔子诞生那天,募捐委员会在南宁商会招待商家,即席劝捐,虽然招待的只是一部分商家,但顷刻之间,就捐获八百余万元。九月二十四日,第二次的招待会中,又承商界的赞助,即席捐获一千七百余万元,先后二次达二千五百万元之谱。各商家并表示,今后仍愿尽力之所及,协助本院事业的进展。商家领袖赖寿铭、陈丽南两先生,表示商界同仁,可合力捐建某项建筑物;陈先生并谓科学仪器设备,在五百万元之内,可设法与其他商行负担。在会席上,一位老先生,他经营药材生意,资财并不怎样雄厚,他落笔捐三十万元,出乎同行意料之外,大家给他很大喝彩。我和黄专员中廑向他道谢的时候,知道他一向乐善好施,但不现于辞色。他对我说,西江学院办得认真,所以愿尽一点力量来帮忙。此外,中央训练团第十军总队罗队长及全体队员,也热烈捐助巨款。其他各界也踊跃捐输。这些生动的事实,很可以说明教育须建筑在民众生活之上,或教育须生根在民众生活之中的道理。

总之,一个大学教育机关,不能与民众生活脱节;而且要与民众结合,有民众力量的支持,才能构成大学大的特性。

二、自由思考。在教育传统当中,最难能可贵的教育理想,就是英语的 Free Mind(自由思考)。自由思考,不但是大学能成其为大的要素,而且是人类能够解放于自然束缚与解放于人为束缚的开端,也是世界文明进步所必遵循的途径。不过,就教育来看,并非自有大学,即有自由思考的传统;而且自由思考出现在大学之后,并非如日中天,到处可见。反之,它在学府生活,却是时隐时现,若断若续。这是要说,人类的自由思想史,是经过迂迴曲折地进展,作曲线的前进。其趁程往往是"山穷水尽疑无路,柳暗花明又一村",而作茧自缚之事,却难幸免。试就中外文化史比较,其演进迹象,斑斑可考。中国在春秋战国,是一个思想大解放的时代,自由思考发达,诸子百家争鸣,仿佛是学术的黄金时代。春秋战国以前,学术经典载籍本来深藏于官府,西周分崩离析之后,贵族身份的老子孔子才开始把这种学术输入民间,使民众沾一些光。孔子在泗上讲学,弟子三千,贤士七十二,对于思想自由解放,本来可以有很大贡献,哪知道在诸子百家中,孔子的门徒,却以儒家自相标榜,自立门户。寖假而被统治者御用,以强烈的排他性束缚自由思考。最显著的表现,是汉武帝采纳董仲舒的建元三策,而罢黜百家,定儒家学说于一尊,使天下思想趋于定型。在古代欧洲,耶稣基督本想藉宗教力量,做一种思想革命;基督教的出现,可说是欧洲自由思考的曙光。虽然耶稣生时,备受磨难,且殉教于十字架,其后基督教徒的传教,也遭受残酷的迫害;但基督教总是以进步的姿态,渗透于民间,其意义可与我国春秋战国的诸子百家相比拟。然而在罗马帝国压迫之下,基督教竟与封建势力相结托,初受君士坦丁(Constantine)大帝的保护,后受提奥多修(Theodosius)大帝定为罗马国教。从此,基督教的革命色彩被涂抹，宗教信仰被目为异端邪说而受排斥。西罗马势衰之后，罗马教会不仅为各地教会的中心；而且不啻是罗马帝国的替身，罗马教皇俨然是欧洲各国的共主。所谓"普天之下，莫非王土；率土之滨，莫非王臣"可为罗马教会势力庞大的注脚。欧洲的自由思考重受束缚，其情形与中国儒家之定于一尊相仿。

自由思考，在古代中国与欧洲，其出现与遭遇，诚然可用来说明人类自由思想史的一个矛盾现象。但对于这个矛盾的解除，中国人与欧洲人却大异趣。在中国，自儒家定于一尊之后，千百年来的思考范围，大半不出儒家的传统。孔子的思想，是当时社会的产物，他主张尊周攘夷，一切都守先王之法，"不愆不忘，率由旧章，遵先王之法而过者，未之有也"。《礼记·礼运篇》所述天下为公、大同之道，并不是对于未来社会有所憧憬，而只是对于荒古原人时代有怀思，即所谓"抒旧怀之蓄念，发思古之幽情"。后来读书人，不加别择，一概以孔子之言论为金科玉律，学问思辨，只以为引经据典，祖述成说为能事，不敢触犯圣贤之言，流风所播，非秦汉之书不读，孔子遗书以朱注为正宗。在教育上，思想上，囿于儒家的定型，蔽于权威（Authority）的传统。到了现代，对于西洋各种思想学说的信仰，仍多出于偶像的崇拜，开拓不出自由思考的出路。欧洲人诚然也有许多锢蔽，但他们经过一度作茧自缚的错误之后，却能把自由思考的优良传统，继续传递，而且发挥光大。试证实来说，欧洲人在权威束缚之下，另有一文化渊源，使自由思考重新解放；在中国，则缺少此一文化渊源。这个文化渊源是什么？是大学教育制度。欧洲很早就有大学教育制度，使人类自由思考传统透过大学而保持、再生、发挥光大起来。中国历史缺少这个文化渊源，所以自由思考长期的受限制，一般读书人，只是在封建宗法社会中，结成三纲五常的罗网，帮助统治者制驭万民。这是研究中外自由思想史应注意的一个要点。

欧洲人的自由思考，人格解放，得力于十四世纪中叶的文艺复兴（Renaissance）及十六世纪的宗教革命（Reformation），其策源地则在大学。在中世纪上半期的所谓黑暗时代，全欧洲，尤其是南欧，有一度几无学校教育之可言。当时的哲学，是基督教的神学的奴隶，基督教僧侣执往日哲学家所掌握学问之牛耳。在第七第八世纪最黑暗时代，僧侣阶级，类多野蛮无知，寺院成为压迫者的逋逃薮，学校至为荒落，只有一部分僧侣,在寺院中保存并研究希腊的文学、科学、美术,抄写经典,并开设一些简陋的寺院学校;当时语言与拉丁文游离,能利用拉丁文的只是僧侣阶级。所以学问一事,黯然弗彰。其后罗马的查理曼(Charlemagne)大帝,虽然招纳学者,奖励寺院学校研究哲学,但这种研究,其思想中心不外是权威陈训,其研究对象只是神道、教义,其研究方法偏于形式逻辑的三段论法,而形成所谓经院哲学(Scholastic Philosophy),加重了自由思考的桎梏。幸亏十二世纪有大学的存在,这些大学是欧洲在黑暗中渐见曙光的一个枢纽。

十二世纪十字军战争以后,西欧人对基督教之神开始怀疑,社会纽带的宗教权威发生动摇;东方阿拉伯、犹太、希腊文化的接触,更使西欧人渐知基督教的社会,不是唯一真实的社会。若干学者为学术研究而组织的团体(University)次第产生,并逐渐构成大学,而为教会或政府认可及保护。著名的大学,如法国的巴黎大学,意大利的波隆那(Bologna)大学,就是这样产生。其后,这些大学影响所及,而产生其他大学,如意大利巴多亚(Padua)大学,由波隆那大学分出;英国牛津大学(Oxford)、剑桥(Cambridge)大学,均仿巴黎大学而设。这些大学,其教育单位大多包含神学、法律学、医学。巴黎大学即以神学著名,波隆那大学则以法律学著名。在欧洲基督教国人民未能开化之际,回教国阿拉伯的数学、天文学、物理、化学、医学、法律学等,已日趋发达,并将希腊的数学、医学与天文学、亚里士多德原著与希腊人的注释,以及有名的阿拉伯人与希腊人对于亚里士多德的著作,由阿拉伯的文字译为拉丁文,向西欧传播。若干学者,群趋西欧与东方交通的跳板——东罗马帝国首都君士坦丁,搜集所谓"希腊原料"——有关希腊文化的哲学、文学、美术、古物等等。1453年,回教土耳其占领君士坦丁,东罗马帝国灭亡,这班学者,散回意大利,东罗马帝国的文学、美术宝库,移置西欧,于是意大利成为文艺复兴的发祥地。

欧洲的文艺复兴,运行于十四世纪后半期至十五世纪之间。文艺复兴,译自法语(Renaiosance),指文艺的"再生"。文艺本指文学艺术而言,其涵义则包括学问、思想、道德、艺术、技术等文化遗产。文艺复兴,是泛指希腊罗马哲学、文学、美术等的再生。其内容,属于言语者,为拉丁语、希腊语、修辞学、雄辩术等,属于审美者,为文学、美术等;属于思想者,为哲学。文艺复兴,是中世纪教权与经院哲学的反动,历史家或学者,有各种著作给它评价,这里不暇深论。我们只想概括地提示:文艺复兴,表面上是波动希腊古典文学美术的生气,骨子里实为欧洲思想的解放;形式上好像复古,实质上则向古代文化源流,取精用宏。所谓文艺的再生,不仅再生希腊的文艺,而且再生希腊的思想自由。对于自然现象、社会现象、思维现象,都要自由审问,运用开明的理智,自由批判,自由探讨。思想解放的特征是:由神本的变为人本的(Humanistic);由出世的变为现世的;由教权束缚的变为自由思考的。欧洲的大学,即在那时候于寺院学校与经验学派之外,另辟自由思考的途径,而成为文艺再生、思想解放的策源地。

欧洲的宗教革命,运行于十六世纪之间,是一种基督教的改革运动。宗教革命是中世纪旧式宗教的反动,其造因,一方面是由于罗马教会的腐败,别方面,是由于近世个人人格的觉醒。罗马教会的最大缺点:其一,是教会僧侣操纵绝对的教权,遮断人对神的自由信仰;其二,是罗马教庭穷奢极欲,以赎罪券敛财,腐败不堪。这是基督教内部必须消解的一个矛盾。加以文艺复兴的影响,更激动市民对于自由信仰的渴望,要求一种合于个人底理性自由的宗教。宗教革命与文艺复兴一样,采取探本求源,归真反朴的途径,极力摒除经院哲学对于神学的穿凿附会,而从圣经与早期的神父信仰中,揭发理性之光。由马丁路德(Martin Luther)的发动,而蔓延于德意志、瑞士、法兰西,以至北欧各国。欧洲大学与宗教革命关系至切,路德宗掌教的德国威典堡(Wittenberg)大学,就是一个重要的策源地。

综括来说,欧洲的文艺复兴与宗教革命,是代表人类思想理性的解放,个性人格的觉醒,对一切来自神道、教权、陈训的权威,都运用开明的知识,去作建设性的批判,而归根于自由思考、自有信仰,以实现世俗生活的理想。在这两种文化改革运动中,欧洲的大学把人类自由思考的优良传统,维系不坠,而且发挥光大起来,推动了人类的文明进步。这种自由思考,是大学所以成为其大的一个要素。中国历史,没有文艺复兴与宗教革命——自然我们没有宗教革命的对象——有人以五四运动比诸文艺复兴,严格来说,这只是自由思考的一个开端而已。中国的大学,当真要成为名副其实之大,今后须切实培成自由思考的环境,发挥自由思考的传统。

三、科学方法。自由思考诚然是构成大学大的要素，但自由思考须有条件，否则这种思考不会对人类文明有很大的贡献。文艺复兴与宗教革命带来自由思考之所以可贵，则因其有优良的条件在。这优良条件是什么？是科学方法。欧洲于解除权威束缚的奋斗，即同时用力于现代科学的开发，他们运用的方法，是科学方法；他们研究的对象，是自然与社会现象。方法对象都准确，所以产生了伟大的自然科学与社会科学的花果。在中国文化史上，自由思考固然被长期锢蔽，现代的科学方法也很难产。试证实来说，儒家的所谓"格物致知"，依朱晦庵解释，是对任何事必须穷究其道理的意思。原则上不错，但不善用科学方法，就格不出什么道理。王阳明尝置身竹林，作格物的尝试，三日三夜，没有格出什么，恍然大悟，上了朱子的当，于是反求诸己，以为人自有良知良能，尽力穷理于方寸之间，何必向外界格物。阳明的心学，乃与朱子的理学分道扬镳，但彼此都找不着科学的途径。清代的汉学家，多少运用了归纳法，把古代经典加以搜集、比较，考订训诂，固然有其贡献，但用功的对象只是书本，学问领域非常狭隘。五四运动的启蒙工作也是浅尝辄止，好像提倡白话文的胡适先生，到头还是回到图书馆去整理国故。这种自由思考，或学问功夫，没有现代的科学方法为凭藉，其对象又限于经典载籍，自然就失掉现代科学教育的意义。

近代自由思想之可贵，是因为它经过理论、事实的考验，而成为科学思想、科学原理、科学技术。举例来说，在中世纪时代，亚里士多德的哲学伦理思想，正如孔子之在中国，成为不可侵犯的权威，即产生强大的支配力量。亚氏尝谓：一磅重与五磅重的球，自高同时下坠，后者速率当比前者快五倍，这是无人置疑的真理。到了1590年，正当文艺复兴与宗教革命运动交流而达高潮的时候，意大利比萨（Pisa）大学的数学物理学教授伽利略（Galileo），他发现亚氏的说法并非真理，为证明物理学的一个定理——物体重量不同，空气抵抗力无异则（与）物体下坠速率相等。有一天，他在比萨塔作公开试验，将一磅重与五磅重两个球体，从比萨塔尖同时下坠，结果速率相等，同时坠地。这个发现虽则平凡，但在学术上所发生的影响，真不可以道理计，传统权威被推翻；科学的实验方法（Experimental method）倡行；真理非前定，亦非一成不变,真理宜穷追,愈穷追,愈接近正确;真理的出处,不在圣贤的言行,不在古代经典,不在宗教圣经,而在宇宙间,人世间;追求真理的方法,不是一味采取主观的内省法,须运用客观的科学方法;科学研究的对象不限于书本,而重在客观事实,在事实上搜集材料为张本,依此张本多方假设,将假设应用事实问题,再加别择,屡试不爽,构成系统化的科学思想、科学原理、科学技术,而贡献于人类文明。只有科学方法的正确运用,人类的自由思考,才能帮助人类自图解放于自然与社会的束缚。大学是民族的灵魂,也是人类文明的一个文化渊源。科学精神的涵养,科学方法的运用,科学真理的追求,乃是现代大学所以成其为大的一个要素。

所有上方的说话,是要说明一个大学之所以成为其大,必须有三个要素,就是:与民众结合、自由思考和运用科学方法去自由思考。必如是,大学教育才能生根于民众生活,发挥其研究学术、培养人才、传播智慧、化民成俗的功能。本院由民众力量而创设,它的存在与发展,仍须仰仗民众力量的维护支持。在这基础之上,本院当集中力量,创造教育环境与学术环境,培成实事求是、行以求知、追求真理的学风,发挥光大自由思考的大学传统及现代科学教育的精神,转而以教育力量,作用于现实社会,协助广大民众思想、行动与生活的解放。

我的说话有尽,我的期望无穷。希望本院现在的学生、以后的学生,现在的教育、以后的教育,一齐为实现崇高的理想而通力合作,互教共学,躬行实践。

(此文为民国三十五年九月二十四日至十月十七日(1946 年 9 月 24 日至 10 月 17 日)间升旗礼演讲,显能笔记,未经本人校阅,刊于《教育导报》第 1 卷第 9 期,民国三十五年十一月一日(1946 年 11 月 1 日),见韦善美、马清和主编:《雷沛鸿文集》(下册),南宁:广西教育出版社1990 年版,第 459—471 页)

西江学院之教育作用(节选)

——本院三十六年四月复省政府代电

(一九四七年六月一日)

　　查本院之创设,盖欲有所以适应本省教育之实际需要。诚以本省十余年来,国民基础教育、国民中学教育以至其他中等教育,均日形发达,须进一步发展大学教育,以构成整个国民教育体系,而提高国民文化,复谋地方文化之平衡发展。又因本省政治措施,早已揭橥"建设广西、复兴中国"为努力目标,本院的创设,即所以协助政府,一面按教育需要,培养优良师资,一方面按建设需要,培养专门技术工作干部。此即本院创设之社会根据也。以故本院目前之教育设施,实为文理科大学教育兼办专科教育,行将以此为基础与中心,逐渐扩展为粗具规模之西江大学,俾能契应社会多方面之需要。

　　又查大学教育,其主要功能有三:其一,为研究高深学术,扩大复推进知识领域;其二,为培养专门学者及技术专材;其三,为传播智慧(科学技术尤其是生产技术),改善民生。此就中国文化传统言之,可称为"学而不厌,诲人不倦"与"继往开来"及"化民成俗"。此又本院创设之理论根据也。

　　倘吾人果能就上述社会根据与理论根据观察,则本院之教育设施,实具有何种教育目的,复发生何种社会作用,当不可烦言而索解。但为奉答明问,请先就本院之教育理想,补说一前提,其意即谓,教育与训练有别,教育可涵盖训练,训练不能代替教育。唯其如是,本院之教育功能,实非限于训练人才,自可概见。无已,兹请专就训练一项,简约言之。本院之训练作用,乃在于根据大社会之实际需要,而养成现实社会之有用人材,故首先侧重地方建设人材之训练,再进而强调建国人材之训练。但凡有以参与建设世界新秩序之人材,仍不偏废。本来,就欧洲大学教育传统言之,文理科大学教育,原为博通教育(即自由教育)。而目前本院之教育设施,既以文理科大学教育为其基础与中心,自不免使人发生泛滥无所归宿之感想。其实不然。诚以,此项教育之重要事业,一为科学,一为艺术。科学因有实用,艺术何尝不有? 艺术之实用性何在? 在于生活有道,此其最大作用,盖使学者能认识时代,适应环境;甚至使人类能继承固有文化,复有以创造新世界文明。更约言之,则为:博通教育之实用性,是在于使人获取生活智慧与社会技术,而复有以适应现代世界的生存。故在本院教育理想运行下,不论其为大学教育,或专门教育,一概实事求是,以服务于地方与社会,又以服务于国家与人类世界。质言之,即训练人类生活各方面之实用人才是。

　　谨电呈复,敬请核转。

　　　　　　　　　　　省立西江学院院长雷沛鸿呈卯庚总即

　　(此文原刊于《教育导报》第 1 卷第 11 期,民国三十六年六月一日(1947 年 6 月 1 日),见韦善美、马清和主编:《雷沛鸿文集》(下册),南宁:广西教育出版社 1990 年版,第 472—473 页)

《广西省立西江文理学院同学录》序①

（一九四九年六月七日）

　　本院在戎马倥偬中诞生。主观力量很薄弱，物质条件很贫乏。这样白手起家，创办了大学，也许有人认为不是愚不可及，就是好为多事。然而，我们认定，不学无术，毕竟不能建设民主自由的新中国。我们又焉能一味强调困难，而放弃以教育服务设的责任！

　　大学教育的功能，是学术研究，培养人才，传播智慧。本院之教育设施，在目前文理科大学教育，兼办专门教育；行将以此为基础与中心，发展专业教育、文理科以至其他各种学术研究所，以构成西江大学的全体，蔚为新型的西江大学。大学之所以为"大"，须具有三大要素：一为尊重自由思考，以促进学问造诣；一为运用科学方法去自由思考，以追求科学真理；一为与民众结合，以改造社会，造福人群。由此可知，本院教育事业，虽则作始也简，实有崇高的理想在，又有远大的企图在。

　　白手起家，创办大学，缔造艰难，可想而知。何况，中国近二十年来的教育，在动荡的社会环境中，实在十分敷衍，青年群众，欠缺正确的教育向导，因而自暴自弃，不肯好学深思，躬行实践，只图猎取文凭，追逐名利，对于学问事功，往往浅尝辄止。唯其如是，本院的教育工作，不能不以实事求是的态度出之，一切从实际出发，从根本做起，主要的目标，是创造优良的教育环境和学术环境，建立大学的深广基础。根本的要求，是全体同事和同学，在否定方面，要能摆脱传统观念，对抗偷惰风气；在肯定方面，要能掏出热诚，忠于其事，笃于所学，善自追求学问事功的高度造诣；更要精诚团结，相与培成实事求是、互助合作、互教共

————————————

　　①　题目为编者所加。

学、服膺真理、服务大众的学风,促进教育改造与社会改造的创造大业。那是要说,本院的创造工作,最扼要方法,是从个人的努力开始,向集体的合作迈进。本院成立迄今,为时四载有奇,先后已有大学先修班、农业专修科和附中高中班毕业,今年又有中国文学系和法律专修科毕业。此番学生自治会首次编印同学录,以利通讯联络,用意很好,虽则全院各教育单位,未能兼容并包,但有了开端,总可徐图策进。我愿趁此机会,提出上方几点意思,和大家共勉!

诗云:"伐木丁丁,鸟鸣嘤嘤,出自幽谷,迁于乔木,嘤其鸣矣,求其友声!"我希望全院同学,不论现今在学的或未来入学的,已经毕业离校的或行将毕业离校的,都一齐本嘤鸣求友之义,为尽个人本分和发挥集体力量,而互通声气;又为实现本院崇高理想和远大企图,而互助互励。如果能进一步成立校友会,开展有计划有组织的工作,则本院以至未来的西江大学,更利赖之!

　　　　　宾南雷沛鸿　民国三十八年六月七日(1949 年 6 月 7 日)

　　　　(见韦善美、马清和主编:《雷沛鸿文集》(下册),南宁:广西教育出版社 1990 年版,第 529—530 页)

★罗家伦

罗家伦(1897—1969)，字志希，笔名毅，浙江绍兴柯桥镇人，中国近代教育家、思想家。1914年入上海复旦公学，1917年后进入北京大学文科。1919年，在陈独秀、胡适支持下，与傅斯年等人成立新潮社，出版《新潮》月刊。同年，当选为北京学生界代表，到上海参加全国学联成立大会，支持新文化运动。五四运动中，亲笔起草了印刷传单中的白话宣言(其中文言篇由许德珩起草)——《北京学界全体宣言》，并在5月26日的《每周评论》上第一次提出"五四运动"这个名词。1920年秋赴美国入普林斯顿大学、哥伦比亚大学学习。自1922年起先后赴英国伦敦大学、德国柏林大学、法国巴黎大学等校学习。在留学期间，关注各国大学的办学经验。1926年回国参加北伐战争，后任中国国民党中央党务学校主任。1928年8月至1930年5月，任清华大学校长。1930年5月后任武汉大学历史系教授、南京中央政治学院教育长等职。1932年任中央大学校长。抗日战争期间，主持中央大学西迁重庆工作。1941年辞去重庆中央大学校长职务，被派往西南、西北等地考察。抗战胜利后，任国民党中央党史编纂委员会副主任委员。1947年任国民政府驻印度大使。1949年去台湾。

著有《新民族观》、《新人生观》、《文化教育与青年》、《科学与玄学》、《逝者如斯集》、《中山先生伦敦蒙难史料考订》、《蔡元培先生与北京大学》等。

大学应当为女子开放教育

（一九一九年五月十一日）

在这解放时代，女子问题实在最重要的问题。世界的女权，在这个时代，正有蓬蓬勃勃的气象。万国和平会里，用女秘书了；英国女子参政权，已经胜利了；美国女议员已经出席多时了；其余若瑞典、挪威等女权先进国，更不必说了！可怜我们中国的女子，不但参政种种的梦没有做，就是连一个求高等学问的机关都没有，只是被男子愚弄，受男子压制。男子看女子，只是他自己的妻；他儿女的母；为他的幸福而有的！总而言之，不承认女子有人格！我们中国人配说文明？若是要说文明，就不能不承认这是一个"半身不遂"的文明！我们中国人配说人道？何以对于自己家庭的女子，就不以人道相待呢？虽道有饭把他吃，有屋给他睡，就算得人道主义吗？老实说，那是"猪道主义"！女子解放是中国刻不容缓的事。我另有专文讨论这个问题，去寻出一个根本解决的办法，现在暂且不提。目前急于补救的办法，就是先由大学开放。我的朋友徐彦之、康白情近有做了两篇很痛快的文章，论到这件事，但是他们所说的都是为男女两方著想，我的论点，稍微偏重女子方面。其主张的理由，约有三种：

第一，为增高女子知识起见，大学就不能不为女子解放。女权不振的原因，最重要的是因为女子没有自觉心。男子就利用他们没有自觉心，所以能够施展他的压制；女子因为没有自觉心，所以肯服从男子，没有自觉心的缘故，就是知识不高。按照中国最近的教育统计，则全国女子受过高等教育的，没有一个人。（留学外国的不计）难道中国的女子，就没有求高等知识的欲望吗？据我所知，是不然的。去年就有过女子师范毕业生,想来北京大学旁听心理学,没有允许,失望而返。我们中国的教育家呀!诸公是否承认女子同男子有对等的人格?若是你们承认男女有对等的人格,何以不让他们同男子有同等的机会去发展他们的知识呢?

第二,为增高女子地位起见,大学不能不为女子开放。男子亵视女子的重要原因,就是因为同他们相处的女子,知识见解都比他们低;而且因为女子受了束缚,藏在家里总是同女子作伴,没有世事经历的缘故,容易受男子的骗。现在挽救的方法,一方面便使女子有处世与男子交际的机会,去得著种种经历;一方面就是要男子也知道同他相处的女子,有相等的知识和见解。于是互相尊敬的心理一天增进一天。这种效果,非大学为女子开放办不到的,大家不可忽略了!

第三,为增高自由结婚的程度起见,大学不能不为女子开放。中国人对于结婚一件事,观念极不明了,青年女子听了,脸上立刻发红,甚至于躲起来,青年男子说起来,也免不了现出一种格格不吐,颜色忸怩的样子;老前辈听到青年男女这类的话,更以为是"无耻之尤"!他们根本观念的错误,就是认男女之间,只是肉欲的关系,你说可叹不可叹!他们根本观念既然错误,所以设下了种种的防备。人的天性,是防得了的吗?防得愈严,横溃的愈利害。"一见魂销""四顾目成"的话,正是他们防御的成绩!须知男女的关系,由于天性,由爱情而结婚的事,是最神圣高尚没有的。一人一生的幸福,都在此一举,而我们可笑的中国人,不是"不面爱",就是"一面爱",现在虽有一种时髦"自由结婚",也不过多请两个证婚人,多有几度风琴唱歌,充其量而言之,也不过是"照片爱情"!他们对于两方面的知识、性情、人格,何曾有一分了解呢?两方面的终身幸福,都付与不相知的手里,这样的生活,这样的家庭,可以有圆满的结果吗?不知道男女间最高尚的结婚,完靠两方面知识上、性情上、人格上的"互相了解"Mutual Understanding。使两方面有互相了解的机会,尤非男女同校不可;实行男女同校,又非先实行开放大学不可。这总是人道主义的第一声!

在学理上和事实上,大学都有开放的必要。至于利弊问题,白情在妇女杂志及这次发表的一篇文章,都说得很详细,不劳我费辞,我盼现在贤明而有世界眼光的教育当局,积极进行。不为流俗的议论所动,那真是中国教育界的大光明了。

(此文原刊于《晨报》,中华民国八年五月十一日(1919年5月11日),第七版,见中国国民党中央委员会党史委员会编:《罗家伦先生文存·补编》,台北:"近代中国出版社"1999年版,第15—17页)

中央大学之使命

（一九三二年十月十七日）

　　当此国难严重期间，本大学经停顿以后，能够以最短的时间，由积极筹备至于全部开学上课并且有今天第一次全体的集会，实在使我们感觉得这是很有重大意义的一回事。

　　这次承各位教职员先生的好意，旧的愿意继续惠教，新的就聘求教，集中在我们这个首都的学府积极努力于文化建设的事业，这是我代表中央大学要向各位表示诚恳谢意的。

　　本人此次之来中大，起初原感责任之重大不敢冒昧担任。现在既已担负这个重大的责任，个人很愿意和诸位对于中大的使命，共同树立一个新认识。因为我认为办理大学不仅是来办理大学校普通的行政事务而已，一定要把一个大学的使命认清，从而创造一种新的精神，养成一种新的风气以达到一个大学对于民族的使命。现在，中国的国难严重到如此，中国民族已临到生死关头，我们设在首都的国立大学，当然对于民族和国家，应尽到特殊的责任，就是负担起特殊的使命，然后办这个大学才有意义。这种使命，我觉得就是为中国建立有机体的民族文化，我认为个人的去留的期间虽有长短，但是这种使命应当是中央大学永久的负担。

　　本来，一个民族要能自立图存，必须具备自己的民族文化，这种文化，乃是民族精神的结晶，和民族团结图存的基础。如果缺乏这种文化，其国家必定无生命的质素，其民族必然要被淘汰。一个国家形式上的灭亡，不过是最后的结局，其先乃由于民族文化和民族精神上的衰亡。所以今日中国的危机，不仅是政治社会的腐败，而最要者却在于没有一种整个的民族文化，足以振起整个的民族精神。

　　我们知道:民族文化乃民族精神的表现,而民族文化之寄托,当然以国立大学为重要。英国近代的哲学家荷尔丹(Lord Haldane)曾说:"在大学里一个民族的灵魂,才反照出自己的真相。"可见创立民族文化的使命,大学若不能负起来,便根本失掉大学存在的意义;更无法可以领导一个民族在文化上的活动。一个民族要是不能在文化上努力创造,一定要趋于灭亡,被人取而代之的。正所谓"子有钟鼓,勿鼓勿考,子有庭内,勿洒勿扫,宛其死矣他人是保"。其影响所及,不仅使民族的现身因此而自取灭亡,并就是这民族的后代,要继续创造其民族文化,也一定不为其他民族所允许的。从另一方面看若是一个民族能努力建设其本身之文化,则虽经重大的危险,非常的残破,也终究可以复兴。积极的陈例,就是拿破仑战争以后普法战争以前的德意志民族。我常想今日中国的国情,正和当日德意志的情形相似。德国当时分为许多小邦,其内部的不统一,比我们恐怕还有加无已,同时法军压境,莱茵河一带俱分离而受外国的统治。这点也和我们今日的情形,不相上下。当时德意志民族历此浩劫还能复兴,据研究历史的人考察,乃由于三种伟大的力量,第一种便是政治的改革,当时有斯坦(Stein)哈登堡(Hardenberg)一般人出来把德国的政治改良,公务员制度确立行政效能增进。使过去政治上种种分歧割裂散漫无能的缺点,都能改革过来。第二种是军事的改革。有夏因何斯弟(Schornhorst)和格来斯劳(Gneisnam)一般人出来将德国的军政整理,特别是将征兵制度确立,并使军事方面各种准备充实,以为后来抵御外侮得到成功的张本。第三种便是民族文化的创立,这种力量最伟大,其影响最普通而深宏,其具体的表现便靠冯波德(Wihelmvon Humbodt)创立的柏林大学和柏林大学的弗斯德(Fichte)一般人。所以现代英国著名的历史家古趣(G. P. Govch)认定创立柏林大学的工作,不仅是德国历史上重要的事,并且是全欧洲历史上重要的事。尤能使我们佩服的便是当年柏林大学的精神。正当时法军压境,内部散乱的情况之下,德国学者居然能够在危城之中讲学,以创立德意志民族文化自任。弗斯德于1807年至1808年间在对德意志民族讲演里说:"我今天乃以一个德意志人的资格向全德意志民族讲话,将这个单一的民族中数百年来因种种不幸的事实所造成的万般差异,一扫而空。"我对于你们在的人说的话是为全德意志民族而说的。现在我们也需要如此,我们也要把历史上种种不幸事实所造成的所有差异,在这个民族存亡危迫的关头,一扫而空。从此开始新的努力。德意志民族的统一,就是由于这种整个的民族精神先打下一个基础。最后俾斯麦不过是收获他时代的成功。柏林大学却代表当时德意志民族的灵魂,使全德意志民族都在柏林大学所创造的一个民族文化之下潜移默化而形成为一个有机体的整个的组织。一个民族如果没有这种有机体的民族文化,决不能确立一个中心而凝结起来,所以我特别提出创造有机体的民族文化为本大学的使命而热烈诚恳的希望大家为民族生存前途而努力!

讲到有机体的民族文化,我们不可不特别提到其最重要的二种含义,第一,必须大家具有复兴中国民族的共同意识,我们今日已临着生死的歧路口头,若是甘于从此灭亡,自然无话可说,不然,则惟有努力奋斗,死里求生,复兴我们的民族。我们每个人都应当在这个共同意识之下,成为互相协调的。若是各部分不能协调,则必至散漫无系统,弄到各部分互相冲突,将所有力量抵消。所以无论学文的,学理的,学工的,学农的,学法的,学教育的都应当配合得当,精神一贯,步骤整齐,以趋于民族文化之建立的共同目标。中国办学校已若干年,结果因配置失宜,以致散漫杂乱,尤其是因为没有一个共同民族意识从中主宰以致种种努力,各不相谋,结果不仅不能收合作协进之功效,反至彼此相消一无所成。现在全国的大学教授及学生,本已为数有限,若是不能同在一个民族文化建设的目标之下努力,这是民族多大的一件损失。长此以往,必至减少,甚至消灭民族的生机。人家骂我们为无组织的国家,我们应当痛心。所以我们所感觉的不仅是政治的无组织,乃是整个的社会无组织,尤其是文化也无组织,今后我们要使中国成为有组织的国家,便要赶快创立起有组织的民族文化,就是有机体的民族文化来。

我上面就德意志的史实来说明我们使命的重要,并不是要大家学所谓普鲁士主义,而是要大家效法他们那种文化上创造独立民族精神的努力!

我们若要付得起前述的使命,必定要养成新的学风。无论校长,教职员学生都要努力于移转风气。由一校的风气,转移到全国的风气。事务行政固不可废,但是我们办学校,不是专为事务行政而来的,不是无目的去办事的,若是专讲事务,最好请洋行买办来办大学,我们必须有高尚的理想以为努力的目标,认定理想的成功比任何个人的成功还大。个人任何牺牲,若是为了理想,总还值得。我认为必须新的学分能够养成,我们的使命乃能达到。

我们要养成新的学风,尤须从矫正时弊着手。兄弟诚恳的提出"诚朴雄伟"四字,来和大家互相勉励,所谓诚,即谓对学问要有诚意,不以为升官发财的途径,不以为文饰资格的工具。对于我们的使命更要有诚意,不作无目的的散漫动作,坚定的守着认定的目标去走。要知道从来成大功业的成大学问的人莫不由于备尝艰苦,锲而不舍的做出来的。我们对学问如无诚意,结果必至学问自学问个人自个人,现在一般研究学术的,都是很少诚于学问,看书也好,写文章也好,都缺少对于学问负责的态度,试问学术界气习如此,文化焉得而不堕落。做事有此习气,事业焉得而不败坏,所以我们以后对于学问事业应当一本诚心去做,至于人与人间之应当以诚相见,那更用不着说了。

其次讲到朴,朴就是质朴和朴实的意思,现在一般人皆以学问做门面。尚纤巧,重浮华,很难看到埋头用功不计功利而在实际学问上为远大艰苦的努力者,在出版界,我们只看到一些时髦的小册子短文章,使青年的光阴虚耗在这里,青年的志气也消磨在这里,多可痛心,从前讲朴学的人,每著一书,往往费数十年,每举一理,往往参证数十次,今日做学问的和著书的,便不同了。偶有所得,便惟恐他人不知,即无所得,亦欲强饰为知。很少肯从笃实笨重上用功的,这正是庄子所谓"道隐于小成,言隐于荣华"的弊病。我们以后要体念"几何中无王者之路",这句话复须知一切学问之中皆无"王者之路",崇实而用笨功,才能树立起朴厚的学术气象。

第三是讲到雄,今日中国民族的柔弱萎靡,非以雄字不能挽救。雄就是"大雄无畏"的。但是雄厚的气魄,必经相当时间的培养蕴蓄不能形成,我们看到好斗者必无大勇,便可觉悟到若是我们要雄,便非从"善养吾浩然之气"着手不可。现在中国一般青年,每每流于单薄脆弱,这种趋势在体质上更是明显的表现出来。中国古代对于民族体质的赞美很可以表现当时一般的趋向,譬如诗经恭维男子的美便说他能"袒荡暴虎献于公所"或是赳赳武夫,公侯干城。恭维女子的美便说是"硕人颀顾"，到汉朝还找得出这种审美的标准。唐朝龙门的造像，也还可以表现这种风尚。不知如何从宋朝南渡以后，受了一个重大的军事打击，便萎靡不振起来。陆放翁的"老子犹堪绝大漠，诸公何事泣新亭"虽强作豪气已成强弩之末。此后讲到男子的标准，便是"有情芍乐含春泪，无力蔷薇卧晚枝"一流的人。讲到女子的标准，便是"帘卷西风，人比黄花瘦"一流的人，试问时尚风习至此，民族焉得而不堕落衰微，今后吾人总要以"大雄无畏"相尚，挽转一切纤细文弱的颓风。男子要有丈夫气，女子要无病态。不作雄健的民族，便是衰亡的民族。

第四讲到伟，说到伟便有伟大崇高的意思，今日中国人作事，缺乏一种伟大的意境，喜欢习于小巧即论文字的作风，也从没看见谁敢尝试大的作品，如但丁的《神曲》，歌德的《浮士德》。而以短诗小品文字相尚。我们今后总要集中精力，放开眼光，努力做出几件大的事业，或是完全几件大的工作。至于一般所谓门户之见，尤不应当。到现在民族危亡的时候，大家岂可不放开眼光，看到整个民族文化的命运，而还是故步自封怡然自满？我们只要看到整个民族生存之前途，一切狭小之见都可消灭，我们切不可偏狭纤巧，凡事总从大的方向做去民族方有成功。

我们理想的学风，大致如此。虽然一时不能做到。也当存"高山仰止，景行行止"的心理。若要大学办好，学校行政也不能偏废，因为大学本身也是有机体的。讲到学校行政。不外教务行政和事务行政两方面。关于前者，有四项可以提出，第一是要准备学术环境多延学者讲学，原在本校有学问的教授，自当请其继续指教。外面好的学者也当设法增聘。学校方面，应当准备一个很好的精神和物质环境，使一般良好的教授都愿意聚集本校讲学。倡导一种新的学风，共同努力民族文化的建设。在同学方面，总希望大家对于教授有很好的礼貌。尊师重道，学者方能来归。

第二是注重基本课程，让学生集中精力去研究。我们看到国内大学的通病，都是好高骛远，所开课程比外国各大学更要繁更要专门。但是结果适得其反。我们以后总要集中精力贯注在几门基本的课程上，务求研究能透澈参考书能看得多。研究的工具自然也要先准备充足。果能如此，则比较课目繁多，而所得者何止东鳞西爪的要更实在。

第三是要提高程度，这是当然必要的。但我们如果能做到上面两项程度也自然能提高。我们准备先充实主要的课程，循序渐进。以达到从事高深研究的目标。

第四是增加设备。中大前此行政费漫无限度，不免许多浪费的地方，所以设备方面，自难扩充。我们以后必须从这点竭力改良，节省行政费来增加设备费。这是本人从办清华大学以来一贯的政策。

关于学校事务行政，亦属重要。现在可以提出三点来说：

第一是厉行节约，特别是注重在行政费之缩减，要拿公家的钱用来做自己的人情是很容易的事。一旦节约起来，一定会引起多少不快之感，这点我是不暇多顾的，要向大家预先说明。

第二是要力持廉洁，我现正预备确立全校的会计制度，使任何人无从作弊，并且要使任何主管都也无从作弊。本校的经费，行政院允许极力维持，将来无论如何，我个人总始终愿与全校教职员同甘苦，大家养成廉俭的风气，以为全国倡。

第三是要增加效能，过去人从员过多，办事效能并不见高。我们以后预算少用人，多做事，总希望合理化的事务管理中，获得最大的行政效能。使每一个人员能尽量最大的努力，每一文经费，获得最经济的使用。

本人自9月5日方才视事，不及一月，而10月3日即已开学，11日已全校上课，在此仓卒时间自有种种事实上的困难，许多事未能尽如外人和本人的愿望。这种受时间限制的苦痛，希望大家能够有同情的谅解。不过居然能全部整齐开学上课，也是件不容易而可以欣幸的事，希望全校的努力把中大这个重要的学术机关，一天一天的引上发展的轨道，以从事于有机体的中国民族文化的塑造。我们正当着民族生死的关头，开始我们的工作，所以更要认清我们的使命，时刻把民族的存亡一个念头存在胸中，成为一种内心的推动力，由不断的努力中塑造有机体的民族文化，以完成复兴中国民族的巨大事业。这是本人一种热烈而诚恳的希望。

（此文原为罗家伦于1932年10月17日在中央大学总理纪念周上的演讲，见《南大百年实录》编辑组编：《南大百年实录》(上卷)，南京：南京大学出版社2002年版，第296—301页）

两年来之中央大学(节选)

(一九三四年六月)

国立中央大学于民国 21 年重事整理,家伦于是年 9 月 5 日到校视事,至今瞬届两学年。此两学年中,幸赖政府之维持与指导,及全校一致之努力求进,差臻安定之局,而粗树充实与发展之基础。家伦于第二学年开学时,曾谓过去一年,学生不但有书可读,而且努力的读;教授不但有书可教,而且认真的教。兹征之第二学年将届结束时之情形,深觉本学年仍继续第一学年之精神,而有加无已。建设一国家完善之学府,本不能一跃而齐,目前可改进之处仍多。但此两年之情形,亦差有可以报告者,爰约略胪陈,以待明教。

一、整理院系

两年来之中央大学。

本校原有文、理、法、教、工、农、医、商八院,后经行政院决定将在沪之医、商两院独立,尚余六院。其中系科仍须整理,乃斟酌整理委员会之决议,将繁复之教育社会系等,从事合并;而将较切于国家实际需要之学系,如工学院之化工系,农学院之园艺蚕桑等系,予以恢复。计整理结束,尚分六院 30 系科。……

二、整理课程

我国大学课程,往往名目繁多,缺少有机体之组织。本校各院系爰分别重定教育方针,将课程亦重新组织,使必修选修课目,均有明确规定,不欲因人因事而变更。课程之核心既能形成,则教学之意义自可明了。此项工作幸赖各院长、系主任及教授之努力与协助,经长期讨论,届一年方大体完成。

三、集中学者注重专任

学术本系专门事业,担任教授者自应专心从事。本校频年离乱,常感空虚。整理伊始,则极力挽留原有良好教授,而随时罗致专门学者。凡可得其专任者,莫不请其专任。即以本学年论,总计六院添聘教授76人,其中专任41,兼任35。若论其所授课目总数,兼任所授课目不过专任四分之一。至所留原有教授,亦自以专任为多,兹不尽举。且兼任教授,多系某种特殊科学之专家,系政府及其他学术机关所借重,为本校所欲罗致而事实上有不可能者,得其协助本校,自深感谢。

……

六、集中学院地点俾资观摩便利

以前各学院办公授课及研究地点,均极分散。有同院各系分在不同地点者,更有一系之中,各课分在各处讲授及实验者。几经筹划,现在较为集中。兹以中山院为文学院,科学馆为理学院本部,东南院为法学院,南高院为教育学院本部,新教室为工学院本部,农学院本系集中三牌,自无变更。

七、集中行政机关俾增办公效率

以前行政各处组办公地点,极为星散,接洽不便,监督难周。兹将大礼堂两翼,重加间隔,妥为布置,将学校行政机关,悉数迁入。时间既能节省,效率自可较增。

八、改革会计制度

学校经济之监督考核，端赖会计制度。本校积习相因，会计漫无成法，流弊所及，甚至人人可以代卖公物，代买公物，而无从加以限制。聘请会计师三人，妥立会计制度，于 21 年秋颁布施行，其时尚在政府制定会计条例以前。务使一切帐目，条分缕析，随时可查，随时可缴。并确定庶务手续，公开标准物价，留存物品样件，以便随时稽核。

九、维持发薪定期力求教职员生活安定

两学年来，幸蒙政府维护，教育经费得无亏欠。然遇热河、闽变诸危难时期，本校亦屡呈捉襟见肘之现象。但无论如何，均曾维持规定发薪时期，不肯移后一日，以维持教职员生活之安定。

十、整理债务

本校旧债，拖积甚深，有远在东南大学时代者。在此期间，力事整理，并组织委员会，复核证件。计先后还，不下 6 万余元。至无力清理者，只得从缓，唯本任内，一切购置，采取先有准备，而后订购之政策，故从无拖欠情事。国外信用，已渐恢复。

十一、设置奖学金额

为鼓励学生学业及救济贫寒学生起见，每学期设置奖学金额约 70 名，计每学年 140 名。分院奖学金及系奖学金两种，计院奖学金每名每学期 70 元，系奖学金每名每学期 50 元，由教授组织委员会，公开评核，奖励成绩优良学生。

十二、提高入学标准注意学校试验

大学教育本应重质而不重量,且必须如此,方能提高程度,发展学术。故 22 年度入学试验,延聘教授担任考试委员,认真办理,杜绝一切请托弊端。计考取人数与投考人数,为 1∶12,其程度自趋整齐。至于在校各项试验。除毕业考试,遵部令另行组织委员会,延聘校内外学者,会同主持外,其余各项试验,须由教授认真办理。一般学风,已经不变。

十三、提倡研究学术刊物

凡教授之有志趣从事专门研究者,苟属力所能及,莫不勉为设备,并欲得其研究结果,为之刊布,以谋国际学术界,对于本校之重视。两学年来计开始发行丛刊四种,及学术研究报告约十种。此虽系初步之效果,但将来必有继续发扬光大之一日也。

十四、力谋与学术机关合作并与国家及社会事业成一片

两学年来,凡国家与社会应与事业,本校力能协助者,莫不惟力是视。如代导淮委员会分析淮河流域土壤;协助参谋机关调查四川石油;为首都要塞造林数十万株;派员至云南界调查生物;为江宁自治实验县调查全县地质,改良蚕种,代其制种 2 万张,并协同其办理实验乡农业改良事业;与全国经济委员会合办植棉训练班;为中华文化教育基金董事会办理调查中学英文教材问题等事业,均系历历可数者。且校内教育实验所、经济资料室、行政研究资料室等之设置,均系训练学生,为研究当今实际问题之准备,以求国立大学教育,对于国计民生,稍有裨益。

凡此所举,仅及大端,其余不完备之处仍多,尚待诸方面之指导与协助。惟家伦有不能已于言者,即本校是否能成为国家完善之学府,当视新校址是否能建筑迁移而定。教育为国家百年大计,吾人自不能囿于目前情况,沾沾自喜。兹略陈校舍不能不迁之理由如下:(一)现在校

址,逼处都市中心,无从发展。如工学院欲设工厂,农学院欲加辟实验地亩,均无可容;(二)杂处市井,不宜养成高尚纯机之特殊学风;(三)农学院与校本部,尤其是与理学院分处,教学设备,均不经济;(四)教授住所与学生住所问题,均不能满意解决,既分教学者之心,复不能使教授学生,常相接近,收问难质疑之充分效果。此亦就其著者而言,若详权利害,尤多足述;事实上之需要,今已迫不及待,故迁校主张,决非好大喜功之意见,二、三年后,学术界当有更明朗之认识。深望贤明政府,及各方面爱好本校之人士,努力促成,国家之幸,亦学术之幸也。

中华民国二十三年六月

(见《南大百年实录》编辑组编:《南大百年实录》(上卷),南京:南京大学出版社 2002 年版,第 314—320 页)

知识的责任①

(一九四二年前)

要建立新人生观,除了养成道德的勇气而外,还要能负起知识的责任(Intillectual responsibility)。本来责任是人人都有的,无论是耕田的,做工的,从军的,或者是任政府官吏的,都各有各的责任。为什么我要特别提出"知识的责任"来讲? 知识是人类最高智慧发展的结晶,是人类经验中最可珍贵的宝藏,不是人人都能取得,都能具备的;因此凡有求得知识机会的人,都可说是得天独厚,享受人间特惠的人,所以都应该负一种特殊的责任。而且知识是精神生活的要素,是指挥物质生活的原动力,是我们一切行动的最高标准。倘使有知识的人不能负起他的特殊责任,那他的知识就是无用的,不但无用,并且受了糟蹋。糟蹋知识是人间的罪恶;因为这是指阻碍或停滞人类文化的发达和进步。所以知识的责任问题,值得我们加以严重的注意。我们忝属于所谓知识分子,尤其觉得这是一个切身问题。

所谓知识的责任,包含三层意义:

第一是要有负责的思想　　思想不是空想,不是幻想,不是梦想,而是搜集各种事实的根据,加以严格逻辑的审核,而后构成的一种有周密系统的精神结晶。所以一知半解,不足以称为成熟的思想;强不知以为知,更不能称为成熟的思想。思想是不容易成立的;必须要经过逻辑的陶镕,科学的锻炼,凡是思想家,都是不断的劳苦工作者。"焚膏油以继晷,恒矻矻以穷年。"他的求知的活动,是一刻不停的,所以他才能孕育

---

① 本文为罗家伦先生之《新人生观》第三讲。《新人生观》系作者于 1942 年将之前任中央大学校长期间一系列演讲稿汇编成书,由重庆商务印书馆出版。——编者

出伟大成熟的思想，以领导一世的思想。思想家都是从艰难困苦中奋斗出来的。他们为求真理而蒙受的牺牲，决不亚于在战场上鏖战的牺牲。拿科学的实验来说，譬如在实验室里试验炸药的人，被炸伤或炸死者，不知多少。又如到荒僻的地方调查地质，生物，人种的人，或遇天灾而死，或染疾而死，或遭盗匪蛮族杀害而死的人，也不知多少。他们从这种艰苦危难之中得来的思想，自然更觉得亲切而可以负责。西洋学者发表一篇学术报告或论文，都要自己签字，这正是负责的表现。

其次是除有负责的思想而外，还要能对负责的思想去负责。思想既是不易得到的真理，则一旦得到以后，就应该负一种推进和扩充的责任。真理是不应埋没的，是要发表的。在发表以前，固应首先考虑他是不是真理，可不可以发表；但是既已考虑发表以后，苟无新事实新理论的发现和修正，或是为他人更精辟的学说所折服，那就应当本着大无畏的精神把他更尖锐地推进，更广大地扩充。我们读西洋科学史，都知道科学家为真理的推进和扩充而奋斗牺牲的事迹，真是"史不绝书"。譬如哥白尼（Copernicus）最先发现地动学说，说太阳是不动的，地球及其他行星都在他的周围运动，他就因此受了教会多少的阻碍。后来白兰罗（Bruno）出来，继续研究，承认了这个真理，极力传播，弄到触犯了教会的大怒，不仅是被捕入狱，而且被"点天灯"而死。盖律雷（Galileo）继起，更加以物理学的证明，去阐扬这种学说，到老年还铁锁银铛，饱受铁窗的风味。他们虽受尽压迫和困辱，但始终都坚持原来的信仰，有"鼎镬如甘饴，求之不可得"的态度。他们虽因此而牺牲，但是科学上的真理，却因为他们的牺牲而确定。像这种对于思想负责的精神，才正是推动人类文化的伟大动力。

再进一层说，知识分子既然得天独厚，受了人间的特惠，就应该对于国家民族社会人群，负起更重大的责任来。世间亦唯有知识分子才有机会去发掘人类文化的宝藏，才有特权去承受过去时代留下最好的精神遗产。知识分子是民族最优秀的份子，同时也是国家最幸运的宠儿。如果不比常人负更重大的责任，如何对得起自己天然的禀赋？如何对得起国家民族的赐予？又如何对得起历代先哲的伟大遗留？知识分子在中国向称为"士"。曾子说："士不可以不弘毅，任重而道远。仁以为己任，不亦重乎？死而后已，不亦远乎？"身为知识分子，就应该抱一种舍我其谁至死无悔的态度，去担当领导群伦继往开来的责任。当民族生死存亡的紧急关头，知识分子的责任尤为重大。范仲淹主张"先天下之忧而忧，后天下之乐而乐"。必须有这种抱负，才配做知识分子。他的"胸中十万甲兵"，也是由此而来的。

提起中国的知识分子，我们很觉痛心。中国社会一般的通病，就是不负责任，而以行政的部分为尤甚（这当然是指行政的一部分而言）。从前的公文程式，是不用引号的；办稿的时候，引到来文不必照抄，只是"云云"二字，让书吏照原文补写进去。传说沈葆桢做某省巡抚，发现某县的来文上，书吏照抄云云二字，不曾将原引来文补入，该县各级负责人员，也不曾觉察。于是他很幽默的批道："吏云云，幕云云，官亦云云，想该县所办之事，不过云云而已。"这是一个笑话，但是很足以形容中国官僚政治的精神。中国老官僚办公事的秘诀，是不负责任，推诿责任。所以上级官厅对下的公事，是把责任推到下面去；下级官厅对上的公事，是把责任推到上面去。责任是一筐皮球，上下交踢。踢来踢去的结果。中国竟和火线中间，有一段"无人之境"（No man's land）一样。这是行政界的通病，难道知识界就没有互相推诿不负责任的情形吗？有许多人挺身而出，本着自己的深信，拿出自己的担当来说，这是我研究的真理，这是我服务的责任，我不退缩，我不推诿！这种不负责任的病根，诊断起来，由于下列各点：

第一是缺少思想的训练　　他的思想，不曾经过严格的纪律，因此已有的思想固不能发挥，新鲜的思想也无从产生。外国的思想家常提倡一种严正而有纪律的思想（Rigorous thinking），就是一种用逻辑的烈火来锻炼过的思想。正确的思想是不容易获得的；必得经过长期的痛苦，严格的训练，然后才能为我所有。思想的训练，是教育上的重大问题。历次世界教育会议，对于这个问题，都曾加以讨论。有人主张研究社会科学的人，他得学高深的数学，不是因为他用得着这些数学，乃是因为这种数学是他思想的训练。思想是有纪律的。思想的纪律，决不是去束缚思想，而是去引申思想，发展思想。中国知识界现在就正缺少这种思想上的锻炼。

第二是容易接受思想　　中国人向来很少人坚持他特有的思想，所以最容易接受他人的思想。有人说中国人在思想上是最为宽大，最能容忍,这是美德,不是毛病。但是思想这件事,是就是是,非就是非,谈不到什么宽大和容忍。不是东风压倒西风,便是西风压倒东风。哥白尼主张地动说,固然自己深信是对的;就是白兰罗和盖律雷研究这个学说认为他是对的以后,也就坚决地相信他,拥护他,至死终不改变。试看西洋科学与宗教战争史中,为这学说奋斗不懈,牺牲生命的人,曾有多少。这才是对真理应有的态度。中国人向来本相信天圆地方,"气之轻清,上浮者为天,气之重浊,下凝者为地"。但是西洋的地动学说一传到中国,中国人立刻就说地是圆的;马上接受,从未发生过流血的惨剧。又如达尔文的生物进化论,也是经过多少年宗教的反对,从苦斗中才挣扎出来的。直至一九一一年,德国还有一位大学教授,因讲进化论而被辞退;甚至到了一九二一年,美国坦尼西(Tennessee)州,还有一位中学教员因讲进化论而遭诉讼。这虽然可以说是他们守旧势力的顽固,但是也可表现西洋人对于新思想的接受不是轻易的。可是在中国却不然。中国人本来相信盘古用金斧头开天辟地。"自从盘古开天地,三皇五帝定乾坤",不是多少小说书上都有的吗?但是后来进化论一传进来,也就立刻说起天演,物竞天择,和人类是猴子变的来。(其实人类是猴子的"老表"。)人家是经过生物的实验而后相信的。我们呢?我们只是因为严复翻译了赫胥黎的《天演论》,文章做得极好,吴挚甫恭维他"骎骎乎周秦诸子矣"一来,于是全国风从了。像这样容易接受思想,只足以表示我们的不认真,不考虑,那里是我们的美德?容易得,也容易失;容易接受思想,也就容易把他丢掉。这正是中国知识界最显著的病态。现在中国某省愈是中学生愈好谈主义,就是这个道理。

第三是混沌的思想 既没有思想的训练,又容易接受外来的思想,其当然的结果,就是思想的混沌。混沌云者,就是混合不清。况且这种混合是物理上的混合,而不是化学上的化合。上下古今,不分皂白,搅在一起,这就是中国思想混合的方式。我不是深闭固拒,不赞成采取他人好的思想,只是采取他人的思想,必须加以自己的锻炼,才能构成自己思想的系统。这才真是化学的化合呢!西洋人也有主张调和的,但是调和要融合(Harmony)才对,不然只是迁就(Compromise);真理是不能迁就的。我常怪中国的思想中,"杂家"最有势力。如春秋战国时代,百家争鸣,极端力行的墨,虚寂无为的老,都是各树一帜,思想上的分野是很清楚。等到战国收场的时候，却有《吕氏春秋》出现，混合各派，成为一个"杂家"。汉朝斥百家而尊儒孔，实际上却尚黄老，结果淮南子得势，混合儒道，又是一个杂家。这种混杂的情形，直至今日，仍相沿未改。二十年前我造了一个"古今中外派"的名词，就是形容这种思想混杂的人。丈夫信仰基督教，妻子不妨念佛，儿子病了还要请道士"解太岁"。这是何等的容忍！容忍到北平大出丧，一班和尚，一班道士，一班喇嘛，一班军乐队，同时并列。真是蔚为奇观！这真是中国人思想的缩影！

　　第四是散漫的思想　　这种事片断的，琐碎的，无组织的。散漫思想的出来，固且由于思想无严格的训练，但是主要的原因还是懒。他思想的方式是触机，只是他灵机一来之后，就在这机来的一刹那停止，不追求下去了。这如何能发生系统的思想，精密的思想？于是成了"万物皆出于几，万物皆入于几"的现象。他只是让他的思想，像电光火石一样的一阵阵的过去。有时候他的思想未始不聪明，不过他的聪明就止于此。六朝人的隽语，是由此而来的。《世说新语》的代代风行也是为此。中国的善于"玩字"，没有其他的理由。因此系统的精密的专门哲学，在中国很难产生。因此中国文学里很少有西洋式如弥尔顿的《天国云亡》，歌德的《浮士德》那般成本的长诗。因此笔记小说为文人学士消闲的无上神品。现在还有人提倡袁中郎，《浮生六记》，和小品文艺，正是这种思想的斜晖落照！不把思想的懒根性去掉，系统的伟大思想是不会产生的。

　　第五是颓废的思想　　颓废的思想是思想界的鸦片烟，是民族的催眠术——并且由催眠术而进为催命符。颓废的思想就是没有气力的思想，没有生力的思想。什么东西经过他思想的沙漏缸一经过，都是懒洋洋的。颓废的思想所发生的影响，就是颓废的行为。以现在的文艺品来说罢，有许多是供闺秀们消闲的，是供老人们娱晚景的。有钱的人消闲可以，这是一格；但是我们全民族是在没有饭吃的时候，没有生存余地的时候呀！老年人消闲可以，因为他的日子是屈指可算的，但是给青年人读可为害不浅了。而现在喜欢读这些刊物的反而是青年人！文人喜欢诗酒怡情，而以李太白为护符。是的，李太白是喜欢喝酒。"李白斗酒诗百篇"。你酒是喝了，但是像李太白那样的一百篇诗呢？我们学李太白更不要忘记他是"十五学剑术,遍干诸侯,三十成文章,历抵卿相,虽长不满七尺,而心雄万夫"的人呀! 你呢? 颓废的思想不除,民族的生力不能恢复。

第六不能从力行中体会思想　更以思想证诸力行,中国的文人,中国的"士",是最长于清谈的,最长于享受的。在魏晋六朝是"清谈",在以后蜕化而为"清议"。清谈清议是最不负责任的思想的表现。南宋是清议最盛的时代,所以弄到"议未定而金兵已渡河"。明末也是清议最盛的时代,所以弄到忠臣义士,凡事不能作有计画的进行,逼得除了一死以外,无以报国。"清议可畏",真是可畏极了! 横竖自己不干,人家干总是可以说风凉话了。自己叹叹气,享享乐吧。"且以喜乐,且以永日,我躬不阅,遑恤我后。"老实说,现在我们国内的知识分子,也不免宋明的清议风气,只是享乐换了一套近代化的方式。我九年前到北平去,看见几位知识界的朋友们,自己都有精致的客厅,优美的庭院,莳著名卉异草;认为不足的时候,还可以到北海公园去散散步,我当时带笑的说道,现在大家是"花萼夹城通御气",恐怕不久要"芙蓉小院入边愁"回想起来,字字都是伤心之泪。这不是北平如此,他处又何独不然? 我们还知道近年来通都大邑有"沙龙"的风气吗?"我们太太的沙龙"是见诸时人小说的。很好,有空闲的下午,在精致的客厅里,找几位时髦的女士在一道,谈谈义艺,谈谈不负责任的政治。是的,这是法国的风气,巴黎有不少的沙龙,但是法国当年还靠着莱茵河那边绵延几百里的马其诺防线呀! 那知道纸醉金迷的结果,铜墙铁壁的马奇诺竟全不可靠。色当一役,使堂堂不可一世的头等强国,重蹈拿破仑第三时代的覆辙,夷为奴隶牛马,这是历史上何等的悲剧? 我不否认享乐是人生应有的一部分,只是要看环境和时代,我们的苦还没有动头呢! 我们不愿意苦,敌人也还是要逼得我们苦的。"来日大难",现在就是,何待来日? 我们现在都应忏悔。我们且先从坚苦卓绝的力行里体会我们的思想,同时把我们坚强而有深信的思想,放射到力行里面去。

以上的话,是我们互责的话,也是我们互勉的话。因为如果我脑筋里还有一格兰姆知识的话,我或者也可以忝附于知识分子之列。我所犯的毛病,同样的也太多了,不过我们要改造民族的思想的话,必定先要自己负起知识的责任来,尤其是在现在,知识分子对于青年的暗示太大了。我们对于青年现在最不可使他们失望,使他们丧失民族的自信心。我们稍见挫折,便对青年表示无办法,是最不可以的事。领导青年的知识分子尚且如此,试问青年心理的反应如何?我们要告诉他们世界上没有没有办法的事,民族断无绝路,只要我们自己的脑筋不糊涂!知识是要解决问题的。知识不怕困难。知识就是力量。而且这种力量如此之大,凡是物质的力量透不进去的地方,知识的力量可以先透进去。知识的力量透过去之后,物质的力量就会跟着透过去。全部的人类文化史,可以说明我这句话。我们只要忠诚的负起知识的责任来,什么困难危险都可以征服!

顾亭林说道:"天下兴亡,匹夫有责。"何况知识分子? 他又说:"有亡国者,有亡天下者",他所谓"亡国"是指朝代的更换,他所谓的"亡天下"是指民族的灭亡。现在我们的问题,是要挽回亡天下,亡民族的大劫。在这时候,知识分子如不负起这特别重大的责任来,还有谁负? 我觉得我们知识分子今后在学术方面要有创作,有贡献,在事业方面要有改革,有建树。我们不但要研究真理,并且要对真理负责。我们尤其要先努力把国家民族度过这个难关。不然,我们知识分子一定要先受淘汰,连我也要咒诅我们知识分子的灭亡!

(见韩文宁、张爱妹编:《罗家伦史学与教育论著选》,南京:南京大学出版社 2010 年版,第 162—168 页)

从完成责任到实现权利(节选)①

(一九四二年前)

……

由此看来,权利和责任,实在是相对的。不尽责任,便不当享有权利。个人如此,国家亦然。比如第一次世界大战结束的时候,在国际和会席上,也只有战争期间尽过责任的国家,才有发言权。比利时虽然国土丧失殆尽,但他在战争时期,抵抗过德国军队越过中立地带,使德国军队不得迅速达成进攻协约国的企图,所以一旦战争结束,在巴黎和会上,比利时不但获得和列强分庭抗礼的光荣,并且各大国都很尊重他,赞助他,就是因为他已尽了他国家的责任,所以能得战后应得的权利。……这次世界上反侵略的大纛,是中国首先举起来的。在这点我们不但做了国际间的先觉,而且我们以无限的血肉,为民主国家阻压住了日本无止境的凶焰。我们将来强固的发言地位,是我们以牺牲和痛苦换来的。我们若是更要提高发言的权威,还得要加强艰苦的奋斗。至于从建设的方面讲到一个民族在各民族间的地位,也有同样的道理,在安排一切。一个民族之所以能够生存。并不能靠其他民族帮助的力量,必须自己能够站起来,更须要自己能在世界上对于人类文化和幸福的总量,有相当的贡献,然后才能受其他民族的重视;就是他自己分享其他民族所创造的成果,也才心无愧。我们过去对于世界文化的贡献,是很光荣的。我们这次抗战,虽然在初期的军事上,不免稍受挫折,但是外国人不但不轻视我们。不敢说我们是劣等的民族,而且反格外尊重我们,同情我们。在他们没有认识我们军事力量以前,我们文明力量

---

① 本文为罗家伦先生之《新人生观》第十一讲。

的感召，是很重大的。蒋百里先生说，前几年我国古生物在伦敦展览，曾给予欧洲人士以极深刻的印象，所以他认为这次许多友邦对我们表示的态度，与前年古物的展览也颇有关系，就是这个道理。不过这还是我们的祖宗遗留下来的产业，并不是我们这代文化创造的成绩。当然我们绝对尊敬我们伟大的祖先。但是我们若是有出息的子孙的话，绝不应藉祖宗的历史，来掩饰自己的缺陷——此之谓"吃祖宗饭"。我们要问我们这代怎样？我们的发明在那里？我们的创造在那里？我们的贡献在那里？所以我希望大家不要只是以祖宗的光荣自豪，还要力求自己有伟大的贡献，不但要求一己自我的实现，还要为民族的大我求贡献，以取得其他民族的尊敬，而树立自己整个民族生存的基础。

最后关于责任，我还有两点要提出来说明的：第一点是责任的冲突问题。人在社会上有关的方面太多，所以应付责任的地方也太多，有时责任与责任之间，常常发生冲突。比方一个人结了婚，有了家庭，就有对妻子的责任。这种责任是不可否认的，在平时愈能尽责愈好。但是遇到国家在危难的时候，需要我们执干戈以卫社稷，就不能说因为自己有了抚养妻子的责任，遂留恋畏缩，因循不前。在这种责任相互冲突的时候，只能抛弃较轻的责任，去担负较重的责任。不是如此，大我无从实现，自我也无从发展。所以古人有忠孝不能两全的话。有如岳飞的母亲，未始不想她的儿子在家养生送死，但她以为教她儿子精忠报国，也就是她的责任，所以她情愿儿子为国尽忠而死，不愿为她送死而生。因为她认识了她和她儿子对民族国家存亡的责任，比她儿子对她自己送死的责任为重。设如民族国家不生存，她个人寿终正寝又有什么意思？所以遇到责任相冲突的时候，我们只能判别轻重，选择我们应尽的较大责任。

第二点是个人应该先尽责任，后谈权利。因为我们所享受的权利，乃是他人尽责任的结果；礼尚往来，来而不往，或是薄往而厚来，都是不应该的。我常责备现代的青年，不是对于他们的苛求，乃是因为希望他们的心最切。现在青年常以将来国家主人翁自豪，仿佛以为主人翁是有种种的权利跟着的，自己不一定用功读书，而自己总爱说有读书权，凡是可以要求公家的东西，莫不尽量要求，以为是国家应该给我的权利。其实我们自己仔细想想看，国家究竟该了我们些什么？国家并不是一个债务人,国家乃是个人的集合体;各个人把各个人的责任交给国家,国家才有责任,大家把大家的权利交给国家,国家才有权利。我们无债可以向国家讨索。还要明白,现在国家所能给我们的一点东西,都是大家交纳给国家的,比方国家现在为每个大学生平均负担数千元一年的教育费,乃是一般人民三毛五毛的捐税所凑集起来的。这般尽纳税责任的人,自己固然多半没有享受国家何种教育,就是他们的子女,也未见得都受了国家近代教育的设备。凭良心说,我们怎样忍心来向国家要求这些权利?就是国家把这些权利交给我们了,我们也于心何安,何况我们还要浪费,滥用或扩大这些权利呢?说是国家应当教育青年,是不错的。但是这话只有让我们自己来说,而受教育者不便自己来说。于是有人主张以为国家教育了我们,我们将来可以为国家服务。这是投资的观念,这是一本万利的观念。当然我们希望个个青年将来能够学成应世,做出一番大事业来,替国家尽大的责任,知识这种希望能否实现,还要待将来的事实作证明,自己绝对不能引以为要求权利的藉口。我们立身行事,应该为国为人,尽其在我。我们不说人在世上没有权利,但是权利是责任的产物,不是凭自己的欲望去要求的,更不是坐享其成可以得到的。我们现在所享的权利,就是旁人已尽责任的结果;必定我们尽了应尽的责任,才能够安心享受应得的权利,何况许多权利只有在尽责任的过程中才可以得到呢?

　　总之,一个人能够替大我尽责任,才能够实现自我。能够创造新的价值,才能够享受和扩大新的权利。权利的享受,只是尽责任的结果;若是不负责任,而固守个人权利,则保守愈久,权利的范围愈小。所以我们唯有投身于大我中,尽人生所应尽的责任,充实自我以扩张大我,乃有真正的权利可言。不然的话,只谈人权,不尽己责,国家灭亡,民族灭亡,自己也就灭亡。

　　(见韩文宁、张爱妹编:《罗家伦史学与教育论著选》,南京:南京大学出版社2010年版,第223—226页)

★马君武

马君武(1881—1940),原名道凝,字厚山,号君武,广西桂林人,中国近代教育家。1897年就读于桂林体用学堂,1901年入上海震旦学院,同年冬赴日本留学。初与梁启超办《新民从报》,旋追随孙中山革命。次年与章太炎等在东京发起"支那亡国二百四十二年纪念会",宣传排满革命。1905年加入同盟会,任秘书长兼广西支部长。1906年归国后在上海参加创办中国公学,任总教习,并从事反清活动。1907年赴德入柏林工业大学学冶金学。1912年任南京临时政府实业部次长。1913年再度赴德入柏林大学学习,获工学博士。1916年回国。1917年到广东,参加护法运动。1921年任孙中山非常大总统府秘书长,旋任广西省省长。1924年,马君武任上海大夏大学首任校长,以自己的博学带动学校形成了浓厚的学术研究氛围;1925年,任北京工业大学校长。1928年回广西创办广西大学,任校长。1930年,任上海中国公学校长。1936年广西大学转移到桂林雁山西林公园与省立广西师范专科学校合并。1939年,省立广西大学经国民政府批准升格为国立广西大学,马君武第三次出任广西大学校长。在长广西大学期间,他主张高等学校的宗旨应为培养学生具有"强的体力,活的头脑,干的双手,好的性格,锐的勇气",培养"文武俱备"、"脑体并重"的"实用建设人才";极力推广欧洲教育,尤其是欧洲高等教育的办学理念、教育思想及管理才智,与蔡元培一南一北大力开展高等教育改革,在中国有"北蔡南马"之誉。

马君武关于高等教育方面的论文主要收于《马君武先生文集》(中国国民党中央委员会党史委员会编印,1985年)。

战争、知识和战争精神

（一九三七年六月）

　　国内大学自实行军训以后，我们随处都听到学生和军训教官的冲突，把冲突的原因详细分析起来，可得下列三种：

　　（一）中国虽将书院制改学校制已经有卅多年，但是书院制行之既久，读书人浪漫放纵的积习，崇尚名士派，一旦以军法部勒，都要整齐严厉，便以为受苦不过。

　　（二）重文轻武的成见太深，以为读书人是治国治民的，或者是做工程师、教育家、农商业专家的，不服武人用军法来管理。

　　（三）与第二种原因有密切关系，以为我们是大学生，你们这些军官，程度不够，不配来管我们。

　　我们要知道和平大同是离现在极远的事（据优胜劣败的生物学说，这是永远不会有的事）。自从人类有历史以至现在，国家与国家，民族与民族，常有不断的战争，石器时代用石器战争，铁器时代用铁器战争，现在飞机、坦克车时代用飞机、坦克车战争，过去与现在如此，将来亦必如此，战争的知识要极新，战争的精神要极强，这种民族总不至于灭亡。

　　整个民族与一个人相似，要随时提心吊胆，振作精神，李存勖苦战十年，遂灭汴梁，其后做了几年舒服的皇帝，养成骄惰的习惯，遂不免死于伶官之手。李从珂随其养父李嗣源身经百战，遍体金疮，其后做了几年皇帝，勇气全失，不敢身临前敌，卒至举族自焚。整个民族也是这样，远之罗马，近之法兰西，战斗精神一旦消失，就不免于不可救药的失败。唐太宗几乎征服整个亚细亚，到了三百年后他的子孙僖宗、昭宗，被黄巢、朱温赶得东奔西走，国破家亡。成吉思汗几乎征服整个世界，到了一百年后,他的子孙元顺帝被徐达赶出北京,身死河漠,都是为承平安逸所误,战斗精神消失的原故。

儒教本来是很柔弱的,但经孔子改革之后,变为强健了。他提出"妊金革,死而不变","有杀身以成仁,无求生以害仁","执干戈,卫社稷"等到重要教训,以鼓励读书人的战斗精神。

有了战斗精神,就要有战斗知识和战斗本领,所以要全民族服兵役,大学生也不能例外。现在大学生所受的军训,都是初级的新兵训练,根本用不着学识优良的军官来做教官,在德国司初级新兵训练的人,叫做 Unteroffizier,大半是孤儿院出身的,终身不许进军事学校,不许做官长,作战时是最重要分子,所指挥者不过十余人。年纪大了,大半改充警察,但是无论大学教授或大学生受新兵训练之时,都是归他们教练,手执皮鞭,不服教令者就用皮鞭鞭打,并不因为新兵是大学教授或是大学生,稍存客气。

不但德国如此,凡行征兵制的国家莫不如此,做新兵的只要服从纪律,顺受命令,大学教授、大学生和苦力工人毫无分别,大学教授、大学生的头位和履历,到了做新兵的时候,都是一概收藏起来,此时只有纪律和命令,没有学问程度。

拿教育来说,幕梭里尼不过初中毕业,希特勒高小还未毕业,史达林曾做过强盗,抢银行钞票来用于革命。但是意国、德国和苏俄全国许多有学问的人都一致服从他们三人,并不因为他三人学问程度不高,说他三人不配做领袖。

严格的军事训练要把新兵练成机械一样。一九三二年我到柏林,我看见好几万国社党党员在柏林公共体育场欢迎希特勒,希特勒坐飞机准时到达,几万人同时举右手致敬之后,排成队伍,倒在地上,排成 Hitler 六个字母,不久复起立,仍旧队伍整齐,毫不错乱。

我们要认清我们四万万七千万人是世界伟大民族,不是倭奴所能毁灭的,但是我们读书人过去太落伍了,科学知识比现代水准差得太远。我们读书人过去太浪漫放纵了,以服从命令为耻辱,以严守纪律为拘束。果报不爽,大难临头,现在所受种种灾难,都是过去读书人落伍,浪漫放纵的自然结果。振作精神,痛改前非,光明的前途,伟大的将来,我远远的已经看得很清楚了。

　　（此文原刊于民国二十六年六月（1937 年 6 月 6 日）《广西日报》星期专论,录自秦道坚编撰:《马君武博士生平事迹》,1980 年;中国国民党中央委员会党史委员会编印:《马君武先生文集》,1984 年,第 295—298 页）

民族胜利三要素:道德·知识·身体

（一九三八年五月）

　　诸位先生！诸位同学！华中大学的声誉,已经听得很久了,可惜我到武汉,机会不多,没有早来参观贵校。辛亥革命的时候,我到过武昌,担任起草临时政府大纲的事,然而在那里只住了五天;民国十六年,到过武昌一次,可是住在船上,很少上岸游玩的机会;去年国军从南京退出,我在武昌住两天,以后参政会在汉口开会,我又去武昌两次,可惜的是几次短时的勾留,没有来贵校参观过,这次抗战期中贵校搬到桂林,桂林是我生长的地方,今日能与诸位在此见面,我谨代表桂林地方的人,向诸位表示欢迎！

　　桂林是向来没有大学的,民国十七年,广西大学成立,地址不在桂林。当西大开始成立的时候,大家以为广西地方很穷,一切的天然物产,都没有开发,学校应该侧重在应用科学方面,所以广西大学,当时分为理农工三学院,西大的文法学院,是民国二十五年后,设立于桂林的,我们也在那年告退了,理工学院设在梧州,农学院设在柳州,这三个地方的学院组成了今日的广西大学！

　　近代有些人,对于大学,有些错误的观念,以为大学须多开速成班,一二年修学就够了,何苦须读四年呢？实际上一二年的光阴,很难研究学问,像采矿冶金等的课程,两年是难有成就的,西大的速成班,现在已少开了,对于学问,我们不能抱速成的眼光,它一定要经过相当年限与努力的！学校是把人造成一把锁匙,将它磨到一定程度,去开社会的门的,一定要经过相当的琢磨功夫,近代的国家,是建筑在高深学问上面,教育是应该提倡到一定的水准的。比利时是欧洲的小国,面积不过如中国的一省一县,然而大学却是很多;邻近中国的日本,三十多年前,大学不过是少数,然而近三十多年来,进步已很有可观了。我在一九〇〇年到一九〇五年,在日本念书,看见晚间沿街货摊做买卖的人,个个读报章杂志,人家热心求学的精神,是何等的普遍了。

现在中日战争已经爆发了,实际上一个国家对于战争,是不能免的!自有史以来,每年都有战争,因为人口增加,而物产却是有限,我们要成立一个国家,一定要预备战争,过去我们,太避免对外战争了,然而几十年的内战损失,却不亚于一次外战,可是内战是没有进步的,对外的抗战,才能于比较中看清自己的弱点,晓得自己的民族缺乏是什么,我们几十年来的内战,结果是不能认清人家,久用陈腐的步枪大刀,不能与人家的新兵器相抗衡,这次抗战中牺牲的人,是不知若干了!大家都知道,广西在这次抗战中,出了四十万军队,去年十月,在汉口看见由广西出发的兵士,脚上是草鞋赤脚,肩上背着一杆步枪,身上穿的是单衣,我们穿有袍子还冷,而他们却穿着单衣,终日在风雪中行走,心中是难过极了!

我们广西,提倡四大建设,一、军事,二、政治,三、经济,四、文化,这四个纲领,正像一个凳子的四只脚一样,应该建造一样齐的,才能将凳子放好,可是过去这四只脚发展得太不平均,成了一个四脚不齐的凳子,不然,四十万人的效命疆场,成绩是一定更有可观的!

今后我们要努力生产,挽回经济上不良现象,培植适当的人才,现在举淘金做个例子吧:淘金在广西用冲洗法,一步一步的将砂洗去,可是方法太旧了,冶金用盘了洗,据冶金学家说,这样的老法,只能够得到百分之十五的金子,其余的百分之八十五是抛弃了;广西年产三千万两金子,内中所失去的百分之八十五的金子,是多么大的一个数目!广西何得不贫呢?各位今日到桂林来,将来给广西一个好印象,晓得学问靠速成是不行的,人才是紧要的,将来大家认识大学究竟是个什么东西,所给与社会的究竟是什么。现在除了华中外,交通大学、唐山学院、浙江大学、同济大学都搬来了,大家将来所受的赐与,一定是很大的。

对于抗战,我认为:一个优秀胜利的民族,须得具备三种要素:一、道德,二、知识,三、身体。

一、道德——中国人对于道德,有的太低落了,贪赃枉法的事,是多极了,从前的汉阳铁厂与日本的小幡铁厂,中国的招商局,与日本的邮船会社,都是同时发起的,可是因为中国方面贪污很厉害,弄得到了今日,已不能与人比美了!中国的空军,建立也有很多年了,假使自始至终，没有贪污的人，到今日，不会受人家这样的残害了。广西向来惩办贪污很严，湖南主席张治中，到任后就检举贪污。这实在是一个救国的好道路，中国全国都应当如此做——每个国民更应当建造好的道德，才能助政府完成复兴民族的希望！

二、知识——社会上每每看重知识是青年的专有品，时常使得知识与实际生活分离，各处组织学生军，出发前方，仅仅担任宣传的事，他们以为大学生，只能做做宣传工作，不能在疆场上与敌人相争，这种事实的结果，使得需要理工人才的机械化部队，给无知识的士兵管理，因此时常闹出些笑话，像士兵认不得大炮表尺，坦克车不能好好运用，国家蒙受重大的损失。今后我们要认清，教授学生都是国民的一份子，都应该替国家做事，国民都是站在同一的战线上，不会有什么特殊的地方！

三、体力——我从前在外国读书，看见外国学生，在铁厂工作，拉风烧炉，做得很好，然而一些中国学生，却做不来了！前方打仗，是在泥水中过生活，没有好的身体，就不行了！大家要各自保养自己的身体，保养中，应当注意的是一、营养，二、练习，在今日的国难中，我们应当吃富有营养品而价值便宜的食品，每天吃的糙米，就是其中之一，德国的黑面包，是平日的食料，吃的下都是长得很好的，还有人以为糙米不易消化，实际上糙米是比白米容易消化的，更厉害的是白米容易发生脚气病，我们应当每天吃糙米。再广西山地很多，桂林的门前，却有很多的山，大家多走走山路，很可以练习身体，各位可好自组织起来，练习自己做一个复兴中华的勇士，中国四万万五千万人口，在整个世界人口十六万万的数目中，大家能振兴起来，不强盛是没有天理的！田中义一要拿日本去征服世界是假的，只有我们才是真的！

（此文系马君武先生于民国二十七年五月(1938年5月)在华中大学演讲，录自秦道坚编撰:《马君武博士生平事迹》,1980年;中国国民党中央委员会党史委员会编印:《马君武先生文集》,1984年,第298—302页）

★梅贻琦

梅贻琦(1889—1962),字月涵,祖籍江苏武进,生于天津,中国近代教育家。1908年毕业于南开学堂。1909年赴美国留学,次年入伍斯特理工学院学习电机工程。1914年获工学士学位。同年秋回国。1915年任清华学校教授。1921年以公费赴美国芝加哥大学进修,1922年获机械工程硕士学位。同年回国,继续任教于清华学校。1925年被选为教务长。1928年11月受命为清华留美监督处监督。1931年任清华大学校长。主张办大学的目的,一是研究学术,二是造就人才。认为清华大学在学术上要向高深专精方面努力。1937年抗日战争爆发后,清华大学、北京大学、南开大学三校南迁昆明,成立西南联合大学,当选为西南联大校务常务委员会主席。1948年客居美国。1955年转至台湾,任新竹清华原子研究所所长。在校长任职期间,他加强对师资人才的严格遴选和延聘,同时积极推行教授治校制度。他认为:"所谓大学者,非谓有大楼之谓也,有大师之谓也。""昔日之所谓新旧,今日之所谓左右,其在学校,应均予以自由探讨之机会,情况正同。此昔日北大之所以为北大;而将来清华之为清华,正应于此注意也。"他继承了蔡元培的"五育"思想,尤其重视教师的师德,也强调人格与爱国,要求即将出国留学的学生:"不要忘记祖国","不要忘掉自己","务要保持科学态度,研求真理"。清华大学得到了长足发展,全校发展成为文、理、工、法、农等5个学院26个系。

梅贻琦的教育思想集中体现在《清华学校的教育方针》《教授的责任》、《大学一解》、《五年来清华发展之概况》等文章中,收集于《梅贻琦教育论著选》(刘述礼、黄延复编,北京:人民教育出版社1993年版)

赠别大一^①诸君

（一九二七年五月二十八日）

　　诸君不久将在清华毕业，放洋游美，这是诸君在校数年以来所存的一个大希望。这希望不久就要实现了，诸君的快乐可想而知，所以凡校中师友当然要为诸君祝贺！

　　吾们祝贺诸君的意思，一小部分是因为诸君在校的工作完定了，一大部分都是因为诸君要得到一个大成功的机会。但是这个机会，不过使诸君有求得高深学问的可能，至于实在成功的多少，还要看诸君努力的程度如何，能不能利用这极宝贵极难得的机会到十足的地步。所以吾在祝贺之外，觉着应向诸君说几句劝勉的话。

　　诸君此去，在身心的各方面，一时都要受非常的刺激；就是衣食住，亦要改变常态。在这种急剧变化之中，最要紧的，是要守住了个人意志的平衡。因为诸君在美国，倘若穿洋服、吃洋饭，不大合乎洋式，是不必太介意的。反而言之，倘若把学业荒废了，终日竟颠倒于新大陆中繁华奢靡的社会里，那便是万分的可惜！诸君以前的同学，曾有过这样的，诸君或不至这样做。然即不至如此之甚，倘不能将轻重缓急，看得十分亲切，照定远大地方努力去做，亦便是平庸一流。不但辜负了国人的资财、师友的期望，恐怕亦不是诸君想去的初衷。

　　至于诸君到美国求学的方法，当然与在国内是一样的，无需多说。吾只愿诸君在那里，无论研究那种学问，考查那种事业，都要保持着科学家的态度，然后才能得到真实的学问，才能对于美国的事物得到允当的了解。这科学的态度，吾以为应有以下几种成分：第一不要预存成

---

　　① "大一"指游美预备部毕业班。

见;第二要探究事实;第三要根据事实,推求真理;第四要对于真理忠诚信守。

诸君所去的美国,与我们的国家有许多不同的地方。美国的社会里面,有很好的,亦有很坏的;有吾们要极力取法的,亦有我们应极力避免的。在从事于研究选择的时候,就要抛弃主观的思想,务从实际上考查,才能得到一种确当的结论,然后带回国来施用,才能不发生危险。再说诸君在美的这几年,亦正是世界上经受巨大变化的时期,将来有许多组织或要改革,有许多学说或要变更。吾们生在这个时候,不能不受他们的影响,亦不能不将他们看清楚了,好做取舍的决定。这样我们应保持科学家的态度,不存先见,不存意气,安安静静的去研究,才是正当的办法,才可以免除将来冒险的试验、无谓的牺牲。

诸君当临别的时候,预备正忙。赠别的话,不宜太多,所以吾最后只要劝诸君在外国的时候,不要忘记祖国;在新奇的社会里面,不要忘掉自己;在求学遇着疑难问题的时候,务要保持科学的态度,研求真理。

（此文原刊于《周刊·暑期增刊》,1927 年 5 月 28 日,见刘述礼、黄延复编:《梅贻琦教育论著选》,北京:人民教育出版社 1993 年版,第 3—4 页）

清华学校的教育方针

（一九二七年十二月）

　　清华学校自民国前一年开办以来，至民国十四年夏间，系专为预备学生留美而设，至是年秋，始设大学部，其教育方针为之一变。在专办预备留美时期，校内之问题简单，学程要以使学生程度适合于美国大学制度为准。今该部学生尚有两班，不久将行结束。大学部开办至今，二年有半，事属初创，计划多未周备，然将来尽全校之力以谋发展，则数年之后，或将有所贡献于社会。兹将清华设立大学部之方针，约略述之，以为关心清华者鉴察焉。

　　清华大学之教育方针：清华大学之教育方针，概括言之，可谓为造就专门人材，以供社会建设之用。此目的约无以异于他大学。但各校因处境之不同，或主张有别，则其所取途径亦自各异。清华之设大学，其一切计划，亦以应时代与环境之需要，以求达此目的而已。

　　学系之设立：就社会之需要言，各科人材，当皆为重要，但各系有为他校所已办，而成绩优良无需更设者；有因科门之性质不宜设立于清华者；亦有因一时设备难周须逐渐开办者，故本校现定有十系之专修学程。此十系计为国文学系、西文学系、历史学系、政治学系、经济学系、物理学系、化学系、生物学系、教育心理学系、工程学系。十系之属于普通所谓文理科者，为前列八系，其属于职工专修者，则有教育与工程二系。盖其他各系暂时未能设立之原因。不外以上所述之一，然商业系附于经济系，心理则与教育合组，至农业之不设专修学程者，因近查农业大学及专门学校之毕业生，多不适于改良农事之工作，使供与求不能恰合，故农系暂不设专修学程而致力于农业问题之研究。今年夏间与中华平民教育促进会商定加入定县华北农业科学试验场之工作，近且于邻近一二校,商量合办农业简易所,庶将来学生于毕业时,能各归乡里,实做改良农田之事业,此皆变更常规之处,求所以应社会之需要也。

工程系学科之组织,亦有与外间不同者。盖今日社会上所需要之工程人材,不贵乎专技之长,而以普通基本的工程训练为最有用。是以本校设立工程系之始,即以此为原则。凡工程学之基本知识,或属于机械,或关乎电理,或为土木建筑之要义,使学生皆得有确切的了解,及运用之能力,俾将来在社会遇凡关工程问题,皆能有相当的应付;且工程事业往往一事关系数门,非简单属于某一门者,在今日中国之工商界中,能邀致数专家以经业一事者甚少,大多数则只聘一工程师而望其无所不能。斯故本校之工程学程中,认普通之基本训练较若干繁细之专门研究为重要也。

学程之规定:清华大学学程为期四年,其第一年专用于文字工具之预备及自然科学与社会科学之普通训练,其目的在使学生勿囿于一途,而得旁涉他门,以见知识之为物,原系综合联贯的,吾人虽强为划分,然其在理想上相关连相辅助之处,凡曾受大学教育者不可不知也。学生自第二年以后,得选定专修学系以从事于专门之研究,然各系规定课程,多不取严格的限制,在每专系必修课程之外,多予学生时间,使与教授商酌,得因其性之所近,业之所涉,以旁习他系之科目。盖求学固贵乎专精,然而狭隘之弊与宽泛同,故不可不防。

毕业考试:专修学程四年修毕矣,所得学分足数矣,然而学生对于其所专修之学科是否已有系统的了解,贯彻的领悟,而能用其所学以应社会之需要,是不可不预为之测验。故各系学生于毕业之前,须受该系之毕业考试,考试及格,方为毕业,不然,虽已得限定之学分,只能认为已修毕某某课程若干门,而于某系之专门学识,非实有所得也。此法在英国及欧陆各国,行之已久;美国大学,近七八年来,渐多采用,以补救选课制之弊。中国行此制者尚少。在清华试行之初,办法与范围,尚须详慎拟定。总之,其目的非欲使其考者多经此一番烦恼,实欲藉师生之合作,以达此目标,庶知诸生所学较有把握耳。

体育:清华大学学程中尚有重要之一部,是为体育。凡在校诸生,每学期皆为必修,学分故不算在学分总数之内,然非体育及格者,不得与毕业考试。盖清华自近七八年以来,已舍其选手锦标之目的,而注意于各个学生之健康。观一二球队比赛之胜负,因无以知一般学生体育之如何,故必使在校各个学生,皆得受相当之训练,使其体力增长,能应将来做事之需要,而毋为心知之累,斯为体育之真目的,斯为在校学生人人必须注意之工作。至于选手比赛,所以使队员练习团体的合作守法的习惯,亦自有其价值在,然校际竞赛,往往过注意于结果之胜负,而忽视此竞赛之重要意义,乃使参加者与旁观者所受之训练,竟害多而利少,故今日学校体育之大目的,当在彼不在此也。

此外,如大学院之设立,及留美公开考试之举行,皆为清华大学发展之重要部分,将来当量度情形,逐渐进行。至详细规划,尚有待于当局之审定,兹篇不多及也。

（此文原刊于《周刊》第 426 期,1927 年 12 月,见刘述礼、黄延复编:《梅贻琦教育论著选》,北京:人民教育出版社 1993 年版,第 5—7 页）

就职演说

（一九三一年十二月四日）

本人离开清华，已有三年多的时期。今天在场的诸位，恐怕只有很少数的人认识我罢。我今天看出诸位里面，有许多女同学，这是从前我在清华的时候所没有的。我还记得我从前在清华负责的时候，就有许多同学向我请求，开放女禁，招收女生。我当时的回复说，招收女生这件事，在原则上我是赞成的，不过在事实上，我认为尚须有待。因为男女的性别不同，有许多方面，必须有特别的准备，所以必须经过相当的筹备，方能举办。现在在我出国的三年内，当然准备齐全，所以今天有许多女同学在内，这是本人所深以为慰的。

本人能够回到清华，当然是极高兴的，极快慰的事。可是想到责任之重大，诚恐不能胜任，所以一再请辞，尤余政府方面，不能邀准，而且本人与清华已有十余年的关系，又享受过清华留学的利益，则为清华服务，乃是应尽的义务，所以只得勉力去做，但求能够尽自己的心力，为清华谋相当的发展，将来可告无罪于清华足矣。

清华这些年来，在发展上可算已有了相当的规模。本人因为出国已逾三年，最近的情形不很熟悉，所以现在也没有什么具体的意见可说。现在姑且把我对于今后的清华，所抱的希望，略为说一说。

一、我先谈一谈清华的经济问题。清华的经济，在国内总算是特别的好，特别的幸运。如果拿国外大学的情形比起来，当然相差甚远，譬如哥伦比亚大学本年的预算，共有三千六百万美金，较之清华，相差不知多少。但是比较国内的其他大学，清华的经济，总不能算少，而且比较稳定了。我们对于经济问题，有两个方针，就是基金的增加和保存。我们总希望清华的基金能够日渐增多，并且十分安全，不至动摇清华的前途。然而我们对于目前的必需，也不能因为求基金的增加而忽视，应当用的我们还得要用。不过用的时候总要力图撙节与经济罢了。

二、我希望清华今后仍然保持它的特殊地位，不使堕落。我所谓特殊地位，并不是说清华要享受什么特殊的权利，我的意思是要清华在学术的研究上，应该有特殊的成就，我希望清华在学术研究方面应向高深专精的方面去做。办学校，特别是办大学，应有两种目的：一是研究学术，二是造就人材。清华的经济和环境，很可以实现这两种目的，所以我们要向这方面努力。有人往往拿量的发展，来估定教育费的经济与否，这是很有商量的余地的。因为学术的造诣，是不能以数量计较的。我们要向高深研究的方向去做，必须有两个必备的条件，其一是设备，其二是教授。设备这一层，比较容易办到，我们只要有钱，而且肯把钱用在这方面，就不难办到。可是教授就难了。一个大学之所以为大学，全在于有没有好教授。孟子说："所谓故国者，非谓有乔木之谓也，有世臣之谓也。"我现在可以仿照说："所谓大学者，非谓有大楼之谓也，有大师之谓也。"我们的智识，固有赖于教授的教导指点，就是我们的精神修养，亦全赖有教授的 inspiration。但是这样的好教授，决不是一朝一夕所可罗致的。我们只有随时随地留意延揽而已。同时对于在校的教授，我们应该尊敬，这也是招致的一法。

三、我们固然要造就人材，但是我们同时也要注意到利用人材。就拿清华说罢，清华的旧同学，其中有很多人材，而且还有不少杰出的人材，但是回国之后，很少能够适当利用的。多半是用非所学，甚且有学而不用的，这是多么浪费——人材浪费——的一件事。我们今后对于本校的毕业生，应该在这方面多加注意。

四、清华向来有一种俭朴好学的风气，这种良好的校风，我们希望今后仍然保持着。清华从前在外间有一个贵族学校的名声，但是这是外界不明真象的结果，实际的清华，是非常俭朴的。从前清华的学生，只有少数的学生是富家子弟，而大多数的学生，却是非常俭朴的。平日在校，多是布衣布服，棉布鞋，毫无纨绔习气。我希望清华今后仍然保持这种良好的风气。

五、最后我不能不谈一谈国事。中国现在的确是到了紧急关头，凡是国民一分子，不能不关心的。不过我们要知道救国的方法极多，救国又不是一天的事。我们只要看日本对于图谋中国的情形，就可以知道了。日本田中的奏策，诸位都看过了，你看他们那种处心积虑的处在，就该知道我们救国事业的困难了。我们现在，只要紧记住国家这种危急的情势，刻刻不忘了救国的重责，各人在自己的地位上，尽自己的力，则若干时期之后，自能达到救国的目的了。我们做教师做学生的，最好最切实的救国方法，就是致力学术，造成有用人材，将来为国家服务。

今天所说的，就只这几点，将来对于学校进行事项，日后再与诸君商榷。

（此文原刊于《校刊》第341号，1931年12月4日，见刘述礼、黄延复编：《梅贻琦教育论著选》，北京：人民教育出版社1993年版，第9—11页）

学问范围务广,不宜过狭

(一九三二年六月一日)

此次纪念周是本学期最末的一次。因为从下星期一起,就要举行学年考试。纪念周即当暂停举行。今天请袁希渊①、施嘉炀②两先生分别讲演。袁先生新从西北考察返平。本校敦请担任地理学系主任事务。现在先请袁先生讲述地理学概要及发展计划。惟上星期一陈席山③先生因事未出席讲演。在历次纪念周会各系讲演中,仅缺生物学一系。本学期纪念周既将停止,拟请陈先生将讲稿在校刊上登出,以当讲演。这三个月里诸位听了这多次的讲演,对于各学科要点,当已得到不少的了解。本校举办这些系的目的,固然是希望学生获得一技一艺之专长,以期立身致用于社会。同时盼大家在注意本系主要课程之外,并于其他学科也要相当认识。有人认为学文学者,就不必注意理科;习工科者就不必注意文科,所见似乎窄小一点。学问范围务广,不宜过狭,这样才可以使吾们对于所谓人生观,得到一种平衡不偏的观念。对于世界大势文化变迁,亦有一种相当了解。如此不但使吾们的生活上增加意趣,就是在服务方面亦可以加增效率。这是本校对于全部课程的一种主张。盼望大家特别注意的。

(此文原刊于《校刊》第 412 号,1932 年 6 月 1 日,见刘述礼、黄延复编:《梅贻琦教育论著选》,北京:人民教育出版社 1993 年版,第 17 页)

---

① 袁希渊,即袁复礼,著名地质、地层及考古学家,时任清华大学地理学系教授兼主任。

② 施嘉炀,著名水利及火力发电工程学家,时任清华大学土木工程学系教授兼主任,曾数度长清华大学工学院院长。

③ 陈席山,即陈桢,著名动物学家,时任清华大学生物学系教授兼主任。

大学的意义及学校之方针(节选)

——欢迎新同学的几句话

(一九三二年九月十二日)

今年吾们欢迎新到校的同学,觉得更有些意义。因为今年新来的一班比往年那一班的人数都多;还因为当这个国家多难的时期,又在一个很有危险性的地域之内,竟有这么多的青年来同吾们做学问,所以吾们这次欢迎诸君亦比欢迎往年新同学的时候,更觉欣慰。

吾们相信一个大学,不必以学生人数的多少征验它的成绩好坏,或是评定它的效率大小,不过在人数还不太多的时候,吾们很愿意尽量的录取,为的是可以多给些青年以求学的机会。所以既本着这个意思,又因为北平有几校今夏不招考,吾们这次录取的人数不只是多,实是逾量的多了。吾们那时是鉴于往年录取新生,总有数十人不到校,所以按照新宿舍现有容量,多加了二成,作为新生名额,万一诸君到校的超乎吾们所计算的人数之外,吾们当然不能拒绝,不过宿舍一切,大家都要多挤些,暂时从权些才好。

诸君大部分是由中学毕业出来的,一小部分是由别的大学转来的。大学与中学的办法不同;就是同是大学,各校的政策、风气亦有很多不同之点。本校的历史与本校的方针计划不久可以有机会与诸君谈谈,现在当诸君初入这个校园的时候,吾有几句话愿意先同诸君说一说。

1.诸君由中学出来再入一个大学,想研究些高深学术,这个志向是可贵的。诸君入了大学,还要父兄供给四年的费用,这件事在今日,就大多数而论是很不容易的;况且就今年说,诸君每一个人考取了,便有六七个未曾取上,这个机会亦算是难得的。那么诸君到校之后,千万要抱定这个志向,努力用功,不要让这个好机会轻易错过。清华在中国可以算是一个较好的大学,固然它的不完备的地方,亦还很多,诸君到这里,吾们盼望不必太注意风景的良好,食往的舒适,诸君要多注意在吾们为诸君求学的设备,并能将这个机会充分的利用。

2. 清华的风气向来是纯净好学的,这亦可以说是因为地势处在乡间,少受城市里的牵动,其实大原因还是在本校师生一向注重学问,顾全大局,所以虽亦经过几次风波,大家的学业未曾间断,这是在国内今日很难得的现象。但是一个学校的风气养成很难,破坏却很容易,诸君现在已是清华一分子,在今后四年内,诸君的行动要影响到清华风气的转移的一定不少,吾们盼望诸君能爱护它,保持它,改良它。吾说"改良",因为吾们知道还有许多地方是不整齐,或是大家还没有十分注意的。在一个大团体里虽是很小的事(在一个人独居的时候,很不必注意的),倘若随便起来,也许发生很坏的影响。所以如同宿舍的安静,食堂的整洁,以及图书馆的秩序,虽都是课外的问题,亦于大家的精神上很有关系,为公众利益起见,各个人都应当特别注意。

3. 吾们在今日讲学问,如果完全离开人民社会的问题,实在太空乏了,在现在国家处于内忧外患紧迫的情形之下,特别是热血的青年们,怎能不关心? 怎能不着急? 但是只有热心是不能于国家有真正补助的。诸君到学校来是为从学问里研求拯救国家的方法。同时使个人受一种专门服务的训练,那么在这个时期内,诸君要拿出恳求的精神,切实去研究。思想要独立,态度要谦虚,不要盲从,不要躁进,吾们以前吃亏的地方,多半是由于事实没认清楚,拿半熟的主义去作试验,仿佛吃半熟的果子,不但于身体无益处,反倒肚子痛。古人有一句话说:"七年之病,求三年之艾,苟为不蓄,终身不得"这个意思,吾们可以引用,就是吾们要解决的中国的大问题,并不是一两月或一两年的事,虽然是急难当前,吾们青年人还是要安心耐性,脚踏实地的一步一步去探讨,如果四年之后,诸君每人能得到一种学识或技能,在社会上成一有用人才,可以帮助国家解决一部分的困难,诸君才算对得起自己,对得起社会,这亦就是吾们向诸君所最希望的。

(此文原刊于《周刊》暑期增刊,第 9、10 期合刊,1932 年 9 月 12 日,见刘述礼、黄延复编:《梅贻琦教育论著选》,北京:人民教育出版社1993 年版,第 20—22 页)

在 1933 年度秋季开学典礼上的讲话

（一九三三年九月十五日）

今天是本校又一新学年的第一天，新旧师生得以集会一堂，这大概是数月前所未想到的。当外患紧急，北平附近势将发生变化的时候，无论当日身临其境，或远在外地者，恐都未想到本校今天还能照旧向前进；师生还能继续课业。现在我们既然仍得到这求学机会，就应善为利用，特别努力去工作。

今年新同学又增加了二百余人，这是很可欣喜的事。一二星期前本校旧同学为欢迎新同学，要出一种刊物，请吾在上面写几句，吾因为事忙，未得写出来，今天趁这机会，特先向新同学说几句话。不过今天所要说的话，与去年的今日所说的大致相同；因为吾们所期望于新同学的，所要劝勉鼓励他们的，人虽不同，意思都是一样的。

新同学入校后，即为本校一分子，当然就希望学校好，事事都向顺利方面走。那么新旧同学都一样的负有维护它的责任。因为如要学校好，也一方面要看同学们行动如何；因为每个人的行动，关系学校极大，希望大家遵守秩序，保持良好校风，这是要新同学多多注意的。当然旧同学又负了一部分领导的责任，更要注意。

近来外间对本校常有批评，说是环境太舒适。这恐也是事实。因见有些同学在校四年，毕业后，仍不愿他适，甚或有了事，因为事情太小，或居处不方便，而不愿去就。吾们负教导责任的，听了十分惭愧。虽说本校设备上及卫生方面，或许比较讲究一点，但是吾们的本意，不过为使诸君能藉此增进健康，减少疾病。这是我们所希望的。如以为环境舒适在此享受，将来到社会上便不能吃苦，不愿吃苦，则非所望于诸君的。诸君新到校的，特别要认清这一点。

再外间有人说本校"洋气太重"，不知这话究何所指？如仅以洋服洋餐而论，恐未见比校外为重，而且无论多少，吾以为皆无关宏旨。但如吾们认为外国人大都能勤苦耐劳，办事认真，公私清楚，不因循，不敷衍，不拖泥带水。我们如果有这点洋气，那么我们不必惭愧，并且要时刻保持的。

诸君到校后，无论入那一系，习那一科，经教授指导途径后，真实的功夫，要自己努力去做。而在自己一方面，尤其是思想上，要具有自动的力量；要用自己脑筋去判别索求。不然教授虽热心灌输，恐亦不能灌入。况且现在吾们耳目所接触的各种学说、各种理论不知多少，在学术的立场上，或都有研究的价值，学者思想尤贵自由，但是青年意志容易浮动，最应在起始时注意，不可操切，不可盲从。总要平心静气去研求，才能真得益处。

还有一点此时要稍为说明的：闻一年级新同学愿学理工者占大多数。自一方面看来，自是很好的现象。这大概是因为社会方面近来注重理工之故。理工为实用科学，固宜重视，但同时文法课程，亦不宜过于偏废。就本校说，最初办理较有成绩的理科之外，文法数科亦并不弱。现在本校工院初创，理工方面固应亟谋发展，但于文法各系也要使它有相当的进展。这一点外人不免忽视。本年一年级新生并不分院系（工院除外），大家在初入校时，可不必即决定入何系，最好在此一年之内细细体察自己志趣所在，性之所近，究习何科较为适当，然后再决定选习，方无匆率勉强之弊。

今天行开学礼，同时为表示欢迎新聘的及休假出国返校的教师，诸位中还有尚未到校的，已经来校今天在座者，稍迟再为诸同学介绍。现在想把关于本校经济方面及新发生的事业，向诸位同人同学作简略的报告：

一、本校经济状况　今年庚款停付的提议，未成事实。不过现在尚未能按月拨付，去年由三月起至本年二月停付一年。现在本年三四五月庚款已陆续领到，六月份的尚未拨付，大约不日可以拨到。至七八月拖欠的，现本校正与中基会设法催财部补齐。将来经济状况逐渐恢复后，则本校事业可以按序进行。

二、增加留美学额　政府及教育部当局前以金价高涨，公家及私人不能多供给学生出洋,很希望有几个学术机关量力选派。本校奉命增加留美学额,选送实用人才,以应国需。但此亦甚影响于本校将来经济状况,因嗣后庚款之余款,应拨归基金。现在余款另有用途,则拨存基金之数减少。惟政府的期望于社会的要求,既如此之切,本校又不好不设法应付,所以暂定考选办法以三年为限。此次考试,已于八月举行,结果尚未揭晓,因有阅卷人前赴四川科学社年会未回,尚须稍待。考选名额定为二十五人,对于成绩经验,特别注重。应抱宁缺勿滥之旨。

三、扩增农科　自从今春农村复兴委员会开会之后,政府对于改良农业,救济农村经济,特别注意。今夏教育部令本校筹办农学院,当时奉令之下,很为踌躇。因为农科大学毕业生之无补于农村改进,几乎是国人公认的事实,况且在清华附近,又已有北平的农学院,及保定的农学院。所以吾们认定了农学院设系招生的事,是可以缓办的。但是政府既要吾们在这方面去帮忙解决,吾们就应该向有切实效用方面审慎去做,然后对于国家方可有点贡献。故现在先办农事试验场,聘请专家研究关于农科之各项重要问题,俟研究得有结果,再行设法推行,使农民得以利用。至于为推行事业,是否需要农科大学毕业人才,尚须将来再定,目前只待政府拨给地方,即可使农场开办。

(此文原刊于《校刊》第 518 号,1933 年 9 月 15 日,见刘述礼、黄延复编:《梅贻琦教育论著选》,北京:人民教育出版社 1993 年版,第 51—53 页)

体育之重要

(一九三四年十一月十二日)

　　今天请体育部主任马约翰先生讲述体育问题。体育至关重要,人所尽知,特别在我国目前的国势之下,外患紧迫之时,体育尤应人人去讲求。身体健强,才能担当艰巨工作,否则任何事业都谈不到。今天马先生所欲讲者,一方面要大家明瞭校内体育设施状况,同时要大家知道体育在今日之重要。从前教育注重智育、德育、体育三者,后又并重群育,希望能养成服务社会,团体合作的精神。青年对于学问研究,精神修养各方面,均须有人领导提倡,而体育主旨,不在练成粗腕壮腿,重在团体道德的培养。我国古重六艺,其中射、御二者,即习劳作,练体气,修养进德。后人讲究明心见性,对劳动上不甚留意,是以国势寝弱。吾们在今日提倡体育,不仅在操练个人的身体,更要藉此养成团体合作的精神。吾们要藉团体运动的机会,去练习舍己从人,因公忘私的习惯。故运动比赛,其目的不在能胜任选手,取胜争荣;在能各尽其可尽的能力,使本队精神有有效的表现,胜固大佳,败亦无愧。倘遇比赛,事先觉得无取胜可能,遂避不参加,忘其为团体中应尽的任务,是为根本错误。

　　(此文原刊于《校刊》第 612 号,1934 年 11 月 12 日,见刘述礼、黄延复编:《梅贻琦教育论著选》,北京:人民教育出版社 1993 年版,第 62 页)

致全体校友书(节选)

(一九三六年四月)

　　琦以民国二十年秋,奉教部之召,自美返国,继翁前校长之后,勉承其乏。光阴荏苒,瞬及五载。自维德薄能鲜,无多建树;且此五年之中,国难日趋严重,因而校外事务之因应,至为频繁,由令琦生时力不继之惑。所幸一切校务,上承政府当局之指导,内有全校同仁之辅助,外获校友诸君之策励,用能于环境困境之际,逐渐发展;此则琦之私心至以为慰,而亦深感各方之合作者。兹者,忻逢本校二十五周年纪念之期,举校欢忭;我散处全球之数千校友,亦将同于次日此时,致其热烈之庆祝;一以纪念过去之艰难缔造,一以懔念未来之发荣滋长。琦不敏,用将校务进展之状况,与夫将来之计划,择其重要者,分别为我爱护母校之诸校友一言其概略;或亦我校友诸君之所乐闻欤。

　　一、本校之扩为大学,始自民国十四年,至今不过十年耳。过去五年,正为大学成长充实应经之重要阶段。此五年中吾人所努力奔赴之第一事,盖为师资之充实。吾人常言:大学之良窳,几全系于师资与设备之充实与否;而师资为尤要。是以吾人之图本校之发展,之图提高本校之学术地位也,亦以充实师资为第一义。至其实况,可于下列三事见之。第一,教师人数之增加。本校二十年度时,全校教师计为教授七十三人,讲师四十二人,教员七人,助教三十二人,导师五人,共计一百五十九人。至二十一年度时,则教授增至七十八人,讲师四十四人,教员十二人,助教三十六人,导师三人,共计一百七十三人。至本年(二十四年)度则教授增至九十九人,讲师三十五人,教员二十一人,助教六十五人,导师一人,共计二百二十一人矣。此就人数方面言之也。第二,国外学者之延聘。吾人以为将欲提高国家学术水准,端赖罗致世界第一流学者,来华讲学。是以年来对于此点,尤特注意。数年之内,外国学者来游中国,本校得以邀聘来校作短期讲演者,如郎哲曼（Longevin）①、如郎密尔（Langmuir）②、如何尔康（Hocombe）③、如杰克生（Jackson）④,虽每人讲演多者不过二三次,而本校得与观摩谈论,获益当非浅鲜。至本年更进而聘约来校长期讲学者,计有哈德玛（Jacques Hardamart）、温纳（Norbert Wiener）、华敦德（Frank Wattendorf）诸君。哈德玛为巴黎大学副教授,中央实业学校教授,现任法兰西学院教授,国家学术院会员,世界算学会副会长,世界算学教育委员会会长;温纳为美国麻省理工大学算学教授,于近代算学之应用,尤多发明;华敦德向在美国加省理工大学研究,于航空之理论与经验皆有精深之造诣。此数君之来校或期以数月,或一二年,吾校师生利用此时机作学术之探讨,其成就必有逾乎寻常者。此就师资之质的方面而言之也。第三,各系学科之增加。本校各系所开学门,计二十年度为 365 门,二十一年度为 444 门,本年度则为 512 门。增加之速,于此可见。此就师资充实后之效率言之也。总之,师资为大学第一要素,吾人知之甚切,故亦图之至亟也。

二、设备之充实。师资与设备为大学之两大要素,前已言之。是以在理论上言,吾人对于设备一端,不能不竭其所能,以求充实;此无他,欲以提高学术地位,有以资研究与教学之便利也。即就事实上言之,本校改为大学,不过十年,一切设备,初欠完备,加以年来学系与师生之人数,日在扩展之中,则设备之充实,为必不可缓矣。至于时局厄杲,吾人非不知之,然而一方面事实上有此需要,一方面吾人亦不宜徘徊瞻顾,趑趄不前,此盖今日办学者所共感之困难,而又无可如何者。无已,则惟有以最经济之标准,应最迫切之需要,庶费不浪用,而事无不举可已。关于设备之充实可略为分述者:第一,为校址之扩充。本校校址,原仅清华园本部,共约九百余亩。近以建筑物增加之故,迭经增购,计于西

---

① 郎哲曼,法国物理学家。
② 郎密尔,美国物理化学家,1932 年获诺贝尔化学奖。
③ 何尔康,美国政治学家。
④ 杰克生,美国法学家。

南两方共约增购三百余亩,又圆明园废址,因教部拟令本校增办农学部分,经中央拨归本校,作为农场之用,惟目前以种种关系,尚未充分利用耳。第二,为建筑物之增加。本校在十四年时,大学学生,不过九十三人;合前留美预备部计之,总共不过三百余人。现在校中设有文、理、法、工四院,共十六学系,学生人数已由三百余人增至一千三百零八人。是以一切教学、实验、住宿之地点,无不感觉不敷应用。遂于数年以前,呈准教部,渐事增建,以便应用。除加建图书馆、第四宿舍、(明斋)生物馆、气象台等,均系二十年一切完成者外;其二十年以后完成之建筑,计有水力实验馆一座,化学馆一座,机械工程馆一座,电机工程馆一座,航空工程馆一座,改建发电厂一所,添建男女生宿舍四座,添建新住宅四十所。第三,为图书仪器之添置。本校对于图书仪器之购置向极注重,近自十八年起,更规定每年以经费百分之二十充作图书仪器购置费,数年以来,未尝改变,故每年此项用款总在二十四五万元左右,除教学所需之工具外即各系研究之设备,虽不能为美(完)备,但确已树其始基矣。

三、研究事业之提倡。凡一大学之使命有二:一曰学生之训练,一曰学术之研究。清华为完成此使命,故其发展之途径不徒限于有效之教学,且当致力于研究事业之提倡。此在学术落后之吾国,盖为更不可缓之工作。关于此点之可述者:第一为研究院之进展。本校于民国十八年六月呈准政府设研究院,照本科各院系分别筹设研究所部,十九年夏开始招生。现设文、理、法三科研究所,本科研究所设中国文学、外国语文、哲学、历史学及社会学五部;理科研究所设物理、化学、算学、地学、生物、心理六部,(内社会、地学、心理学三部全于二十三年度暂停招生)。法律研究所设政治、经济二部。研究院院长及各所部主任现均由本校校长、各学院院长、系主任分别兼任。各部研究生人数,计二十年度为四十一人,以后渐有增加,本年则为四十三人;各系助教等之参与研究工作者尚不与焉。研究生之录取,悉以入院考试成绩为准。本校本科毕业生,自二十三年夏起,亦须经此考试,方得入院。研究院设有奖学金额若干名,每年成绩优良之研究生得领受之,奖金每年为三百二十元,分期付给。研究生之学程初定为三年,近遵部令改为二年,其已毕业者计二十二年为六人,二十三年为四人,二十四年为七人。研究生毕业以后,多半出国留学,再图深造,或在国内大学担任教职,总之对于研究学问,均能努力从事,始终不懈,将来于学术上可有贡献于国家者,数年之后,可以见之矣。第二农业研究所之设立。本所于二十三年创设,希以研究所得,贡之农村实用,以为改良农业,复兴农村工作之一端。现先办病害、虫害两组。以此两方面需要较切,而为国内各农事研究方面所不甚注意者也。工作拟定者,有河北省病虫害调查、河北省重要病虫害之防治、旧有防治法之调查与国产除害剂之试验、植物抗病种质选择与害虫天然节制法之研究、与应用有直接关系之纯粹研究等五项。第三为航空工程之研究。吾国近年于航空事业极力推进,然其困难问题,不在经济而在人才。航空之人才固分驾驶与工程两门,而工程人才尤为难得,盖此种人才之造就尤至不易也。是以本校工学院成立之始,即注意于国家对于特种工程之需要,如航空,如水利,如电信,皆特予发展。而航空自得资源委员会之资助与航空委员会之指示,进行尤为顺利。最近成立之航空工程馆内设有五呎试验风洞,足以作小规模之实验。今夏机械系毕业生中之选习航空组者,有八九人,可供国家之驱使,但事属初创,成绩未必大佳,然吾人本服务之精神,以继续之努力,期于将来或有所贡献耳。第四为学术刊物之增加。本校学术刊物,初仅有清华学报一种,创刊于民国十六年,年出二册,至今继续出版。但近年因稿件增多,自二十四年起,即以增为年出四册。此外又于二十年起,刊行理科报告,计分三种,每种年各刊行六次,专载本校师生对于理科研究之成绩。又自二十四年起,刊行社会科学一种,年出四册,专刊本校师生在社会科学方面之著述。此外自二十一年起,又有气象季刊之刊行。至于非定期刊物,如学术专著,如大学丛书,年有出版,其不经本校印行者尚不计焉。即此可见校内同仁努力研究之一斑,而亦足以告慰于校友诸君者也。第五为教师休假研究之办法。按本校定章,凡教师连续服务满五年以上者,得休假研究一年,此举自教师待遇方面言之,可视为权利,而自学校欲以提高师资方面言之,亦应视为义务。历年以来,大凡合于规程标准之教师,以学校经费限度所许,无不尽力于学术之探讨,或实地观察,故研究之结果,虽不必绳以定程,亦均有所表现也。

　　四、经费之调节。本校经常费用,纯恃美国第一批退还庚款。因退款之能按月领到他(实则二十一年二月至二十二年二月曾经停付一年),于是外间不察,遂以为本校经费,异常充裕,其实不然。按本校常年经费,自二十一年起,每年定为一百二十万元,而数年以来,事业扩充,突飞猛进,范围年有增加,如工学院之成立,如农业研究所之增设,为需款之尤多者,而经费之总数,依然如故;以是一切开支,至感拮据。虽然,国内经济状况,萧条已极,吾人处此,一方面对于事业固不能不力图发展,以应国家社会之需要,一方面对于经费之支出,则惟有极力调节,节彼就此,以求得更高之效率而已。近年之论大学费用者,每以学生人数多寡及每生用款之数为标准,此法实非正确。盖①学科不同,需费多少亦自不同,如理工必较文法为多;②学校对于图书仪器之设置费,多少有大相悬殊者;③研究事业之举办需费较多,而学生之能参加者,势必为极少数;④学校之在城市与在乡间者,其负担之用费,亦有多寡之不同也。但以极笼统之学生每人用费数目言之,则二十年度本校人数 749 人,每人约费一千四百元;二十一年度 909 人,每人约为一千二百元;本年度 1308 人,每人仅约九百三十元矣。此非欲作与他校之比较,但可略见本校用费之力求经济耳。

五、工学院之成立。按本校自改办大学以后,即有土木工程学系。(原附设于理学院)嗣以国家建设猛进,各项工程人才之需要,至为急迫;本校为应付此项需求起见,遂于二十一年呈准教育部,添设机械工程学系、电机工程学系,合原设之土木工程学系,成立工学院,现在以工学院之设备而言,则有土木工程馆、机械工程馆、电机工程馆、水利实验馆、航空工程馆,以及一切教学应用之仪器、机械,大体均甚完备。以言师资,则三系现共有教授二十二人,皆于学问经验各具专长。以言学生,则来习者,日益增加,本年人数占全校总数三分之一而强。以言学生毕业后之状况,以幸能获得各方之重视,每届毕业以前,即多有承外界预延服务者。此则工学院虽属新近成立,但经院系同人之努力,其基础已立,而将来之发展自无问题也。

六、为与国际学术界之沟通。盖今日之清华,已不仅为国内最高学府之一个,同时亦当努力负起与国外学术界沟通之使命也。①关于延聘国外学者,来校讲学,前节已言之矣,同时本校休假教授,赴外国研究,亦常有就近为外国大学挽任讲学者。②本校出版刊物,近已日趋学术化,近刊材料,泰半为实验和研究之结果,外国专门刊物,时有转载,或作提要、索引,即外国近来出版之专门教科书籍,亦时有以此种材料为引证之资,此其对于我国在国际学术上地位之提高,实至重且大也。③本校自二十四年夏起,与德国大学会订立互派研究生办法,去年本校派出三人,已分在德国大学作专门研究,进行良好;德国派来学生二人,亦均到校受教。此亦学术界互惠之盛举也。④本校自二十二年夏起,遵照部令,选派留美公费学生,以三年为期。每年定额二十五名,计二十二年考送二十五名,二十三年考送二十名,二十四年考送三十名。成绩均颇不恶,在美学生亦均佳良,而所习学科,亦系事先由本校呈商教部决定,期能适合国家之需要。⑤本校研究院毕业学生,其学业特优者,亦由校中资送国外,再求深造,为国外研究生,计二十二年派送三人,二十三年派送四人,二十四年派送四人,研究期限均为二年。

七、为贫寒优良学生之奖助。盖奖助贫寒优秀学生,本为国家教育政策之一,吾人自当极力体行。用是于二十三年度起,每年设立清寒公费生名额十名,清寒助学金名额四十名。前者每名每年津贴国币至多为二百四十元,后者每名每年津贴国币至多为八十元。办理以来,成效尚佳。此外近来校友捐款,纪念母校二十五周年,亦有在校设立贫寒学生贷款基金之议,此则尤应代清寒同学感谢校友诸君之厚谊于无涯者也。

八、为校友联络事宜之促进与对于校友职业问题之注意。本校校友之应联络团结,吾人前已一再言之;而校友中感觉需要,痛切言之者,尤不在少。是则校友团结,通力合作以谋母校与国家之幸福与利益,其理至明。至于校友职业问题,尤赖母校与其他校友,共同扶助,更不待言。关于前者,在校内则自二十年起,即在校长办公处附设毕业同学通讯处,冀以互通消息;又于二十二年促成同学总会,出刊校友通讯,藉以增进联络之便利。关于后者,亦在校长办公处内设有职业介绍部,竭其所能,以为校友求得展布学识之机会。所惜中国目前习惯,仍重个人介绍,不重机关之推荐,是以成效未能大著;此则尤有赖于校友间之互相协助矣。

以上所言,殆为此最近五年中校务进展之荦荦大者,至于将来计划,除于已办事业应继续推进外,约有数端,为以前报告所未及而必为校友诸君所急欲知其究竟者,特分别言之于次:

第一,为本校基金情形。按本校经费,系由美国第一批退还庚款拨付,除以一部分作为本校经常费及留美经费外,余数概拨入基金,以为本校久长之计。此基金自二十年夏起，概由中华教育文化基金董事会代为管理，截止现在，积存已有国币一千余万之数；估计积至庚款退还末年，即民国三十年为止，约可成二千余万之谱。

第二，为本校对于应付时局之态度。此可以一言明之，即："尽力维持，决不南迁"，是也。夫国难维已至此，然吾人决不可自坏其心理上之长城；大局虽不可知，然而吾人自己之职责，决不可放弃，万一不幸，本校亦当在此"水木清华"园中，上其"最后之一课"。国家虽弱，正气不可不存；此敢为诸校友报告者也。

第三，为本校近来拟办之新事业，即将在长沙举办特种研究是也。按中国素号以农立国，但农业不振，已达极点；危机之大，不容忽视，是以本校有农业研究所之设立，意即此也。然本校所重者在研究，而推广则不可不与他人共图之。适湖南有省立高级农业学校，着重推广农学新知，而湖南又为国内粮库要区，使研究与推广合力进行，必收事半功倍之效。本校审度事实，衡虑需要，遂商承教部拟定在湘工作计划，关于校舍及所需其他设备，最近即当筹划进行。此为本校事业之扩张，与所谓南迁迥异其致也。

总之，本校日后办学方针，仍将一秉初衷，努力迈进；期于训练人才，提高学术二端，增多贡献，以副国家社会期望之殷，而致我清华校誉于更高之地位尔。纸短心长，欲言不仅，惟我爱校诸校友，不吝指教，共图校务之进展，幸甚幸甚。

（此文原刊于《清华校友通讯》第 3 卷第 1 至第 5 期，1936 年 4 月，见刘述礼、黄延复编：《梅贻琦教育论著选》，北京：人民教育出版社 1993 年版，第 69—76 页）

大学一解

（一九四一年四月）

　　今日中国之大学教育，溯其源流，实自西洋移植而来，顾制度为一事，而精神又为一事。就制度言，中国教育史中固不见有形式相似之组织，就精神言，则文明人类之经验大致相同，而事有可通者。文明人类之生活要不外两大方面，曰己，曰群，或曰个人，曰社会。而教育之最大的目的，要不外使群中之己与众己所构成立群各得其安所遂生之道，且进以相位相育，相方相苞；则此地无中外，时无古今，无往而不可通者也。

　　西洋之大学教育已有八九百年之历史，其目的虽鲜有明白揭橥之者，然试一探究，则知其本源所在，实为希腊之人生哲学，而希腊人生哲学之精髓无它，即"一己之修明"是已（Know thyself）。此与我国儒家思想之大本又何尝有异致？孔子于《论语·宪问》曰，"古之学者为己"。而病今之学者舍己以从人。其答子路问君子，曰"修己以敬"，进而曰，"修己以安人"，又进而曰，"修己以安百姓"；夫君子者无它，即学问成熟之人，而教育之最大收获也。曰安人安百姓者，则又明示修己为始阶，本身不为目的，其归宿，其最大之效用，为众人与社会之福利，此则较之希腊之人生哲学，又若更进一步，不仅以一己理智方面之修明为己足也。

　　及至大学一篇之作，而学问之最后目的，最大精神，乃益见显著。《大学》一书开章明义之数语即曰，"大学之道，在明明德，在新民，在止于至善"。若论其目，则格物，致知，诚意，正心，修身，属明明德，而齐家，治国，平天下，属新民。《学记》曰，"九年知类通达，强立而不反，谓之大成；夫然后足以化民易俗，进者悦服，而远者怀之，此大学之道也"。

知类通达,强立不反二语,可以为明明德之注脚,化民成俗,近悦怀远三语可以为新民之注脚。孟子于《尽心章》,亦言修其身而天下平。荀子论"自知者明,自胜者强"亦不出明明德之范围,而其泛论群居生活之重要,群居生活之不能不有规律,亦无非阐发新民二字之真谛而已。总之,儒家思想之包罗虽广,其于人生哲学与教育理想之重视明明德与新民二大步骤,则始终如一也。

今日之大学教育,骤视之,若与明明德,新民之义不甚相干,然若加深察,则可知今日大学教育之种种措施,始终未能超越此二义之范围,所患者,在体认尚有未尽而实践尚有不力耳。大学课程之设备,即属于教务范围之种种,下自基本学术之传授,上至专门科目之研究,固格物致知之功夫而明明德之一部分也。课程以外之学校生活,即属于训导范围之种种,以及师长持身、治学、接物、待人之一切言行举措,苟于青年不无几分裨益,此种裨益亦必于格致诚正之心理生活见之。至若各种人文科学、社会科学学程之设置,学生课外之团体活动,以及师长以公民之资格对一般社会所有之努力,或为一种知识之准备,或为一种实地工作之预习,或为一种风声之树立,青年一旦学成离校,而于社会有所贡献,要亦不能不资此数者为一部分之挹注。此又大学教育新民之效也。

然则所谓体认未尽实践不力者有何在?明明德或修己工夫中之所谓明德,所谓己,所指乃一人整个之人格,而不是人格之片段。所谓整个之人格,即就比较旧派之心理学者之见解,至少应有知、情、志三个方面,而此三方面者皆有修明之必要。今则不然,大学教育所能措意而略有成就者,仅属知之一方面而已,夫举其一而遗其二,其所收修明之效,因已极有限也。然即就知之一端论之,目前教学方法之效率亦大有尚待扩充者。理智生活之基础为好奇心与求益心,故贵在相当之自动,能有自动之功,斯能收自新之效,所谓举一反三者,举一虽在执教之人,而反三总属学生之事。若今日之教学,恐灌输之功十居七八,而启发之功十不得二三。明明德之义,释以今语,即为自我之认识,为自我知能之认识,此即在智力不甚平庸之学子而不易为之,故必有执教之人为之启发,为之指引,而执教者之最大能事,亦即至此而尽,过此即须学子自为探索;非执教者所得而助长也。故古之善教人者,《论语》谓之善诱,《学记》谓之善喻。孟子有云:"君子深造之以道,欲其自得之也,自得之,则居之安,居之妥,则资之深,资之深,则取之左右逢其源,故君子欲其自得之也",此善诱或善喻之效也。今大学中之教学方法,即仅就知识教育言之,不逮尚远。此体认不足实践不力之一端也。

至意志与情绪二方面,既为寻常教学方法所不及顾,则其所恃者厥有二端,一为教师之树立楷模,二为学子之自谋修养。意志须锻炼,情绪须裁节,为教师者果能于二者均有相当之修养功夫,而于日常生活之中与以自然之流露,则从游之学子无形中有所取法;古人所谓身教,所谓以善先人之教,所指者大抵即为此两方面之品格教育,而与知识之传授不相干也。治学之精神与思想之方法,虽若完全属于理智一方面之心理生活,实则与意志之坚强与情绪之稳称有极密切之关系;治学贵谨严,思想忌偏蔽,要非持志坚定而用惰有度之人不办。孟子有曰,"仁义礼智根于心,则其生色也,晬然见于面,盎于背,施于四体,四体不言而喻"。曰根于心者,修养之实,曰生于色者,修养之效而自然之流露;设学子所从游者率为此类之教师再假以时日,则濡染所及,观摩所得,亦正复有其不言而喻之功用。《学记》所称之善喻,要亦不能外此。试问今日之大学教育果具备此条件否乎? 曰否。此可与三方面见之。上文不云乎? 今日大学教育所能措意者仅为人格之三方面之一,为教师者果能于一己所专长之特科知识,有充分之准备,为明晰之讲授,做尽心与负责之考课,即已为良善之教师,其于学子之意志与情绪生活与此种生活之见于操守者,殆有若秦人之视越人之肥瘠;历年既久,相习成风,即在有识之士,亦复视为固然,不思改作,浸假而以此种责任完全诿诸他人,曰"此乃训育之事,与教学根本无干。此条件不具备之一方面也。为教师者,自身固未始不为此种学风之产物,其日以孜孜者,专科知识之累积而已,新学说与新实验之传习而已,其于持志养气之道,待人接物之方,固未尝一日讲求也;试问己所未能讲求或无暇讲求者,又何能执以责人? 此又一方面也。今日学校环境之内,教师与学生大率自成部落,各有其生活之习惯与时尚,舍教室中讲授之时间而外,几于不相谋面,军兴以还,此风尤甚,即有少数教师,其持养操守足为学生表率而无愧者,亦犹之椟中之玉,斗底之灯,其光辉不达于外,而学子即有切心于观摩取益者,亦自无从问径。此又一方面也。古者学子从师受业,谓之从游,孟子曰,"游于圣人之门者难为言",间尝思之,游之时义大矣哉。学校犹水也,师生犹鱼也,其行动犹游泳也,大鱼前导,小鱼尾随,是从游也,从游既久,其濡染观摩之效,自不求而至,不为而成。反观今日师生之关系,直一奏独技者与看客之关系耳,去从游之义不綦远哉!此则于大学之道,体认尚有未尽实践尚有不力之第二端也。

至学子自身之修养又如何?学子自身之修养为中国教育思想中最基本之部分,亦即儒家哲学之重心所寄。《大学》八目,涉此者五,《论语》、《中庸》、《孟子》之所反复申论者,亦以此为最大题目。宋元以后之理学,举要言之,一自身修善之哲学耳;其派别之分化虽多,门户之纷呶虽甚,所争者要为修养之方法,而于修养之必要,则靡不同也。我侪以今日之眼光相绳,颇病理学教育之过于重视个人之修养,而于社会国家之需要,反不能多所措意;末流之弊,修生养性几不复为入德育才之门,而成遁世避实之路。然理学教育之所过即为今日学校教育之所不及。今日大学生之生活中最感缺乏之一事即为个人之修养。此又可就下列三方面分别言之:

一曰时间不足。今日大学教育之学程太多,上课太忙,为众所公认之一事,学生于不上课之时间,又例须有多量之"预备"功夫,而所预备者又不出所习学程之范围,于一般之修养邈不相涉。习文史哲学者,与修养功夫尚有几分关系,其习它种理实科目者,无论其为自然科学或社会科学,犹木工水作之习一艺耳。习艺愈勤去修养愈远。何以故?曰,无闲暇故。仰观宇宙之大,俯察品物之盛,而自审其一人之生应有之地位,非有闲暇不为也。纵探历史之悠久,文教之累积,横索人我关系之复杂,社会问题之繁变,而思对此悠久与累积者宜如何承袭节取而有所发明,对复杂繁变者宜如何应付而知所排解,非有闲暇不为也。人生莫非学问也,能自作观察、欣赏、沉思、体会者,斯得之。今学程之所能加惠者,究其量,不过此种种自修功夫之资料之补助而已,门径之指点而已,至若资料之咀嚼融化,门径之实践以致于升堂入室,博者约之,万殊者一之,则非有充分之自修时间不为功。就近日之情形而言,则咀嚼之时间,且犹不足,无论融化,粗识门径之机会犹或失之,姑无论升堂入室矣。

二曰空间不足。人生不能离群,而自修不能无独,此又近顷大学教育最所忽略之一端。《大学》一书尝极论毋自欺,必慎独之理。不欺人易,不自欺难,与人相处而慎易,独居而慎难。近代之教育,一则曰社会化,再则曰集体化,卒使黉舍悉成营房,学养无非操演,而慎独与不自欺之教亡矣。夫独学无友,则孤陋而寡闻,乃仅就智识之切磋而为言者也;至情绪之制裁,意志之磨砺,则固为我一身一心之事,他人之于我,至多亦只所以相督励,示鉴戒而已。自"慎独"之教亡,而学子乃无复有"独"之机会,亦无复作"独"之企求;无复知人我之间精神上与实际上应有之充分之距离,适当之分寸,浸假而无复和情绪制裁与意志磨练之为何物,即无复和《大学》所称诚意之为何物,充其极,乃至于学问见识一端,亦但知从众而不知从己,但知附和而不敢自作主张,力排众议。晚近学术界中,每多随波逐浪(时人美其名曰"适应潮流")之徒,而少砥柱中流之辈,由来有渐,实无足怪。大学一书,于开章时阐明大学之目的后,即曰,"知止而后有定,定而后能静,静而后能安,安而后能虑,虑而后能得"。今日之青年,一则因时间之不足,再则因空间之缺乏,乃至数年之间,竟不能入绵蛮黄鸟之得一丘隅以为休止。休止之时地既不可得,又遑论定、静、安、虑、得之五步功夫耶? 此深可虑而当亟为之计者也。

　　三曰师友古人之联系之阙失。关于师之一端,上文已具论之,今日之大学青年,在社会化与集体生活化一类口号之空气之中,所与往还者,有成群之大众,有合夥之伙伴,而无友。曰集体生活,又每苦不能有一和同之集体,或若干不同而和之集体,于是人我相与之际,即一言一动之间,亦不能不多所讳饰顾忌,驯至舍寒暄笑谑与茶果征逐而外,根本不相往来。此目前有志之大学青年所最感苦闷之一端也。夫友所以袪孤陋,增闻见,而辅仁进德者也,个人修养之功,有恃于一己之努力者固半,有赖于有朋之督励者亦半;今则一己之努力即因时空两间之不足而不能所施展,又如上文所论,而求友之难又如此,又何怪乎成德达材者之不多见也。古人亦友也,孟子有尚友之论,后人有尚友之录,其对象皆古人也。今人与年龄相若之同学中既无可相友者,有志者自犹可于古人中求之。然求之又苦不易。史学之必修课程太少,普通之大学生往往仅修习通史一两门而止,此不易一也。时人对于史学与一般过去之经验每不重视,甚者且以为革故鼎新之精神,即在完全抹杀已往,而创造未来,前人之言行,时移世迁,即不复有分毫参考之价值,此不易二也。即在专考史学之人,又往往用纯粹物观之态度以事研究,驯至古人之言行举措,其所累积之典章制度,成为一堆毫无生气之古物,与古生物学家所研究之化石骨殖无殊,此种研究之态度,非无其甚大之价值,然设过于偏注,则史学之于人生将不复有所联系,此不易三也。有此三不易,于是前哲所再三申说之"以人鉴人"之原则将日趋湮灭,而"如对古人"之青年修养之一道亦日即乎荒秽不治矣。学子自身之不能多所修养,是近代教育对于大学之道体认尚有未尽,实践尚有不力之第三端也。

以上三端,所论皆为明德一方面之体认未尽与实践不力,然则新民一方面又如何?大学新民之效,厥有二端。一为大学生新民工作之准备;二为大学校对社会秩序与民族文化所能建树之风气。于此二端,今日之大学教育体认亦有未尽,而实践亦有不力也。试分论之。

大学有新民之道,则大学生者负新民工作之实际责任者也。此种实际之责任,因事先必有充分之准备,相当之实验或见习,而大学四年,即所以为此准备与实习而设,亦自无烦赘说。然此种准备与实习果尽合情理乎?则显然又为别一问题。明德功夫即为新民功夫之最根本之准备,而此则已大有不能尽如人意者在,上文已具论之矣。然准备之缺乏犹不止此。今人言教育者,动称通与专之二原则。故一则曰大学生应有通识,又应有专识,再则曰大学卒业之人应为一通才,亦应为一专家,故在大学期间之准备,应为通专并重。此论固甚是,然有不尽妥者,亦有未易行者。此论亦固可以略救近时过于重视专科之弊,然犹未能充量发挥大学应有之功能。窃以为大学期内,通专虽应兼顾,而重心所寄,应在通而不在专,换言之,即须一反目前重视专科之倾向,方足以语于新民之效。夫社会生活大于社会事业,事业不过为人生之一部分,其足以辅翼人生,推进人生,固为事实,然不能谓全部人生即寄于事业也。通识,一般生活之准备也,专识,特种事业之准备也,通识之用,不止润身而已,亦所以自通于人也,信如此论,则通识为本,而专识为末,社会所需要者,通才为大,而专家次之,以无通才为基础之专家临民,其结果不为新民,而为扰民。此通专并重未为恰当之说也。大学四年而已,以四年之短期间,而既须有通识之准备,又须有专识之准备,而二者之间又不能有所轩轾,即在上智,亦力有未逮,况中资以下乎？并重之说所以不易行者此也。偏重专科之弊,既在所必革,而并重之说又窒碍难行,则通重于专之原则尚矣。

难之者曰,大学而不重专门,则事业人才将焉出？曰,此未作通盘观察之论也。大学虽重要,究不为教育之全部,造就通才虽为大学应有之任务,而造就专才则固别有机构在。一曰大学之研究院。学子即成通才,而于学问之某一部门,有特殊之兴趣,与特高之推理能力,而将以研究为长期或终身事业者可以入研究院。二曰高级之专门学校。艺术之天分特高,而审美之兴趣特厚者可入艺术学校,躯干刚劲,动作活泼,技术之智能强,而理论之兴趣较薄者可入技术学校。三曰社会事业本身之训练。事业人才之造就,由于学识者半,由于经验者亦半,而经验之重要,且在学识之上,尤以社会方面之事业人才所谓经济长才者为甚,尤以在今日大学教育下所能产生之此种人才为甚。今日大学所授之社会科学知识,或失之理论过多,不切实际,或失诸凭空虚构,不近人情,或失诸西洋之资料太多,不适国情民性;学子一旦毕业而参加事业,往往发现学用不相呼应,而不得不于所谓"经验之学校"中,别谋所以自处之道,及其所成,而能对社会有所贡献,则泰半自经验之学校得来,而与所从卒业之大学不甚相干,以至于甚不相干。至此始恍然于普通大学教育所真能造就者,不过一出身而已,一资格而已。

出身诚是也,资格亦诚是也。我辈从事大学教育者,诚能执通才之一原则,而曰,才不通则身不得出,社会亦诚能执同一之原则,而曰,无通识之准备者,不能取得参加社会事业之资格,则所谓出身与资格者,固未尝不为绝有意识之名词也。《大学》八目,明德之一部分至身修而止,学府之机构,自身亦正复有其新民之功用,就其所在地言之,大学严然为一方教化之重镇,而就其声教所暨者言之,则充其极可以为国家文化之中心,可以为国际思潮交流与朝宗之汇点(近人有译英文 Focus 一字为汇点者,兹从之)。即就西洋大学发展之初期而论,十四世纪末年与十五世纪初年,欧洲中古文化史有三大运动焉,而此三大运动者均自大学发之。以为东西两教皇之争,其终于平息而教权复归于一者,法之巴黎大学领导之功也;二为魏克立夫(Wycliffe)之宗教思想革新运动,孕育而拥护之者英之牛津大学也;三为郝斯(John Hus)之宗教改革运动,郝氏与魏氏之运动均为十六世纪初年马丁·路德宗教改革之先声,而孕育与拥护之者,布希米亚(战前为捷克地)之蒲拉赫(Prague)大学也。大学机构自身正复有其新民之效,此殆最为彰明较著者之若干例证。

间尝思之,大学机构之所以生新民之效者,盖又不出二途。一曰为社会之倡导与表率,其在平时,表率之力为多,及处非常,则倡导之功夫为大。上文所举之例证,盖属于倡导一方面者也。二曰新文化因素之孕育涵养与简练揣摩。而此二途者又各有其凭藉。表率之效之凭藉为师生之人格与其言行举止。此为最显而易见者。一地之有一大学,犹一校之有教师也,学生以教师为表率,地方则以学府为表率,古人谓一乡有一善士,则一乡化之,况学府者应为四方善士之一大总汇乎? 设一校之师生率为文质彬彬之人,其出而与社会周旋也,路之人亦得指而目之曰,是某校教师也,是某校生徒也,而其所由指认之事物为语默进退之间所自然流露之一种风度,则始而为学校环境以内少数人之独有者,终将为一地方所共有,而成为一种风气;教化云者,教在学校环境以内,而化则达于学校环境以外,然则学校新民之效,固不待学生出校而始见也明矣。

新文化因素之孕育所凭藉者又为何物? 师生之德性才智,图书实验,新民之一部分自身修而始,曰出身者,亦口身已修,德已明,可以出而从事于新民而已矣,夫亦岂易言哉? 不论一人一身之修明之程度,不向其通识之有无多寡,而但以一纸文凭为出身之标识者,斯失之矣。

通识之授受不足,为今日大学教育之一大通病,固已渐为有识者所公认,然不足者果何在,则言之者尚少。大学第一年不分院系,是根据通之原则者也,至第二年而分院系,则其所据为专之原则。通则一年,而专乃三年,此不足之最大原因而显而易见者。今日而言学问,不能出自然科学,社会科学,与人文科学三大部门;曰通识者,亦曰学子对此三大部门,均有相当准备而已,分而言之,则对每门有充分之了解,合而言之,则于三者之间,能识其会通之所在,而恍然于宇宙之大,品类之多,历史之久,文教之繁,必要有其一以贯之之道,要必有其相为因缘与依倚之理,此则所谓通也。今学习仅及期年而分院分系,而许其进入专门之学,于是从事于一者,不知二与三为何物,或仅得二与三之一知半解,与道听途说者初无二致;学者之选习另一部门或院系之学程也,亦先存一"限于规定,聊复选习"之不获己之态度,日久而执教者亦曰,聊复有此规定尔,固不敢从此期学子之必成为通才也。近年以来,西方之从事于大学教育者,亦尝计虑及此,而设为补救之法矣。其大要不出二途。一为展缓分院分系之年限,有自第三学年始分者;二为第一学年中增设"通论"之学程。窃以为此二途者俱有未足,然亦颇有可供攻错之价值;可为前途改革学程支配之张本。大学所以宏造就,其所造就者为粗制滥造之专家乎,抑为比较周见洽闻,本末兼赅,博而能约之通士乎?胥于此种改革卜之矣。大学亦所以新民,吾侪于新民之义诚欲作一进步之体认与实践,欲使大学出身之人,不藉新民之名,而作扰民之实,亦胥以此种改革为入手之方。

　　然大学之新民之效,初不待大学生之学成与参加事业而始见也。大学之设备,可无论矣。所不可不论者为自由探讨之风气。宋儒安定胡先生有曰,"艮言思不出其位,正以戒在位者也,若夫学者,则无所不思,无所不言,以其五责,可以行其志也;若云思不出其位,是自弃于浅陋之学也。"此语最当。所谓无所不思,无所不言,以今语释之,即学术自由(Academic Freedom)而已矣。今人颇有以自由主义为诟病者,是未察自由主义之真谛者也。夫自由主义(Liberalism)与放荡主义(Libertinism)不同,自由主义与个人主义,或乐利的个人主义,亦截然不为一事。假自由之名,而行放荡之实者,斯病矣。大学致力于知、情、志之陶冶者也,以言知,则有博约之原则在,以言情,则有裁节之原则在,以言志,则有持养之原则在,秉此三者而求其所谓"无所不思,无所不言",则荡放之弊又安从而乘之? 此犹仅就学者一身内在之制裁而言之耳,若自新民之需要言之,则学术自由之重要,更有不言而自明者在。新民之大业,非旦夕可期也,既非旦夕可期,则与此种事业最有关系之大学教育,与从事于此种教育之人,其所以自处之地位,势不能不超越几分现实,其注意之所集中,势不能为一时一地作所限止,其所期望之成就,势不能为若干可以计日而待之近功。职是之故,其"无所不思"之中,必有一部分为不合时宜之思,其"无所不言"之中,亦必有一部分为不合时宜之言;亦正惟其所思所言,不尽合时宜,乃或不合于将来,而新文化之因素胥于是生,进步之机缘,胥于是启,而新民之大业,亦胥于是奠其基矣。

大学之道，在明明德，在新民，在止于至善。至善之界说难言也，姑舍而不论。然明明德与新民二大目的固不难了解而实行者。然洵如上文所论，则今日之大学教育，与明明德一方面，了解犹颇有未尽，践履犹颇有不力者，而不尽不力者，要有三端，于新民一方面亦然，其不尽力者要有二端。不尽者尽之，不力者力之，是今日大学教育之要图也？是"大学一解"之所为作也。

（此文原刊于《清华学报》第 13 卷第 1 期，1941 年 4 月，见刘述礼、黄延复编：《梅贻琦教育论著选》，北京：人民教育出版社 1993 年版，第 99—109 页）

工业化的前途与人才问题

（一九四三年）

　　工业化是建国大计中一个最大的节目，近年以来，对国家前途有正确认识的人士，一向作此主张，不过认识与主张是一回事，推动与实行又是一回事。工业化问题，真是千头万绪，决非立谈之间可以解决。约而言之，这期间至少也有三四个大问题，一是资源的问题，二是资本的问题，三是人才的问题，而人才问题又可以分为两方面，一是组织人才，一是技术人才。近代西洋从事于工业建设的人告诉我们，只靠技术人才，是不足以成事的，组织人才的重要至少不在技术人才之下。中国号称地大物博，但实际上工业的资源，并不见得丰富。所以这方面的问题，就并不简单。而在民穷财尽的今日，资本也谈何容易？不过以一个多年从事于教育事业的人，所能感觉到的，终认为最深切的一些问题，还是在人才的供应一方面。

　　我认为人才问题，有两个部分，一是关于技术的，一是关于组织的。这两部分都不是亟切可以解决的。研究民族品性的人对我们说：以前中国的民族文化因为看不起技术，把一切从事技术的人当做"工"，把一切机巧之事当做"小道"，看作"坏人心术"，所以技术的能力，在民族的禀赋之中，已经遭受过大量的淘汰，如今要从新恢复过来，至少恢复到秦汉以前固有的状态，怕是绝不容易。组织的能力也是民族禀赋的一部分，有则可容训练，无则一时也训练不来；而此种能力，也因为多年淘汰的关系，特别是家族主义一类文化的势力所引起的淘汰作用，如今在民族禀赋里也见得异常疲弱；一种天然的疲弱，短期内也是没有办法教他转变为健旺的。这一类的观察也许是错误的，或不准确的。但无论错误与否，准确与否，我以为他们有一种很大的效用，就是刺激我们，让我们从根本做起，一洗以前头痛医头脚痛医脚的弊病。所谓从根本做起，就是从改正制度转移风气着手。此种转移与改正的努力，小之可将剩余的技术与组织能力，无论多少，充分的选择、训练，而发挥出来；大之可以因文化价值的重新确定，使凡属有技术能力与组织能力的人，在社会上抬头，得到社会的拥护和推崇，从而在数量上有不断的增加扩展。

改正制度与转移风气最有效的一条路是教育。在以前，在国家的教育制度里，选才政策里，文献的累积里，工是一种不入流的东西，惟其不入流品，所以工的地位才江河日下，如今如果我们在这几个可以总称为教育的方面，由国家确定合理的方针，切实而按部就班的做去，则从此以后，根据"君子之德风，小人之德草，草上之风必偃"的颠扑不破的原则，工的事业与从事此种事业的人，便不难力争上游，而为建国大计中重要方面与重要流品的一种。这种教育方针前途固然缺少不得，却也不宜过于狭窄。上文所云合理两个字，我以为至少牵涉到三个方面：一是关于基本科学的，二是关于工业技术的，三是关于工业组织的；三者虽同与工业化的政策有密切关系，却应分作三种不同而互相联系的训练，以造成三种不同而可以彼此合作的人才。抗战前后十余年来，国家对于工业的提倡与工业人才的培植，已经尽了很大的努力，但我以为还不够，还不够合理；这三种训练与人才之中，我们似乎仅仅注意到了第二种，即技术的训练，与专家的养成。西洋工业文明之有今日，是理工并重的，甚至于理论的注意要在技术之上，甚至于可以说，技术的成就是从理论的成熟之中不期然而然的产生出来的。真正着重技术，着重自然科学对于国计民生的用途，在西洋实在是比较后起的事。建国是百年的大计，工业建国的效果当然也不是一蹴而就，如果我们在工业文明上也准备取得一种独立自主的性格，不甘于永远拾人牙慧，则工程上基本的训练，即自然科学的训练，即大学理学院的充实，至少不应在其他部分之后，这一层就目前的趋势说，我们尚未多加注意。这就是不够合理的一层，不过，这一层我们目下除提到一笔而外，姑且不谈，我们可以认为它是工业化问题中比较更广泛而更基本的一部分，值得另题讨论。本文所特别留意的，还是技术人才与组织人才的供应问题。

为了适应今日大量技术人才的需要，我认为应当广设专科学校或高级工业学校和艺徒学校。高级的技术人才由前者供给，低级的由后者供给，而不应广泛而勉强的设立许多大学工学院或令大学勉强的多收工科学生。大学工学院在造就高级工业人才与推进工程问题研究方面，有其更大的使命，不应使其只顾大量的出产，而将品质降低，而且使其更重要的任务，无力担负。我们在工业化程序中所需的大量的技术人员，大学工学院实无法供给，亦不应尽要他们供给。德国工业文明的发达，原因虽然不止一端，其高级工业学校的质量之超越寻常，显然是一大因素，此种学校是专为训练技术而设立的，自应力求切实，于手脑并用之中，要求手的运用娴熟。要做到这一点，切忌的是好高骛远，不着边际。所谓不好高骛远，指的是两方面，一在理智的方面，要避免空泛的理论，空泛到一个与实际技术不相干的程度；二在心理与社会的方面，要使学生始终甘心于用手，要避免西洋人所谓的"白领"的心理，要不让学生于卒业之后，亟于成为一个自高身价的"工程师"，只想指挥人做工，而自己不动手。我不妨举两个实例，证实这两种好高骛远的心理在目前是相当流行的。此种心理一天不去，则技术人才便一天无法增加，增加了也无法运用，而整个工业化计划是徒托空言。

我前者接见到一个青年，他在初中毕业以后，考进了在东南的某一个工程专科学校，修业五年以后，算是毕业了。我看他的成绩单，发见在第三年的课程里，便有微积分，微分方程，应用力学一类的科目；到了第五年，差不多大学工学院里普通所开列的关于他所学习的一系的专门课程都学完了，而且他说，所用的课本也都是大学工学院的课本。课本缺乏，为专科学校写的课本更缺乏，固然是一个事实，但这个青年果真是都学完了么？学好了么？我怕不然，他的学力是一个问题，教师的教授能力与方法也未始不是一个问题。五年的光阴，特别是后三年，他大概是囫囵吞枣似的过去的。至于实际的技能，他大概始终在一个半生不熟的状态之中，如果他真想在工业方面努力，还得从头学起。这是关于理论方面好高骛远的例子。

在抗战期间的后方，某一个学校新添了几间房子，电灯还没有装，因为一时有急用，需要临时装设三五盏。当时找不到工匠，管理学校水电工程的技师也不在，于是就不得不乞助于对于电工有过专门训练的两三位助教，不图这几位助教，虽没有读过旧书，却也懂得"德成而上，艺成而下"与"大德不官，大道不器"的道理，一个都不肯动手，后来还是一位教授和一位院长亲自动手装设的。这些助教就是目前大学理工学院出身的,他们是工程师,是研究专家,工程师与研究专家有他的尊严,又如何可以做匠人的勾当呢?这是在社会心理上好高骛远的例子。

关于艺徒学校的设立,问题比较简单。这种学校,最好由工厂设立,或设在工厂附近,与工厂取得合作。初级的工业学校,也应当如此办理。不过有两点应当注意的:一要大大增添此种学校的数量,二要修正此种学校教育的目标。目前工厂附设艺徒班,全都是只为本厂员工的挹注设想,这是不够的。艺徒班所训练的是一些基本的技术,将来到处有用,我们应当把这种训练认为是国家工业化教育政策的一个或一部分,教他更趋于切实、周密,因而取得更大的教育与文化的意义,否则岂不是和手工业制度下的徒弟教育没有分别,甚至于从一般的生活方面说,还赶不上徒弟教育呢?艺徒学校的办理比较简单,其间还有一个原因,就是加入的青年大都为工农子弟,他们和生活环境的艰苦奋斗已成习惯,可以不致于养成上文所说的那种好高骛远的心理。对于这一点,我们从事工业教育的人还得随时留意,因为瞧不起用手的风气目前还是非常流行,他是很容易深透到工农子弟的脑筋上去的。

大学工学院的设置,我认为应当和工业组织人才的训练最有关系。理论上应当如此,近年来事实的演变更教我们不能不如此想。上文不是引过一个工学院毕业生的助教不屑于动手装电灯的例了么?这种不屑的心理固然不对,固然表示近年来的工业教育在这方面还没有充分的成功,前途尚须努力。不过大学教育毕竟与其他程度的学校教育不同,他的最大的目的原在培植通才;文、理、法、工、农等等学院所要培植的是这几个方面的通才,甚至于两个方面以上的综合的通才。他的最大效用,确乎是不在养成一批一批限于一种专门学术的专家或高等匠人。工学院毕业的人才,对于此一工程与彼一工程之间,对于工的理论与工的技术之间,对于物的道理与人的道理之间,都应当充分了解,虽不能游刃有余,最少在这种错综复杂的情境之中,可以有最低限度的周旋的能力。惟有这种分子才能有组织工业的力量,才能成为国家目前最迫切需要的工业建设的领袖,而除了大学工学院以外,更没有别的教育机关可以准备供给这一类的人才。

因此我认为目前的大学工学院的课程大有修改的必要。就目前的课程而论,工学院所能造就的人才还够不上真正的工程师,无论组织工业的领袖人才了。其后来终于成为良好的工程师和组织人才的少数例子,饮水思源,应该感谢的不是工学院的教育,而是他的深厚的禀赋与此种禀赋的足以充分利用社会的学校或经验的学校所供给他的一切。就大多数的毕业生而言,事实上和西洋比较良好的高级工业学校的毕业生没有多大分别,而在专门训练的周密上,不良态度的修正(如不屑于用劳力的态度)上,怕还不如。

　　要早造就通才,大学工学院必须添设有关通识的课程,而减少专攻技术的课程。工业的建设靠技术,靠机器,不过他并不单靠这些。没有财力,没有原料,机器是徒然的,因此他至少对于经济地理、经济地质,以至于一般的经济科学要有充分的认识。没有人力,或人事上得不到适当的配备与协调,无论多少匹马力的机器依然不会转动,或转动了可以停顿。因此,真正工业的组织人才,对于心理学、社会学、伦理学,以至于一切的人文科学、文化背景,都应该有充分的了解。说也奇怪,严格的自然科学的认识倒是比较次要;这和工业理论的关系虽大,和工业组织的关系却并不密切。人事的重要,在西洋已经深深的感觉到,所以一面有工业心理和工商管理一类科学的设置,一面更有"人事工程"(Human Engineering)一类名词的传诵。其在中国,我认为前途更有充分认识与训练的必要,因为人事的复杂,人与人之间的易于发生摩擦,难期合作,是一向出名的。总之,一种目的在养成组成人才的工业教育,于工学本身与工学所需要的自然科学而外,应该旁及一大部分的人文科学与社会科学,旁及得愈多,使受教的人愈博洽,则前途他在物力与人力的组织上,所遭遇的困难愈少。我在此也不妨举一两个我所知的实例。

　　我以前在美国工科大学读书的时候,认识一位同班的朋友,他加入工科大学之前,曾经先进文科大学,并且毕了业;因为他在文科大学所选习的自然科学学程比较的多,所以进入工科大学以后,得插入三年级,不久也就随班毕业了。就他所习的工科学程而言,他并不比他同班的为多,甚至于比他们要少,但其他方面的知识与见解,他却比谁都要多,他对于历史、社会、经济,乃至于心理学等各门学问,都有些基本了解。结果,毕业后不到十年,别的同班还在当各级的技师和工程师,他却已经做到美国一个最大电业公司的分厂主任，成为电工业界的一个领袖了。

这就是正面说的例子，再就反面说一个。在抗战期间，后方的工业日趋发展，在发展的过程里，我们所遭遇的困难自然不一而足，其中最棘手的一个是人事的不易调整与员工的不易相安。有好几位在工厂界负责的人对我说，目前大学工学院的毕业生在工厂中服务的一天多似一天，但可惜我们无法尽量的运用他们；这些毕业生的训练，大体上都不错，他们会画图打样，会装卸机器，也会运用机巧的能力，来应付一些临时发生的技术上的困难；但他们的毛病在不大了解别人，容易和别人发生龃龉，不能和别人合作，因此，进厂不久，便至不能相安，不能不别寻出路，不过在别的出路里他们不能持久，迟早又会去而之他。有一位负责人甚至于提议，可否让学生在工科学程卒业之后，再留校一年，专攻些心理学、社会学一类的课程。姑不论目前一样注重专门的心理学与社会学能不能满足这位负责人的希望，至少他这种见解与提议是一些经验之谈，而值得我们与以郑重的考虑的。

值得郑重考虑的固然还不止这一点，不过怎样才可以使工科教育于适度的技术化之外，要取得充分的社会化与人文化，我认为是工业化问题中最核心的一个问题；核心问题而得不到解决，则其他边缘的问题虽得到一时的解决，于工业建设前途，依然不会有多大补益，这问题需要国内从事教育与工业的人从长商讨（如修业年限问题，如课程编制问题等……皆是很重要而须审慎研究的），我在本文有限的篇幅里，只能提出一个简单的轮廓罢了。

至于工科大学的教育，虽如是其关系重要，在绝对的人数上，则应比高初级工业学校毕业的技术人才只估少数，是不待赘言的。工业人才，和其他人才一样，好比一座金字塔，越向上越不能太多，越向下越多越好。因此，我以为大学工学院不宜无限制的添设，无限制的扩展，重要的还是在质的方面加以充实。而所谓质：一方面指学生的原料必须良好，其才力仅仅足以发展为专门技工的青年当然不在其内；一方面指课程的修正与学风的改变，务使所选拔的为有眼光与有见识的青年。所以进行之际，应该重通达而不重专精，期渐进而不期速效。目前我们的工业组织人才当然是不够，前途添设扩充工科大学或大学工科学院的必要自属显然；不过无论添设与扩充，我们总须以造就工业通才的原则与方法为指归。出洋深造，在最近的几十年间，当然也是一条途径，不过我以为出洋的主要目的，不宜为造就上文所说的三种人才中的第二种，即狭义的技术人才，而宜乎是第一种与第三种，即基本科学人才与工业组织人才。第一种属于纯粹的理科，目前也姑且不提；就工业而言工业，还是组织人才比较更能够利用外国经验的长处。不过我们还应有进一步的限制。一个青年想出国专习工业管理，宜若可以放行了。不然，我们先要看他在工业界，是否已有相当的经验，甚至于在某一专业方面，是否已有相当的成就，然后再定他们的行止；要知专习一两门工业管理课程，而有很好的成绩，并不保证他成为一个工业组织人才。

最后，我们要做到上文所讨论的种种，我必须再提出一句话，作为本文的结束。学以致用，不错；不过同样一个用字，我们可以有好几个看法，而这几个看法应当并存，更应当均衡的顾到。任何学问有三种用途，一是理论之用，二是技术之用，三是组织之用。没有理论，则技术之为用不深；没有组织，则技术之为用不广。政治就是如此，政治学与政治思想属于理论，吏治属于技术，而政治或治道则属于组织；三者都不能或缺。工的学术又何尝不如此。近年来国内工业化运动的趋势，似乎过于侧重技术之用，而忽略了理论之用和组织之用，流弊所及，一时代以内工业人才的偏枯是小事，百年的建国大业受到不健全的影响却是大事，这便是本篇所由写成的动机了。

（此文原刊于《周论》，1948 年 3 月，成于 1943 年，系由梅贻琦拟纲，潘光旦执笔，1946 年被潘光旦收入其文集《自由之路》，见刘述礼、黄延复编：《梅贻琦教育论著选》，北京：人民教育出版社 1993 年版，第179—187 页）

★任鸿隽

任鸿隽(1886—1961),字叔永,四川巴县人,祖籍浙江湖州市吴兴县,中国近代教育家。1904年入重庆府中学堂,1906年入上海中国公学高等预科。次年赴日本留学。1909年入东京高等工业学校应用化学科学习,并加入同盟会,任四川支部长。辛亥革命爆发后归国,任南京临时政府秘书处秘书。1912年赴美,1913年入康奈尔大学文理学院,主修化学和物理学专业。1914年6月与赵元任、胡明复等发起成立中国科学社,任董事会长兼中国科学社社长,次年集资编印《科学》杂志,主编《留美学生季刊》,提倡科学教育。1916年毕业,获学士学位。1917年入哥伦比亚大学,获化学硕士学位。1918年回国,应邀为四川草拟川省高等教育发展计划书,建议仿美国州立大学设立四川大学。1920年开始任北京大学化学系教授,次年任教育部专门教育司司长。1922年任中国科学社理事长。1923年任东南大学副校长。从1925年起任中华教育文化基金会专门秘书、副干事长、干事长,兼大学院科学教育委员会委员。1935年任四川大学校长,以"现代化、科学化"为方针,并制订"永久计划"和"临时计划"建设四川大学,1937年辞校长一职。1936年任中华教育基金会干事长。同年年底任中央研究院总干事兼化学研究所所长。中华人民共和国成立后,历任全国自然科学工作者代表会议筹备委员会委员、中国人民政治协商会议第三届全国委员会委员、上海科技图书馆馆长、上海科技协会副主席等。

任鸿隽在高等教育方面的言论有《科学与教育》《烦闷与大学教育》《论所谓择师自由》《论大学研究所与留学政策》《国立大学的合理化问题》等,主要收集于《科学救国之梦:任鸿隽文存》(任鸿隽著,上海:上海科技教育出版社2002年版)。

建立学界论

(一九一四年六月)

耗矣哀哉。吾中国之无学界也。夫将有求于暗夜之中。非烛何以昭之。有行于众瞽之国。非相何以导之。学界者。暗夜之烛。而众瞽之相也。国无学界。其行事不豫定。其为猷不远大。唐突呼号。茫昧以求前进。其不陷于坎阱者几希。且夫学界之关系一国。岂特其未来之运命而已。实则当前之盛衰强弱。皆将于学界之有无为正比例焉。吾人试一盱衡当世。其能杰然特出。雄飞大地之上者。必其学术修明之国也。其荼阘不振。气息奄奄。展转于他人刀砧之上者。必其学术荒芜之国也。盖国民性者。教育之结晶。无真实之学界。必不能有真实之国民性。国家者。国民性之发越。无强固之国民性。必不能有强固之国家。一事之成。必有由来。一国之兴。断无幸获。欲觇人国之强弱者。先观之于学界可矣。

今试与游于世界强国之都会。于其繁赜深远不可测度之社会中。常见有一群之人焉。汶然潜伏群众之中。或乃蛰居斗室。与书册图器伍。舍其本业与同侪外。未尝与世相竞逐也。然天下有大故。或疑难非常吊诡新奇之事出。为恒人所瞠目结舌。惶惶不知所出者。则人皆就之以伺其意见焉。是人也。平日既独居深造。精研所得。临事有在溯本穷源。为之辩其理之所由始。究其效之所终极。历然如陈家珍于案而数之也。其言既腾载于报章。听者遂昭然若发蒙。其事而属于政治也。将有力之舆论。由之产出。而政府之措施。因以寡过。其事而属于学问也。将普通之兴味。因以唤起。而真理之发舒。乃益有期。是群也。是吾所谓学界也。于英于德于法于美之各大都会及教育中心所在地见之。乃至于日本之东京而亦见之。而环顾吾国。则吾大索十日而未尝见也。此吾所以为吾国无学界悲也。

吾意方吾为中国无学界之说。闻者必不悦吾言。谓吾有西洋之博士硕士学位若干人。东洋学士得业士若干人。乃至前清年所授之举人进士翰林又不知几千百人。安得言无学界。顾吾试问此无数博士硕士翰林进士之中。有能对一特殊问题。就一专门科学。发一论。建一议。令人奉之为圭臬。如西方学界所称之 Authority（译言宗师）者几何人。吾知论者必无以难我矣。说者又曰。吾目前虽无学界。然有之亦甚易易。学校也。学会也。派遣留学也。吾次第举之。不崇朝而事集矣。余应之曰。言不可以若是其几也。学校等事。乃建设学界之手段。而非建设学界之基础。建设之事。基础必先于手段。彰彰明矣。唯然。吾请进言基础之事。

一事、国内须承平之度。昔孔子与冉有之论治也。冉有曰既庶矣。又何加焉。曰富之。既富矣。又何加焉。曰教之。此言教育之功。有事于富庶之后也。溯洄言之。即民未富庶之先。虽欲教育之普及。学术之丕炽。而势有不能。欧洲学术之发达。乃在近五十年内耳。此数十年中。欧洲与国之间。无大战争。国民富庶之度。日以增加。民各安其业。遂其生。而国家闲暇。无曲饶夭札之患。民之有心思才力者。因得奋力于学。继长增高。以有今日之盛。若别国取例。其征宏多。若罗马全盛时代之治术。英国伊里沙白朝之文学。以及吾国历朝继世守成之世。其学术之造诣。虽深浅不同。而皆为一代之冠。则以当此之时。世号小康。民得修养生息。以致力于思想之事故也。独春秋战争之世而百家杂兴。硕师倍出。似为例外。实则彼时所谓战争者。无过强者凌弱众者暴寡。未尝如蛮夷相杀。以残贼为能事。而其竞相雄长之精神。则足以激学子进取之志。偿战争所失而有余。此如德人以善战为世界雄。而同时学术之精。又为各国冠。此例之并行不悖。亦可概见。向令彼日耳曼民族。兄弟阋墙。日寻干戈。以相争讨。则彼扶弊救疮之不给。安见其进德修业之事业。盖斯宾塞尔有言。"合群之用。有待于战争。唯群制既立。文教既行之后。不仅于民智民力。少所摩厉精进也。且得退群之效焉。"其退群之效。何由而致。则以战争之事。妨害其民。使不得从事学问之途也。学者人群之花也。唐室以莳之。甘露以灌之。犹惧其不植。若乃临以斧斤。牧以牛羊。而曰繁华璀璨之期。可坐而致。我知其必无是矣。此吾所以以国内承平无事。为建立学界第一基础也。

二事、国人向学之诚。自近世科学之术。愈益发达。凡人群所待以为用之智识。有条理伦脊可抽绎者。莫不列为专科。从事研究。明而政治经济。玄而哲理数术。大而建船筑路。细而日用服食。皆得于学校教育占一席焉。其教育之旨。多在致用。致用之极。于是有浅尝肤受。得一能自治。充然自以为足。而无复深造之想者。夫今之科学。其本能在求真。其旁能在致用。上治之国。其制度厘然。物质灿烂者。无非食科学之赐。致用之无害于科学。又何待言。顾无委心专志。发愤忘食之科学家。积其观察之勤。试验之劳。思辨之能。为之设立公例。启示大凡。令后人得循序渐进。以抵高明之域。则近世欧洲学界。仍如中世之黑暗可也。是故建立学界之元素。在少数为学而学。乐以终身之哲人。而不在多数为利而学。以学为市之华士。彼身事问学。心萦好爵。以学术之梯荣致显之具。得之责弃若敝屣。绝然不复反顾者。其不足与学问之事明矣。此吾所以以国人向学之诚。为建立学界之第二基础也。

上述两事。略举大要。今试以与吾国时事相勘。如第一事。国内承平之期。其可望乎。夫以吾国处积弱之势。外侮凭陵。不可终日。以言无事。非愚则谀。然外患之来。其病在表。善为国者。折冲御侮。未尝不可偷安旦夕。而忧危虑患之深。或且生其发愤为雄之志。今日列强中之德日。皆尝受外患之赐。外患之无害于学界。或反有助焉。盖可见矣。吾所引为大惧者。则国内战争之不息是也。国内战争之起。可分为二类。其一则群盗无赖。鼠窃狗偷。残民以逞。而无一定之目的。此其直接之害。在使民不聊生。自然消其好学深思之志。其二、则金任在位。举措乖方。使在下之人。无旋定安集之情。有汲汲顾影之忧。则忧时爱国之士。思起而易之。此为有目的有蕲向之战争矣。吾人于此。所当明辨以悉者。则战争之后。其所得之效果。能如所期否也。夫一国之内。至于分子相轧。杌陧不安。其势之成。不在种族宗教诸大原因。则必国人无学。生计凋残。人相竞于私利私害。以至此耳。于此时也。道德退舍。人欲横流。如以霉菌附腐朽。随在蕃衍。机体虽易。病根仍存。即有一二高尚纯洁之士。为之倡导率引无当也。于此之时。而为正本清源之策。唯有建设学界。以铸造健全之分子。分子既异。实质自然改观。若以此为迂阔。而欲图急功近利。攘攘不已。本实先拨。枝叶尚何望哉。忧国之士。诚能深思远虑。计民生之凋敝。哀道德之堕落。察智识之童昧。知愚顽之不足图存。武力竞争之思想。其亦可以少息矣乎。

如第二事。国人向学之诚则何如。科举时代无论矣。自改设学校以来。教育未兴。学制未善。国内尚无名实相副之大学。必不得已。求为吾国未来学界之代表者。且唯今之留学生乎。然吾每一念及学界代表与留学生之两名词。觉其性质之不符。有若磁石之南北两极。此非吾之过言也。当前清季年。以考试囮留学生。彼时留学者之心。一科举之心也。改政以还。考试之制度废。吾方引以为幸。而吾留学生中。尚有疑失此无以为出身之路者。彼其视数万里之外之负笈。数年之课程。无他故焉。曰以谋一己之荣利而已。故方其学也。不必有登峰造极之思。唯能及格得文凭斯已耳。及其归也。挟术问世。不必适如所学。唯视得钱多者斯就之已耳。故有学文科而办铁路。亦有学机械而官教育者。夫在他国。学校工场。星罗林立。学者一出学校。则或为教习。或为工程师。无不可本其所得。验之实地。因以深造有得焉。然非其人委身事学。不以一知自足者。尚未可冀。况吾留学生囊橐数年之讲章实习以归。归而无学校足供砥砺也。无图书足供参考也。无工场足供实验也。无师友足供切磋也。而又张冠而李戴。削足而就履。数年之后。尚有丝毫学理。储其胸中邪。或曰如上所言。皆社会组织未完之故。安所尤于留学生。抑思国民方受教于人。其社会组织之未完。固矣。改造而振作之。正唯吾留学生之责。若以驾舟执舵之人。不能自定方向。唯随水势以为进退。彼岸之达。宁复有幸。抑吾谓吾留学生欲完设立学界之责。于忠于所学之外。尚有一不可不备之要素焉。则其人必兼通国学是也。吾所谓国学。固非如经生老儒。钻研故纸。穷年矻矻。至死不休者。而于吾学术思想之大要。历史推迁之陈迹。不可以不知。属辞比事。笔于手而出于口。所以自尽其意之术。不可以不能。此其事之重要。有二故焉。一则知彼而不知己。不可以为完全学者。一则留学之职。在于贩彼所有。济我所无。负贩之道。在利交通。国学文字。所以为沟通彼此之具也。今以吾国土地之广也。人民之众也。待举之事之繁也。而留学各国者。无过数千百人。骤观之。其数若庞然可骇。及其归也。如以杯水益巨海。泯然于若有若无之间矣。将大增留学之数乎。自教育方针及国家财政言之。其势复有所不可。其唯一补救之方法。则曰吾留学者一人。而可收数十百人之效而已。夫留学者一人。而可收数十百人之效。其事在此一人。能以其学传播于数十百人。欲以其学传播于数十百人。非其国文能著书立说。自达其意不为功。吾闻西洋留学生归者。令为教习。所授则旁行书也。所讲则外国语也。如是则与外国学者何异。夫外国学者虽众。不能有益于中夏学界。彰彰明矣。

今试假定国内已安定已矣。学子既已委身事学矣。既已卓然成家矣。既已博通彼我。具传达沟通之术矣。将如何而后学界可立。曰吾前已言之矣。学校也。学会也。皆建立学界之手段也。而吾谓学校为尤要。学校萃群材于一隅。具研几之涂术。成人之有德。小子之有造。恒必由之。今吾既得多数学者。则当亟设多数大学以会萃之。留学外国归者。必先令教于某校中。以是为试验之具。且教学相长。教者亦不至阁置所学。久而益荒。社会工商之事。苟无妨于学问者。虽兼任之无害。不然。则宁雇用客卿。而不以扰我学子研几之思。盖形质之事。他人所得代治者也。学问之事。他人所不得代治者也。循是为之。期以十年。而后其效可睹已。

改革以还。吾国士夫。竞言建设矣。顾其目光所及。唯在政治。于学界前途。未尝措意。岂唯未尝措意而已。方且毁弃黉舍。放锢哲人。划绝之不遗余力。卒之政治上之建设。亦攘攘终年。靡有定止。则吾国人学识之不足。亦大可见矣。侈言建设而忘学界。是犹却行而求前也。余窃有惑焉。作建立学界论。

(此文原刊于《留学生季报》第 2 号,1914 年 6 月,见任鸿隽著:《科学救国之梦:任鸿隽文存》,上海:上海科技教育出版社 2002 年版,第 3—9 页)

建立学界再论

（一九一四年九月）

　　余曩者作建立学界论。撮其要素。一在国内久安无事。二在国人好学心诚。而欲其学术传播流衍。普及无碍。尤在学者具有传达学术思想之能力。其前二事。就其待于外者言之也。其第三事。就其学之已成而推广者言之也。然而今日为学。当以何方法乎。此亦言建立学界者所不可不研究之问题也。

　　今欲言建立学界。当先定其学之为何物。所谓学者。谓旧学乎。抑新学乎。易言之。今将仍钻研故纸。寻章摘句。守先哲之陈言以为学乎。抑将依今世科学之法律。阐天地自然之奥。探迹索隐。游心事物之间以为学乎。此问题最易解答。盖学者。一以求真。一以致用。吾国隆古之学。致用既有所不周。求真复茫昧而木有见。以人类为具理性之动物。固当旁搜远讨。发未见之真理。致斯世于光明。而不当以古人所至。为之作注释自足。故今日为学。

　　当取科学的态度。实吾人理性中所有事。非震惊于他人成效。昧然学步而已也。

　　由上所言。吾所谓学界者。当为格物致知。科学的学界。而非冥心空想。哲学的学界。夫学之为类广矣。玄言抽象。不得谓非学。且滞心小物。聪明或有时而窒。欲纲举领挈。观其会通。非玄言抽象不为功。虽然。实质之学。譬如辟路于草莽而登高山。步步而增之。方方以进之。至其登峰造极。亦有豁然开朗之一日。玄想之学。譬犹乘氢气之球。游于天空。有时亦能达其所望。而与以清明之观。然迷离惝恍者十八九也。且夫乘氢气球者。浮于天空。能左右进退。不至迷离失所者何也。以其天空之方向。与地下之山川形势。前知于心。足以为之导也。远西迩来哲学玄理之进步。又何尝不恃科学为之前驱。不由科学的方法以求真理。譬如乘氢气球游于天空。惝然不知方向之所在。其不堕于五里雾中者几希。然则吾今日言学界而稍稍侧重于科学。非过滤矣。

虽然。吾知论者必有说曰。是无难。他国有物理学。吾学焉。归而重力声光电磁之试验可复按也。他国有化学。吾学焉。归而元素之分析。物质之化合。可复制也。他国有物植矿物之学。吾学焉。归而吾国自然之产。可名者吾得而名之。可分类者吾得分之也。如是得不谓之科学已具乎。曰不然。科学之道。可学而不可学。其可学者。已成之绩。而不可学者。未阐之蕴。且物物而学之。于他人之学。必不能尽。今之。犹终身为人奴隶。安能独立发达。成所谓完全学界耶。是故吾人今日之从事科学者。当不特学其学。而学其为学之术。术得而学在是矣。

然则其为学之术奈何。曰归纳的论理法是已。曩者哈佛大学校长爱里俄(C. W. Eliot)博士尝觇国于东方矣。归而著书告其国人曰。"关于教育之事。吾西方有一物焉。足为东方人金针宝筏者。则归纳的论理法是已。东方学者。驰骛空想。渊思冥索。其哲理宗教。纯出于先民之传授。而未尝以归纳的方法实验之以求其真也。吾人欲救东方人为学之病。使其有独立不羁。发明真理之能力。唯有教以自然科学。以归纳的真理。实验的方法。简炼其官能。使得正确之智识于平昔所观察者而已。"谅哉言乎。非善觇国者不能为也。

欧洲科学之成立。原于归纳的论理法。此非爱里俄一人之私言。凡少习欧洲历史者。未有疑其言者也。今夫回溯欧洲科学之祖者。不以为加里雷倭。不以为牛顿。而以弗兰斯氏培根(Francis Bacon)当之。培根者、首倡为以归纳的方法研究自然事物者也。虽其人于科学上未有重要发明。而其建立归纳的论理法以为研究事物必由之术。则为科学发生之种子。此其功在万世而不可没。归纳的论理法为何。即凡研究一事。首重实验。而不倚赖心中悬揣。易言之。即叩自然事物。以待自然事物之答解。而不以己意为之设解是也。其为法之特异。可以一故事明之。方培根高足弟子得卫(Sir Humphry Davy)之研究水质也。当时用阿尔达电池(Voltaic battery)以分析水。于所得水素养素之外。其阴极常呈酸性而阳极得苛性。当时法国学者。已倡水中唯含轻养两元素之说。而以为其酸性与苛性。为外来之不纯物。得氏以为非得实验上之证明。其说不足信也。乃归而试验之。以动物薄膜。连结两玻璃管。盛水。而置电极于两管中。迨试验毕。其得酸性与苛性如故也。彼疑其酸性与苛性之物。来自动物薄膜也。于是易动物薄膜以洗涤之棉花。此时所得者为少量之硝酸。而苛性物如故也。于是彼知此酸性之物。半来于动物薄膜。而疑此苛性物之来于玻璃也。（因制玻璃尝用苛性物）彼于是代玻璃管以玛瑙杯。而试验之。而酸与苛性之发见如故也。彼乃代玛瑙杯以金制小圆杯。而试验之。而酸与苛性之发见复如故也。至此常人将决定此酸与苛性为水中所有之质矣。而得氏不尔也。乃转而注意于所用之水。彼用前为试验之水。蒸馏水也。而疑蒸馏之时。泉水之不净者或得混入也。于是蒸发所用水而得其滓物。加于试验水中。而发见其酸性与苛性之增加与为比例也。于此若可决定此酸性苛性之物为水中不洁者矣。而得氏不尔也。彼于是复蒸馏其所用之蒸馏水。三四反复。至蒸发至干无滓而止。乃用此水与金杯以为试验。而所得算与苛性之物复如故也。至此人又将失望而止矣。而得氏不尔也。彼于此时试验所得苛性之物。知此苛性物为发挥质之安姆尼亚。而非固定质之索达等。异于前者所得。于是彼知此索达等之苛性物。米于玻璃与玛瑙。而发挥性之苛性物与硝酸。必来于空气中无疑。以此时与彼为缘舍空气与水外无物也。彼于是置试验之水于抽气筒中。尽排其空气而试验之。而酸与苛之微迹仍在也。彼知抽气筒之力不能尽排出其筒内空气也。于是出空气于筒。以轻气换之。而又排出。而又换之。至筒中绝无空气痕迹而止。乃通电流。分水质。而酸与苛性乃不复见于两极。至此而水中含轻养二元素之说乃定。而得氏之喜慰。亦不言可知矣。

上所引例。特科学研究之一。水质分析。又非甚烦杂之业。而所经之程序有如是。非其程序之足尚。其不敢轻于自信。而必待于实际上之证明。不惮反复推阐以求一当。其求真之精神。乃足尚也。吾国挽近言训诂之学者。如顾亭林戴东原王念孙章太炎之俦。尚佐证。重参谂。其为学方法。盖少少与归纳相类。惜其所从事者不出文字言语之间。而未尝以是施之自然界现象。至关天然事物之理。（如论阴阳雷电等事其例甚多不遑枚举)则老师宿儒。开口辄多可笑者。夫学问之道。固随世运为转移。以今日真理开发。物无隐情。而例数十百年前知思想言论。其为可笑固宜。虽然。学者求知识之圆满而已。吾国二千年来所谓学者。独有文字而已。而文字之运。又递降浸衰。每下愈况。一二有力者。欲挽之以复于古。而卒不可得。从而为之说曰。古之时文与道合。今之时文与道分。而于所谓道者。又冥心潜索。千年而未有获也。则宜其文之愈趋愈下也。实则周秦之世。其人学问知识。皆较后人为胜。故其文章亦灿然可观。近人言之无故。持之无理。其文章足以传人名记景物而已。精之者可以为艺人。而不可以为学者。近世中国舍文人外无所谓学者也。此吾所以谓今日中国无学界也。是故欲立学界。在进文人知识。欲进知识。在明科学。明科学。在得所以为学之术。为学之术。在由归纳的论理法入手。不以寻章摘句玩索故纸为已足。而必进探自然之奥。不以独坐冥思为求真之极轨。而必取证于事物之实验。知识之进也。庸有冀乎。此吾所以以科学的方法。为今日为学之之第一要素也。

读者或疑吾上篇言学者当注重国文。而此言注重科学。为自相矛盾乎。吾上既言之矣。欲具传达学问思想之能。不可不通本国文学。文学者、如大匠之有刀锯准绳。可以为斫木垛石建筑室家之用。而非所以建筑之物也。建筑之物。是在求真与致用之学。而是二者非由科学之方法未由得也。笃学之士。将尽瘁于学尽一科之能。自以为足乎。抑将阐明求学之方法。陈大道于国人之前。令得率由不越。以达此真美之域乎。其为效之大小。则必有办矣。余愿国人之留意焉。作建立学界再论。

(此文原刊于《留学生季报》第 3 号,1914 年 9 月,见任鸿隽著:《科学救国之梦:任鸿隽文存》,上海:上海科技教育出版社 2002 年版,第10—13 页)

解　惑

（一九一五年六月）

　　自本杂志出版以来，海内大雅颇不以同人为不可教。怜其款款之愚，惠事以沮疑之词来相劝诱。其言以谓国人承辛丑改革之后，受欧洲大战之余波，寝息未遑，偷食朝夕，国内学校其仅而开校者屈指可数，而人心荒荡，未遑学问，何居乎子之以科学进也。且以方今国人知科学程度，将言其深者乎，其能读之者几何。将言其浅者乎，则未知肤末之学其为效也几何。综言者之意，盖谓国人此时未尝需求科学也。不求而给之，其值将不显而存不可久。善哉，言者为小已计为利便计则得矣，顾未知为大体计为学术计何如耳。今将言者之意就两方面答解之。

　　第一，国人未尝有科学之需求，此言是也，顾吾以为国人应有科学之需求。何以故，以一切兴作改革，尤论工、商、兵、农，乃至政治之大，日用之细，非科学无以经纬之故。是故其未尝需求也，非不需求也，实不知需求耳。今夫吾国通商之市，三尺童子亦口衔纸卷香烟矣。当纸烟未入口之前，国内之人，何尝知其可嗜而需求之。有猾商者出其巨资冒失利之险贩运以入中国，其初人未知嗜也，则附物而遗之人人，不取值焉。迨其浸染既深，群其购求，彼乃操奇取赢，高下在心矣。烟，病物也。彼善贾者犹不惜其浸润之劳，以凿混沌之窍，而收倍市之利，况君子欲以学术救国，乃吝其口笔之勤，不为之反覆陈说，兴其需求学问之思，而云彼昏不知，未知姑徐徐云尔。吾不知待之之至于何时也，方吾人始与西方物质文明相接触，震其机械动作与质性变化之出于常轨也，则夷然以"奇技淫巧"轻之。厥后相习既久，知其事物之各有本源，而奥妙之未易窥也，则又退然以"造物化工"神之。此二者，一失之亢，一失之卑，要皆不寻其本而已。苟寻其本，则当得之于科学。今纵未能遽得,所谓科学家者出而明民供物,而国人不可不知科学之为用。知之矣,而后科学之需求从此出也。

第二,真正之科学智识,当于学校教科实验室中求之,非读一二杂志中文字,掇拾于口耳分寸之间所能庶几。虽然,教科之为书,旨取平易简率,各于其分,不能于特殊之点有所详细说明。读化学者,至原子之说,常苦其微渺难捉。读物理书者,至电学诸称谓,则有目迷脑眩之苦。于此欲于一学说原理,溯本穷源,如观纹于掌,了然心耳者,唯当于专门论文或特别讲义中求之。是故《科学》杂志之为物,未必能于每科各要义,首尾贯彻,巨细无遗,而于某科某点,为教科之所不及,讲席之遗漏,亦不无拾遗补阙之功焉。由此方面而言之,则本杂志之出现,不当在科学已盛之时,而当在科学萌芽之际,不待言矣。

抑吾《科学》杂志之职志,有不仅如上所言者。凡一国学界,必有其专门之志,以发表学者研究之所得,而求同学者之共证。吾人试一读科学教科书偶及较新之理,必举某杂志某号以为印证。盖科学杂志者,当时之科学发达史也。吾国科学方在萌芽,学四方者,率履他人故步,孜孜未遑,以言新理,或病未能。虽然,学术本非私物,新理之发舒,不于自己,即于他人。学界之进步不息,则吾人所以纪录之之机关不可以已。如曰他国之文足资讽诵,则未知能得他国学术杂志而读之者,遍国中能有几人。如曰他人学术上之发明,譬如邻猫生子,无与我事,则自绝于当今学界,将何以别于僿野之民哉。且夫他域学术发达之国,其学术杂志,卷则汗牛充栋,名则更仆难数,而吾神州大陆,尚属绝无仅有,亦当今学者之羞也。同人诚以无似,忘其蚊负之愚,将薪是志为吾中国具有学界之标识。他日者,学术昌明,研究精进,安知不与他国之学术杂志同占学界上之要位。令讲学者引证曰"见某年《科学》某卷",则吾人之愿毕矣。

复次,吾国科学遍及之难,原因多端,而名词之难定,实为障碍之一。今欲俟政府之审定乎。无论吾政府当多事之秋,未暇及此也;即使能之,而以法衍繁赜之科学,责公家诸人为之正名而必其皆当,亦必不得之事也。然则将由私人译著之家定之乎?则一人之所及者,其范围甚隘。且译著之为事,善成在久,恶成不及改,亦非尽善之道。足为科学定名之豫备者,其唯《科学》杂志乎。何则,《科学》杂志,旁罗百家,著述既多,收名自富,其便一。一名既定,有专员以司其事,凡社中著述皆为遵用。姑置杂志影响所及于不论,而社中已收试用之效,至每年之终,乃汇集所得而刊布之,以待海内学者之公议,其便二。凡名有初经行用,后以为未善者,以杂志为机关,得随时宣告改易,其便三。以上三便,皆杂志之副产物,而为他机关之所不具。同人区区微意,窃欲借此出版物之便,与海内学界共图此举,热心科学之君子,皆当不惜出其绪余以相助也。

实业与科学,相须为用,而科学与实业,不能同时并进。一新术之发明,其经科学家之试验者几何日。其科学上之方法能应用于实业上而有利者,又须几何日。其操奇计赢之实业家,能奋然决心投巨资以营新发明之实业者,又须几何日。无他。科学之智识未充,则其信仰之心不至也。德国人造靛之发明以来,几尽逐天然靛于市场,而垄断世界之利。然问其何以成功,则不持无数化学学者研究之力,而公司之出资以供研究者,某一公司已达四百万金之巨,其毅力亦不可没焉。今欲于吾国言新实业,智识之所未周,经验之所未及,其难尤当倍蓰。则同人肆陈学理之应用,以为有志实业者导其先河,当非无事书空之类矣。

乌乎? 作始之难,古人所喟。众擎易举,鄙谚所陈,当世高明远识之君子,将于此有同心乎。为之执鞭,所忻慕焉。

(此文原刊于《科学》第 1 卷第 6 期,1915 年 6 月,见任鸿隽著:《科学救国之梦:任鸿隽文存》,上海:上海科技教育出版社 2002 年版,第 39—42 页)

归国后之留学生

（一九一五年六月）

留学生者,吾国所仰为起死回生之卢扁也。留学生之归国者年以百数,吾人试以吾留学生归后之所行所为,卜吾国国事之进退,或亦非过。记者曩尝言以吾国土地之广,人民之众,待举之事之繁,留学归者,如以杯水益巨海,泯然入于若有若无之乡。故欲为吾留学生之左史,为归后留学生之统计,其事至难。然械札之所涉及,报章之所披露,窥豹一斑,亦足以供吾人切磋之资矣。因拉杂论次如后,俾当世君子及我同学得观鉴焉。

（一）

记者尝有友在科罗剌多矿业专门学校学矿,毕业归后数月来书云:

（上略）适值金城同学王君由京来信相招,云中美合资煤油公司将有探油队之组织,往陕西一带探测石油,用美人五,华人无数为副,四个月返京,去留听便,竭力劝弟前往。弟亦以此事于所学相近,一路矿学及地质学经验不少,诚难得之机会,故决计前往。及入都门,始悉此事已为捷足者先得,所用之人,亦殊出人意表。有外国文学毕业者,有粗通美语者,甚有并英语不能者。闻华人均归煤油筹办处聘雇,揆当轴者意,以此项人才,不过备翻译,供外人驱使耳,其探测及工程等事,自有外人可恃。以此类心理,与外人合资办事,而欲在公司占少许势力,其可得耶?（下略）

按吾国顷以乏才而送学生于他国,迨其学程而归,可谓少有可用之才矣。才而不用，则安用才为，安用其遣学之为？如探油之事，属之曾学矿者，则人与事两首其益；属之未曾学矿者，则人与事两受其损。当局者心理，来书所言，足发其覆。吾谓此事，操用人之柄者固有不可辞之责，而为之用者，不问其事之与己相称与否，苟一时之得，以遂其衣食之欲，而不知实业前途，即败坏于一己取舍之中。其人苟具平旦之气者，又岂忍出耶？先哲有言，治国如治家，使男司耕，女司织，则理。国内人才之数微矣。非在上者公尔忘私，在下者守己慎节，勿徒脂韦突梯，以蔽其人才之路，则天下事安有豸乎？吾为此言，欲为国人进一药石，非为吾友鸣不平也。

<h2 style="text-align:center">（二）</h2>

又同学某君去年归国，归后以书道所感，中有一节云：

> 此间亦有留美学生会，月聚一次，上次余未得往，某君与会，归而大沮丧，为余言会中无他事，唯大饮大嚼及叉麻雀牌耳，中亦有一二自好之辈，然势孤不胜，只守缄默，无能禁沮也。

曩者吾友梅君寓书来言，留学生不亟于该换脑筋，归后一接旧社会，旧习惯，将旧病复发，不可救药。今读某君书，然后叹梅君之言无以易也。夫吾人求学他国四五年，非仅以有一技之长，归而自立己也。固自命为曾受新教育之人，且将以吾之所得，新我国民者也。以曾受新教育之人，负改良社会之责，乃不能利用其宝贵之光阴，作有益之事业，而为旧习惯所同化，博弈饮酒以终日乎？记者不暇为吾留学生惜，为中国前途痛也。

<h2 style="text-align:center">（三）</h2>

《上海时报》二月二十八日关于考试留学生有新闻一则云：

> 此次考试并无一定办法，不过言取最优等者呈候大总统酌量任用而已。至如何用法，并未有明白规定，闻有派往各部院作为学习员之说。

　　按:考试留学生一事,右之者以为登庸人才之所当有事,左之者以为科举之余习。吾谓科举之为害,不仅在所以考之者非有用之学,乃在率天下之才智,而入于政治之一途。人才集中于政治一途,则社会上事业固失。而所以应考者,陈纸空谈,即所谓莅民治事,亦非所习,则政治之事又失。今之留学生,固不仅从政之才,而多致力于工商、制造之学,以此散之四方,从事于生利事业,则社会改良庶几可望。今政府乃以考试一举,集数年中之留学生,而置之部曹闲散之地,是名用而实锢之也。即用得其所,而注全国有用之才于政治一途,亦岂计之得者,政府已矣。吾愿吾留学归国诸君,稍稍留意于社会事业,而勿以考试为终南捷径,作金马门避世之想,则国事或尚有望乎!

　　(此文原刊于《留美学生季报》第 2 号,1915 年 6 月,见任鸿隽著:《科学救国之梦:任鸿隽文存》,上海:上海科技教育出版社 2002 年版,第 49—51 页)

科学与教育

（一九一五年十二月）

余曩作《科学与工业》,虑世人不知科学之效用,而等格物致知之功于玩物丧志之伦也,为之略陈工业之导源于科学者一二事,以明科学之用之非欺人。虽然,科学不为应用起也。赫胥黎有言曰:"吾诚愿'应用科学'之名永不出现于世也。自有此名,而学者心中乃若别有一种实用科学智识在'纯粹科学'之外,可以特法捷径得之,此大误也。所谓应用科学者无他,即纯粹科学之应用于某特殊问题者是矣。即纯粹科学本观察思辨而发见之通律所推衍之结果也……凡今制造家所用之方术,不出于物理,则出于化学。将欲进其术,必先明其法。人非久习于物理化学之实验,从纯粹科学之简练,洞悉其定律,而心惯于事实,而欲明制造之法,收改进之功,其道无由。"①由斯以谈,应用者,科学偶然之结果,而非科学当然之目的。科学当然之目的,则在发挥人生之本能,以阐明世界之真理,为天然界之主,而勿为之奴。故科学者,智理上之事,物质以外之事也。专以应用言科学,小科学矣。吾惧读者之误解吾前文也,故复以此篇进。

科学于教育上之位置若何? 此半世纪前欧洲学者辩论之点也。赖诸科学大家如斯宾塞尔、赫胥黎之流,雄文博辩,滔滔不绝;又科学实力之所亭毒,潮流之所趋附,虽欲否认之耳不能,科学于教育之重要,久已确立不移矣。其在今日,科学之范围愈广,其教育上之领域亦日增。设有人焉,居今之世,犹狃于中古之法,谓教育之事,唯以读希腊、拉丁之文,习《旧约》神学之书为已足者,彼方五尺童子,知唾其面矣。还顾吾

---

①　见赫胥黎演说《科学与淑身》（*Science and Culture*）。

国,科学之真旨与方法,既尚未为言教者所深谙;而复古潮流之所激荡,乃有欲复前世咿唔咕哗之习,遂以为尽教育之能事者,此其结果所及,非细故也。余不敏,请引据各家之论证,以言科学于教育之重要。

谓教育之本旨,在"自知与知世界"(to know ourselves and the world)者,此阿诺尔特(Matthew Arnold)之说也。其达此本旨之术,则曰"凡世界上所教所言之最善者吾学之"(to know the best which has been taught and said in the world)。① 阿氏此说,曾为赫胥黎所诘驳。赫氏以谓阿诺尔特之所谓所教所言之最善者,文学而已。于是郑重言之曰:"当今时代之特彩,乃在天然界知识之发达。"故无科学智识者,必不足解决人生问题矣。

虽然,阿氏固文士,而其言教育本旨,则仍主乎智。既主乎智,其不能离科学以言教育明矣。第阿氏之所主张者,科学虽善,不足与于导行审美之事。导行审美之事,唯文学能之,故文学与科学之于教育,乃并行而不可偏废。是言也,科学者流亦认之。赫胥黎之言曰:"吾绝不抹煞真正文学于教育上之价值。或以智育之事,无待文学而已完者,误也。有科学而无文学,其弊也偏,与有文学而无科学,其弊正同。货宝虽贵,若积之至反侧其船,则不足偿其害。若以科学教育造成一曲之士,其害有以异乎。"②

于是吾人当研究之两问题焉。第一,科学果与于导行审美之事乎?第二,导行审美之事果唯文学能之乎? 若曰能之,必如何而后可?

欲研究第一问题,当先明科学之定义。余前作《说中国无科学之原因》,曾略为之界说矣。曰"科学者智识而有统系之大名"。更证以贺默(Homer)之评论家伍尔夫(Wolf)之言曰:"凡有统系而探其原理之教训,吾皆谓之科学的。"盖科学特性,不外二者:一凡百理解皆其事实,不取虚言玄想以为论证。而凡事皆循因果定律,无无果之因,亦无无因之果。由第一说,则一切自然物理化学之说所由出也。由后之说,则科学方法所由应用于一切人事社会之学,而人生之观念,与社会之组织,且生动摇焉。今夫水,分之则为轻养二气。蜡,燃之则生水与无水炭酸。

---

① 见阿诺尔特《论文学与科学》(*Essay on Literature and Science*)。

② 见赫胥黎演说《科学与淑身》。

地球之成,始于星云。人类之祖,原为四足曳尾之猨猱。苹果之落,以物体之引力也。气球之升,以两质轻重之相替也。声之行也以浪。电之传也以能(energy)。此皆属于物质界。律以科学定理,所莫能遁者也。乃观科学之影响于社会者则何如?人皆知达尔文物竞天择之说出而人生思想生一大变迁也,而不知达氏之说,乃导源于马尔秀斯(Malthus)之人口论(*Essay on Population*)。人口论之大旨,谓人口之增,以几何级数,而食物之增,则以算数级数,食之不足供人而不可无有以阻人口增加之率者势也。阻之出天然界,曰饥馑,曰疫厉,曰争夺相杀。文化既进之国民,尝思以人治胜天行,则为之禁早婚,节生育,是曰人为之阻抑。马氏反对戈特温(Godwin)之乐观主义[①],以为人生究竟,不归极乐,乌托邦理想,终不可达,为之钩稽事实,抽绎证例,以成此不刊之论。盖与亚丹斯密(Adam Smith)之《原富》(*Wealth of Nation*),各究生计之一方面,而同为生计学不祧之祖也。达氏取其说而光大之,推及庶物,加以无穷之例证,其风靡一世宜也。说者谓马氏之论,文学而非科学耶?吾谓凡文之基于事实而明条理因果之关系者,皆可以科学目之。而社会科学中适用科学律令之最多者,又莫生计学若。今请以一例明之,生计学上有一最奇之现象焉,则每近十年而金融界上生一恐慌是也。生计学者对于此现象之犁然有序,若风之有候也,则相竞为科学上之解释。其最奇者乃谓金融界之恐慌,与日中黑子相关。盖以金融界之恐慌约十年而一现,日中黑子,亦约十年而一现,而二者出现之年,亦先后略同,则安知非知此日中黑子,影响于吾地球上之气候,由此气候之变易,而生年谷之丰歉,年谷歉获,乃为一切制造懋迁不进之原,而恐慌成矣。近有科伦比亚大学生计学教授某者,求恐慌之原于雨旸,为之统计数十年气候之记录,较其雨量之多寡,既得,则欢忻鼓舞以告于众曰,吾得恐慌之真因矣。要之社会人事,原因复杂,执其偏因以释其全体,无有是处。然亦可见科学精神,与因果律令,无在不为学者所应用也。

不宁唯视,科学之研究,有直接影响于社会与个人之行为者,请以伐哀斯曼(Weismann)之论遗传性为证。伐哀斯曼者,德之生物学大家

---

① 戈特温著有《政治正谊论》(*Political Justice*)及《疑问者》(*Enquirer*)诸书。

也。其论遗传,主张胚遭论(theory of germ-plasm)。其说以为父母之性质,遭传于其子姓也,唯能传其生前之本有,而不能传其生后之习得。此说近于达尔文之物种变异论(theory of variation)而与拉马克(La-marck)①之说,谓凡得于生后之新性,可传之后裔者,则正相反。要之伐哀斯曼之说,谓天性相传勿替者,虽尚待论定,至其谓习得之性,不能递传,则证据充确,似可无疑。使伐氏之说而果确也,则吾人道德行为之判断。与社会对于个人之义务,皆当由根本上一大变革。如使教育法律之积效,不足变易劣种而使之良也。如是优劣两种之胖(媾)合所得之子姓,其进种之功,不足掩其退种之害也,则吾人对于教育慈善诸事业之态度,当为之一变。吾人方今对于此等问题之判断,出于个人感情者大半,其纯从科学律令为社会将来计者盖鲜矣。

　　科学教育之关系于社会问题者,既如此,乃观其影响于个人性格者则何如?达尔文谓其友曰:"吾无所用于宗教与诗,科学研究与家人爱情,吾生平享乐不竭矣。"达氏天生自然学者,其用心专一,几凝于神,固不可与常人相提并论,实则真有得于科学者,未有于人生观反茫然者也。吾欲举法勒第(Faraday)②之致书老母,何其款然孺慕,皁娄(Wöler)③之与朋友交,何其蔼然可亲,而人将疑一二例外,不足以概其全,则请试言其理。凡人生而有穷理之性,亦有自觉之良,二者常相联系而不相离。谓致力科学,不足"自知与知世"者,是谓其一而失其一,谓达其一而牺牲其一也,要之皆与实际相反者也。人方其冥心物质,人生世界之观,固未尝忘,特当其致力于此,其他不得不暂时退听耳。迨其穷理既至,而生人之情,未有不益然胸中者。于何证之?于各科学之应用于人事证之。方学者之从事研究时,其所知者真理而已,无暇他顾也。及真理既得,而有可以为前民利物之用者,则蹶然起而攫之,不听其废弃于无何有之乡也。而或者谓好利之心驱之则然。然如病菌学者,身入疫厉之乡,与众竖子战,至死而不悔,则何以致之?亦曰研究事物之真理,以竟人生之天职而已。是故文学主情,科学主理。情至而理

---

　　① 拉马克(1744—1829),法之大自然学家,发明生物变种四律,与达尔文齐名。

　　② 法勒第,电学大家,见《科学》第1卷第13期《电学略史》及《科学与工业》篇。

　　③ 皁娄(1800—1882),德之大化学家,有机化学之鼻祖。

不足则有之，理至而情失其正，则吾未之见。以如是高尚精神，而谓无与于人生之观，不足当教育本旨，则言者之过也。

　　复次言科学无与于审美之事者，谓人生而有好美之性，而美感非琐琐物质之间所可得也。吾尝闻人言科学大兴之后，而诗文将有绝种之忧。窃谓不然。美术无他，即自然现象而形容以语言文字图画声音者是矣。吾人之知自然现象也愈深，则其感于自然现象也亦愈切。濯尔登校长（Jordan）之言曰："吾人所知最简单之生物，较吾合众国之宪法犹为复杂。"汤姆生（Thomason）曰："蚁之为物至微也，而其身体构造之繁复，乃视蒸气机关而有过之。"达尔文之言曰："世间最可惊异之物，莫蚁脑若。"而物理学家之告人曰："轻气一元子之构造，自其性质言之，盖类诸天子星座。其电子之樊然游动于一元子中者，盖八百有余云。"此自天然物体构造之美言之也。自其关系言之，"虱居头而黑，麝食柏而香"。此稽叔夜之言也。虫变色而自保，蛇响尾而惊人，此近世博物学家之言也。如使吾人望海若而兴叹，风舞雩而咏歌，绝不因吾知海气之何以成蜃楼，与山腹之何以兴宝藏，而损失山海自然之美也。人能咎牛顿之解释虹霓[1]为杀诗人之风景，而无知沃慈沃斯（Wordsworth）[2]之得说法与石头何也。

　　上节所言，盖谓科学之于美术，友也而非敌。今请更以事实证明之。美术之最重者，孰有如音乐者乎？吾国自来无科学，而音乐　道，乃极荒落，终至灭绝，何也？西方音乐之推极盛，乃在十九世纪，亦以科学方法既兴，于审美制曲之术，乃极其妙故耳。即彼邦文学之盛，又何尝不与科学并驱。英之莎士比亚尚矣。十九世纪之诗人，如英之沃慈沃斯，丹尼生（Tennyson），本斯（Burns），拜轮（Byron），德之苟特（Goethe），海讷（Heine），法之嚣俄（Hugo），皆极一时之盛。而苟特自己乃植物学大家，且于生物学中发明生物机体类似之理，而为言进化这所祖述也。返观吾国之文学界，乃适与音乐同其比例。科学固未兴，文学亦颓废，间有一二自号善鸣，如明之七子，清之王、宋、施、沈，亦所谓夏虫秋蚓，自适其适，著作等身，蔚然成家，何足选也。

―――――――――

　　[1]　见《科学》，1915年第1卷第12期，《说虹》。
　　[2]　沃慈沃斯，英十九世纪之大诗人。

　　以上所陈，但就所不足于科学者言之，以见教育之事，无论自何方而言之，皆不能离科学以从事。若夫智育之事，自科学本域，言教育者当莫能外，无容吾人之重赞一词。今当进论吾之第二问题，即导行审美之事，唯文学能之乎？如曰能之，当如何而后可？

　　文学者，又统泛之名词也。泛言之，凡事理之笔之于书者皆得谓之文学。故论辩、辞赋、小说、戏曲之属文学也，而历史、哲学、科学记载之作亦文学。乃今所言，对科学以为说，则当指其纯乎文章之作，而科学历史之属不与焉。大抵文学之有当于教育宗旨者，不外二端：一文法。文法者，依历久之习惯而著为遣词置字之定律也。及其既成，则不可背。习之者辨其字句之关系，与几何之证形体盖相类。故西方学者皆谓文法属于科学，不属于文学。吾人则谓其为文词字不中律令者，其人心中必无条理。故文法之不可不讲，亦正以其为思理训练上之一事耳。二文意。文意者，人生之意而文字之所达者也。科学能影响人生，变易人生，而不能达人生之意。与此领域中，惟文字为有权。然吾人当知文字之有关于人生者，必自观察实际，抽绎现象而得之，而非钻研故纸，与玩弄词章所能为功。吾国周秦之际，学术蔚然。以言文章，亦称极盛，以是时学者皆注意社会事实也。汉唐以后，文主注释。宋明以后，则注释与记事之文而已。不复参以思想，亦不复稽之事实，故日日以文为教，而文乃每下愈况。思想既窒，方法既绝，学术自无由发达。即文学之本域，所谓以解释人生之本意者，亦几几不可复见。独审美性质，犹未全失耳。乌乎！自唐以来，文人学士，日嚣嚣然以古文辞号于众者，皆于审美一方面致力耳。至所谓"道"与"学"者，彼辈固不知为何物，亦不藉彼辈以传也。是故今日于教育上言文学，亦当灌以新智识，入以新理想，令文学为今人之注释，而不徒为古人之象胥，而后于教育上乃有价值可言。至于一切古书，亦当以此意读之，乃不落欧洲中世纪人徒读希腊、拉丁之故步矣。

　　要之，科学于教育上之重要，不在于物质上之智识而在其研究事物之方法；尤不在研究事物之方法，而在其所与心能之训练。科学方法者，首分别事类，次乃辨明其关系，以发见其通律。习于是者，其心尝注重事实，执因求果而不为感情所蔽、私见所移。所谓科学的心能者，此之谓也。此等心能，凡从事三数年自然物理科学之研究，能知科学之真精神,而不徒事记忆模仿者,皆能习得之。以此心能求学,而学术乃有进步之望。以此心能处世、而社会乃立稳固之基。此岂不胜于物质智识万万哉。无甚望言教育者加之意见也。

（此文原刊于《科学》第 1 卷第 12 期,1915 年 12 月,后录入《科学通论》时有更改,见任鸿隽著:《科学救国之梦:任鸿隽文存》,上海:上海科技教育出版社 2002 年版,第 61—67 页）

西方大学杂观

（一九一六年九月）

大学之起源

　　觇国者不作皮毛肤浅之论，而为探本穷源之言，于西方文化之臻进，则称美其学术之功矣。虽然，自中世以降，人智大进，学术繁兴，昔者穷居讲学以一人乐育天下英才之风，既非所论于今日。盖学术歧，则虽上智不能以兼众长。而新理盛，进步速，私家棉力，尤不足举办所必须以尽穷理之用，于是大学之兴尚焉。西方大学之始，其远者盖在十二世纪之初，而仍导源于私家讲习。如巴黎大学原于向无颇（Willian of Champeaux）之讲名学，而英之奥克斯福（Oxford），肯柏列基（Cambridge）亦具相类之历史。西方称大学者在英语曰 University，德语曰 Universität，而皆源于拉丁之 Universsstos。十二世纪时，以称学校内之一群人，有授学位之权者耳。其后学校组织愈完，规模愈备，乃为学校之专称。其义为大、为通，盖言无所不备矣。吾之言此，非徒以见大学组织之变迁。又以见设科不完善，盖不得为大学，顾名思义，已彰明较著矣。

　　大学与分校（College）异。分校为教授一科或数科之处，大学则必萃人类所有智识以设教。是故其教为高等以上之教育，而其科目不出一科或数者，则皆谓之分校。其分校所授关于某项执业如公、商、医、律者，则谓之专校。必合各分校与专校而总汇之，乃得谓之大学。故就其目的言之，大学生主自由研究，分校主浅近练习。自其组织上言之，分校为大学之一部,大学为分校之全体。分校与大学,盖一而二,二而一。吾人言大学,乃不能不并分校言之矣①。大学不但为分校之总汇而已,实则今世较古之大学,多由分校逐渐发达而来。近世国家或私人建设之大学先立一鹄以赴之者,则不在此例。今欲寻其发达之迹,不可不先知其根本上之原因,约言之,有两端。

一、智识上之关系。大学者,智识之府也。对于既往,大学为其承受之地。对于现在,大学为其储蓄之所。对于将来,大学为其发生之机。国无大学者,其智识必无由进,而文明之运,乃等之不可知之数。虽然,大学者,又智识之产物也。今夫学术歧出,异流而同源。譬如一本之树,枝叶扶疏,方向各异,而其根则一。众学之间,不能无彼此关系,亦犹是也。一物质也,研其性质之现象,则为物理,究其质素之变化,则为化学。同一科学也,自其应用言之,则为执业之学,自其精理言之,则为穷理之学。自科学发达,机构繁兴,个人与社会之关系,既日趋复杂,则文学哲理,亦不能不因之而生变动。是故设学之意,不欲完全人生智识则已。若求其全,则由甲而及乙,因彼而达此。自非网罗百派,纲纪群流,亦何以尽设学之本志。故世界大学创设之始,造端不必甚宏,但使不以固步自封,不为外力所阻,皆能浸长滋大,臻于美备之域。盖学术之进化,必循此途出也。

二、财政上之关系。凡物之应用同者,合之则费省而效巨,分之则费奢而效小。此生计学上之定理也,此理于大学之组织亦呈其效。今假有一大学,合九分校成之,使此九分校者,各自为政,不相为谋,则一校之中,必具其校中应有之科目。譬如初等物理、化学,此每校所必须者也。今使九校各设此科,其所费为不赀矣。若合此九校为一大学,但设此等科目一,而九校学生皆可同受其教,一科之费与九科之非,其悬绝不待计矣。不特此也,九校如设一同样科目,其教材之购备,教授之聘致,欲悉如其分,盖甚难事。但设一科,则设备择人,易得上驷,而学

---

① 此分校为大学之一部分,与东方所谓高等学校者不同。如日本与我国之有普通高等,盖豫备学校之列,不得厕入大学。至东方之分科大学,正与西方分校相等,唯西方大学之意,则有进于此者。至于分科大学之名词,吾友胡适作《非留学篇》已解之矣。

者之获益,必较过于九校各设一科者。其他各通共之科,皆可作如是观,此生计学上所谓"大事业之内益"者是也。故谓大学之趋于完备,斯力实左右之,或非妄耳。①

西方大学之发达,未有盛于今日者也。一大学中学生之数多者盈万,少亦数千。教者之数,多者七八百,少亦二三百。设科之数,多者四五百,一分校之中多者亦一二百。所谓学海千寻,蓺圃百顷。学者将何以遂探汲之?功教者将何以尽导引之责?盖尝审思而详察之,而知其选科制(elective system)之善也。

选科制

选科制者,校中备设各种学科,而无一定课程,学者得自由选择其所好之科目而学之之谓也。吾人在东方曾入高等以上之学校者,初入西方大学,其觉为最自由亦最困难者,莫如选择科目一事。东方高等以上之学校,科目有定,课程有定,吾人既入校,则按部就班,循序渐进,不问何科当取,何科当舍也。入西方大学者不然(其入专门分校者不在此例)。入校之后,但由一泛漠之目的。若曰吾将习文学乎?政治乎?科学乎?至于专攻之门与寻致之途,一切出于学者之自择。使吾言仅此,人且疑选科制者,乃一不程序之杂货店,胪列各品以待顾客。货物虽多。如顾者之目迷五色何?故欲行选科制,必其以下三者。

(一)学生虽无一定科目而有一定量之工课。如美大学定制,学生非得一百数十时间工科(unit)者不得卒业。

(二)此一定量工课中必有一部分属于一门。如所定工课为一百二十时间,必有六十时间工课属于一门。

(三)各科皆有教者为学生顾问(adviser)。学生于择科时,得咨询之以定选择方针。

具此数者以行选科制,其利不可胜道,今约举之。

---

① 有时以时地关系,某处仅宜一分校学校,或专门学校,而不必求完全之大学,此例外也。唯闻国内通都大邑,每有各种专门高等林立,而无人图联合之使成一大学,以收此智识上财政上之便利,兹作者所不解耳。

一、学者得自由发展其才能以达最高之域。大凡学校设科其有一定课程者，皆以中材为标准。故其课程不求独精深造，难能可贵，而期于损高益下以跻于平。此不独造就之人有千篇一律之讥，而高材者乃不得不委屈迁就，掷光阴于虚牝，尤非计之得者。选科制度不然。高材之士既不为一定课程所束缚，得发挥其天纵之能，以登峰造极。中人以下，亦得就其性之所近勉强学问，日进有功，不至如策驽骀以登太行，有颠踬不前之虑。其于材性之发舒，精力之节省，两有得焉。其利一。

二、学者得均受各科教育以成全才。有一定课程者，既欲求备于一门之中，即不能劳涉他门之藩。此不独专门科目为然，即文玄诸科亦不免是弊。是故习文学者或不暇问津于自然科学，而业专门者，其研精囿一方曲，亦无暇涵养文学趣味，此非教育之本意也。选科制不然。其未在执业专门者，其时间甚裕，其可选之材甚广，固可治学赅览，尽博文圣通之能事。即在执业专门者，亦得以余力闲暇，作课外之旁修，而完自淑之义务。盖在选科制度下，一科之中深浅咸备，有志学者，求无不得。若行一定课程，则此疆此界必无融会贯通之妙，而完全教育何从得之？选科制不然。其利二。

三、便学者时间之利用。今使有二人于此，一人能居大学七年，一人仅能四年。若在有一定课程之学校，其七年者固可益进深造，而四年者不能不以浅尝自足。若在选科制下，则殊有发以济其穷。盖七年者前数年可多习普通科学，而以后数年致力专门之业。其四年者则入专门之期可较早，以四年制大半专究一科，虽未名家，亦非空虚无据者矣。此学者时间利用之便。其利三。

四、增学者对己之责任心。凡入高等以上学校之青年，不敢遂谓其有一成不易之见，而志趣则已有定矣。如入工业学校者，其志在工师。入医学者，其志在药石。入普通分校者，其志在科学家、教育家、文学家，不待言矣。然其校课程有定者，其学者即有选择心而无责任心，随班旅进，亦随班卒业。成才与否，非己所得知，曰吾课程既铸我如是矣。若在选科制度下，所习科程既由一己自由意思主之，学之无成，亦唯一己是尤，无他人为之代负其咎。吾知真正求学之士，于未离学校之前，必有踌躇满志者矣。此对己之责任心，固成材不可少之要素，而选科制足增之。其利四。

五、观摩之广。朋侪观摩,常为学校教育之一部分。然课程有定,则同级之生,不过数十人或数人,相随终始,交际之未广,收益之何从。若在选科制度下,各科学生变动不居,故一班之中,各级之人与各科之人具备,谈言微中,足以广益。其利五。

六、教育之竞争。有选科制之校,其教科之良否,不以其课程为断,而以其科目为断。故其校某科而良,则学者云集。而不良者,讲室之门可罗雀矣。良楛易彰,教者益奋,而教育乃以竞争而臻发达。其利六。

七、管理上之便易。今以一大学就学者之多也,分科之繁也。若令为一定科程,则某科在一学期中有人满之患者,在第二学期中必有人少之苦。若行选科制,则前后推移,行之裕如。又各校共通之科,可以合而授之,如篇首所述,亦管理上之一便。其利七。

选科制之利,其显而易见者既有如上所举,更仆数之,将不止是。然此制虽善,行之亦有难者。

一、选科制度以各科为单位,一科中必由至浅明至最深之课目无不备,使学者有求无不得之便,且能为有统序之研究。此须人才与财力,非易致也。

二、选科制为大学发达自然之结果,非教者、学者皆臻众盛,不能强效。

三、学者必程度既高,有自觉之智力,研几之决心,行之乃有益。不然,鲜不为取巧梯荣者利矣。

此三难者,皆教育幼稚时固有现象,及其既达,必经此制。此制未行,终非教育之盛,而未足尽作人之道。故乐为言教育者敷陈,勉而求之,虽不中不远矣。

教育精神

西方大学之教育精神,一言以蔽之曰:重独造、尚实验而已。独造者,温故知新,独立研几,不以前人所已至者为足,而思发明新理新事以增益之。其硕师巨子,穷年累月,孜孜于工场,兀兀于书室者,凡以此耳。此精神不独于高深研究见之,乃至平常课室之中,亦此精神所贯注。取譬于近,则如教科书之用,在东方尝由教者先讲释其义,学者乃退而读书。在西方则学者先读其未授之书，乃进而听教者之讲解。一则依赖在人，一则紬绎在己，其用心为不侔矣。实验者理必证实，语不涉虚，其在物质理化。所谓试验科学者，无论矣，乃至新理之微渺，教育之繁赜，亦以试验定其确否，而研究政治，攻治文史，亦必统计事实，综核理据，犹是实验精神之贯注耳。若乃科学本域以内，其注重实验，尤非东方所及。作者习普通化学者数矣，初于吾国，继于日本，继于美，唯美有实验。吾国姑弗具论，日本专科化学有实验①，而普通化学无之。彼盖以为是浅近之事实，可于书籍中求之，可于想象中求之，然去科学精神也远矣。以上所举，特其一端，而其事又甚浅近。然学者高远之精神，无不由浅近者养成之，要亦未可忽视耳。

　　（此文原刊于《留美学生季报》第 3 号，1916 年 9 月，见任鸿隽著：《科学救国之梦：任鸿隽文存》，上海：上海科技教育出版社 2002 年版，第 106—111 页）

---

　　①　学生自己饰演，非教者讲坛上实验之谓也。

吾国学术思想之未来

（一九一六年十二月）

　　一新时代之将至,必以思想变迁为之先导。人亦有言,思想者事实之母。欧洲十五世纪为文化复兴时代,十六、十七世纪为宗教革命时代,十八世纪为哲学勃盛时代,十九世纪为科学当阳时代。当其时至未至,人心思想固已沉困积郁突决于常轨之外而求所以宣泄。有一二大师哲人者起,以新说为之倡,则人心靡然从之,风气变而新时代成。昔者曾涤生作《原才》曰:"风俗所趋,势之所归,虽有大力,莫之能逆。"夫平常风俗之变迁既如此,矧夫学问思想之事,有方术以纬其派衍,有圭极以经其汇归;其必有腠理脉络可寻,而非汛漫无序,偶然出现者固甚明也。

　　今夫思想之为物,其变幻若蜃气云雾而不可方物,其幽眇若人鬈渔网而不可析理;人之用思想,则不出乎两途。有用于主观者,以一人之心知情感为主,而外物之条理不与焉。有用于物观者,以外物之条理为主,而一己之心知情感不与焉。属于前者,为人生之观念,为性理之启瀹。属于后者,为物性之阐辟,为智识之泉源。要言之,属于前者为文学之事,属于后者为科学之事。其介于两者之间,以谋物我之调和,求事物之真一者,则哲学之事也。是故人生思想之大剂约之,可别为三:文学也,哲学也,科学也。以此论衡,而大共可得而言。

　　虽然,思想者人而自异。虽限于方域,断以时期,其繁赜不可规画犹自若。然以材性、地齐、政教、习尚之不同,其思想之发越,用心之结晶,常不能无所偏。其偏也,常与人以共见。昔者桐城姚氏之论文,谓"有毗于阳与刚之美者,有毗于阴与柔之美者"。一文字中已有是阴阳刚柔之异矣。矧在文学,六朝之趋骈俪,唐宋之尊古文,文学上又不无变迁之可言矣。矧为人心汇归之学术,特是等变迁,皆囿于一方域之中，如生物学上异类偶现，种源自同，不足生非常之结果。欲得非常之结果，必其变迁在根本之殊，而不在枝叶之异。必自所无以近于有，自其所同以进于殊。自吾上列思想之三大剂言，则必由文学亦入科学乎，抑由科学以入文学乎？而介乎其间之哲学，盖可无论矣。

吾国思想之历史，属于何者，此问题可不待再思而答曰，文学的也。神州学术，于晚周号称发达。然九流皆出于王官，则亦历史的滥觞也。诸子古书，间有陈述器数物理者，虑多取之方策，非参稽事实循序剖析而得之。则与希腊安纳息曼特（Anaximander）之说大地生成，地摩克利挞（Democritus）之论原子，虽有合于科学家言，而未足尽科学之意。秦汉以后，人守一经，发言论事，必以古义为依归，则历史的文学，于斯为盛。魏晋之间，清谈转盛，其思想所托，率以一人之情感为主，而客观格物之意少。其文学则渐趋骈俪，乃至重文词而贱思想。唐以后文学返古，思想则不出乎历史的范围。宋世则有理学，别开生面，然其讲学之旨，主静存诚，杂糅禅宗。所扬榷者心理之精微，其事盖等于太空之鸟道。虽于哲学上不无一席位置，于物理之推阐，犹是千里万里也。自元以后，异族迭主，民坠涂炭，救死不暇，其思想之无进步，又不待言。综观神州四千年思想之历史，盖文学的而非科学的。一说之成，一学之立，构之于心，而未尝征之于物；任主观之观察，而未尝从客观之分析；尽人事之繁变，而未暇究物理之纷纭。取材既简，为用不宏，则数千年来停顿幽沉而无一线曙光之发见，又何怪乎！易曰，“穷则变，变则通。”吾中国社会制度，既经变更，且日在变更之中矣。其思想之变更，自有不可避之势。质言之，吾国社会制度，既经根本上之革命矣，而学术思想之革命，将何出乎？此今日最有趣味而最重要之问题也。

诗云，“他山之石，可以攻玉。”当吾人讨论此问题之前，且略观欧洲学术思想变迁之历史。欧洲文明，导源希腊。希腊全盛时，思想发皇，如安纳息曼特、赫拉克来挞（Heraclitus）、恩贝斗克里（Empedocles）言进化之理，地摩克利挞倡原子之说，皆为近世言科学者所宗。至阿里斯多德乃熔自自然科学、玄学为一冶，卓然为后世宗师。中间经黑暗时代，至十五世纪文学复古，十六世纪宗教改良，而后新思想渐出。1543年柯波尼克（Copernicus）之“天体生成论”（The Revolution of Celestial Bodies）出为地动说之鼻祖，亦实宗教家言天之大慧。1616年哈维

（Harvey）发明血液循环之理，1620 年加里雷倭（Galileo）与恺柏勒（Kepler）更求物体运动之理，以明天体星系之组织。凡此皆足破当时宗教迷信之说，而为实验哲学不祧之祖。同年弗兰息斯·培根之 *Novum Organon* 出世，标归纳之法为为学圭臬，举当时凭心穷理之术，廓而清之，而以官感为知识之媒，进化为物质之例。其后霍亭斯（Hobbes）更大倡物质主义（matterialism），主张人之思想不能离物质而独立。其哲学要旨，在明现象之本源。彼尝自言其用思也，盖"本其生人天赋之理性，往来上下于群生之中，而探其秩序与因果。"是盖近世自然科学之定义矣。同时在法则有伽散地（Gassendi），重张爱辟鸠喇（Epicurus）之无灵魂说。而拜尔（Pierre Bayle）亦攻击笛卡尔之二元说，不认神之存在。经此破坏的物质论之后，而洛克（Locke）之建设的经验论出焉。其人生识解论（*Essay Concerning Human Understanding*），由哲学上证明人生观念由官感生，而培根之实验主义，乃得完全成立，领思想中一方域矣。

培根之哲学方法，诚足变易欧洲千余年之旧思想而制造一新学术。然其时科学方法器械，皆未臻完美。即培根之思想，亦终毗于哲学，去科学尚远。凡培根所不及，得牛顿而后条理备，根柢固。其 *Principia* 一书，文理密察，审思明辨，盖与阿里斯多德、佑克立（Euclid）之书，同为千古研几之楷模矣。其首利用牛顿氏之学术以转移当时思想者，厥为法兰西人。牛顿宇宙构造之大意，入于福禄特尔（Voltaire）之手，遂为推倒当时迷信之利器，而拉亭拉斯（Laplace）之 Mécanique céleste（天体力学），及 Systéme du monde（世界统系论），乃尽探牛顿之引赜。是时法人学术，趋于数理实验之一途。算术理化之发明，烂然为世界冠。盖尊奉培根、牛顿二氏之结果也。

法人之科学思想，不但为本国学术之渊源，浸假且影响于他国。是时日耳曼群邦中，哲家辈出，如康德（Kant）之明理性（reason），菲喜脱（*Fichte*）之造"科学原理"（Wissenschaftslehre），黑格尔（Hegel）之述"现象原理"（Phenomenology），皆外取物象之纷纭，内推意识之发现，以期物我之调和。然菲、黑二氏皆畸重于所谓志向（ideal）者，为一切知识之本。流风所扇，遂有所谓自然哲学（Naturphilosophie）出焉。彼视自然界之现象，为天心之所发见，亦犹人之思想语言，为人心之所发见也。于此盖有缒虚索隐，沦于无底之惧，而法之数理质化之学入而拯之。于是十九世纪特产之科学，乃浸淫固植于欧洲大陆矣。综观西方学术思想之变迁，始之以旧学陈言之不满人意，继之以先知大哲之开辟新径，植人智于膏腴之区，而不以修旧起废为已足。乃其望道有见，则又竭全力以赴之，而不听玄言眇论，玩愒岁月。其结果则物观之学，既已日新月异，跻乎美盛之域；主观之学，今日所研究之问题，犹是二千年前研究之问题，曩令去此物观之学，则今日之西方，有以异于二千年前之西方乎？是未可知矣。

今试返观吾国思想之趋势，第一当问吾国承学之士于旧有之学术，遂已满足乎？吾必应之曰"否"。如其"然"也，吾人何不以钻研故纸为已足，而必汲汲于所谓新学术、新智识也。第二当问吾承学之士，值此道丧学敝之余，将遂坐视其僿野退化，与榛狉未开之族同伍乎？抑尚有振起学术中兴文化之决心也。吾观于当今学子至皇皇焉以教育为务，无学为忧，而知吾人向学之心，盖隐然若灯之在帷矣。第三当问欲救旧时学术之弊，其道何从？欲得此问题之答解，则当知吾国旧时学术之弊何在。吾既言之矣，吾国之学术思想，偏于文学的。所谓文学者，非仅策论词章之伦而已。凡学之专尚主观与理想者，皆此之类也。是故经师大儒之所训诂，文人墨士之所发舒，非他人之陈言，则一己之情感而已。人之智识，不源于外物，不径于官感者，其智识不可谓真确。无真确无智识而欲得完美之学术，固不可得之数矣。是故循物极则反之例，推有开必先之言，思想之变迁，既有然矣。其变也，必归于科学。请得而毕其说。

第一，科学为正确智识之源，而正确智识之获得，固教育之第一目的也。哲学家之谈智识，为有得于推理（rationalism）者，如算术、几何之定理，曰凡定圆之半径皆相等，曰切线惟交于一点是也。有得于实验（empiricism）者，如水热之百度则沸，冷至零度则冰，其冰其沸，无名学上必然之结果。吾人之得此智识，则有待于实验，康德所谓物之与心绝对无与者，不能据推理以得之是也。故欲得心外之物之智识，舍培根之归纳论理法，推理与实验并用，其道末由。上举算术、几何以为推理之证，其事犹有数迹可寻，介在玄著之间。又进于心知理性之微眇，则辩论虽极于豪芒，是非终难与谡正。即算术、几何，不附著于物象，亦无所恢弘其能事。是故不借径于实验，其所得之智识，非偏而不全，即芒而不析，则何以充人性之灵，而尽为学之能。今之科学，固不能废推理，而大要本之实验。有实验而后有正确智识，有正确智识而后有真正学术，此固为学之正鹄也。而当吾国文敝之后，尤眩瞑之药，不可一日无者也。

第二，今之科学，不但作物质主义观而已。其发达既久，影响于人生者亦不可胜数，不举以为为学之鹄，则不足尽人之性。今且勿论舟车海陆之便利，沟华离国洲而通之。地球天然之形势，既已一往而不返矣。即吾人社会之组织，人生之观念，亦岂二三百年前所可同日而语。今试问吾人何以不持唐虞三代无为而治之义，而急急谋进之不暇？曰，由科学进化之说，知返古之不可能也。又试问吾人何以不信郊天祇地之虚文，而奉彼旒冕者以天赋作君之权？曰，科学天文之理明，知迷信之言不足凭也。至于平居养生之事，风俗习尚之节，因科学之发明而生变动者，又不知凡几。生斯世也，非洽然于科学之性质与成就，而与其精神为徒，则吾人之生且不能与时境相谐和，终不免于信理至人而已，何学者之足云。

说者曰，科学者物质之学也。今日吾国士夫孜孜为利，不恤其他，物质主义之昌明有日矣：有心世道者，方当以道德之心压胜之，奈何为之推波助澜乎。曰，谓科学为物质之学者，对心灵之学而言，盖谓其不离于物质，犹吾所谓实验，非物质功利之谓也。且物质亦何足诟病。科学以穷理，而晚近物质文明，则科学自然之结果，非科学最初之目的也。至物质发达过甚，使人沉湎于功利而忘道谊，其弊当自他方面救之不当因噎而废食也。若夫吾国今日，但见功利上之物质主义，而未见学问上之物质主义，其结果则功利上之物质主义，亦远哉遥遥而不可几。或人之忧，亦杞人之类耳。

（此文原刊于《科学》第 2 卷第 12 期，1916 年 12 月，收入《科学通论》时有所改动，见任鸿隽著：《科学救国之梦：任鸿隽文存》，上海：上海科技教育出版社 2002 年版，第 112—117 页）

赴川考察团在成都大学演说录

（一九三一年七月六日）

　　经过八年之后，今天又来与诸君见面谈谈，是非常高兴的一件事。这八年之中，成都的变化非常之多，最显著的是学校的建设及街市的改造。从前常说丁令威化鹤归来，看见城郭犹是人民非，我今要翻说一句，人民犹是城郭非了。这样的变化，在从前我相信过二十年、三十年或百年、二百年仍不会见的，现在十年内发生，这可以指示我们现在所处的，真是在变化的时代了。我们晓得四川这个地方，因为地形、人事种种的关系，常常有文化落后的危险，但是我们要是不能使四川的文化与世界的潮流并驾齐驱，不妨退转一步，在四川创造一个新文化，这就是四川人的聪明才力看来做得到的事体，要创造新文化，我们以为有两个最要条件。

　　第一个条件是要有一定的信仰。现在许多思想学说却是冲突得很，如政治的主张，在十几年前计划世界一致的主张民主政体了，现在却有主张民主的，有主张专制的。在家族制度里，有主张旧家庭或小家庭制度不能不保存，有主张完全不要家庭，如讲自由恋爱的就是此类。又如在智育方面，欧战以后有所谓科玄之战，从前主张物质文明的，欧战以后又反对（[认为]科学的结果，是造成杀人的利器）而提倡东方的文明。吾辈在求学时期，处了一个时代，当然是目迷五色，彷徨无所适从了，唯其如此，我想建设一个新信仰，乃是最要紧的事。我们有了新信仰，才晓得要走哪一条路，我们要晓得这一切思想的冲突，都是进化必然的阶级。社会的进化是曲线的，不是直线的，我们要是把眼光放大一点，拿一千或两千年做一个段落，把野蛮的人类和开化的人类相比较，或是拿东方的民族和西方的民族相比较，我们便可以发现一点，这一点是什么？就是说人类是进化的，即人类有一种向前进步的可能性，便是我们的新信仰。

第二个条件就是人类之所以进步是由于智识的进步，而智识是用科学方法求得来的。从前的人不是没有知识，不过现在的生活非常像前日生活之简单，故从前的知识，不足以供给现在的用了。从前的知识，由故纸堆中得来，或者如佛学家所说的用顿悟的方法得来，一用到实物上去，就不免谬误。即如翁先生今天以半点钟的时间，把四川的地质情形整个的有系统的讲得清清楚楚，请问这是在哪一部书可以找出的？他所以能够这样，因为用的是科学方法，既亲身加以观察，又参考从前各种的调查报告，故能把四川的地质，归纳到几个很简单的范畴之内。不但使我们对于四川的地质，得一个明确的了解，并且可以预测何地可以出煤，何地可以凿盐，这个智识的力量何等伟大，决非从前在书本上的智识能研究出来的。又如现在讲马克斯主义是最时髦的了，但是我们要晓得马克斯的唯物史观论，是用科学方法得着的一个结果。我们若是也用科学的方法去研究中国现在的社会问题，那末得到的结果，是不是与马克斯主义一致便不可知了。这种研究的结果，若是与马克斯主义一致，我们方才不是盲从，若不是一致，便是我们新创的文明了。末了，我还要向学科学的特别说几句话，近来有许多认为学科学的没有用处，或在中国学科学没有深造的机会，这却不然。近来中国的科学渐渐发达了，如学地质可以在北平地质研究所去深造，学生物的可以在南京中国科学社的生物研究所或北平静生生物调查所去研究，学物理、化学的可以到清华研究院，如中华教育文化基金董事会可以给与研究科学的补助，帮助学科学者的深造，他们都有很好的设备及教授。所以学科学的，绝不怕没有学成的机会了，唯愿同学诸君，立定志向，努力为之，即非专门学科学的诸君，亦愿能多学一点科学，利用他的方法去整理其他学问，将来四川新文化的出现，就大有希望了。

(此文原刊于《科学》第 15 卷第 7 期，1931 年 7 月，原标题下署"任叔永先生之讲演"，讲演时间为 1931 年 6 月，见任鸿隽著：《科学救国之梦：任鸿隽文存》，上海：上海科技教育出版社 2002 年版，第 428—429 页)

为新入学的学生讲几句话

（一九三二年九月二十五日）

近几个月来，社会人士很有些注意于高等教育问题。于是改革大学的言论，也风起云涌的在各种杂志上屡见不一见了。可是他们所讨论的，大半是大学的学制问题。关于目下一般青年所公认为学校的主人翁——学生，却少有人谈到。现值学校开始的时期，我们拟援学生毕业有送别词的例，说几句欢迎诸君入学的话。

第一，我们要说的，便是学校的主人翁问题，换一句话说，是学生对于学校的态度。我不知道"学生为学校的主人翁"这句话有什么根据，但我确晓得这句话是大多数学生胸中固有的观念。要是我的猜想不错的话，我想这个观念，必定是由譬喻得来的。我们不是一天到晚在讲民主主义吗？在民主主义的国中，不是以人民为主人翁吗？一个国内，有治者被治者的阶级；一个学校内有治者被治者的阶级。学生是被治者，即是与人民处于同一的地位。人民可以为一国的主人翁，则学生为学校的主人翁，岂不是逻辑上应有之义吗？况且近代教育学说主张学校的社会化。那末，我们何妨看学校作一国，而小试其主人翁之资格呢？既有了主人翁之资格，即不能不行使主人翁之权利。于是教员有不好的（至少是学生以为不好的），主人翁可以任意轰去。校长有不行的，主人翁不妨投票另选。而且财政可以监督，事务可以干涉，因为这些都是主人翁的权利。所以我们可以大胆的说一句，学校主人翁的问题不解决，学校是不会有宁日的。

上面所说的譬喻，在表面看来，固然不无几分相似之点，不过有一个根本不同的地方，就是学生在学校中是受教的，而民主国家的人民不一定是受教的。因为这个原故，许多未毕业的学生，在民主国家中，并不能取得选民资格。所以用民主国家的譬喻,归结到学生是学校的主人翁,是不对的。必不得已,要在社会组织中,寻出与学校相似的东西,我们可以说,只有家族还相近一点。一个家族,在他的责任上,当然要以子弟的利益为前提,但是不可以此便说子弟是家族的主人翁。一个学校,若是有存在的必要,当然须以学生的利益为前提,但是不能以此便说学生是学校的主人翁。我们说这些,并不在什么"亲"、"师"伦理上着想,这只是一个社会组织的寻常事实。

一个学校的存在,当以学生的利益为前提,这句话当然又可以发生问题。譬如教员学问的不够,职员办事的不合法,都可以使学生直接蒙其不利。而且一个学校内容的腐败,只有直接身受的学生知道的最清楚,若是学生不加举发,外间是无从晓得的。所以学生对于学校的内容有所不满而提出改良的要求,不能不说是一条合法的道路,而且在某种情形下,也许是唯一可能的道路。不过我们要明白,学生既非人民,学校也不是国家。那就是说,一个学校,除了校中的教职员之外,总得有一个管理主权的机关在外面。这个管理主权的机关,在官立学校是政府,在私立学校是董事会。有了这种机关,校务的好坏,自然有了一个最高的请诉所,而无所用其直接的革命行动。直接的革命行动,未必能与学生的利益相符合。因为智识、年龄种种的关系,学生的利益,不见得是学生的本身所能谋的。

我们说学生不是学校的主人翁,读者不要误会以为我们认校长或教员是学校的主人翁了。倘若学生不是学校的主人翁,校长、教员尤其不是了。那吗,学校的主人翁究竟是谁呢?我们以为学校是为了一个共同目标设立的多元组合体,不能任意偏重一部分而抹煞其余。若不得已而要指出一个东西来做学校的主体,我们以为只有"学术"两个字可以当得。学术确是学校目的的所在。凡是与学校有关系的,无论教职员也好,学生也好,都是为了这个目的而工作。凡是对于学术有贡献的,无论教员也好,学生也好,我们都可以说他代表主体的一部分。

第二,我们要说的,是学生对于时事的态度。在这一方面,近年也有一句最流行的话,是"读书不忘救国,救国不忘读书"。这句话,我也不记得是哪位先生发明的了,但这的确是一句八面玲珑的话,照这句话的意思,救国读书,随兴所至,不必顾虑到哪一件事的成功与否,而同时又可以兼筹并顾,这是多么便宜的事!不过我们要讨论的,救国读书,无论哪一件,是不是用半冷半热的态度所能做到?如其不然,我们是不是有把我们目前的道路认清的必要?

救国是我们最高的责任,尤其是在血气壮盛、感情丰富的青年,所有一切都可牺牲,何况读书的一点小事?不过在决心离开读书,加入救国以前,我们至少要问我们自己两件事:(一)我们的主张,果然是我们深信不疑的吗?(二)我们的方法,果能达到我们的目的吗?这两个问题,若果不能解答,我们以为所谓救国事业,也不过是自欺欺人之谈,不如埋头读书,究竟还晓得我们自己做什么事。

何以要问我们的主张是不是我们深信不疑的?我记得民国十四年"五卅事件"闹得最盛的时候,某大学的墙壁上,贴满了"打倒英国"和"直捣伦敦"等等标语。我不晓得我们笼统搜索不满十万吨的海军,有什么方法能够打到伦敦去。我们记得民国十七年五三的事件,我们学生界的标语,是要"枪毙田中"。果然田中可以由我们枪毙,又何至于有"济南事件"。最近去年"九一八"事变之后,我们学生界的主张,有组织"东亚大同盟"、"联合东亚弱小民族"等等。我不晓得东亚的弱小民族在哪里,怎么能组织起来抵抗强日。这些主张,本来没有引证的价值,但正可以表示我们学生界智识的幼稚。以这样幼稚的主张,要说他们曾经研究过而深信不疑,谁也不肯信。但是我们要晓得这是我们牺牲了读书去换来的救国成绩。

其次要问我们的方法,是不是能达到我们的目的。学生表示主张最后的方法,常常就是罢课。可是罢课只是一种吃了砒霜药老虎的办法,拿自己的损失,来促他人的反省。设如我们所要求的,不是反省可以了结,这个方法就失其效用。设如所谓他人,不但不与我们休戚相关,而且以我们的损失为有利益,则这方法完全失其意义。去年"九一八"之后,全国的学生,为了入京请愿,不但罢课多日,并且挨饥受冻,卧轨绝食,甚至有以生命为殉的,然其结果仍等于零,就是因为学生所要求的,不止是政府的反省,而且是强其所不能,这是失败的第一原因。第二则对外我们愈闹得起劲,秩序愈乱,敌人愈是有利。所以除非有什么更进一步的计划,可以偿罢课的损失而济其穷,则罢课必不能达救国的目的,可断言的。

这样,我们把学生救国的目的和方法弄清楚了,才可以进一步来决定对于救国或读书的态度。我们以为对于救国的方法,已经有了坚深的信心的,他们尽可尽力的去做救国的事业,不必拿读书来做幌子。对于救国的方法,还不曾有坚强的信心的,我们以为要以读书来充满他们的智识,养成他们的信心。我们可以改订前面的标语说"读书即是救国,救国必须读书"。

(此文原刊于《独立评论》第 19 号,1932 年 9 月 25 日,署名"叔永",见任鸿隽著:《科学救国之梦:任鸿隽文存》,上海:上海科技教育出版社 2002 年版,第 440—443 页)

教育改革声中的师范教育问题

（一九三二年十一月二十七日）

　　改革教育，似乎是现今政府很想尝试的一种事业。在三四个月前，有陈果夫先生在中政会里的改革教育的提议，有教育部改革北平大学的计划，最近又有取消师范大学的传说。我们虽不知道这些计划或动议实行的可能性怎样，但至少我们晓得在政府当局的脑筋中，曾经有过这样一番拟议。陈果夫先生的改革教育方案和教育部的改革北平各大学计划，已成过眼的云烟了，改革师范教育的事件，则正为教育界所注意，闹得甚嚣尘上。我们因为这个问题的重要，甚愿以局外的观察，贡献一点旁观的意见。

　　这个问题所以在今日引起这样多的注意，除了师范教育的本身外，至少还有历史经过和地方环境的关系。就历史方面说，在民国初年，全国本有六个师范教育区，设立了六个高等师范学校。至民国十年学制改革以后，这六个高等师范，都渐渐地合并到当地的大学里面去了（沈阳高师归入东北大学，南京高师归入东南大学，广州高师归入广东大学，武昌高师归入武汉大学，成都高师归入四川大学），仅留下一个北京高师的后身——北平师范大学，成所谓仅存的硕果。所以现在谈到改革师范教育，同时不能不想到这个硕果仅存的师范大学，不过是历史演进的继续和学制改革的尾声。

　　说到地方环境，我们不要忘记了北平是国立大学最多的所在。近年来，虽然经过了相当的裁减合并，但除了城外的清华大学外，城内还有北京、北平及北平师范三个国立大学。这在教育不发达和教育经费常闹饥荒的中国，不能不说是一种奇异的现象。记得一年前国联派来教育调查团在北平调查的时候，他们对于这个现象，曾经表示怀疑。最近我同新由德国来平的某教授谈到大学问题,他也说在德国没有一个城里有三四个国立大学的办法。也许因为我们大学的程度幼稚,三四个大学,敌不上他们一个的质和量;然唯其如是,愈不能不有斟酌损益,使全个的组织近于合理化的必要。因此在这个改革教育的呼声里,这个硕果仅存的师范大学,时时感觉岌岌不能自存的危险。

除了这两点之外,最主要的自然还是那根本问题,那便是,师范教育的本身,是否必须要一个特殊的大学来实施与进行。换一句话,现今师范大学所施行的训练及研究,是否可由普通大学来代替。因为这个问题的重要,所以师范大学的三十八教授联名具呈教育部,力争变更师大学制,即根据此点,陈述五大理由。他们说:(一)中学师资,非受师大之专业训练,不能胜任也;(二)教师之教师,尤非受师大之专业训练,不能胜任也;(三)师大之课程,与普通大学之程度相当而性质全异也;(四)师大之环境,又与普通大学之环境不同,不能以大学之教育学系代替之也;(五)师范年限亦应延长,不能缩短,大学毕业而仅受一年或二年之师范训练,定感不足也(见本月十日北平各报)。这些话,说来似乎都有相当理由,但细按之,没有一个理由可以说是十分确定不易,因其所谓"专业",所谓"性质"、"环境",皆不免失之于笼统,不容易得一个明确的观念的原故。

我们以为要讨论这个问题,应从师范教育的内容入手。所谓师范教育的内容,依我们想来,应该包含以下三方面。一是智识的本身,如外国语、国文、算学、物理、化学等等,这是所以为教的。一是技术的训练,如某科的教授法,某种教材的选择运用等等,这是所以行教的。一是教育学的研究,如教育心理学、儿童心理学、教育社会学等,这是教授法、教材选择等等问题的出发点,应该成为少数学者的专业,普通做教师的人,自然不能不有相当的了解,但不能作为一种普通的训练。要是我们这个分析还不十分错误的话,我们可以看看,什么是普通大学所能做的,什么不是普通大学所能做的。

第一,智识的本身。我们实在看不出普通大学的物理、化学,或英文、算术,和师范大学的物理、化学、英文、算术,有什么性质上根本不同的地方。要说普通大学务"博"而师范大学务"专"吗?我不晓得所谓"专"的意义是怎么样。若所谓"专"是指单简而言,这是一个规模的问题,普通大学的"博"正不害于师范大学的"专"。若所谓"专"是指高深而言,这是一个程度的问题,不但师范大学要"专",普通大学也必须要"专"。所以拿"专"与"博"来分师范和普通大学的课程性质是不对的。

我们以为目下国内大学的大病,正在没有做到"专"的一个字。我此处所谓"专"自然是指高深的"专",而非指那单简的"专"。高深的"专",我们要假定他对于基本的功课,做澈底的了解与确实的训练。对于专门的功课,曾做过广博的搜讨与独立的研究。这与所谓"课程的统系化,常识化,精攻不令偏枯,深入方能浅出"根本有点不同。我们以为一种学问,无论是自修也好,教人也好,必定要有心得,有源头,方能取之不尽、用之不竭。如单靠了口耳分寸,展转传述,自修固不能有成,教人尤不易发生信仰。拿任何一种科学作例,必须自己作过一点独立的研究,然后对于科学的原理和精神,有一个深切的了解,教起书来,自然头头是道,能引起学生的兴趣。在文学一方面,亦莫不然。除非自己能读能做,是不易得到学生的信仰、指导学生的途径的。所以我们以为目下大学的教育,既然同是向专的方向走,那末,他们对于智识本身的目的,可以说是一致的,更不必有什么普通的大学、师范大学的分别。

第二,技术的训练。技术的训练,自然要有特殊的环境,不过环境还应该加以分析。我们以为一个学校所能给与学生最大的环境影响,莫过先生的学问与人格,其余的都可以说是次要。就师范教育说,一个善于教学的先生,他自己教学的方法,就是一个活的榜样。从他受教的人,当然在不知不觉中,得到许多好的教授方法,这岂不比读几本教授法的书强得多吗?又如要养成学生读书用功的习惯,必须有好学不厌诲人不倦的先生。所以我们以为若是教学技术的养成,有待于环境的影响,那末,先生的良否实为造成环境的最大关键。说到此处,我们又觉得这个问题,不是普通大学或师范大学的分别问题,而是某大学的教授是否良好的问题。除此之外,所谓环境问题,大概尚有实验学校的一件事。可是据我们所知,凡从前高师或现今师大所办的附属实验学校,不到几年都渐渐地宣告独立。研究教育的先生们,既然无法过问,学生们要去实习,简直同到外面不相干的学校一样的不受欢迎。所以有的附属学校,尽管办的成绩甚好,但与其称之为实验学校,不如称之为模范学校之为确切。无论如何,他对于教学技术的养成是不发生多大影响的。

第三，教育学的研究。从人性发展的方面说，从社会影响的方面说，教育学都有蔚成专科的可能，所以我们对于教育的科学的研究，认为是应该而且必要的。不过就人性研究说，教育学只是心理学的一种应用；就社会的关系说，教育学又是社会学的一个旁支。在合理的编制上，当然须与纯粹心理学及普通社会学合在一起最能得到研究上的便利。可是我们所不明白的，有的大学竟把心理学分成两组，在理学院有纯粹的心理学，在教育学院有教育的心理学。这不但是重床叠架，于经费上很不经济，恐怕于研究上也很不便利吧。在这种情形之下我们若是不愿听其自然，则应裁并教育心理学以就纯粹的心理学，不应裁并纯粹心理学以就教育心理学，当然是一定不易的道理，即小喻大，教育学在普通大学中研究，不比在师范大学中研究吃亏，似乎是可以断言的。

从上面所说的种种方面看来，我们得到一个共同的结论，那便是，凡现今师范大学所施行的训练与研究，无不可拿普通大学来代替。自然，我们所谓拿普通大学来代替，并不是说普通大学的功课，即等于师范大学的功课，而要经过相当的斟酌损益，方能适合于师范教育。不过，以现在国内较好的普通大学，和现在唯一的师范大学相提并论，而说师范大学所能授的功课、所能给的训练，普通大学不能授、不能给，设非别有成见，恐无人下此定论。即就延长师范教育的年限而论，与其行之于师范大学，不如行之于普通大学。因为在原则上，师范教育，既可以在普通大学中进行，则其教育的效率，当然须以其设备程度的高下为标准。设备好，程度高的自然可以事半而功倍，反之，则徒劳而无功，这也是事实的显而易见的。

末了，还有一层，我们要希望大家注意的，便是所谓历史的观念。旭生先生在他的《教育罪言》中说的好："这样不合理的事项，如果想有所改正裁并，那就要群起大哄，说我们学校有特别的历史。……殊不知……历史就是现实的自身，它本身就是不完备的、恶的。无论怎么样好的组织制度，如果贪恋着它，它一定要渐渐的变成一文不值的空壳子，以至于社会进化的障碍。"这个话是完全对的。我们看见近来一班中学程度的退化（这是近年大学入学试验所指示的）和小学教法的不好（这是我们一般小孩的人所同感的），不能不对于这些教师及教师的训练起了疑惑。我们以为师范教育确有大大的改革整顿的必要。我们上面所说的,都是就原则上立论,至于实际改革,应该如何着手,那时另外一个问题了。

二十一,十一,二十一

(此文原刊于《独立评论》第 28 号,1932 年 11 月 27 日,署名"叔永",见任鸿隽著:《科学救国之梦:任鸿隽文存》,上海:上海科技教育出版社 2002 年版,第 451—455 页)

烦闷与大学教育

（一九三三年七月二日）

我常常听见说，一个学年终了的时候，是学生们感觉烦闷的时候。烦闷的原因不只一个。大约说来，有属于季候的，如春天到了，有所谓春病（Spring fever）。有关于学业的，如年终大考到了，有考试的麻烦。有关于出身的，如学校毕业以后升学或谋事的困难。有关于时局的，如五月间纪念的日子特别的多，可以看出这个时期在我们的心中是怎样的难过！那末，烦闷是和大学教育分不开的吗？大学教育可以有解决烦闷的可能吗？照上面的说来，烦闷的原因大致可分为两类。一类是时季的，如所谓春病、考试等是。一类是非时季的，如关于职业及时局等等是。在学校以内，未毕业的时候，感到时季的烦闷多些，既毕业的时候，感到非时季的烦闷多些。所以大概说来，解决第一类的烦闷，是学校以内的事体，而解决第二类的烦闷，却是学校以外的责任，那便是说，每人都负有责任，连感觉烦闷的本人也包括在内。

解决烦闷有什么方法，这大约今天到会的人所急要知道的。我不敢说自己有什么巧妙的方法可以解决烦闷，但我可以单简地把我个人对于烦闷的见解说出来请大家指教。

我以为烦闷是生物生长过程中必不能免的一个现象。一棵树木，春夏发荣滋长，秋冬叶落枝枯，这秋冬的生气闷藏，就是树木的烦闷时期。不过树木的生长，却不因其叶落枝枯而有间断。我们若把一棵大树的切断面拿来看，可以看出它的一年一年的生长轮。在他的生长期之中，我们可以看出某年因天气的特变，它的生长受了妨碍，这也可以说是它生命中的烦闷。但只要生长力充足的话，它一定还可以继续生长，绝不因为一点烦闷损伤了它的未来的远大。因为树木不会说话，我们不曾听见它们发出什么叹息，闹些什么解除压迫的运动，可是我们相信生理的原则是一样的。人与国家同是有机体的生物，在他的生长过程中必定有一些烦闷的时期,这些,宁可说是当然的现象。不过人与国家与其他的动植物不同的所在,就是动植物的烦闷,完全听命于天然,而人与国家的烦闷,却有几分是由自己的力量造成的。因此,解决烦闷的方法,也有几分是自己的力量所能左右的。这可以说是人与国家超出一切动植物的地方,也可以说是人与国家不幸的地方。

拿这个眼光来看当前的国难,我们似乎用不着什么特别的惊惶。因为我们只要检查一下六百年来的历史,便晓得我们受过比眼前所受还要厉害的外患,已经不只一次了。至于中国历史的局面,可以拿孟子的两句话来包括,说:"天下之生久矣,一治一乱。"最近北京大学地质学教授李四光先生发表了一篇文章,叫做《战国后中国内战的统计和治乱的周期》(见中央研究院历史语言研究所《庆祝蔡孑民先生六十五岁论文集》上册)。在这篇文章中,他得到了一些很有趣味的事实和结论。他的方法,是把历史的年代作横轴,历史上每五年内战的次数作立轴,把两轴中所得的各点连结成各种曲线。结果他找出每隔八九百年,历史上便有一个治乱的循环。例如,由秦至隋共八百二十年为第一个循环,由隋至明初共七百八十年为第二个循环,由明至现今共约六百年为正在进行的第三个循环。在这三个循环之中,凡内战最少的时期,便是隆盛时期,如西汉、初唐、北宋、明清的初年是。反之,内战最多的时期,便是衰败的时期,如汉以后的东晋六朝、唐以后的五代、宋以后的元和明清末直到现在是。我们若承认这个历史的循环实际的存在,并且还在进行,那末,我们可以看出眼前的历史,正在衰败的时期中;太平天国时代和近二三十年来继续不断的内乱,便是造成这个衰败的大原因。同时我们也应该承认眼前的历史和宋明两朝的末年,有一个不同的所在,那便是现今世界大通,各种造成历史的新势力,在三百年以前或六百年以前所没有的,现在都在那里狠有力的活动。我们处于这个时代,应当是一则以惧,一则以喜。惧的是"屋漏偏遭连夜雨",我们正在自顾不暇的时候,偏遭了无理的邻人来和我们大捣其乱。喜的是眼前不少新势力的发见,即使治乱的循环果然存在,我们此刻也有打破的可能。而这些新势力之一,就是现在的大学教育。

这一句看似重要说来仍甚平凡的话,我晓得诸位听了必定不免失望,说区区大学教育,哪里能影响我们目前严重的时局或改变历史的方向。我想这个看法，不免有自暴自弃的嫌疑。我们不见最近国联教育调查团的报告，不是把近年中国的一切新局面都归功于我们的大学教育吗？（The Universities have Made What China is to-day）？自然，这句话应当加以相当的修正，才能合乎实际。譬如说吧，我们的大学教育，并不含有军事教育在内。如其现在的军人都受有大学教育，我敢说，中国的局面大约不是目前的样子！

　　大学教育何以能有打破历史循环的力量？我们曾经说过，凡所有的烦闷，都是生长史中的一个过程，那末，只要能够培养生长的力量，烦闷便可不解而自解。换一句话说，烦闷只好如树木之于冬天，用生活的力量来把它长过，不能用他种方法来把它避免。要培养生活的力量，第一要各个分子的健全。若是大学教育还有它的目的与意义的话，培养社会上健全与有用的分子，就是它的最高的目的与意义。你在大学毕业之后，可以做一个医生，一个律师，一个工程师，但你是不是一个社会的健全分子，还得待考。我曾经认识一个外国大学毕业的学生，他回国之后，便在北京（从前的）城南最热闹的地方僦屋居住。我问他何以如是，他回答说，因为于应酬上便利些。这样的心理是不是健全分子应该有的，希望大家评判一下。我又晓得一个留学生，在外国之时颇有一些电学上的发明，的确是一个有希望的人才。可是回国之后，稍稍任了一点有财钱关系的职务，他便卷款而逃。这个人固然从此毁了，社会事业也不消说受了狠大的损失。这可以证明一个人的人格不健全，就是有了学问，于社会也不见得有什么益处。古人说："士先器识而后文艺"。我们现在教育的口号，应该是：先人格而后技能。第二，各个分子要能对于一个目的而合作。一个生物的发展，健全的分子固然重要，各分子间的合作尤为重要。设如一个人的身体，手不司动，脚不司步，胃不司消化，血脉不司营养，那末这些机官尽管良好，这个人的身体必定不能一天活着。人们与社会的关系也是一样。我们常常听见人说，我们的东邻日本人，就个人说来，似乎都赶不上中国人的聪明伶俐，可是就团体说来，他们处处都比我们强得多了。这就是因为他们的分子能合作而我们的分子不能合作的原故。这大约也就是我们偌大的中国要受我们小小的邻人欺凌的一个最大原因吧！设如几年的大学教育，不能养成一个合群、克己、向一个较大目的而通力合作的习惯，我们可以说他的大学教育是一个完全的失败！

　　我们上面曾经说过，人与国家的烦闷有一部分是由自己力量造成的，因此，解决烦闷的方法，也有一部分是自己的力量所能左右的。我们希望社会上健全分子的增加，即是造成烦闷力量的减少。同时这些健全的分子能够通力合作，向着完成一个较大的较高的组织进行，那便是生活力量的增进。有了强大的生活力量，我们还怕有什么烦闷不能解除！

　　在此，我还要就便向今年毕业的同学说几句话。大凡一个生物的生长是要继续的。不长则死，不能中立。这句话在身体方面是真的，在智识方面也是真的。诸位在校几年，智识能力一天比一天不同，一年比一年长进，这是诸位的先生都知道的，也是诸位自己知道的。离开学校以后，诸位的身体当然还是一天一天的生长，这是无可置疑的。但诸位智识人格方面的生长如何，便大有问题了。职业的忙碌，（如其你得到职业的话），娱乐的引诱与社会一般风气的趋向，都可以使你渐渐离开学问的空气而趋向于平常庸俗的道路去。换一句话说，就是你的智识有停止生长的可能。这在普通的人倒也罢了，若是大学毕业的朋友，而让你的智识生命半途夭折，那就等于宣告你的平生事业停止上进。这不是一件最严重而值得我们的注意的事吗？要免去这个危险，我奉劝诸位毕业同学，不要因为离开了学校而离开你的两个朋友：一个是你心爱的书籍，　个是你佩服的先生。你须知道书中的道理，等你到了社会上得到实际的证验，方才觉得明了亲切，而你的先生，在客厅中比在课堂中更能帮助你。最要紧的是怎样利用你的闲暇时间。西方哲人说："一个人的成功失败，不在怎样的利用他的正经时间，而在怎样的利用他的闲暇时间。"这真是一句至理名言，值得我们常常放在心上。

　　总结起来，我要再引一句古人的成语，说，"譬如行远避自迩"，我们要救人必先自救。我们现在狠恭维的祝毕业诸君今后事业智识继续的长进，那也就是解除我们国家烦闷的一个方法。

　　（此文原刊于《独立评论》第 57 号，1933 年 7 月 2 日，署名"叔永"，演说时间不详，原标题下记有"在南开大学第十一次毕业式演说词"，见任鸿隽著：《科学救国之梦：任鸿隽文存》，上海：上海科技教育出版社2002 年版，第 463—467 页）

大学研究所与留学政策

（一九三四年十二月二十三日）

　　近两年来，我们教育当局对于高等教育的设施，有两个重要方案：一是大学研究所，一是派遣高级学生出洋留学。这两件事，后者已见设施，前者方在筹备，但它们都不失为近年高等教育的重要计画。它们实行起来利害关系如何，值得我们讨论一下。

　　本来一个大学，应该是造就人才的完全组织。那便是说，如其一个人的聪明才力和他的物质环境都能允许，他可以在这里养成治学的能力，使他成功一个独立的学者。这在外国有历史的大学是显而易见的。举一个例来说明。比如一个学生在大学本科毕业之后，他的成绩既不算坏，他的志愿复倾向于造就学术一方面，则他必定在大学里继续他的学生生活。他可以入毕业院做研究生，也可以在某学系某教师手下做助手，但他与他的专门学问便在此开始了相知之路，结下了不解之缘。如此几年之后，他可以渐渐的有研究结果发表；他的研究结果越来越精，他的地位也就越来越高，久而久之，他便也就成了此道学术中的威权者，而大学造就人才的职责才算于此告毕。所以就大学本身说，除非有毕业院的组织与高深研究的设备，不能算是名副其实。严格说来，凡没有设立毕业院或研究所的都不能称为大学。设个定义，可是说是竖的定义。它是以程度的高深来定大学的标准的。我们教育部近年规定大学的组织，要有三个以上独立学院的方才可称大学，其余凡只有一个独立学院的都只能称学院。这是以范围的广狭来定大学的标准的。这可以说是横的定义。横的定义，虽然可以革除许多组织不完、规模不备的野鸡大学，但对于提高大学程度的一层并不发生影响。不特如此，有许多学校，因为要勉强适合教育部的规定而保存一个大学的名称，于是本是工科学院,而无理的添上些文科理科。结果,大学是成功了,而学科程度则毫不加高,甚至因经费少而设科多的原故,大学的学科反而比专科的程度低。这不能不说是当时规定学制者千虑中的一失。

从这一点看来,我们教育当局现在积极的提出大学研究所的设立,不能不说是教育政策的一个转变与进步。因为我国办了几十年的大学,毕业的学生虽然一年比一年的多,但造就的人才却不能与大学的毕业生作正比例。这岂不能告诉我们从前拿范围的大小来作大学标准不是一个根本与切实的办法吗?

在我们的大学还没办到设研究所的程度,派遣留学生自然是一个不得已的补救方法。因为在这个当儿,凡是不能在国内大学得到的训练,只好在外国去充补。但这个情形,如长此继续下去,则国内的大学只能永远给外国大学做一个豫科。而且能出洋留学的人数究竟有限,将来我国各项建设需才甚多,也不能靠外国大学来替我们供给。所以在我们的大学已渐次发达,大学内设研究所已渐到可能的时候,遣派留学与设立研究所便多少含有一种矛盾性,而不容我们不做一个于斯二者何先的选择。

说到此处,我们以为第一当考虑的是研究生的问题。我们晓得大学研究所的成功,不单是靠有设备与导师,而且还要有研究的学生。在目下留学政策盛行的时候(有中央派遣,各省派遣,及各庚款机关派遣种种的不同),凡在学校成绩较优,学问欲较高的毕业生,谁不愿意去应留学试验,而偏要死心塌地在本国学校做一点研究工作?这是近两年来清华北大招收研究生所得到的经验,也是我们所听到的国立大学教授们一致的叹声。本来我们大学造就的优秀人才实在有限;每年几十百个留学生的派遣,已有伯乐一过冀之北野而马群遂空之感。设如放低程度,勉强收几个研究生来凑成门面,又与设立大学研究所的用意恰恰相反。所以我们以为留学政策,直接的是有妨于大学研究所的发展的。

第二,我们要考虑一下经济问题。我们记得教育当局有一次在某处发表一个统计,说民国二十二年一年的留学经费约须九百九十万元,这个数字已足惊人。又据《教育杂志》上王云五先生的计算,民国二十年出洋学生七百二十八人,设定每人留学四年,所须的费用不下八百万

元。又设这样情形继续十年,则此项费用为八千万元。因每年留学生
的数目都有增加,前后搭计,每年的留学经费决不在一千万元以下。这
笔经费若拿来办大学研究所,固可以开办一二十个而有余,即用它的半
数,也有十个八个不愁设备费与经费的无着了。

　　根据以上两个考虑,似乎自然的结论便是停派留学生与速办大学
研究所。但是事情没有那样单简。设如国内没有可以代替外国大学为
我们制造专门人才的机关,则停派留学生即等于继绝了自己上进的道
路。我们以为三十年前请外国学者来中国讲学的风气,此刻还有恢复
的必要。从前因为国内无人,不能不请外国学者来教我们初步的学问;
现在因为国内已有相当的人才,尤其要请外国学者来引导我们做专门
的研究。从前的请外国学者,可以说是浪费;现在的请外国学者,可是
说是经济政策。问题是我们所请到的是不是真正的学者,能不能做我
们的导师罢了。能够做到这一层,我们的大学当然可以渐渐的提高程
度而达到大学的目的,而留学生的派遣也可以减少到必不得已的至少
限度。留学的政策是已经试验过的,借材异国以提高大学程度的办法,
是还未曾试验过的;我们希望负高等教育责任的人注意这一点!

　　(此文原刊于 1934 年 12 月 23 日《大公报》,见任鸿隽著:《科学救
国之梦:任鸿隽文存》,上海:上海科技教育出版社 2002 年版,第 509—
511 页)

再论大学研究所与留学政策

（一九三五年一月十二日）

《大学研究所与留学政策》，是十二月二十三日我在《大公报》发表的一篇星期论文。想不到这篇小小的论文能引起国内学界多数的注意。据我所晓得的，《大公报》记者在这篇论文登出的次日即发表了一篇《出洋留学与考察》的社评，指出目下留学界的种种流弊；在本刊上有姚薇元先生的《大学研究所与学术独立》一文，则是补充大学研究所设立时应该注意的一些情形。这些可以说是赞成我们的主张的。此外尚有汪敬熙先生一篇《也谈谈大学研究所与留学政策》（见一月三日《大公报》）对于我们主张"借材异国以提高大学程度的办法"，大大的表示不赞成。因为汪先生说："这种（办研究所的）苦力，是应该由本国人担任的。如果我们没有这样的人材能创办人学的研究所，我们这民族就不配有高等教育。如果有而偷懒不肯下这苦力，反而希望他国人来代做，这种民族也是下流的。"汪先生的全篇论文，并非不赞成办研究所，而是不赞成请外国学者来办，所以我们不妨再就此点加以讨论。

我现在第一要声明的，是在我那篇星期论文里面，不但没有请外国人来代我们做研究的话头，也没有请外国人来代我们做研究的意思。我只是说，"现在因为国内已有了相当的人才，尤其要请外国学者来引导我们做专门的研究。"外国学者既然居于引导的地位，那末，研究的工作当然还是我们自己做的。至于请外国学者来指导我们研究是否便成了"下流"，便"不配有高等教育"，这个断语恐怕除了汪先生之外是没有敢下的。

第二，国内的人材是否已有办研究所的程度，似乎也是我们和汪先生争论的一个问题。我们的意思，以为国内的人材不够用，所以要办大学研究所,便有借材异域的必要。汪先生也说:"人的数目只够办一两个大学的,现在国内大学如此之多,把这些人都抢散了。"所以国内人材的不够,也是汪先生所承认的。我们争论的上半段既没有问题了,问题在下半段,那便是:办大学研究所是否有借材异地的必要? 关于这个问题,所是汪先生承认所谓借材异国,只是来做我们的指导而非代替我们研究的话,则此问题又可以分析成两个问题:一是在外国学者指导之下,是否能促进我们的研究工作? 二是能做我们研究导师的外国学者是否请得到? 现在我们先从第二个问题讲起。

诚如汪先生所说,请外国学者不是一件容易的事,但这个情形也未尝没有例外。第一,我们晓得外国的教授大概都有几年一次的休假,而这个休假,他们大概是愿意在国外利用的。其次,则尽有因为特殊的情形,有些大名鼎鼎的学者也愿意把他们的毕生事业放在未曾开始的筚路蓝缕工作上。眼前在我们左右的古生物学者葛利浦先生是一例,曾在中国数年,对于中国农业有大贡献的洛夫教授又是一例。至于如德国因国社党执权,排斥犹太籍教授,致许多举世宗仰的学者都要避地他适,尤为可遇而不可求的机会。倘使我们早有政策与准备,这个机会,又未尝不可大大的利用。所以我们不必担心请不到外人,问题还是我们自己有没有请人的决心与准备。

第二个问题——在外国学者指导之下,是否能促进我们的研究工作——我们以为这是不成问题的;成问题的,乃是外国学者来到中国,他自己能否工作。因为要他自己能够工作,然后指导研究的工作方能着手。汪先生说:"外国人不是傻子,他们不在他们国内已经组织好的研究所工作,而来到中国经过一番苦工方能做到工作的程度,并且工作时有许多不可免的不方便呢?"这个话固然不错。不过我们不要忘记,我们所讨论的是大学研究所。这种研究所,一方面固以施行研究为重要职务,一方面又以训练人才为应有的责任。如其训练人才的责任心和开创事业的冒险心,有时能使他们轻视一点研究上的不方便,也不能就算是傻子。况且如汪先生所说:"自一九二五年以后,中国人发表的在国内做的工作渐渐多了,这是一个好现象,表示国内在各种学问上能工作的人渐渐多了。"我们要问:如其在目下情形之下,中国人能工作,为什么外国人来就不能工作? 唯一可能的答语,是外国人不及中国人肯吃苦,这一层乃是肯不肯的问题,非能不能的问题,我们上面已经讨论过了。

以上把汪先生不赞成我们主张的几点大致交代过去,现在让我们再来讨论一下请外国学者的是否需要。

一、中国人材尚不够办研究所,是汪先生同我们所公认的。汪先生虽然又说在国内各种学问上能工作的人渐渐多了起来,但若切实按之,我们便觉得这所谓多也实在可怜。我们晓得国内科学实在算得能够自己工作的只有地质、生物两门,它们发表的成绩较多,数量较富,其次便是汪先生有关的生理科学及极少量的物理、化学而已。但是这几种科学已是经过了十年、二十年的提倡,其中且有不少外国人的帮助。如其我们情愿再等十年,二十年方看研究所的成功,当然还可以耐心的做去。如其不然,则取材异国以帮助我们研究事业的发展,恐怕是不可少的步骤。

二、派遣留学生,固然是造就专门人才的捷径,但这能够解决我们研究所的问题吗? 决乎不能。我们不必一概抹煞的诅咒留学生不好。从好的方面看,我们不能不承认近年留学成绩的优美,学成归国的专门人才亦所在多有。但这些人自己工作也许可以,指导研究便成问题。因为计画及指导研究工作,不但对于某种学问要有精深的智识,而且要有博大的了解,这些个是初回国的学生所能有的。我们上面所说的国内已有相当的人材,正是因为他们还在学习而非可教人的程度。我们现在的问题,是叫他们怎样的不致生锈,至于要他们自己发光,恐怕还需要相当的磨练吧。

三、一个真正的外国学者能与我们的兴奋与影响,不是任何多数的本国学者可以代替的。两个月前,美国的物理、化学家诺贝尔奖金领受者穆尔博士来华游历,在北平讲演两次,当时北平科学界人高兴极了,大家都有愿从受业的感想。设如有这样的人一个在研究所,则不但学生会受其感动工作不懈,即其他教授亦必能引起无穷的问题与兴趣。一个研究所最重要的条件,是勤奋的精神与商探的兴趣,而这种空气,大半是靠一二个人造成的。

讲到此处,我想我们和汪先生的意见并无什么不同之处,我们的问题,是如何利用人材(中国或外国)以促成研究所的实现而已。不过我们因为中国人材不够用,所以有借材异国的主张,汪先生则主张先有研究所然后请外国学者。这一点分别,也许可以使中国的研究事业迟缓几十年!

(此文原刊于《独立评论》第 136 号,1935 年 1 月 12 日,见任鸿隽著:《科学救国之梦:任鸿隽文存》,上海:上海科技教育出版社 2002 年版,第 512—515 页)

国立大学的合理化问题

（一九三五年七月七日）

　　在本期的本刊中，载有王伏雄先生的《合并国立大学刍议》一篇文字。王先生这篇文章，作于两三个月前，当然不曾豫料到目下有所谓合并国立大学的谣传。同时在两三个月以前，王先生便提出这个问题，也可见此问题自有讨论的价值，不是偶然因环境的关系而生灭的。我们因为此问题关系的重要，而王先生的文章似乎还嫌过于简略，未能把实际的问题发挥尽致，所以再来补充几句话。

　　所谓大学的合理化问题，本来是大学教育的全体问题，而不是某种大学的独有问题。不过在像中国这样一个复杂的国情里，要把各种大学归于一治而受一个统系的支配，是不可能的。譬如说罢，我国官立的大学，有所谓国立与省立之分，私立的大学，有所谓国人的私立与教会私立之分。如此，要把国立与省立，或私人立与教会立作一种考虑的单位，已属不可能，何况官立与私立鸿沟远隔，界限分明，岂能并为一谈呢？所以王先生把他的论题，限定于国立大学一类，我们以为不失为聪明而且必要的办法。

　　国立大学的合理化，我们以为至少有三方面应当考虑：

　　（一）学校的地点。

　　（二）学校的组织。

　　（三）学科的分配。

　　以下我们依次大略加以讨论。

　　（一）学校的地点。我国大学校地理分配的不当，在民国二十年国联教育考查团的报告中即已充分表示此点。他们说：

　　　　就吾人所能够确知之事实……在一九三〇—三一年中，十五国立大学,有十一校设于城市之中;省立大学十七校中,有九校设于另外三个城市;又有三个城市,除国立大学外,复有二十七个立案私立大学中之十九校。在北平附近,有国立大学四校,立案之私立大学八校。上海有国立大学四校,立案之私立大学九校。天津有国立大学一校,省立大学四校,立案之私立大学一校。（以上所引,见《中国教育之改造》第六〇—六一页）

这个调查所表示的是:我国大学地理上分布的不合理,不但国立大学如是,即私立大学亦未尝不如是。如把两种大学的合而计之,这个不合理的程度便愈深刻化,同时,若对于某一类学校有了办法,也可以说解决了问题的一部份。他们的结论是:"中国大学在地理上之分布,杂乱无章,在同一区域内,常有多数大学,其所进行之工作几全相同。"又说:"今欲将良好之结果保留,恶劣之结果消灭,其所需要,不在大学之扩充,而在大学之合并。"

大学所在地点的问题,至今并没有什么变更,所以国联教育调查团的结论,至今仍然有效。

（二）学校的组织。国立大学的集中于少数城市,虽然有许多环境上或物质上的理由,如人口的众多,交通的便利,商业的繁盛等等。但此外还有一个历史的理由,即许多今之所谓大学,都由昔日的专门学校蜕化而来。凡稍稍留心我国教育史的,应记得前清末年的教育制度,一方面采自东邻日本,一方面又沿袭我国"国有学"的古制,全国只有一个大学,便是京师大学堂。其余各省省会,只设高等学堂,等于大学的豫科。辛亥革命以后,把这个统于一尊的学制废除了,各省的高等学堂本来有改为大学的可能。可是当时全国的教育程度,自然还够不上有许多大学,而且日本专门学校的制度,在我国教育当局心目中还是一种金科玉律。于是从前只有一个高等学堂的,现在便改成了数个专门学校——如高等师范、高等工业、高等农业、高等医学之类。到了民国十至十一年之间,我们又改学制了。当时废除大学的豫科,而把中学改为三三制,即所谓初级中学与高级中学。于是在学制上,中学与大学之间,不容有专门学校的存在,而昔日所称为专门学校的,因为收纳高中毕业学生的原故,而一律改称为大学了。这在学制的表格上,自然很是整齐划一,可惜从此以来,便发生了许多不成名词的单科大学——大学原为许多学术集合成一团体的统称，若于大学上冠以某科，在西方原意看来，是为不词，而大学的数目，也就有"貂蝉满街走"之观了。这个短短的历史叙述，可以说明何以在几个城市中，国立大学独占多数的原因。如像北平一城，有国立大学四个，其中两个——北平大学及师范大学——便是由专门学校改组的。不但如此，设如我们追溯历史至民十七以前，当时在北平一城的，有所谓国立九校，其中的八校，即今国立三校的前身，而在当时皆各为一独立大学（除艺专一校是例外）。设如国联教育考查团在彼时来考查，不晓得他们惊异的心理还要增加几倍呢？

这些组织上的不合理，经过国民政府几年来教育当局的努力，已经得到相当的改善。例如教育部规定凡有独立学院三个以上的方才能称大学，于是不甘以独立学院自终的，都可以集合起来，取得大学的称号。北平大学合五个独立学院而成一个组织，即是一例。不过这种组织的改变，仍以属于名义上的为多，实际上不过于原有各校之上，加上一个不必需要的办事处而已。其结果，不但质的方面不见有什么进步，即量的方面也不见得有甚变动，而有些国立大学的组织，至今还是成为一个不曾解决的问题。

（三）学科的分配。设如两个在同一城市的大学，他们所授的学科完全不同，那末，在每个学校以内，它的组织是否合理，虽然尚有问题，而所谓重复的问题总不会发生。不幸这样的一个条件，实际上是不易遇到的。因为凡是普通的大学，都有它必须设立的基本科目。我们且把十一个国立大学所有学院名称列表如下：

教	文	理	法	农	工	医	商
中央	X	X	X	X	X		
中山	X	X	X	X	X		
北京	X	X	X				
北平	X	X	X	X	X	X	X
北师	X	X					
清华	X	X	X		X		
武汉	X	X	X	X	X		

续表

教	文	理	法	农	工	医	商
山东	X	X		X	X		
四川	X	X	X				
浙江	X	X		X	X		
暨南	X	X					

从上表看来，文理两院是每一个大学都有的（其中浙江大学及北平大学是文理合院）。所以如一城有四个大学，便有四个同样的文理学院。其次共有最多的为法学院。至于农、工、医等学院，本来已经不多，重复的机会当然更少了。

从上表，我们还可以看到一个事实。即在十一个国立大学中，发展到六个学院以上的，不过中央、中山两校；到四院以上的，不过清华、北平、武汉、山东四校；其余的都只有三院。自然一个学校的价值，不能以它的规模大小作标准，但这总可以表示我们国立大学的数目虽然狠多，他们的发展过程都不算狠高——换一句话说，就是还狠有发展的可能。限制这些大学发展的因素是什么？最重要的不消说是人才与经费了。我们要求免除不必要的重复，腾出人才与经费，以求进一步更大的效果，想来不算无病呻吟罢！

从以上种种方面看来，似乎通盘筹画一个国立大学分布的地点，整理现有的组织至最经济，最有效的限度，而且注意学科的分配，使各大学能因应时势的需要，得到平均的发展，方不失"合理化"这三个字的意义。不过这样一个阔大而严重的题目，决不是本文所能讨论的。我们试提出一具体狭小的题目，以见问题之一斑如何？

我们晓得北平城内外有四个国立大学，它们的经费合计起来，每年当不下四五百万。这除了前面所说的历史关系外，绝对没有必须的理由。师范大学，因为是特种学校关系，我们可除外不论，其余北平，北京，清华三大学，可以说大半是重复的设置。今欲免除重复，和求一个较为合理的分配起见，我们以为有以下几个方案可借考虑。

（一）北平大学，本来无一定统一的组织，我们以为宜将各个学院分属其他尚未设置此种学院的国立大学中，一方面可帮助其他大学的发展,一方面可减少组织上的浪费。如其不然,在目下全国高唱生产教育的时代,这个学校,尽可以缩小范围,降低程度老老实实的办成几个像样的职业学校。这比一年花上一百四五十万的巨款,办上几个二三个[?]的专门学院,对于时局的贡献总应该大些。

(二)北京大学与清华大学,这两个大学,虽然各有各的历史与成绩,但北京大学的文理法三院,与清华大学的此三院性质完全相同,我们看不出有什么理由不可以合并办理。况且清华大学历来的政策,本是趋重于理工一方面,然则让北大专办文法,而清华专办理工或农,岂不是相得益彰吗?不,我的意思是说,北大与清华,大可以合为一校,那末,它的文、理、法三科的教授人才立刻可增加一倍,加上清华已有的工或农科,岂不成了一个最完备的大学?而且两校的经费合计起来在二百万以上,在最近的将来一二十年内,决不至发生经费的恐慌,这不是两利的事吗?至于清华需要北大文科的风气,北大需要清华理科的精神,那更是不言而喻的。

说到此处,我晓得有人要说:"你这些话,说来容易,绝无实现的可能,岂不等于痴人说梦?"我的回答是:"梦固是梦,但我相信它表示的是一种超然的见解与健全的希望,绝没有一点其他的用意。"读者如对于这个重要的问题愿加讨论,那是我们最欢迎的了。

二四,七,一

(此文原刊于《独立评论》第 158 号,1935 年 7 月 7 日,署名"叔永",见任鸿隽著:《科学救国之梦:任鸿隽文存》,上海:上海科技教育出版社 2002 年版,第 531—535 页)

科学教育与抗战建国

(一九三九年六月三日)

大家知道,抗战建国是我们中华民族当前的一个最伟大最艰苦的事业,现在我们却要把它拿来和教育科学连带讨论,这有下面所列的两个理由。

第一,抗战建国需要两个因素,就是人力和物力,但人力、物力非经过科学的陶铸,不能发生最大的效用。譬如说罢,我们中国自来号称地大物博,人民众多。但埋在地下的铁矿,做不了摧毁敌人的大炮,更做不了建设必需的轮船和铁轨。说到人力,我们知道,现代的世界已经不是斗力的世界而是斗智的世界了。那就是说,我们的战争虽然是斗力,但是这个字应包括智力,即智识的力量在内。在战时的武力竞争是这样,在平时的建国奋斗也是这样。

第二,西方圣人亚里士多德[培根]有一句名言,说,"智识就是权力"。我们在抗战建国的过程中,如其尚感觉到权力的不够,那一定要归结到我们智识不够的一个结论上去。讲到智识,我们要知道只有科学的智识才是真智识。那就是说,科学的智识是经过严格方法的整理和众多经验的证明的。所以这种智识可以作格物穷理的本源,也可以作利用厚生的根据。一个民族如其对于这种智识没有相当的培养,我们可以断定这个民族对于现代社会的生存条件必定还不曾具备。反过来说,我们如要抗战必胜、建国必成,必定要用科学教育来养成我们特别需要的人才,方能有济。至于科学教育何以为养成抗战建国人才所必须,留待下面再说。

我们记得在抗战建国纲领内,教育部门曾经特别制定了两大目标,一是注重国民道德的修养,一是提高科学的研究。提高科学的研究,固然是推进一切科学事业的本源,包括有培养专门人才及奖励特殊发明等设施在内;但要以教育的力量诱导民智,培养民力,而后将民力、民智集中于抗战建国事业之中,去促其成功。这种任务除非由科学教育入手是不易完成的。关于国民道德的修养方面,暂且不述,本文所要叙述的,是科学教育方面,亦即是科学在推进教育事业中的任务。

下面我要分三步来叙述,第一是科学教育之意义,第二是科学教育之内容,第三是如何推进科学教育以利抗战建国。

一、科学教育之意义

所谓科学教育,其目的是用教育方法直接培养富有科学精神与知识的国民,间接即促进中国的科学化。科学是二十世纪文明之母,是现代文明国家之基础。已为大家所共知。所以要中国现代化,首先就要科学化,抗战需要科学,建国亦需要科学。国内科学化运动,不是已有很高的呼声么?除呼声之外,要促其实现,教育方面就是最重要的一条途径!亦是最切实的一条途径!为什么呢?

第一,因为科学教育可以养成科学的精神,教导科学的方法,与充实科学的知识。教育的范围,并不限于学校,可是只就学校方面言之,科学教育应当是学校功课的重要部份。学生学了物理、化学、生物等科目,就可以得到自然界明白准确的知识。读过物理学,他们会知这自然界可怕的闪电,人们亦可以利用来装置电灯、电铃、电风扇、电话等;所以闪电并不是鬼神的作祟。凡理化生物等科目所授予者,都是这一类知识,将自然界许多似乎是神秘的东西,都解释出来了。这是关于科学的知识方面,当学生学科学的时候,又知道了在实验室中怎样证实课本内所说的真理与事实,较之不经过科学方法而只信别人传说者更准确可靠,无形中学生又学会了科学的方法。学生们既熟习了科学方法,于是凡事不轻信,不苟且,求准确,求证实,这就熏染了科学的精神。我们知道非但自然科学知识极为可贵,其方法和精神亦同样地可贵。学生经过十数年小中大学里科学课程的熏陶以后,将来无论跑到社会上哪一个角落里去,都会利用其已获得的科学知识、科学精神与科学方法,而促进科学化运动。这是指一般科学课程而言之。

第二，因为科学教育可以培栽新进技术人才。高等专门科学教育，除理科而外，如农、工、医、矿、水利、水产，其目的就是在养成技术人才。无论前方战场与后方建设事业，都需要大量的干部技术人才。现有国内少数技术人才，决不够分配，必有待于补充。而技术人才之训练，非用严格的教育方式不可。由工厂学徒出身的熟练工人，决不能任工程师；在医院里稍学些某药可治某病的下级助手，决不能任医师。所以在抗战以前创办的医、工各校，在战后非但要努力继续，并且更须扩充。其理由就是抗战建国事业愈紧张，技术人才之需要亦随之愈亟。这些干部技术人员的训练，就是现在高等科学教育的任务。高等科学教育愈发达，新进技术人员在量的方面愈众多，在质的方面也愈优秀，结果抗战建国的力量也就愈充实愈强盛。

第三，因为科学教育可以提高科学文化的水准。过去许多文化界的人士，都在各方面努力，如出版界、新闻界、文艺界等，在推进中国文化事业上层有相当的成就。但是大家对于促进科学文化方面所表示的力量却是薄弱些，这是无可讳言的。许多学科学的人，有的起来组织科学团体，如中国科学社、中华自然科学社、中国科学化运动协会等，来发动科学化运动，可是这种科学团体出版刊物往往是出版界销路最少的刊物(有少数例外，如中国科学社出版之《科学画报》曾销至近二万份)，其书籍亦是各书坊最怕承印者。而各科学家在有讲演的时候，亦往往对于听众不易引起兴趣。这种种缺点，只有在科学教育方法去充实，去认真办理，把学生的科学程度提高，方才可以补救一部份。学生的科学程度提高之后，科学文化运动就添了大批的生力军。以后科学在文化运动中，可以和哲学、文艺、新闻出版等各界分工合作，促进中国之现代化。

从上面看起来，科学教育最有利于普及科学精神、方法与知识，最有利于产生新进高等技术人员，最利于提高科学文化水准。这是科学化运动的捷径，也是科学化运动的大道。教育家应赶紧负起责任，从速充实科学教育，促进科学教育之发展，以求中国之科学化！

二、科学教育之内容

我们既已知道了科学教育之意义是这么重大，那么科学教育里面究竟应该包括些什么呢？鄙人以为科学教育里面应该包括的有下面三种。

第一种是普通理科教程，如数学、物理、化学、生物之类，这些是基本科学知识。每个学生，无论学政治、经济、文学、美术、史地、哲学，都应该学习的。尤其是中小学的理科教程，必须认真教授。我记得我们以前在中小学里读书时，学校里最注重者是国文、英文、数学三项。对于博物、理化等科，和音乐、体操一般，不受人注意。前十五年或二十年，各大学里，文科学生往往超过理科学生几倍。一大半原因，还是中小学的根底不好，所以进大学之后，对于理科即缺乏兴趣。当初中小学理科科目不被注重之原因，一则是教材不充实，二则是师资感缺乏，近一二十年来经过科学界人士之努力，教材课本已由用外国课本，抄袭外国课本，而至自己编著课本了。如教动植物学，以前用的课本，往往讲外国的动植物，教师讲的时候不能拿本国标本来作教材，以致引不起学生的兴趣，现在此种弊端已可以避免了。此外科学名辞已多数有适当译名，亦可以不用外国原本了。所以今后理科教材应当较以前便利。此外自大学理科充实以后，中小学的教师亦增多，最近教育部为增加中学师资起见，更扩充了师范学院，产生各科师资，理科师资当然亦随之增加。故中小学的理科师资将不感缺乏，一般的理科教程当更为充实。以后只希望各学校认真办理，不要如以前那样使英、国、数三项畸形发展才好。

第二种是技术科目。这里面包括农、工、医、水产、水利、蚕桑、交通、无线电等专门学校，以及医院所附设之护士学校等而言。无可讳言，我们的专科学校太少，培植出来的人才不够用。例如以医学校而论，全国国立的还不上十个，每年毕业的学生还不足五百人。幸自抗战以来，敌人虽蓄意破坏我文化机关，但已成立的各专科学校仍继续在安全地方办理，甚至尽可能地加以扩充，新进人才不至于缺乏。当然最感困难者为师资不够，设备艰难。虽在这种困难情形之下，各校主持人仍本其奋斗精神,为国家培植人才。如医学校在后方各大都市已每处有一所。其他如工、矿、农、水产等,和医学一般,皆为科学教育之主要部分,非但不可片刻中断,并得要随时尽可能加以扩充。最近积极从事建设事业的苏联宣布第三次五年计划,其中建议训练技师及各种专家一百四十万人,受有高等教育之专家六十万人。这个数字给我们看来太骇人了,但我们希望五年中能有这数字之十分之一的专家,已足增强不少的抗战建国的力量了。

第三种是社会教育中之科学宣传。在西洋各先进国家,其国民教育较我国普及得多,尚有博物馆、科学馆之设立,将科学常识灌输给一般市民;我国文盲既多,教育普及的程度远在他人之后,社会上一般人迷信过甚。如在许多穷乡僻壤的地方将疾病认为是鬼神作祟,甚至社会上许多地位崇高的领袖人物还在相信看相、算命、扶乩等事。这种缺乏科学常识的国民,在现今的世界里是无法生存的。故对于似乎很浅显的一般科学常识教育,其需要应更甚于上述二项。

以上略述了我国所需要的科学教育的内容。

三、如何推进科学教育以利抗战建国

我们既已明白了科学教育之内容,有理科教程,有技术专科,并有社会教育中之科学宣传材料;然则究竟应当如何推进,使之配合于抗战建国事业,以达到克敌兴邦的目的呢? 我觉得根本上应该:第一,训练好的师资;第二,供给好的教材;第三,提倡科学研究工作。

我们先谈师资问题。我记得刚在抗战发动之前,教育部曾办过医学校里生理学及解剖学师资训练班。抗战开始以后,这些教师都到各医学校去服务,并有供不应求之势。各种科学教育所需要的师资很多,向来由大学理科各系毕业生去充任;现在,则有师范学院之创办,在这个学院内预备供给各中学校理科教员,这是比较有计划的办法。不过我们对于训练的标准,希望要认真,要提高,非但着重教材内容,还要注意教授方法。将来他们任教师时,即可提高中学校学生的科学训练。同时现任的中学理科教师,希望其时时刻刻不忘自我教育,非但要每天教人,还要自己教自己,自己求长进,本着"苟日新,日日新,又日新"之意；重视自己的教业，寻求"诲人不倦"的乐趣。尤其对于教授法时时加以揣摩，使干燥无味的科学知识，讲授得活泼生动，使每个学生都会感兴趣才好。

其次谈到教材方面。上面我们已经说过，现在理科教材，经多年来科学家的努力，已较以前充实，如地质、生物、理化各方面，已有许多本国材料。这些材料，应当可以编就好的课本，制备本国标本。又仪器方面，现在国内亦有自己制造的机关，希望竭力并从速加以扩充和利用。每个学校都应当充实理科教材，因为科学教育是不能一刻离开标本仪器与实验室的。同时我们要准备供给这种需要，编好的教本，制好的标本，好的仪器，办好的实验室。没有这几样东西，根本就谈不上科学教育。至于高等专门技术所用的教材，现在只得由教授们努力设法，因为多数仍须仰给于外国课本、外国仪器。只希望当局对于采办方面给予相当之便利。不过在抗战建国期中，一切事业之进行，必有无数困难。这些困难希望各教师要因时因地努力克服之。例如活的教材，即适合于时代，适合于抗战建国事业之教材，这种随地随时取材，亦就是上面所说要教师之自我教育适应之。如在医学校内附设战地救护，即是适应时代需要之一。至于社会上一些博物馆或科学馆所需要的标本、图表等，就国内已有者已足够用，事实上只需要推广而已，其责任在各地方本地当局者负之。

除开师资及教材之外，还有一个重要问题，对于推进科学教育有绝大关系者，就是科学研究工作。上面说过，现在理科教材，已有许多本国材料，如动植物等是。这种收获，都是多年来各科学专家埋首研究之结果。即如上段所提的随时随地取材一项，一方面固赖科学教师自己的努力，一方面仍有赖于科学专家的研究。如在四川教动植物，因地取材，其教材必比北平、广州或上海所教的有些不同。此时就需要动植物学家在四川先作一番研究工作。如在战时教化学，不得不添些毒气、烟幕弹等材料，最好取敌人处得来的现成材料而研究之，再编写教材，这是最基本的工作。我国科学研究工作之进行已有十余年，现在因为抗战建国关系，应当更紧张更努力。供给适合时代之科学教材，亦当为其研究目标之一。

有好的师资，有好的教材，有科学研究工作，则抗日建国所需要之科学教育，必定可以很顺利地向前推进了。

四、结　论

我们说抗战建国事业为什么需要科学教育呢？因为科学教育可以普及科学精神，方法与知识，可以培植新进技术人材，可以提高科学文化的水标。科学教育的内容是什么呢？是中小学的理科教程，是各种技术专科训练，是社会上普及科学知识的宣传工作。怎样去推进科学教育呢？是要靠良好的师资，良好的教材，与继续不断的研究工作。

让我打一个比喻。我们中华民族好像是一支大船，在汪洋中驶行。现在抗战建国时代好像是这支船遇到了暴风雨。我们在抗战建国时期中进行，亦就像是这支大船在暴风雨的汪洋中挣扎一般：成功就是这支船达到了目的地，失败就是船的颠覆与消灭！这里科学技术人才好比是机器间的机务人员；以适应暴风雨时代的需要，其任务之重大就可想见。机务人员虽不能说比其他船员更重要，但亦是重要人员之一部分。机务人员既有其重要性，我们就应当充分培养这些人才，不要使船到紧要关头，束手无策，这就是科学教育在抗战建国期中的任务！

（此文原刊于《教育通讯》第 2 卷第 22 期，1939 年 6 月 3 日，见任鸿隽著：《科学救国之梦：任鸿隽文存》，上海：上海科技教育出版社 2002 年版，第 546—552 页）

★许崇清

许崇清(1888—1969)，别号志澄，广东番禺人，中国近现代教育家。1905年留学日本，先入中学，后考入东京帝国大学学习哲学和教育学。1911年回国加入中国同盟会。1913年回东京帝国大学复学，1918年毕业，升入研究科，研究教育哲学，1920年毕业。旋回国，与陈独秀主持广东省教育委员会。1924年负责起草《中国国民党第一次全国代表大会宣言》"教育"部分。1925年后多次出任广东省教育厅厅长，主张收回教会学校管理权。1926年与陈公博等被特派为广州国民政府教育行政委员会委员，向国民政府提出《教育方针草案》。1931—1932年、1940—1941年间两次出任中山大学校长，校政开明，同情学生运动，聘请洪琛、李达、王亚南等进步学者来校任教，并亲自在研究院讲授辩证唯物主义与历史唯物主义，批判杜威实用主义。1946—1948年间于中山大学、江苏社会教育学院讲授教育哲学和哲学概论。1949年11月负责接管私立广州大学，并任校长。1950年6月参加第一次全国高等教育会议。1951年重长中山大学，直至逝世。曾任第一至三届全国人民代表大会代表、中国人民政治协商会议全国委员会常务委员、广东省副省长等职。从20年代起便致力于建立以辩证唯物主义为理论基础的教育新体系，发表教育论文多篇，尤对教育本质问题有深入研究，认为教育不是一种技术，而是一种社会现象，是社会发展的机能，"教育是人们实践的一个形态，是以生产力与生产关系的实践的高度意识化为条件"。并对全面发展的教育方针实质、个性形成和发展、建立中国自己的教育制度和教育学等问题，提出较深刻的见解。

许崇清的主要论著收录于《许崇清教育论文集》(中山大学学报编辑部编印，1981年)。

欧美大学之今昔与中国大学之将来（节选）

（一九二〇年五月三十日）

一、欧美大学之沿革

欧洲大学肇始于中世，从意大利传至巴里而日盛。当时的大学，均由神学、法学、医学及文学四分科组成，其中文科只设高等普通教育，其余三分科才是教授专门学术之地。文科教授拉丁语、伦理学、哲学、理学诸学科，修业年限虽无一定，大致以四年为度，与美国的 College Course 相似。文科毕业后，再进神学科或法科或医科肄业数年，才得完全毕业。这就是中世大学的根本条件。

后来这个制度传至英、德、美等国，因其国情各异，略有变迁。例如英国的大学，有新旧两种，旧式大学的代表就是 Cambridge 和 Oxford。这两所大学创立于中世，是仿巴里大学而设的，所以注重神学。然而当时大学的预备教育机关不很完备，于是英国的大学里面四年程度的 College Course 就渐次发达起来。加之当时的大学生不一定都愿专攻神学，所以大半在 College Course 毕业后就中途辍学。因此 College Course 便成了英国大学的本体一般。其实英国大学里面的 College 不过是 Faculty of Arts，与中世的文科大学相当。其规模比之中世的真大学相差很远，不过是中世大学的一部，不过是大学的预科，所以十四岁就可以入学。

德意志的大学也是仿巴里大学而设的。即如 Prague 或 Leipzig 大学其组织与巴里大学全然相同。但德意志的大学至十六七世纪后国制勃兴以来，成了教育国民生活指导者之地。因而专致力于法学、医学等专门教育,遂以法学、医学等专门学部为大学的本体。而文科直至十八世纪末叶,依然不脱预科的性质。到了十八世纪晚年,哲学、言语学和自然科学发达渐著,文科因亦编入专门学部之内。迨十九世纪 Gymnasium 即中等学校渐次完备,德国大学遂全然成了施设专门教育之地。英国的 College Course 大半也包括在 Gymnasium 里面。法国的 Lycee 亦与德国的 Gymnasium 程度大致同等。是以 Lycee 毕业生的称呼 Baccalaureat 与英国 College 毕业生的称呼 Bachelor of Arts,言语上为同类。

美国的大学本来也就做 College,其教育全与英国的 College 相同。例如 Harvard 大学从前叫做 Harvard College,内部组织纯是学级制,同年级的学生皆受同样的教育,无专门分科的设备。所以当十九世纪初年欲学法律者,在 College 毕业后须另入法律学校,或入法律事务所,以律师为师。到了十九世纪中叶,德国文化渐次传入美国,美国方才晓得国内无真大学,于是始有设立真大学之举。Johns Hopkins 和 Clark 大学都是当时成立的,所以当初这两所大学都不设 College Course,后来因为美国是个新开国,待兴的事业很多,需材孔急,即稍具普通知识的学校毕业生亦非常宝重,于是学生在 College 毕业后多受聘往各处干事,再入大学部研究学问者很少。这两所大学因要顺应这种时势的要求,遂小并设 College Course。从此新兴诸州立大学,亦多在法医理工农诸专门学部之下,更置 College,而向来的旧 College 也于其上更置诸专门学部,都是因应时势的施设。

大学部既与 College Course 并设,一面中等普通教育也渐次完备,于是 College Course 的年限问题当然发生。现在美国解决这个问题的办法,大致可分为两种:一是许可 College Course 第三年或第四年级的学生,在大学部听专门学科的讲义。二是在 High School(中等学校)之上设两年程度的 College Course,这就是近来所谓的 Junior College 的运动。若照这个办法做去,美国的大学简直全然变作德国式了。总之,美国的大学时在英国式的大学上头加上了德国式的大学,自成一种特别的制度,组织至复杂。此外还有好些与 College 同程度的专门大学,不能与其他诸正式大学受同等待遇的,我们应该留意不宜混淆。

二、欧美大学学位之异同

University 这个字的本义原作联合,即如 Universitas Scholarium 是一种学生联合,Universitas Magistorium et Scholarium 是一种学士和学生的联合。这种联合是欧洲中世最普通的社会组织,这种组织就是大学的前身。学生联合里头的教师叫做 Magister,与工匠联合里头的师傅同一称呼。这些教师、师傅皆有教授弟子的特权(Licentia Docendi),所以也叫做 Doctor。十三世纪时代 Doctor 这个字本与教授同义。

Doctor 这个学位当初只限于大学之内,在大学之外是无效的,后来便成了凡有教授专门学术的能力,经法王和君主认为有资格者的通称。但想得这个学位的人,先须经过一重小考,这种小考的及第者叫做 Baccalareus。这个字源似乎出于法语的 Bachelier,就是初级骑士或学习生的意思。在 Baccalareus 和 Doctor 间也有授以 Licencia 的,现在法国大学还有这个学位,就是中世的遗迹。

中世的大学专门部就是神学科、医科和法科,大学的预科就是文科,所以学生先入文科,在学约两年可得 Baccalareus,再过一年得 Licencia,再过三年得 Magister 即 Doctor,然后再入专门学部,亦照依顺序由 Baccalareus 而 Licencia 而 Doctor,是为最高学位。在文科得 Magister 者大约年纪廿一岁,从此更入专门学部,在学三年乃至七年,才得专门学部的 Baccalareus。再费四五年功夫得了 Doctor,年纪大约是廿七岁乃至卅三岁。

英国的大学以 College 的 Arts' Course 为本体,恰与中世的文科大学相当,所以至今还沿用中世文科大学的学位。Cambridge 大学近虽稍有变更,而 Oxford 大学则依然受着中世的旧式。在 Cambridge 的 College Course 毕业后得受 B. A. 的学位。这就是中世文科大学 Baccalareus 的遗物。得了 B. A. 后再费三年以外的功夫可得 M. A.,这个称呼也是由出自中世的 Magister。在 Cambridge 大学里头,法科虽设在 College,而神学、医学则编入专门学部,须在 College 毕业后才能入学。在 Oxford 大学则连法科也设在专门学部,欲学法律者须先在 College 毕业,纯属中世旧式。

德国大学当初的组织全与巴里大学相同,学位的种类亦无差别。后来德国大学置重专门学部,于是学位也祇限于 Doctor 一种。要得这个学位须在大学三年以上,提出论文,经审查认为合格,此外还有口头试,且较法国大学的 Docteur 口头试更严。但在德国大学的神学部则不授 Doktor,只授 Baccalareus,而以 Doktor 为名誉学位,也是中世的遗风。工业高等学校受了工科大学的待遇后,多添了工学 Doktor。德国大学的学位,只有哲学、法学、医学的 Doktor 和神学的 Baccalareus四种。

美国大学所授的学位种类很多,迄十九世纪初年,美国大学还未脱College 的旧态,所授学位也只限于 A. B. 和 M. A. 两种,此外虽有 Doctor of Law 也不过是名誉学位。现在则于 M. A. 之上还有各种 Doctor,然而程度很参差,高低不一。美国大学授与学位的资格,虽要经州厅认可。但关于这种资格的制限,各州宽严不一。实际上美国的学位,名不副实的也就很多。又 College 也可以授学位,但其程度只限于Bachelor,与大学本部不同。

如上关于学位的规定,欧美各国纷纭不一,要与日本的学位和称号比较起来便怎样呢? 日本帝国大学的学士,断不能视为与英美的Bachelor 同等,也与美国的 Doctor 有别。日本帝国大学的学士,其程度高于美国的 Bachelor,比之美国的 Doctor 则稍低,大略与美国的 M. A. 相当。德国的 Doktor 与日本帝国大学的学士无甚大差。法国的Docteur 则高于日本帝国大学的学士。而日本的博士则稍高于美国的Doctor,却与法国的 Docteur 相伯仲。

三、大学的职能

欧洲大陆的大学以施设专门教育为本务,英美大学内以普通教育为主的 College,不得视为与大学本部同等,前此既已说明。此外尚须解决的就是大学职能的问题,详言之,就是大学所设的专门教育,应该以教授为主呢? 抑应以研究为主呢? 这个问题。

中世时代并无教授与研究之别。所谓神学只是疏证耶教的义理。

所谓医学、法学只是领解希腊、拉丁的医书法典。研究学术,发明新理,实属当时学子思念所不及的事。是以从来模仿中世大学而设的欧洲诸大学,皆以教授专门学术为本务。另于大学之外设 Academy 以为研究学术之区。例如法兰西的 College de France 和 Académiè des Sciences,伦敦的 Royal Academy,都是与大学异处的研究所。

德国大学则于十八世纪以后渐重学术的研究,即文科大学迄康德之世,其地位虽甚低,自此亦陆续增设 Seminar(研究室)和 Laboratorium(实验室),以为教授以外研究学术之区。于是法、文、医三分科的 Doktor 论文均置重新研究,以能独创新理为论文的标准。一千八百七年大哲 Fichte 论大学职能,亦以大学为最高学府,研究学术之地。同八年 Schleiermacher 亦以学术陶冶为大学的本质,以学习为轻,认识为重。力辟大学与 Akademie 分立之说。一八五七年 Trendelenburg 教授亦提倡研究本位的综合大学。这就是德国大学教育十九世纪以来的趋势,理论上实际上均趋向于兼备教授和研究二事,与英法的旧式大学全然不同的地方。

至于美国大学的议论,亦勃兴于十九世纪的后半期。千九百年提出 St. Louis 世界博览会的"北美合众国的教育"里面"大学"一项内有"Professor Von Holt's famous pronouncement is right; a university in the European sense does not exist in American"一句话。说美国没有欧洲那样的大学,这是因为当时美国的大学以 College 为主,College 的任务止于施设高等普通教育,与欧洲大学注重专门学术大不相同的缘故。Harvard 大学前总长 Eliot 在他的名著 *University Administration*(《大学管理论》)里面也有"All the professional schools of a university ought to require the preliminary degree of Bachelor of Arts, of Science for admission and only when this requirement has been successfully enforced will the unorganized group of separate departments which now passes for a university in the United States be ready converted to a true university"一句话,他的意思是说真正的大学须有完全的专门学部,若没有这种设备就不能算是真大学。千九百八年 Columbia 大学总长 Butler 在瑞典的 Kopenhagen 大学讲演,他的主旨是说"美国大学创始于四十年前,大抵以德国大学作模范,大学这个名称在美国有两个意思,一

是指大学名下全部的教授活动，一是指 College 教育以外的专门研究，大学的任务首在学术的研究与解放"。这个见解明明白白地说是大学的本体不在 College 而在 Post graducate course 的一个好例。这样看来，美国诸大教育家的意见，大致是要将 College 与大学分别清楚，是要按照德国大学的组织订正美国大学的概念，确是目下至显明的事实了。

四、我国大学之建设与中等教育

从以上搜集所得诸事实看来，我国大学之当取法德国，以专门科学之教授及学术之基础的研究为本务，不应从英美的 College 旧制，以与现代大学教育的趋势相逆行。实属至明之事理。然而大学之能够成全这个本体与否，一视大学预备教育的成效如何，则大学本体既定之后，大学预备教育问题当然继起。要解决这个问题，应从大学预备教育的学科，修业年限，授业时效，教师的实力，教授的内容及教授的方法诸方面著实调查，徵诸我国事实上的材料，更参考欧美诸先进国的现行制度，从学术的见地仔细研究，断非凭空可以臆断的。若只求一时的方便，任意削短学校修业的年限，致国民于学识涵养上、人格陶冶上，受莫大的损失，则更非识者所许。

我之所谓大学预备教育，非独指现在我国的大学预备科，实包括我国的大学预科和中学校，即中等教育全体而言。这个道理是很容易明白的。……所以，我说大学预科与中学校应该视为同体，同属于大学预备教育。

……

五、单科大学之组织

大学既以学术的基础研究为一任务，则凡所以资助研究之设备不可不完。而研究之际有须参考各种专门学科者，大学亦须有以供其检查，备其应用。这种便宜确没有如综合大学的。但从实际看来，要在现在的中国设立完全的综合大学，实属难事。而学科的关系深浅各有不同，深者虽不得不综合于一处，关系浅的还可以别的方法充补其缺，则单科大学之设立,苟能具备一定的条件,在今日的中国,也是应该奖励的。甚么是单科大学所应备的条件呢? 即就单科的工科大学而论,工学的根源在理学,固不用说,即工业的发达到了一定的程度,亦须有理学作指导,方能别出新机。例如无线电信、电话近来的改良是由真空的研究,就是一例。是以工学的研究,若不能与理学的研究相提并进,断难尽其功用。要设单科的工科大学,至少亦须有完善的理科教室。

大战以前,这样的单科工科大学在德国共有十余校。在这些工科大学里面,理科的规模是很弘大的。教师的员数和教室的设备几与大学相匹敌。如 München 的工科大学,竟然兼有授理学 Doktor 之权。理科之盛可以推见。又英国从前的工业学校,不过是些职业学校,而英国的工学者,大都出自大学的理科。到了近年,Birmingham 工业学校成了大学,便将工学诸教室分作物理的与化学的两种,各附设物理或化学的大教室。其余则皆是理工科并置的组织,如伦敦的 Imperial College of Science and Technology 即其一例。还有法国的 Ecole Polytechnique,美国 Massachusetts 的 Institute of Technology 及其他大学组织的工科学校,几乎无一不是仿德国 Technische Hochschule 的。所以将来我国若设工科大学,即不取法理、工科并置的组织,也须附设理科教师,实理所应然。

单科工科大学如是,单科医科大学或单科农科大学也应与工科同样作为理、医科大学或理、农科大学,即不然亦须附设理科的教室。至若单科法科大学,则须并置文科,或附设一相当的图书馆,搜集文法科各种书籍,以便研究者检查。要言之,单科大学的组织与综合大学一分科的组织应有区别。因为综合大学的各分科合拢来才是一个有机的全体,而单科大学则需自成一体。若组织单科大学而取法综合大学的分科,或将综合大学的分科移了出去,强欲使它独立,是犹分离四肢,而望其能全手足之用,断无能偿所愿的。

(此文原刊于《学艺》第 2 卷第 3 号,第 1—10 页,1920 年 5 月 30 日,见中山大学学报编辑部编印:《许崇清教育论文集》,1981 年,第 51—59 页)

论第五届教育联合会改革师范教育诸案

（一九二〇年七月二十三日）

（一）改革案底重要事项

　　此次改革师范教育案共有三件：一、是浙江省教育会底建议案。二、是陈宝泉氏底修正案。三、是审查委员会底审查案。

　　第一条所拟办法共计八项。

　　1. 从来底高等师范学校改革称第三期师范学校，从来底师范学校改称为第二期师范学校，从来底讲习所改称为第一期师范学校。

　　2. 以国民学校独立于学校系统之外，删去高等小学之高等二字，单称之曰小学，以便其余中学大学联为　下。

　　3. 除去师范学校从来以一样课程而混同国民学校和高等小学两种教师底教育，以致毕业生资格不明底弊病，以第二期师范学校养成小学教师，以第一期师范学校专任教练国民学校教师。

　　4. 增高现行高等师范学校和师范学校教科底程度。

　　5. 修改现行高等师范学校分科底办法，凡现在所有本科与专修科之别均一律改称专修科。

　　6. 第三期师范学校加设农工商等职业科。

　　7. 第三期师范学校不设教育专修科。

　　8. 教育科设在大学，令与三期师范学校相联属，自为一师范学制系统。

　　第二案想修正底似乎是第一案第三期师范学校不设教育专修科及所拟分科底办法。然其文理最难了解，为三案冠，不易得其要领，究竟他要怎样修正,怎样改革,都无从判定。他说:"若将教育研究底任务划出高师以外,是与废止高师无异。鄙见高师设置教育研究科为当然底责任。专修科为一时底办法。研究科为永久底办法。非大学设置教育科徒为抽象的研究者所可同日而语"。但他所说高师应设底教育研究科是指第一案所谓研究科呢? 抑他自己意中另有一个研究科呢? 第一案虽说高师不应设教育专修科,但仍许第二、三期师范学校毕业生在研究科研究教育。——究竟他要反对第一案呢,还是赞成第一案呢? 抑或他虽赞成第一案所拟底研究科,而独反对第一案不设教育专修科底办法呢? 还是虽也赞成第一案不设教育专修科,但须附以暂时存置底条件呢? 在以上几句话底论理里面,我们确实无从寻究。究竟他想修正底是那一点,他想改革底又是那一项。他又说:第一案所拟分科办法"较旧制尤为繁重,(如图手音操农工商之类)不如改行单位制,除教育为公共必修科外,各学科酌量分组,明定单位数目,任学生选择"。他这里所谓"较旧制尤为繁重,(如图手音操农工商之类)不如改行单位制",及"各学科酌量分组,明定单位数目"。两句话也是很模糊底。他底意思究竟反对第一案所拟分科底办法,要将第一案所拟图手音操农工商等科自综合制改作单科制呢? 抑虽赞成第一案所拟分科办法,而独主张任学生有选择科目底自由,不必学生统修所定课程全部,只须修了其中若干单位,便算毕业呢? 由前之说,所谓"单位制"者,指学科底组织言,"单位"当与上述"单科"同义。由后之说,所谓"单位制"者,指修业底方法言。"单位"谓科目底一定数量。自"较旧制尤为繁重,不如改作单位制"一语观之,"单位"之义应从前说。自"各学科酌量分组,明定单位数目,任学生选择"一语看来,当从后者之义。究竟那时他底真意,非我们所能臆断者也。

第三案主张:

1. 设立师范大学,分研究科、本科及预科三部,以研究科为"专攻教育学术"之所。(本科仍设教育专修科与否此案未有明文)。

2. 大学本科"按学科分组"行"单位制"。

3. 推广本科所授学科,加设农工商等职业科。

4. 第一案所拟第二期、第一期师范学校改称甲种、乙种师范学校。

综合以上三案,择其要项举出来,可得如下数事。

1. 关于养成初等教师者,似欲取法佛兰西,分设小学师范学校和高等小学师范学校,而定名曰乙种师范学校、甲种师范学校。

2. 关于养成中等教师者:a. 似欲仿美国底 Teacher's College 设立师范大学,而以大学本科养成甲乙两种师范学校及其他中等学校各专科教师。大学研究科养成甲乙两种师范学校教育科教师。b. 大学本科按学科分组,行单位制。c. 大学本科加设农工商等职业科。

3. 另立师范学制系统。

以上第一项与第二项底 b.c. 两款都很容易处置,没有甚么大难处。但第二项底 a. 款若只求能妥协浙江省教育会和陈宝泉君两案于事已足,就的确圆满得很,浙江省教育会第三期师范学校不设教育专修科之说既可兼蓄。——审查委员会虽未明言大学本科不设教育专修科但以鄙意度之似乎不设。——陈宝泉君高师设置教育研究科之说也可并收。而且高等师范底现制又不至有所变更,八面玲珑,圆通滑润,真是妙极。然而从革新改良底见地,参照欧美诸国现行底制度,既往底事例,著实考究起来,这一款却是八花九裂底,尚须仔细斟酌底余地还很多咧。至若另立师范学制系统一项,若从欧美现行师范教育制度及学校发达底历史看来,也是疑义滋多,不敢遽表同意底我且将我就这两个问题考查所得底结果述记于下,以供大家讨论底资料。

(二)德美英法底中等师范教育制

德意志联邦没有特设高等师范学校底。其采用中等教师俱用检定试验之法,受试者要在中等学校毕业,曾进大学至少肄业六学期(六个月为一期)。试验分普通、特殊两科。普通科试哲学、论理、心理、教育学、德文学以及宗教等项。特殊学科分作六组:拉丁语和希腊语为一组,法语英语和拉丁语为一组,宗教希伯来语和希腊语为一组,纯数学和物理学为一组,化学矿物和物理或植物动物为一组,在应试者自择其一。其中除了希伯来语以外,各科命题均分两种,第一种合格者可得教授中学上级底资格,第二种合格者只许教中学下级。普通特殊两科均先试论文,限十六周间完卷,到期不能缴卷者再展限十六周间。有博士学位者可以其博士论文代表特殊论文。论文及第后再受笔述及口头试,笔述试限三小时缴卷,口头试问时间长者至一小时,短者三十分,其不合格者可再受试,但不得过两次。

应试及第者得试用教谕资格,由州学务局派往各中学校,于该校校长或特选教谕指导之下,专研究教育理论及其所选特殊学科底教授法。期限一年,叫做研究期,即 Seminarjahr,期限既满,即须提出长篇底研究论文。在研究期内得了教授上底知识,更须往别间中等学校实习一年,叫做实习期,即 Probjahr。这一年受各指导教师底指导,专事练习授业,研究实际问题。满期后始得任为助教谕,更阅历若干年,才得正教谕之职。

养成职业学校教师之法目下有两种:一是在普通学校挑选有阅历底教师,送往高等专门学校讲习职业学科。二是简用干练底技艺家,授以教育原理及教授方法。这两样办法试行不久,成绩如何,尚难断定。但现在补习学校及下级工商学校虽多用此二法,而中等实业学校则仍聘用大学或高等工业学校出身者。

美国向来只要在四年程度底 College 毕业,都可当中等学校教师,并不限定资格。到了近年,California 首破此例,规定中等教师须有与 Master's degree 相当底学力,并须精通教授底方法。诸州附和之者相继兴起,于是各处大学争设教育专科以应之。其尤甚者至将此教育科列为分科大学之一,称之曰 School of Pedagogy 或 College of Education。但当初大学诸教授多不很踊跃,故该科事业没有甚么发展,后来有些州立师范学校既拥丰厚底财源,且在议会内占很大底势力,居然大加扩充,设起与 College 程度相当底学部和附属实习中学,改称 Teacher's College,将养成中等教师底职责很像要一肩独任底样子。那些大学受了这个刺激,就不得不加倍振作,便也试起实验和实习底中学校来,以为竞存之计。从此大学底教育科便日趋隆盛了。

美国大学始置教育科底是纽约大学(1832)。后来 Brown(1850),Iowa(1878),Michigan(1879)诸大学接踵而起,不出十年,从之者百七十四校。至 1915 年,其数达至三百六十有三。这些教育科所设讲座因大学而异,各有特色。兹将 Columbia 大学师范部所设讲座列举于下,以为一例。1.教育史,教育哲学,教育社会学。2.教育心理学,统计,鉴定及实验。3.教育管理,比较教育学,督学及视学法,教育及学校卫生。

4. 教育原理及实施。5. 职业教育：(a)宗教教育。(b)村落教育。(c)职业教育。6. 工艺教育：(a)美术。(b)家政。(c)手工。(d)音乐。(e)看护及卫生。(f)体操。这些大学底教育科，除了养成教师及督学视学外，兼以研究为任务。

诸州所规定中等教师资格，参差不一，标准最高者，允推 California。该州规定：(1)要有 Bachelor 底学位。(2)要大学毕业后曾在研究科研究其所请免许底学科至少一年。(3)要在大学或大学研究科或两下合拢来共修教育学科至少十五单位(Seminar hours)。这十五个单位要包括：(a)学校或学级管理法至少一单位。(b)授业演习和参考学科至少四单位。(c)欲得免许底学科底师范科至少一科。但至多通共不得过三单位。(d)中等教育理论至少两单位。(e)其余关涉教育底学科与前者相合共十五单位。

从前在师范学校教心理学、教育学及教育史底都是些未尝深造，甚至平日担任教学理化和其他与教育学无甚直接关系底专科教师，现在都已改用大学毕业底心理学或教育学底专攻者了。

英国向来也不特设学校以养成中学教师，也没有限定资格。到了1902 年颁布教师登陆法，并通过中等学校统归中央管辖底教育条例后，Training College 之设备日形切要，政府又从而多所奖励，这个制度才为世所注目，使逐渐昌盛起来。其已得政府认可者，现下共有三种：第一种就是 Training College，为大学之一部。这里底功课亦分听讲与实习两门。听讲则在 College，实习则在邻近中学。第二种以中学为中心，注重实习。讲义则由首席教谕或特定讲师担任。第三种可说是前二者底综合式，就是 Training College 和中学合作底办法，前者负教授理论之责，后者则指导实习。现在 Cambridge University 和 Rugby 就有这种联络。

Training College 学生皆须二十一岁以上，曾在英国大学或与此程度相当底大学毕业者，或有相当底资格者。英国师范教育还有两个特色，其一就是师范生只许指定一门学科，修了之后，记明在证书上面。其二就是 College 和练习学校收容学生皆有定数，大学部至多十人，练习中学至多不得过三人。

法国养成中学教师从来是在高等师范学校。高等师范本有男女之别，数年前巴黎大学改制，男高师合并于大学，成为大学分科之一，修业年限为三年，学科分文理两部，入学者作为巴黎大学学生。专门学科则往 Sorbonne 各分科大学上课，独教育学和教授法则仍在原校学习。入学者须十八岁以上二十四岁以下 Lycee 或 College 底毕业生应竞争试合格底成绩优等者。女高师底规程亦与此无甚大差。

从以上所举各国中等师范教育制看来，我们就可以晓得各国底中等师范教育都是大学各分科与大学底教育科或师范部或其他机关协同办理底。高等师范学校不过是个过渡的制度，大学教育发达后当然归并于大学，即小学师范学校亦是中学教育未曾普及以前底遗物。从前美国底师范学校俱是四年程度，兼授中学课程。现在改作两年，只收男女中学校底毕业生。校内功课也只重教育学和教授法等关于教师本行底职业学科，则小学师范将来也许合并于大学底师范部或教育科。这些师范学校既然都是旁支，都是一时底方便，终须复归于其正系。则另立师范学制系统实属无谓。若强而行之，徒深固其树蒂，反足以为教育进步底障碍耳。

（三）审查委员会底师范大学案

从外面底构造看来，所拟师范大学分研究科、本科及预科，的确是很堂皇。从内面底组织看来，所拟师范大学与从来底高等师范学校，实无甚差异，所拟师范大学与从来底高等师范不同底地方，似乎在研究科之有无。但仔细看来，所拟师范大学底研究科，与一般大学底研究科，又绝不相类。美其名曰研究科，实则仍是教育专修科。不过入学者要在本科毕业罢了。大凡大学或专门学校底研究科，本是为本科毕业生之有志向学，于其专修学科范围之内，欲就一特殊部门更求有所深造者而设。则研究科所备学科部门该与本科相对称，且要互有联络。然而所拟师范大学底研究科，只得教育一门。这一门底教育学科与本科所设各专科有甚么直接的关系吗？纵使那些学生在大学本科也曾听说过些教育学和教授法底讲义。但这都不过是些补助学科，与他们专修底学科轻重不同。强要他们舍本而治标，名为研究（Gradutaestudy），其实仍是讲习。若研究科底目的只在养成甲乙两种师范学校教育科底教师,直设教育专修科可矣,何必要冒研究科底虚名呢!若研究科底课程非本科毕业后学力不足以履修,则规定研究科入学者须在本科毕业诚当。无奈这个研究科名不副实,并非为本科毕业生之欲就其专修学科择一特殊部门更求深造者而设。依然不过是教授一般教育学说。即不在本科毕业,亦无学力不足之忧。又何必多此一条规定,以钳制学子向学底雄心,虚耗学子至宝底光阴呢!况且本科毕业生服务两年以上亦可兼充教育科教师,与研究科毕业生资格为同等,这个规定也是很不合理底。毕业生服役两年,在学校所教者各专科耳。其所习熟者该专科之教授法耳。于此两年之间他还讲求教育学理,而其修学所至能够与研究科毕业生相等与否?我们无从保证。或者他绝无余裕兼顾专门以外底教育理论也未可知。若凡服役两年即一律视为与研究科毕业生有同等底资格,徒长其蔑视研究科之心,是一面设置研究科,一面培养破坏研究科底毒素了。若果如审查委员会所言:"不设教育研究科无以促进教育学术底进步"。这个研究科就是为要达这个目的而设。而其年限只得两年,并且那些入学者又都是些高等师范学校各专科或其他专门大学底毕业生或在学生,他们在学底时候为着各专科底课程忙得不了,即使学校规定教育学为必修底科目,也是勉强敷衍底,何况其他专门大学所设学科与教育若无直接的关系,自然不设教育学科。那些学生也就未必去留意教育。纵有二三笃学有志之士能够随时留意,但未必能做有系统底工夫,以这样底人物,如许底年限,而谓能达如上底目的,能尽教育学研究底任务,简直是侮辱教育学,不然便是不明教育学底性质。若说从来师范学校底教育科都是些别底专科教师兼任底,往往有不能胜任底弊病。现在设了这个研究科,使他们在专科毕业之后再专攻教育两年,则将来即使兼任教授,亦不至如从前那样勉强,那就这番改革纯是为了敷衍了事计,并非真诚底改革,彻底的办法了。总言之,这个师范大学案之所谓本科,依然是从来底高等师范学校本科如故。而其所谓研究科之组织,又是百孔千疮,万无能自久持之理,更不必问其能否适合现时底趋势,与利便来日底应化了。如是办法,谓之改革,固属牵强。若必固执大学底名称,则更无理。假空名以行欺诈者犹易控制,惑于虚名而纵恣自用者难以救药。此我国今日办学者所宜留意者也。

(四)晚近师范教育宗旨底变更

　　另立师范学制系统之说既不可用,所拟师范大学案又诸多背理,然而改革还是不容已底,那么怎样才行呢? 怎样改革才能适合现时底趋势,利便将来底应化呢? 要解决这个问题,还须明白晚近师范教育宗旨变更,只从外面的制度随意窜改,断不能得良好底结果。

　　中世底时候,神学和拉丁语是当时底基本学问,通了这两科,学问便算具备教育家底资格。其时并无养成教师底机关,教师又无一定底专业,都是那些讲究神学者去兼任底。入了近世,这个情形依然未改,不过当时注重古典,教育家底资格由通晓神学变为熟识古典,稍与中世不同。因之当时养成教师底宗旨,只在授以古典底知识。若能以其既得底知识转以授人,没有错漏,便算尽了教师底职分,并不注重教育自身研究。直至十九世纪,德国首先在大学里面设置 Seminar 以培养中等教师底学力,更以实地演习、实际经验为受检定试底条件。然仍偏重专门知识,其余欧美诸国更不用说了。到了晚近,欧美诸国研究教育学术日益盛,从来底积弊亦多所厘正,教师底职分由传达知识变为指导应化,由注入专门学科底若干分量,变为涵养研究的批判的实力。养成教师底宗旨因亦大异于畴昔。从来底师范教育制度也就不能适用,是以巴黎大学合并高等师范学校之举,其余欧美诸大学亦争设教育讲座,以大学各分科与教育学科合为养成教师底机关。一边培养科学研究的实力,一边努力于教育活动底研究,因以扶植教育的科学的研究的精神。

　　这个宗旨底变更,与制度地变革,简直相依为命。无论甚么改革,背后必有一个宗旨。犹之无论甚么实际,背后必有一翻理论。离却宗旨则无改革之可言,亦犹违背理论断不能措诸实际。这个关系确是我国考查欧美教育制度与视察欧美教育实际者所当留意底。若想拿欧美底制度与实际来应用我国,这个宗旨与制度,理论与实际底关系,尤其不可忽略。

（五）结论（附改革私议）

　　现在中等教师底职分，不惟传达专门学科底知识，更须了解现代底文化，以指导改造。则徒具专门知识底若干分量，必不能尽其责，还须要具研究的精神，而所谓研究者，又非独科学的研究，并且要使教育的研究。质言之，就是立于教育者底见地，以从事底科学的研究。因之现在养成中等教师底方针，不在注入专门知识底若干分量，而在培养教育的科学的研究的批判的实力。若从这个方针去改革高等师范学校，则高等师范学校非合并于大学，或自为一综合大学，断不能得彻底办法。但就我国底现状看来，北京大学有无兼并高师底实力，还是疑问。其余诸省也就没有大学可以来行兼并。如是，则欲彻底底改良中等教师底品质，只有高等师范学校自家发奋，大加扩充起来，自为综合大学底一条狭路。但这也是现在各省高等师范学校所断做不到底事。然而各省高等师范虽不能一跃而为综合大学，但若将其内部组织稍加修改，以期便于将来综合大学底实现，确是做得到底。照现在高师底规程，修业年限定作四年，一年预科，三年本科。这一年底预科是绝无意思底，不如废去，更加上一年，改为五年毕业。这五年之中，始初三年专授 Academic work，末后两年专授 professional work。各科均采单科制，另设教育科，也是定限五年毕业，前三年注重一般修养，后两年注重特殊研究。凡师范学校教育学科底教师，以及视学、督学皆在这里养成。若别底专门大学毕业生，或在学学生有愿当中等教师者，亦须在高师讲习教育学、教授法及学级管理法若干科目，及实地演习若干学期。这样办法，将来教育渐次发达，师范底内容也可以渐渐充实，不难扩大而为大学。但既改作大学之后，就无须袭用师范底名称。因为既为大学，则不必限于养成教师，各分科可以各自造就各方面底人材，有愿当教师或从事教育事业者，只去同教育科联络联络，便可得相当底准备。若说处中国今日底境遇，高师定期五年毕业，未免太长。则仿英国底 Manchester 或 London 大学底师范部改作四年，三年间专授 Academic work，最后一年则授以 professional training，亦未尝不可。办法不论如何，总要自由自在，不至阻碍将来底改造，便是良策。

　　至于分设甲乙两种师范之说,若从现代师范教育宗旨看来,固不适当。再从将来延长义务教育年限及废止高等小学底必要看来,则更无谓。要说现在底师范学校毕业生资格不明,几无愿去当国民学校教师底,那便属教师待遇良否底问题了。病原不在学校系统,姑俟异日论之。

　　　　　　　　　　一九二〇,七,二十三,草于房州北条八幡海岸

　　(此文原刊于《学艺》第 2 卷第 5 号,第 1—13 页,1920 年 8 月 30 日,见中山大学学报编辑部编印:《许崇清教育论文集》,1981 年,第 60—70 页)

产业革命与新教育

（一九二一年七月三十日）

这篇是本年四月许先生在广东高等师范学校讲演底稿，一切皆按当日语气写出，以存庐山真面，读者共谅之。

昌寿附识

今日系贵校举行毕业式的日子。诸君既已履修本校的课程，从此出去为国家服务，犹之将士训练既成，从此动员出征。今日诸君所受的毕业证书，实与将士所受动员令无异。国家既对于诸君下了动员令，而且诸君各自的出动方面又非出于强迫，实出于诸君年来的意志。自然诸君都能够踊跃奉公，本无须乎他人劝告，更无须乎他人来教训。但我今日对于有光荣有希望的各位战斗员，有一个见解，是不得不请留意的。

诸君都是曾受新教育，而且从此要出去从事新教育的人，大抵是无不盼望新教育能够推行日广的。但推行新教育并非一件容易的事，以常识判断起来，推行新教育总不外乎设立学校培养师资，甚至改寺观来做学校，赶办六个月的速成师范，似乎极容易做到。但从进化论的原理推论起来，教育不过是人类进化历程内的一个要素，必定进化到相当的程度，然后才可以发展相当的教育。若果社会环境的条件不完备，是断不能由外面附加程度不相应的教育落去的。想要推行新教育，是必要社会环境具备足以容纳新教育的条件。这件事断非容易的。

设立学校培养师资虽然是推行教育的一个条件，但这些都不是根本的办法。根本的办法在甚么地方呢？这必定要在历史上考求，从教育发达的历程里头研究。现在所谓新教育，总不外乎欧美现代式的教育。欧美现代教育的特徵全在理科和实科，但欧洲的教育在十一世纪前都是本于人文主义的,以古典文艺、宗教为基本。到了十一世纪十字军兴以后,欧洲一带就中尤以意大利、日耳曼起了许多自由市。商工业者成了社会的一大动力。于是在僧侣王侯武士以为平添了一个实业家的阶级。这些实业家因为有经营实业之必要,起初虽不过以徒弟学师的方法,造就从事商工业的人才,后来都市逐渐发达,商工业联合会次第发生,这些联合会自己就设起徒弟学校来教育徒弟工匠。随后都市的势力愈加增大,遂以都市的力量设立实业学校,脱离从来宗教的羁绊,弃却从来的人文主义,注重实科和理科,于是教育史上有所谓实科主义的运动。在意大利如结 Lombart 同盟的 Venice 和 Genoa,在日耳曼如结 Hansa 同盟的 Humburg,Bremen,和 Rübeck,在法兰西如 Mareille,Monpeliere 等大都市,都是这些运动的中心。

　　从这些历史上的事迹看来,可见欧洲社会的进化是在教育之先,是社会先进化然后改造教育以适应社会的。即就现在而言:欧美教育上最重要的问题,莫如学校与社会不相一致悬隔太甚的一个问题。这个问题解决的方法,也是要提搞教育以适应社会。这回大战的结果,向来偏重人文主义的英国,和只知捧诵教育敕语的日本,也纷纷提倡改造教育,改良理科,都是想提高教育以适应社会的事例。近来中国的学者,时常也有论及这个问题的。但我们须要认清这个问题提出的形式虽与欧美相同,但问题的内容应与欧美各异。欧美的问题是怎样能够提高教育以适应社会,而在中国则其内容应是怎样使教育真正能够助成社会的进化。换句话讲:在欧美是社会先进化,而欲因其改进之程度以改造教育。而在中国则社会不进化,而欲先改造教育以助成社会的进化。在前者则一切条件皆已完备,只要去整理些条件使自然能够得著应得的结果。在后者则连条件也未完备,其能否得著将来欲得的结果,在教育者是并无把握的。

　　何以教育者无把握呢?从历史上看来欧美现代式的新教育是产业革命以后发达得来的,是产业革命的产物。所以现在若想在中国推行欧美现代式的新教育,自然产业革命应该是推行这种教育的一个条件,但可惜改造教育的权,虽容或可以操诸教育者手,而产业革命的权,不在教育者。比如现在要在中国设立些最新式的工业学校,施设最新式的工业教育。这件事教育者或者可以做得到,但是这些曾经受过最新式的工业教育的人出去社会,能否就为社会所容纳? 能否就在社会里头应用他们的新学识,将现在的旧式工业变成新式工业? 这件事在今日的中国社会是教育者所不能豫决的。教育者对于这个问题的结著是绝无把握的。只有任诸社会自然的进化,这个问题只有任诸自然的解决。

中国从来的教育是与产业绝无关系的。今日虽已施设新教育,这个惰性仍然继续著毫无变动。但今日既已明白产业革命是推行新教育的一个条件,这个惰性是必定要断绝的。教育与产业是必定要联合起来的,必定要教育经营者能够同时做产业经营者,然后怎样使教育真正能够助成社会的进化这个问题才有迅速解决的希望。

以现在世界各国的情形看来,国家是经营教育的主体,但国家对于产业则任诸个人的竞争,任诸自然的发展。这个教育自教育,产业自产业,两相分离的积习,我中国是应该破除的。若长此因循不改,则在今日的中国,必至教育与产业两下都难望发达。中国民族的运命只有委诸天演。

诸君! 诸君总要明白学校与社会的关系,总不外乎教育与产业的关系。诸君将来从事教育,断不能局处于教育一方面,就算尽了的自己的职责。尚有产业一方面,是不能等闲的。诸君要留心中国产业的现状,留心国民产业的生活,要知道今日教育的基础是在产业。

我这个见解,或者是我的偏见亦不可知。但我这个见解,或者对于诸君将来的事业,可以供给一个暗示亦未可知。今日际会这个毕业盛典,谨以这个愚见披陈于诸君之前,请诸君留意留意,并以一言为诸君事业前途祝福。

(此文原刊于《学艺》第 3 卷第 3 号,第 1—4 页,1921 年 7 月 30 日,见中山大学学报编辑部编印:《许崇清教育论文集》,1981 年,第 77—80 页)

教师与社会

（一九二一年八月三十日）

　　社会是断非只有法治而可以发达进步的，想求社会的进步发达必定要兼施教育。凡想在社会里头改良的事物，应要先在学校教育里头着手改良。比如想将现在中国的手工业改作机械工业，就要先在学校里头施设机械工业的教育，先将机械工业输入学校，再由学校输入社会。这种方法虽像以奏效较慢，但其结果则较为实在，较为稳当。所以欧美各国现在各种道德的运动、社会的运动，其努力大半集注于学校教育。现代国家行政多趋向于保育主义，注重社会政策，其用意亦多本于教育原理。那么教育不特是为各种运动所应用，而且教育自身亦能感化各种运动，使各种运动都根据教育的方法。教育既然是这样重要的一件事情，所以现代的国家无不力求教育的普及，以使儿童受教育为儿童的父母的或其保护者的义务。

　　教育既然是这样要紧的一件事情，自然教师的责任也就很重。凡当教师的人必要有高远的见识，要有练达的才干。凡当学校校长的人必定要系专门家，曾经特殊的训练。而且学校校长的眼光更要超出学校以外，凡与学校教育有关系的种种研究、种种实务，固然不应忽略，而学校与实际社会的关系，也应该明白。凡作教师的人必要晓得教育与其他社会事业的关系，教育怎样才能真正有所贡献于社会改良，教育怎样才能成为社会改良的工具。凡作教师的人必要明白他自己所作的事对于全体社会的意义，他自己所作的事对于他人所作的事有什么关系，也必定还要明白他自己所处的地位，晓得他自己是增进新文化建设新生活的一种社会事业家。他必定要有服役社会的精神，他必定要利用他的地位竭力去排除社会的恶习。若果教师不能获收这些结果，教师对于教育就不能算是尽了他的全责。

学校有教练儿童的职能，学校亦是助长社会进化的工具。所以凡作教师的人必定也要研究关于产业生活、社会生活和公民生活的种种问题，研究现在的社会所当应付的种种条件。教师必定要研究心理学，才晓得精神发达的原理。教师必定还要研究社会学，才明白社会发达的理法。心理学和社会学是教育学的基础，心理学和社会学的知识是教育者所不能缺少的。社会学的法则所以决定学校里头最适宜的教材，心理学的原理所以决定那一学年应该教授那种教材，那种教材应该用怎样的方法才能奏效。

师范学校必定要在教育史这一门功课里头指导学生，使学生晓得学校是社会进化的过程里头的一个要素，教师是社会事业的一种原动。而且师范学校又必定要教授社会心理学和社会学的教育学，必定要这样，然后当教师的人才晓得学校在社会里头的职能，才能在学科课程里头依著社会的变化编加些实效的教材。

除了研究这些关于教育的学理以外，教师还要亲自参加各种社会事业的运动。比如现在广州市内失学的儿童很多，最好是学校的教师能够利用自己得闲的时候，设些夜校，救济下这些失学的儿童，或是设些劳动者的学校，使那些劳动者也能得求学的机会。如果教师能够参加这些社会的运动，自然他对于学校教育的兴趣，对于学校教育的热心，也就日见增长。断不至于将教育当作一种无聊的消遣。

现在广州对于这些社会哲学或社会经济学的研究似乎机会绝少，但是只重实际轻视理论，则无论作甚么事其努力必难与事功相抵，所以理论总是不能缺的。前日听闻教育会想创办一个教育杂志，将来如果以这个杂志作中心，联合广州的教育实际家和对于哲学、教育学、社会学、心理学的理论素有研究的人，组织一个教育研究会，从事研究教育的理论，将理论和实际联合起来，将来于经营教育事业上必定是很有望的。

但是有许多的实际家往往轻视学理，以为学理太过于远，无裨实用。但从教育史看来，有许多实际教育家和教育改革家者，因为没有理论的科学的素养，卒至劳多而收效极少的，我们不可不留意。比如Comenius以教育的进程应与自然的运行和人类生长的程序相一致为论据，提出直观教授和言语教授的实际改革案。Rousseall 是主张复归自然的，但他对于儿童生长与教育的关系，因为缺了科学的研究，他的见解全然是错的。Basedow 和泛爱派的人，主张实物教授应与言语教授互相联络，主张用谈话法来教授单语，主张利用儿童的名誉心做教育的手段，这些思想虽非全然错谬，但是因为关于儿童的性质缺乏科学的研究，卒至陷于偏颇，或系过度不能适中。虽 Pestalozzi 从心理上分析直观的性质，想从一般心理和儿童心理建设他的教育方法，也是因为心理学的研究不充分终归失败。Fröbel 从数学或哲学引伸出基本的空间形式，欲以此为教育儿童的基本方法，但他这种发见不过是偶然的发见，不能以科学的理论来洞澈他的本义，卒至后人不能理解。照这样看来理论确是不能缺少的，无理论来做基础，实际是断不能得完全。

我不是只要实际家讲求理论，就是理论家也应该要留心实务，注重实际，要以事实作研究的基础，以观察实验和统计作研究的方法。我才从海外回来，于广州社会实际的情形不甚熟悉，这一方面的事将来还是要各位指教的。我总盼望这个小学教师联合会能够把小学教育的理论和实际联合起来，学校与社会联合起来，则将来造福教育改造前途必非浅鲜了。

（此文原刊于《学艺》第 3 卷第 4 号，第 1—4 页，1921 年 8 月 30 日，见中山大学学报编辑部编印：《许崇清教育论文集》，1981 年，第 81—83 页）

学园新辟告年青朋友们

（一九四二年三月十二日）

　　这片小小的园地是我们特为年青朋友们辟作笔谈用的。当然，谈的目的是在集众思、广忠益，至于谈些甚么，如何谈法，自可任由年青朋友们自己决择，我们是不滥加拘束的，然而顾名思义，我们的这片园地既然称作"学园"，我们所谈的就该不离乎学。自然、社会、文艺、美术，范围至为广大。在这样的一个范围里，只就年青朋友们所应或所能造至的那一种类，那一程度估量，已很可观。再加上修己，处人，接物，治事，日用常行的道理，更是一个无尽藏的宝藏。就这些已够我们大谈而特谈了，何用多求。多而无当，反为不美。

　　我们须知，好高务远不但是做人，而且也是求学的一个最大禁忌，经验的科学还未摸着头绪，就高谈其哲理，纵使无心骗人，却先已无心骗了自己。哲学的理论的思维离开科学而流为思辨，古今多少哲人尚难免于错误，何况科学的根柢未立，贸贸然抚拾三几术语，即洋洋得意，自以为哲学尽在于斯？如果哲学是这样浅易的，岂不是比算术的四则还单纯么？我相信，年青朋友们，就使履修过高级中学课程的，会被四则问题难住的还不少，而可以小觑哲学，以为一反掌即可拾取无遗？难道我们的"民族文化"与众特异，年青朋友们既经它的熏陶，自然就成了这聪敏的资质，长于领会哲学？这是断断乎不会有的。既未升堂，就无从而入室。凭空造作，终于是白费功夫。却不如早为之所，倒可免掉不少的拖累。是以我在这里不列哲学作我们的话题资料。

　　年青的朋友们，更须觉悟，我们于今是站在历史的一个过渡的阶梯上。我们离开旧的已颇远了，但我们却还未达到新的。我们的传统，我们的古典，在社会生活里，对于我们概已减褪了那温然可亲的燎朗的色采,但现代的实证的知识却还引不起我们的深长的兴趣。于是随波逐流,任由潮汐播弄,而自以为高的,就连自己的先人所艰难缔造的历史乃至自己的先人所辛勤锤炼而敬恭保用下来的文词字面,也都视同草芥弃置不顾而供给实际的事实,赋与运用材料和工具的技巧的种种知识却又以为平淡无味,而不肯下工夫。惟于闲居无事,但凭兴之所至,随意翻阅几部流行坊本,即据以为学海珍秘,而援作真理的准则,或竟袭用"子曰""诗云"的论法,任便引证,以骄其侪辈。这是何等可怜的一副浅薄相。其尤甚者,素性抛荒学殖,游娱度日,弄得语法不解,别字连篇,写已写不通,无论读甚么自亦不会懂的,白花了十数载的宝贵光阴,仅学识几个之乎者也,助得甚事,乃亦高其身价,自命巨子,以武断于乡曲,这副厚面皮就更令人难看了。然而这些却都是我们的时代的病徵。这些病徵表示着我们的批判的革命的实践的无力。这些病徵若不力图振刷,急起除治,长此下去,结果是我们始终不过做着过渡的人物,惟有听着历史的淘汰而已。我们做过渡的任务,也应该做的积极一点。宁为鸡口,毋为牛后,我们既不能结合创造与破坏,结合新的东西与旧的东西,站在时代前头,披荆斩棘,做一个开路先锋,引导着大众跻登彼岸。而正当晨光熹微的时候,也得向着既白的东方扑扑翼儿,引起吭来报报晓,而使大众即自己也得藉以呼吸些清新的朝气,知所警觉。我们读书,所学何事,而乃甘自菲薄一至于此。既不知古,又不通今。连自己的先人遗留下来用以表达意思的小小工具也无力运使,就简直甚么都说不上。

培根当时鼓动着知识的改造,是看不起传统的学问,古典的知识,因为它们不生力量,是静的,不是动的。然而他自己却是古文学的一个名家。伊里奇关联着资本主义文化和先资本主义文化而求社会主义文化问题的解决,因为社会主义文化的建设,从它的基本关系说来,不但是新时代的新文化的起端,而且是已往所蓄积下来的文化经验的继续和发展。是以他嘲笑那所谓"无产阶级文化"的形而上学的原理,说它轻蔑过去的文化遗产,而傲傲然关闭在自己的限境内,是与社会主义文化辩证法的行程相背驰的。我们所理想着的新文化,于其出现的必然的条件上,自亦要求着过去一切文化成果的摄取和现代一切实际知识的获得,因为它的内容将在这些知识成果的综合中化生出来,而这些的综合也就是过去所未曾有的文化的一个新阶段。这个趋势正在激发着我们的智虑和勇气,只有我们的坚定而强干的实践足以促使它的可能成为现实。

而我们新开辟这片小小的园地也不外是要对于这个综合的实践分负一点耕耘的力作。鸡既啼矣,盍兴乎来!提起锄头,锄下去吧。我衷心祷祝这片小小的园地从此蔚成年青朋友们的言谈林薮,华采艳发!

年轻朋友们!谨记着。这片园地是已经提供了给你们的。

一九四二,三,十二

(此文原刊于《学园》创刊号,第 4—5 页,1942 年,见中山大学学报编辑部编印:《许崇清教育论文集》,1981 年,第 211—213 页)

★张伯苓

张伯苓(1876—1951)，原名寿春，天津人，中国近代教育家。1891年考入北洋水师学堂，因国事日衰，认为"自强之道端在教育"。曾应严修之聘，教授家馆，后又兼任天津富商王奎章塾师。1904年随严修赴日本考察教育。回国后沿袭日本教育制度，将严、王二家塾合并，创办敬业中学堂，并附设师范班，自任监督。1907年学生人数骤增，在天津南开洼扩建新校舍，改名为南开中学堂。1917年赴美，入哥伦比亚大学研究教育。1919年创办南开大学，设文、理、商三科。1923年创办南开女子中学。1928年创设南开小学。至此组成了包括小学、中学、女中、大学等较为完整的具有初等、中等、高等三个层次、类型不同的南开教育体系。1936年，张伯苓又在重庆开办南渝中学，后改为重庆南开中学。抗日战争爆发后，南开大学先迁长沙，后迁昆明，与南迁昆明的北京大学、清华大学组成西南联合大学，张伯苓任西南联大校务委员会常务委员。在任南开校长期间，张伯苓确立"公能"校训，主张"允公允能，日新月异"；提出"土货化"办学方针，主张培养"知中国，服务中国"之人才，重视德育、体育，主持制定《南开大学发展方案》，设立电机学系、化工系、化学应用研究所等，强调"私立学校不是私有学校"，实行"校务公开、责任分担、师生合作"治校方针。1938年，张伯苓任国民参政会副议长。1948年任国民政府考试院院长。在教育上，张伯苓主张德、智、体三育并举，尤其重视德育，并大力提倡体育运动。

张伯苓有关高等教育发展方面的论著主要收集于《张伯苓教育言论选集》(崔国良编，北京：人民教育出版社1997年版)。

南开学校的教育宗旨和方法[①](节选)

(一九一六年一月十九日)

(一)南开学校教育宗旨及其教授管理之方法

凡事必有一定宗旨,然后纲举目张,左右逢源。本校教育宗旨,系造就学生将来能通力合作,互相扶持,成为活泼勤奋、自治治人之一般人才。英语所谓 Co-operative human being 者是也。欲达此目的,不可不有适宜之办法。……本校教授管理亦无以异是。惟在引导学生之自动力而已。诸位先生倡之,老学生行之,新学生效之,无须个个提耳谆嘱也。而精神则在"诚"字、"真"字、"信"字。本校至今办理小有效果者,恃有此耳。诸生日日灌溉此精神之中,亦知之乎? 汝等新来诸生,亦当如幼稚生之视其前列聪颖者之举动,而注目先来诸生之勤苦者之举动,特汝等现在程度,远非幼稚生之比,则努力进步,应亦较幼稚生为甚,如此作去,则九百余人之教授管理,殊易易也。

(二)爱学校

人为万物之灵,而不能入草木之孤立为生。在昔原人时代,人之生也。只知有母,其后人类进步,而有父母兄弟。以中国习俗言,尚有祖父母、伯叔等等诸关系。此种组织 institution 是曰"家庭"。然家庭系血统的联属,自然相爱。再进,人不能不求知识,为涉世之预备,于是离

---

① 本文为"校长修身演讲录",由孙繁霱笔录,题目为编者所加。

家庭、入学校,等而上之为社会、为国家。凡在一种组织之中,则己身为一分子,member 一言一动莫不与全体有密切关系。对于社会国家,今姑勿论,而但言学校。学校系先生、学生与夫役三部所合成。其目的则造成德育、智育、体育完全发达,而能自治治人、通力合作之一般人才,以应时势之需要。诸生须知既为学校中之一分子,则汝实栖息于此全体之中。学校而良善,汝亦随之以受益;汝而良善,学校亦随之与有荣。反言之,学校而有缺点,汝亦不完;汝而有败行,学校亦玷污。利害相关,休戚与共。夫狭义之言学校,则课读而已;广义之言学校,则教之为人。何以为人? 则第一当知爱国。今人莫知我国国民爱国心薄弱,欲他日爱国则现在宜爱校,既同处一校则相与关切至密,亦既言之矣! 故须相爱,以相助相成,其理由至易明瞭。然则如何用其爱,第一对于人有师长、有同学、有夫役,余不敢谓本校诸位先生如何特别优尚,惟余生平任事数校,求如本校诸位先生之一致、之认真、之热心,并以余暇竭力扶住学生诸般之自治事业,殆属绝无仅有。吾向以中国前途一线光明,舍振兴教育外无他术。今得如许同志协心同德,将来当不无成就也。诸生知有人敬爱汝,则汝必思厚报之。今诸生能敬爱诸位先生,则诸位先生亦自更加精神,以惠爱答之也。然教育非如贸易者,以一文之价来,必一文之物去,硁硁然不肯溢利与我也。且师长对于学生,莫不勉力扶植之,而对于资质稍次者为尤甚,表面似恨之,其实则竭力成全如恐不及。诸生切勿误会此意,对师长要爱,对于同学尤要爱。诸生试思,在家兄弟最多六七人已不易得,今在学校则九百余众,是皆异姓兄弟也。在家兄弟少,在校兄弟多,则在校兄弟之乐,自亦较大于在家兄弟之乐也。且在校同学一语良言,其益往往过于师长终日强聒,盖相习既久,长短互现,无隔靴搔痒之谈,多对症下药之论,收效之易自无待言。交友不必酒食徵逐,须择规过劝善之真能益我者。然语云:"无友不如己者"。西语亦有云:Birds of a feather flock together(喻人以类聚也)。优尚者与优尚者处我虽欲得益友,奈益友之不以我为友。何曰此,惟在汝自处如何耳! 汝日日进步,则益友不求自至矣! 自爱爱人,人安得不汝爱乎? 今再言夫役,余生平之仆役,自为学生至于今日,无一人不忠顺于我者,此何以故? 无他,以人待之耳。世人往往以奴仆为次于平人一等,至目之为禽兽,随自己之喜怒以横虐之,不知彼亦人也。

汝不以人待之,彼亦不以己为有人格,渐渐无所不为矣！尚欲其忠顺得乎？若能以严正驳之,而加以仁慈使知自爱,既知自爱,夫何不忠顺之有？以上言在学校对于人之爱。兹复言对于物之爱,爱物亦公德也。公德心之大者为爱国家,为爱世界。在校先能爱物,而后始可望扩而大之。至于国家、世界、校中桌椅,非汝之所有,亦非我之所有,推而至于书籍、图报、讲室、斋舍、食堂、厕所、球场,亦皆非汝与我之所专有,而为学校之所公有。我所有者不过其一分,一方面既为我之一分,则我之物我爱而保存之,固宜一方面为众人之所公有,则众人我所爱也。爱其人自亦不应毁其物,如偶或损坏,务要到会计室自行声明,照价赔偿,不可佯为不知。因微物有价而人品无价,毁物不偿所省有几,而汝之人品全失。失无价之人品,余有限之微资,勿乃自贬太甚乎？同学见有此等事,应为立即举发,因彼所毁之物亦有汝之一分也。然此物之有形者也,尚有无形者,为团体精神与全校名誉。本校出版之诸种报纸、杂志,如《校风》、《敬业》、《英文季报》及未出版之《励学》等,皆团体精神也。较物质百倍可贵,则维持之,发扬之,应尽其力之所能及。至于全校名誉,其良否皆与尔各个人有关(理详上),则尤所不可忽也。

(此文原刊于《校风》第18期,1916年1月24日,见崔国良编:《张伯苓教育论著选》,北京:人民教育出版社1997年版,第13—16页)

刷新校务推进民主办学

（一九二一年三月四日）

余在各地学校常与人谈，中国教育越办越糊涂。吾常言：读书可赚钱，只不可赚混账钱；读书可求个人之生活，更求大众之生活。（略）

如此作去，要自问是否与教育宗旨相合，是否与教育学生之目的相合。（略）

试问，学校之设施是否合乎国家之需要？对于学生之输入，是否合乎社会之需求？造就之人才，是否将来有转移风俗、刷新思潮、改良社会之能力？若曰不能，是自小视教育也。

若仅为个人增加知识技能而办教育，则教育神圣亦不足称矣。

吾人……实具一改良社会之希望，因此次休课之暇，乃举行香山会议，以慈幼院为开会之所，列席者有本校各课主任及各班学生代表数人，借此以征求各班学生之意见。

此一段话，说香山会议成立之历史。在香山前后一个礼拜，所讨论者凡四十议案。精思细想，得有此一大结果。吾不得不感谢诸列席者，研究心之富，办事心之勇，为吾南开辟一新纪元，开一新道路，建一新楼台。

此四十议案中，有讨论有结果者，有讨论尚需再审查者，有讨论未有结果待此半年继续讨论者。其中最要之点：

（一）校务公开。学校一切事不是校长一人号令，应大家共同商量，所以要大家同负责任。有了此种力量，才能一致的奋斗，况教育目的不是饭碗，安有高过此的意思。若要达到这种意思，非得全体一致的动作不可，所以校务要公开。

（二）责任分担。全校师生既是都负责任，必须认定自己的责，尽了自己的职务才行。史弟芬有言："决无一时就好的事,非得除了自己病不可。"我们在教育界做事的,没有贪的机会,但觉努力犹小,要广造新青年才行。然而若造新青年之改良新社会,绝不是在书本上就行的,非得以身作则,用精神感动不可。

(三)师生合作。此项决议非空说即行,我们此次到西山,有学生十几人。当时学生中有说,学生同去,恐于说话不便。然既同往时,大家一齐讨论,一同饮食、居住,精神是非常之好。盖无形之中即能感动。此后即将此种精神推于全校师生。吾得有暇,以办筹款事务,至于师生校务研究等会,已有《香山会议报告书》,兹不赘书。

(此文原刊于《南开周刊》第 1 期,1921 年 3 月 4 日,由陈文波记录,原标题为《在南开学校全体教职员会上的开会词》,见梁吉生主编:《张伯苓的大学理念》,北京:北京大学出版社 2006 年版,第 9—10 页)

培养领袖人才救吾华民族

——南开大学成立之动机

（一九二二年十月十八日）

　　南开大学系由中学部所产生。吾犹忆十数年前南开中学始成立时，天津中等学校同时而起者不下七八处，如官中、新学、长芦、明德、私二、私三等，皆争胜于时，而至今存在者已无几。若发展由数十人、数百人，以至千三四百人者，则更希矣。此中消长情形，固有幸与不幸之分，而南中办事诸同人和学生笃信教育万能之梦，至处此经费极困难情形之下，仍能煞费苦心，竞争不息，亦可大增吾辈办学之信心矣。然非即以此为满足，中间亦屡次欲提高学生程度，如开专门班二次，皆以经费无着与章程所限等原因而停止，致将学生转送他校，至今犹以为憾。现大学成立虽逾三年，而其始亦几经波折，始克继续发展至有此小小之成功。此数年间，与吾校同时而起之大学，如东北、西南、东南、河北、鄂大及厦门等，皆耸动一时。而至今除东南、厦门与南大三校外，他将成为泡影，或至今尚未实现。东南与厦门两校，学款尚裕，可望持久。吾校经此三年之试验，学生由数十人增至今三百数十人，与前相较，增且数倍。以学生言，可谓幸事者一。年前以校舍狭窄，难以扩充。今得津南八里台广地数百亩，以充建筑校舍之需，第一处楼房有一二月即可告竣，则第一班毕业诸生，明春定可在新校址举行毕业典礼，当不至再有转送他校之虑。以校舍言，可谓幸事者二。吾校经费自中学既感困难，然从未以此而中止；吾大学经费，三年来亦不充足，不久将再事筹款，或可望有成效。且美国煤油大王的所捐之十二万五千元科学馆助费，或可望领到；则今日理科诸生，明春当能得大科学馆之享受。以经费言，可谓幸事者三。此外，大学最要者即良教师。现在座诸教授，皆一时之硕彦,从此教诲得人,诸生受益,当非浅鲜。以教师言,可谓幸事者四。

以上乃数年来吾校成立之历史与此后进行不已之计划也。然年复一年,茫然计此者何为? 此即吾南开大学教育目的何在之问题。吾将借此机会为诸生约略陈之。

吾族自有历史以来,世世相传,从无过极困难之时期,如吾辈今日所身遇之甚者。盖前此所谓之困难,乃一族的,一事件的,甚或一二年的。今吾辈所身临者乃外界潮流突来之打击,未及应付,即将吾固有之环境打破,以致标准丧失,是非混淆,社会泯纷之象日甚一日。究此原因,即所变者过急,国人莫能定其新环境以抗之也。故外潮一入,民气全失,长此以往,黄帝神明华胄,将何以堪? 于是忧时之士,始也希冀袁氏帝制推翻后,则一切泯纷之象皆可迎刃而解,全国上下就可好了。既袁倒,而泯纷之象如故,于是又转其希冀之点于张勋复辟失败,于安福失败,于直奉战终等,而前此泯纷之象至今仍如故。"就好了"三字之梦乃大失其信仰心。然则此问题将如何以解决? 吾无以答之,唯求之于南开大学教育。

约翰・杜威(John Dewey)于其《民治与教育》(Democracy and Education)一书中,前四章论应付此种外力之法最精微。谓当一新环境之袭入,须先自定方箅,即有一种"动机",以应付外来环境之逼迫,以与之较胜负,继续不已,以至终身,始克得胜。今吾华民族所最缺乏者,即此种有"动机"而能引领全族出此迷津之领袖。南开大学即造此领袖之所望。今日在座诸男男女女,一秉此心,自强不息。

总以上所言,此次大学成立之动机,系第三次之试验,此后将打破艰难,永无止息。至成立之历史,则一由外界之帮助,二由内部之增长——校舍扩充,学生增加,教授得人。而教育之目的无他,在求此解决吾华困难问题之方而已。此问题吾知非一时所能解决者,然"百尺高楼从地起",事无大小,全在精神。《圣经》有言:"对小事忠心者,对大事亦必忠心。"故吾敢语诸生,凡事不在成功,不在失败,只视其如何竞争。今吾辈既生此时艰,万勿轻视自身,须记汝"责任大","机会好",志向一定,前途正远。人谓南开今日虽小,后望方长。他吾不知,吾唯知"穷家子弟咬牙紧","生于忧患,死于安乐","天将降大任于斯人也,必先苦其心志,劳其筋骨……"望与诸生共勉之。

　　(此文原刊于《南开周刊》第 41 期,1922 年 10 月 18 日,是张伯苓在南开大学第四学期始业式上的演说,由刘炽晶记录,题目为编者所加,见梁吉生主编:《张伯苓的大学理念》,北京:北京大学出版社 2006 年版,第14—16 页)

熏陶人格是根本

（一九二五年十一月二十五日）

刚才主席说："二年前，曾经有过商学会组织，这次不过中兴罢了。"大概那时时机未熟，所以未能顺利进行，现在时机看来成熟了，希望你们立下稳固的根基。

我们学校里，现有文、理、商、矿四科。文、理、商先立，矿科是后添的。但论起精神矿科最好。它的原因是什么？据我想，矿科每个暑假有练习，同学得在一块儿玩耍或讨论，所以其乐融融，感情甚好。矿学会的组织，虽然也有教授帮助他们，确是个自动的组织，成绩最好。它的原因，也是我前面所说过的暑假有练习。你们商科这次组织商学会，联络校内外同学感情，为将来做事之备。我希望你们的成绩不落矿科之后。

南开大学教育目的，简单地说，是在研究学问和练习做事。做事本就是应用学理，将平日所得来的公律、原则、经验应用出来到实事上去。

研究学问，固然要紧，而熏陶人格，尤其是根本。"君子不重则不威，学则不固"，个人人格是很要紧的。人格要与人合作才能表现，假使你孤居远处，隐居鸣高，那么就是你有高尚人格，也无由表现了。我希望你们同心协力地去合作，表现你们的人格，而达到你们的目的。

人不必怕穷，更不必自私。我不信自私有济于人，我却信社会上各种事能对公私皆有利者，始有济于人。拿着公众利益的目的去做事，决不至于失败。假使真为公而失败也不算失败。我几十年信此甚深，一意力行，始终未渝。假使有人要在那一界，乘着机会发点财，先为自己谋温饱，这种发财的人，人家对于他固然不满意，就是他自己以财多累，也不见得就痛快！

现代科学昌明，工、商、农界都有新的发明和新的组织。我希望南开大学能造出一班有组织能力之人，以发达中国的实业，而谋国家的富强。

现在风行一时的，不就是共产主义吗？它的发生的原因，就是分配不均。一个社会里，有几个资本家拥有大量的财产，群众对于他不满意，因而有罢工等事。但是这些事，是在西洋常见的。中国的现状，说不上有产，有的是些做工工具及机器，这些东西能帮助着人生财快，并且也不能为一个或几个人所独有。所以现在的中国不是产业的不平，是政治上的不平，政治上的不平，政治上的糜乱。我理想中想造出一班人来，发达中国实业，为公的，而非为私的。

我的理想如何实现？在办教育。所恃靠的人，即你们商科的学生。你们今天开完成立大会后，起首去做，希望着达到你们章程上的目的，至于能否达到，要看你们做得如何。不过在现在的中国，为中国历来未有之时机，到处皆机会，不致有"英雄无用武之地"之憾，顶着头去干，快乐极了。

你们的智力、体力及家资都很够用，又有一个很安静的地方来读书。读书疲了，还有我这个"做梦家"替你们吹气，环境还不算好吗？现在时局扰乱到如此，一班醉心权利者失败必矣，恢复及最后成功的责任，在你们预备中的青年。

有人说我厌谈政治，其实何尝如此。实在地讲，今日之政治，无所谓政治。中国现在之政治，官僚之政治，政客之政治耳。政客把身卖与军阀，是为饥寒所迫，不得不然，假使不出卖，就没有饭吃。我并不是不谈政治，是谈政治的机会没有到。我认为要人人有业后，始可谈到政治。现在一般在政界混饭吃之人，皆家无常产，没有饭吃，机会一到，乱喊乱咬。我尚忍心劝人去入此陷阱乎？所以我的方针，是先办实业，后谈政治。从实业中拿些钱出来，去办政治，不是从政治中拿些钱出来，去买议员，这种先实业而后政治，就是我的政治梦。少年人做事要有眼光，要有合作的精神。有了合作的精神，才有同心一志的意向。一个人上去，不是总去骂人家出风头，中国人真正应当出的风头不去出，所以才闹得中国到这个地步。有人上去了，我们应该去帮助他，不要拆台。少年人固然有些是尖头，只想占便宜，不管闲事，只晓得找人家的错处，而自己又不去做。但是这种尖头的事,小的时候,固然觉不着什么,到了长大成人,出去做事,就不行了。假使有一个同学在某处有点建设,要用一个人,一提到尖头的印象,他就会拒绝引用,这种事确不是小的。眼光要远,有了远的眼光,才有发展的机会,中国现在到处是未开辟,此时不去做,何时去做?

我希望你们,第一联络在校同学的感情,如同矿科一样,再联络出校同学及实业界各人,按部就班地往前去做,到后来就觉着快乐了。我的做事的秘诀,就在快乐,你们如能保持这种乐观的态度,成功如操左券。我在这个成立大会里,因未有预备,随便地说了些闲话,但是我很热烈地希望你们努力合作,达到你们的高尚目的。

（此文原刊于《南开周刊》第 1 卷第 10 号,1925 年 11 月 25 日,是张伯苓在南开大学商学会成立会上的讲演,题目为编者所加,见梁吉生主编:《张伯苓的大学理念》,北京:北京大学出版社 2006 年版,第 20—22 页）

知中国　服务中国

——南开大学发展方案

（一九二八年）

（一）发展方针之由来

南开之演化，实吾国革新运动历史之缩影。南开发展之程序，在均反映吾国革新运动之变迁。兹简略述之，以释南开发展之背景。

南开之创办与中国之革新，同以甲午之败为动机。甲午以后，旧日吾人所鄙视之倭寇，一跃而为吾人革新之模范。东渡留学，遂成一时之潮流。本校创办同人每有日本之游，严范老与张校长自动归后，南开之学制即参有日本风味。此南开演化之第一阶程，亦中国革新史之第一章也。

日本之方法来自西洋。仿效日本不若直师西洋。本此觉悟，国人渐有弃日本而取西洋为革新模范之趋势。南开当局，受时潮之激动，亦有欧美之游，于是南开学制，又加欧美色彩矣。此南开演化之第二阶程，亦中国革新之第二章也。

但中国自有其天然特别环境，与夫传统特别文明，适于彼者，未见适于此。外人之法能资吾人之借镜，不能当吾人之模范。革新运动必须"土货"化，而后能有充分之贡献。此中国革新运动应有之新精神，亦南开大学发展之根本方针也。

（九）何为土货的南开

已往大学之教育，半"洋货"也。学制来自西洋，教授多数系西洋留学生,教科书非洋文原本即英文译本,最优者亦不过参合数洋文书而编辑之土造洋货。大学学术,恒以西洋历史和西洋社会为背景。全校精神,几以解决西洋问题为目标。就社会科学论之,此种弊端,可不言而知。社会科学,根本必以某具体社会为背景,无所谓古今中外通用之原则。倘以纯粹洋货的社会科学为中国大学之教材,无心求学者,徒奉行故事,凑积学分,图毕业而已;有心求学者,则往往为抽象的定义或原则所迷,而置中国之历史与社会于不顾。自然科学稍异,然亦不能谓洋货均能适用,更不宜谓中国应永久仰给于洋货。地理、地质、气候、生物诸学无不对环境而立。中国人欲利用中国之天然环境,非有土产的科学不为功。此就科学之实用而言。但实用科学,倘无锐进的理论科学为后盾,其结果不异堵源而求流,且今日国人思想之急需,莫过于科学精神与方法,故吾人可断定,中国大学教育,目前之要务即“土货化”。吾人更可断定,土货化必须从学术之独立入手。

是故“土货化”者,非所谓东方精神文化,乃关于中国问题之科学知识,乃至中国问题之科学人才。吾人为新南开所抱之志愿,不外“知中国”、“服务中国”二语。吾人所谓土货的南开,以中国历史、中国社会为学术背景,以解决中国问题为教育目标的大学。

(十)新方针实行之方案

中国学术所以不能独立者,非中国无可研究之问题或材料。论书籍,则吾国几千年来学者之著作及政府之编辑,不谓不多。论社会状况,则吾国乡村之自治,城市之同行公会,新工业之影响,人口问题,殖边问题,家庭问题等等,均有其特色,足供学者之研究。论自然界,吾国地藏地产之利用,河流之开导,气候之测量诸问题,均待科学家之考察。故中国学术之不能独立,不在材料之缺乏,而根本由于教育机关经费之短绌。

南开大学近数年来,在可能之范围内,已竭力提倡研究。教授有减少授课钟点,以便研究者,学生有以研究代听讲者。以南开之经济,此种努力不异杯水车薪,然南开犹决心于发展者,诚以中国大学若不努力于研究事业,则中国学术永无土货化之时期。正如商界欲从国货代洋货,则不能不提倡制造也。兹后唯有一面力图研究效率之增进,而一面恳求校友及爱国志士之协助。

南开研究之范围,即社会科学与自然科学。此范围犹嫌太泛,故定三项标准以求实效:(一)各种研究,必以一具体的问题为主;(二)此问题必须为现实社会所亟待解决者;(三)此问题必须适宜于南开之地位。

南开大学将来之发展,即不外上文所定之方针与范围。举凡教材、设备、学制,皆以此为指归,经费充足,则循此以为尽量之发展,即经费拮据,亦当努力以"认识中国"、"服务中国"为鹄的也。

（此文为 1928 年南开大学募捐委员会计划书的一部分,原标题为《南开大学发展方案》,见梁吉生主编:《张伯苓的大学理念》,北京:北京大学出版社 2006 年版,第 26—28 页）

随时求学造就知识完人(节选)

——对于南开校友的展望

(一九三五年四月二十八日)

这次"三六"募捐运动,赖诸位校友的共同努力,不但没有失败,结果还能超过原定募捐数字三分之一以上,足证诸位校友的热心劝募,社会人士对于南开的爱护与赞助,我们实在觉得很可庆幸。

"三六"的用途,当初议定的总是三分之一作为南开大学的奖学金;三分之一作为南开中学的奖学金;其余的三分之一作为南开校友会的发展及社会教育事业的推广。募捐的用途既经规定,此后利用该款的效率如何,就在乎我们支配的方法是否得当。

我对于校友会这宗款项究应如何利用,曾同校友会阎子亭主席谈过。我们的用款目的,不只求有益于校友自身,应当将范围扩大,还求有利于国家。我国自遭"九一八"的严重困难,暴露了国家的弱点,民族的颓唐,几乎国将不国。在这国势阽危的时候,凡我国民均应奋发精神,为民族争生存,尤其是我们知识分子,更应"先天下之忧而忧"。我个人是主张教育救国的。南开学校永远是随着时代进展的,以后对于学生之如何训练,课程之如何切实,当然更要与时俱进。可是我们南开的校友,也不能为时代之落伍者。诸位校友或在中学毕业,或在大学毕业。在学校的时候,固然都能努力求学,但是出了学校置身社会,因职业与环境的关系,恐怕对于求学的志趣没有像在学校时那样浓厚,所以想引起校友的读书兴趣,比在校的学生困难。好在我们南开的校友都有一种所谓"南开精神",并且诸位在社会上,也全有相当地位,只要不甘安逸,做起来也很容易。

近来新文化运动,提倡读书,注重充实人民的知识,这确是一个很好的办法。孔子与子路六言六蔽说:"好仁,不好学,其蔽也愚。好智,不好学,其蔽也荡。好信,不好学,其蔽也贼。好直,不好学,其蔽也绞。好勇,不好学,其蔽也乱。好刚,不好学,其蔽也狂。"可见人生于世,要想成个有知识的完人,非求学不能做到。所以我盼望南开的校友都能随时求学,"日新月异"。古时的事理简单,如果读了经书,就可博通历史,学了易经,就算研究哲学。今世则不然,中外历史浩如烟海,哲学的玄奥,有"天演"、"相对"等论。诸位校友,或服务于教育界,或任职于海关、邮政、银行……,究竟应求某种学问,充实哪样知识,现在据我看,在诸位校友的进程中,应有下列的认识:

1. 求怎样作人的知识。诸位校友一方面做事,一方面须不堕落、不颓唐,能够"束身自好",在社会上才能有进取的展望。孔子说:"不学诗,无以言。不学礼,无以立……"所以诸位校友,要多读关于身心修养的书。

2. 要有团体组织。诸位校友如果每人能以余暇的功夫,十分之一或二十分之一联合起来,成为一整个健全的单位,共同努力于有益团体及国家的事业,一定能有充分的力量与显著的成效。近年多"结党营私",我们南开校友要"结党营公"。

3. 求知识的方式。就个人说,每日必看日报。在北方有价值的报章,如《大公报》、北平《晨报》、《益世报》等……每位至少须订阅一份。关于杂志类,如《独立评论》、《国闻周报》……内容都颇丰富。以团体言应有组织,如"演说会",聘请专家演讲;"座谈会",彼此讨论问题,及创设小规模"图书室",俾校友们便于参考和探讨。

4. 努力于有益国家的事业。求知识,不仅限于个人方面,应当扩而大之。凡对于国家有益的事业,我们校友们就要通力合作,多所贡献。因为我们是知识阶级的领导者,应自负是复兴国家一支最强劲的生力军。本着南开的"硬干精神"先由天津总会做起,再逐渐推及于全国各分会。固然是"言之非艰,行之维难",如果诸位校友能以"三六"募捐那样的热心,不断地努力工作,对于现社会的"愚"与现社会的"穷",一定能有相当的补救。现在就燃烧的煤球作比喻,如将煤球密集一处,则火光熊熊,燃烧力大。若将煤球散放,则光焰微弱,燃烧力小。我盼望诸位校友要将"三六"募捐的热力,仍继续着燃烧,并且要如一煤球般的密集,使燃烧力更为强大永久。若只募款三万六千元,那不是我们唯一目的。我们希望"三六"募款燃烧力，蔓延到各处，它的热量散布到全国！我们南开学校，这三十年来，永远是燃烧着。现在各处都起了火光，南开的火光，能否冲天，而烛照万里，就看我们南开，今后供给燃物的质量如何！

中国的民族，能否复兴，就在最近这几年内判断。试看东邻的日本，无论工业、武备，没有一样不现代化，真令人佩服！我们中国的民气，消沉、颓唐，这真是朽老民族的特征。我希望我们南开的校友一齐燃烧起来，做事"不自私"、"肯为公"、"持之以诚"、"继之以勇"，个人成功，社会蒙庥！同时我更希望能将校友楼扩大利用，方不辜负阎子亭主席设计建筑校友楼的一番苦心。

（此文原刊于《南开校友》第 6 期，1935 年 4 月 28 日，原题为《对于南开校友的展望——燃起了民族复兴之火》，见梁吉生主编：《张伯苓的大学理念》，北京：北京大学出版社 2006 年版，第 39—41 页）

教学进步为教师之乐趣

——在教师节聚餐会上的讲话

（一九三九年）

今天只特别提出南开过去的情形与诸位新同事先生一谈。刚才喻先生说，外校来报考的学生，年级越高的成绩越坏。由新生考试的试卷中就可以发现，例如高二投考者四百余人，而取录者仅十余人；高一投考者一千数百人，而取录者亦二百余人。此是否他校教师未曾大学毕业，资格不同，抑或他们任教不负责任呢？这儿的问题何在？诸位一定可以想见。经过考试竞争以后，本校的成绩显得比他校高出甚多，这完全由于本校同人任事尽职的缘故。同样的是从大学里面毕业出来的教师，何以在本校有如此之成绩，而在他校则否？这就又要看学校平日办理的方法如何了。

今天是教师节，做教师实在有做教师的乐趣。孟子说："人之患在好为人师！"他的意思叫人不要轻易地去为人之师，但若是为人师而没有乐趣，那才谁也不肯做了，何以做教师有乐趣呢？因为做教师对诸事认识得多，认识越多，乐趣就越浓厚。

今天诸位新同事加入南开这个大团体，从今以后即为团体的一分子，受着团体的影响。希望诸位任课的先生，每次在上课之前想想这一课的内容，这样常可以有新的发现，而自己由此亦可得到长进。学生对于这种教师也特别欢迎，因为功课虽旧而内容常新，学生这功课就不厌倦而感觉兴趣了。"教学相长"之意即是教师以学生的反应来测量自己教学有进步，如果教学有进步，自己必定感觉快乐，吃饭也要多吃一碗。

专心致志于教育工作，不仅有乐趣，也不至于冻馁。有人或以为教书不如开汽车，殊不知一位教师需要训练多少年，一个开汽车的又需要训练多少时，二者实不可相提并论。除了那种醉心金钱与物质享受的人,我想谁也会以教育的乐趣来得高尚。谈到南开中学年年一次的聚餐会,我便记起了在天津南开中学最后一次举行的聚餐会,当时时局虽然很紧张,但大家的精神仍很振奋。现在一霎眼就要回到那个地方了,虽然那些物质已毁坏,但这是很容易建设恢复的。我觉得世界上最快乐之事莫过于"天理恢恢",我们天天看报,都可以看到这种"天理恢恢"的事实,所以现在实在是盛世,诸位若遇盛世而不自知,那才真是可惜!以世界情形来说,大国和小国讲求平等,这以前何曾有过?以本国情形来说,也是空前的好,好到太好的地步,诸位或许不觉得,这是因为诸位不曾注意以前我国的情形,在对比之下,便可以知道我的话不假。国家和世界都好了,我们个人也要好起来。南开的功课固然要好,同时体育道德等等也都要好。团体训练中"公"字最最要紧。例如,班会中推举出来的代表能够讲"公",则出校以后在乡镇社会服务也一定讲"公"。"公"是最高的道德,"公"字的涵义甚多,诸位对于这个"公"字务须特别注意。我曾经看见几个学生课后打扫教室,我便对他们说,做这件事不仅是"小子当洒扫应对进退"的私德,而是讲公德。一个学生对教师敬礼,这亦不仅是讲"入则孝,出则悌"的私德,而且是讲公德。现在的世界是一个好世界,经过一次战争以后,国际道德提高了不知多少,我们国家的政治也不知道进步了多少,现在真好比是天亮的时候。教育为建国大业,我们应当如何加倍的努力!诸位和其他学校的教师也同样是来自大学,并非是自研究院或别的地方,我们要干得比别人好,这全靠我们自己努力!

南开以前一贯的是提倡救国教育,抗战以后又提倡建国的教育。将来南开复校,一定仍在天津八里台,因为我国东南、西南与西北都有利亦有其弊,唯有东北发展的希望最大,所以南开大学将来仍要在东北重建。英国有牛津、剑桥等校造就人才,帮助国家。我们盼望我们南开大学也能造就人才,帮助国家。

南开大学现在国内也是有数的大学,而其最大的优点就是有优良的中学作基础,大学可自中学取材,大学可自中学帮助大学发展的办法,实在是最好的方法。有人也曾对我说过,战事结束之后,大家都在川外跑,那时候南开中学岂不发生恐慌?但是不要紧,四川这样多人,难道会一齐跑光?只要办理得好,将来南开中学在四川还是第一等的学校。我计划南开在战后要慢慢地向全国发展,各个大地方都建立起我们的学校。现在的南开就是一个大本营,诸位暇时可多多留心本校的组织规章,将来有机会亦可仿照办理一个中学,如自流井的蜀光中学就是一个例子。我近年的经验以为教育是很容易的事,别的学校所以不好,就是不照着好的方法去做。诸位学会南开这一套方法之后,将来出去办学便不成问题。

我觉得前途真是无限光明。我的年纪恐怕不会允许我再做什么,但是我决不停止!诸位能够认清我的意思继续努力,我个人虽死也没有关系。现在我们也成为四强之一,我希望诸位改正旧的观念,认真努力,往前去做!我个人数十年的经验就是不断努力,靠这点儿傻力量,就有成效。战事大概在一年内可以结束,一切苦痛也都快要完结,但是不要高兴,还要努力!须知我国像诸位这样的程度的人还不多,过去的已经过去,新的更要负起责任。我个人就是死了,但诸位决不会跟着我死,所以我的希望仍很大。今天我很高兴,拉杂地说了这一些。明天就要开学,盼望诸位努力!

(此文为郭而毅记录,见梁吉生主编:《张伯苓的大学理念》,北京:北京大学出版社 2006 年版,第 42—45 页)

四十年南开学校之回顾

（一九四四年十月十七日）

绪　　言

本年十月十七日，为南开学校四十周年纪念日。校友及同人佥以胜利在望，复校有期，值此负有悠久光荣历史之纪念日，允宜特辑专刊，一以载过去艰难缔造之经过，一以示扩大庆祝之热忱！嘱苓为文纪念，爰撰斯篇，以寄所怀。

南开学校成立于逊清光绪三十年（公元一九〇四年），迄今已四十年矣！此四十年中，苓主持校务，擘划经营，始终未懈。以故校舍日益扩展，设备日益充实，学生日益众多，而毕业校友亦各能展其所长，为国服务。凡我同人同学，值此校庆佳节，衷心定多快慰！而对于四十年来，为学校服务之同人，爱护学校之校友，与夫赞助学校之政府长官及社会各方人士，尤应致其莫大之谢忱！盖私人经营之学校，其经济毫无来源，其事业毫无凭借，非得教育同志之负责合作，在校或出校校友之热烈爱护，与夫政府及社会各方之赞助与扶持，决不能奠定基础而日渐滋长也！南开学校四十年之发展，岂偶然哉！

兹当南开四十周年校庆佳日，吾人回顾已往之奋斗陈述，展望未来之复校工作，既感社会之厚我，倍觉职责之重大。爰将南开创校动机，办学目的及工作发展经过，做一总检讨，分述于下。

一、创校动机

南开学校之创办人，为严范孙先生。先生名修，字范孙，为清名翰林。为人持己清廉，守正不阿。戊戌政变前，任贵州学政，首以奏请废科举，开经济特科，有声于时。政变后，致仕家居。目击当时国势阽危，外侮日急，辄以为中国欲图自强，非变法维新不可，而变法维新，又非从创办新教育不可。其忧时悲世之怀，完全出乎至诚。凡与之交者，莫不为之感动。

光绪二十三年，英人继德、俄之后，强租我威海卫，清廷力不能拒，允之。威海卫于甲午战时，为日人占据，至是交还。政府派通济轮前往接收，移交英国。其时苓适毕业于北洋水师学堂，在通济轮上服务，亲身参与其事。目睹国帜三易（按：接收时，先下日旗，后升国旗，隔一日，改悬英旗），悲愤填胸，深受刺激！念国家积弱至此，苟不自强，难以图存，而自强之道，端在教育。创办新教育，造就新人才，及苓将终身从事教育之救国志愿，即肇始于此时。

翌年，苓离船，接严先生之聘，主持严氏家塾。严先生与苓同受国难严重之刺激，共发教育救国之宏愿。六年后（清光绪三十年十月），严氏家塾乃扩充为中学，此南开学校创立之缘起也。

二、办学目的

南开学校系由国难而产生，故其办学目的旨在痛矫时弊，育才救国。窃以为我中华民族之大病，约有五端，首曰"愚"。千余年来，国人深中八股文之余毒，民性保守，不求进步。又教育不普及，人民多愚昧无知，缺乏科学知识，充满迷信观念。次曰"弱"。重文轻武，鄙弃劳动。鸦片之毒流行，早婚之害未除。因之民族体魄衰弱，民族志气消沉。三曰"贫"。科学不兴，灾荒叠见，生产力弱，生计艰难。加以政治腐败，贪污流行，民生经济，濒于破产。四曰"散"。两千年来，国人蛰伏于专制淫威之下，不善组织，不能团结。因此个人主义畸形发展，团体观念极为薄弱。整个中华民族有如一盘散沙，而不悟"聚者力强，散者力弱"、

"分则易折,合则难摧"之理。五曰"私"。此为中华民族之最大病根。国人自私心太重,公德心太弱。所见所谋,短小浅近,只顾眼前,忽视将来,知有个人,不知团体。其流弊所见遂至民族思想缺乏,国家观念薄弱,良可慨也。

上述五病,实为我民族衰弱招侮之主因。苓有见及此,深感国家缺乏积极奋发,振作有为之人才,故追随严范孙先生,倡导教育救国,创办南开学校。其消极目的,在矫正上述民族五病;其积极目的,为培养救国建国人才,以雪国耻,以图自强。

三、训练方针

南开学校为实现教育救国之目的,对于学生训练方针,特注意下列五点:

一曰,重视体育。强国必先强种,强种必先强身。国民体魄衰弱,精神萎靡。工作效率低落,服务年龄短促。原因固属多端,要以国人不重体育为其主要原因。南开学校自成立以来,即以重视体育,为国人倡,以期个个学生有坚强之体魄,及健全之精神。故对于体育设备、运动场地,力求完善;体育组织、运动比赛,力求普遍。学生先后参加华北、全国及远东运动会者均有良好之成绩表现。但苓提倡运动目的,不仅在学校而在社会,不仅在少数选手,而在全体学生。学生在校,固应有良好运动习惯;学生出校,应能促进社会运动风气。少数学生之运动技术,固应提高;全体学生之身体锻炼,尤应注意。最要者学校体育不仅在技术之专长,尤重在体德之兼进,体与育并重,庶不致发生流弊。故体育道德,及运动精神,尤三致意焉。

二曰,提倡科学。我国科学不发达,物质文明远不如人。故苓当办学之初,即竭力提倡科学。其目的在开启民智,破除迷信,借以引起国人对于科学研究之兴趣,促进物质文明之发达。今者科学与国防建设发生密切之关系,无科学无国防、无国防无国家,愈见提倡科学之重要。唯是科学精神,不重玄想而重观察,不重讲解而重实验,观察与实验又需有充分之设备。南开学校在成立之初,苓即从日本购回理化仪器多种。其后历年添置,令学生人人亲手从事实验。犹忆民国初年,美国哈佛大学校长伊利奥(Dr Eliot)博士来校参观,见中学有如此设施,深为赞许。盖以尔时中学内有实验设备者,尚不多觏也。

三曰,团体组织。国人团结力量薄弱,精神涣散,原因在不能合作,与无组织能力。因此学校对于学生课外组织,团体活动,无不协力赞助,切实倡导,使学生多有练习做事参加活动之机会。而苓所竭力提倡之各种课外活动,有下列数种:

①学术研究。如东北研究会,天津研究会,科学研究会,数学研究会,以及政治经济研究会等。以大自然为教室,以全社会为教本,利用活的材料,来充实学生之知识,扩大学生之眼界。

②讲演。演讲目的,在练习学生说话之技巧与发表思想之能力,并可进为推行民主政治之准备。其组织,或以年别,或以组分;其训练,出学校聘请有研究有兴趣之教员,为其导师。平时充分练习,定期公开比赛,其优胜者,则由学校加以奖励。

③出版。学校为练习学生写作之能力,增加学生发表思想之机会,自始即鼓励学生编辑刊物。会有会刊,校有校刊。或以周,或以季,种类甚多。于彼此观摩之中,寓公开竞赛之意。以是南开学校并未设有新闻学课程,亦未添设新闻学科系,但毕业校友之服务新闻界、通讯社,以及文化团体而卓有成绩者,为数尚不少。

④新剧。南开提倡新剧,早在宣统元年(一九〇九年)。最初目的,仅在藉演剧以练习演说,改良社会,以及后方作纯艺术之研究。南开话剧第一次出台公演者,为《用非所学》一剧,由苓主编,亦由苓导演。继则由今中央委员时子周君,前政治部副部长周恩来君,及本校职员伉乃如君等,合力编辑《一元钱》、《新少年》、《一年差》及《新村正》等。每次公演成绩甚佳。其后张彭春君自美归国,负责指导编译名剧多种,亲自精心导演。当《国民公敌》、《娜拉》及《争强》诸剧演出之时,艺术高超,大受观众欢迎。当时出演者,有今名编剧家万家宝(曹禺)君。而南开新剧团之名,已广播于海内矣。

⑤音乐研究会。南开提倡音乐,远在光绪三十一年(一九〇五年),当时设备不全,仅有军乐一项。其后会员增加,设备充实,增添口琴、提琴、钢琴及大提琴诸组,今名音乐家金律生先生,亦导师之一。前后举行演奏会多次,成绩甚为美满。

⑥体育。南开重视体育，提倡体育知识，提高普及，均所注意，除田径外，并辅导学生组织各项球队，如篮球、足球、棒球、排球、网球等。而尤以篮球队为国人所称羡。当时曾有"南开五虎将"之称，所向无敌，执全国篮球界之牛耳。其时负责教练者，即今名体育家董守义先生也。

⑦社团。南开学校为训练学生做事能力，服务精神，并培养为社会领袖人才起见，鼓励学生自动组织各种社团，通力合作，团结负责。当年最早成立之学生社团，有自治励学会，由今中学部主任喻传鉴君主持之；有敬业乐群会，由周恩来君主持之；此外并有青年会，专以研究基督教义为任务，由张信天君主持之。皆各有定期出版刊物，彼此观摩竞赛，工作成绩颇足称道。

四曰，道德训练。教育为改造个人之工具。但教育范围，绝不可限于书本教育，知识教育，而应特别注重于人格教育，道德教育。是以苓当学校之初期，每于星期三课后，召集全体训话，名为修身班。阐述行己处世之方，及求学爱国之道，语多警惕，学生颇能服膺勿失。

苓鉴于民族精神颓废，个人习惯不良，欲力矫此弊，乃将饮酒、赌博、冶游、吸烟、早婚等事，悬为厉禁。犯者退学，绝不宽假。在校门侧，悬一大镜，镜旁镌有镜箴，俾学生出入，知所儆戒。箴词为："面必净，发必理，衣必整，纽必结。头容正，肩容平，胸容宽，背容直。气象：勿傲，勿暴，勿怠。颜色：宜和，宜静，宜庄。"此与现时新生活运动所倡导者，若合符节。犹忆美国哈佛大学校长伊利奥博士来校参观，见南开学生仪态与在他校所见者不同，特加询问。苓乃引渠至镜旁，将镜上箴词，详加解释，伊始了然。后伊归国，告其邦人，罗氏基金团，且派员来校摄影，寄回美国，刊诸报端，加以谀词。盖以当时国人对于国民体魄，身体姿势，甚少注意矫正之故也。

五曰，培养救国之力量。南开学校系受外侮刺激而产生，故教育目的，旨在雪耻图存；训练方法，重在读书救国。关于国际形势，世界大事及中国积弱之由，与夫所以救济之方，时对学生剀切训话，借以灌输民族意识及增强国家观念。但爱国可以出乎热情，救国必须依靠力量。学生在求学时期，必须充分准备救国能力，在服务时期，必须真切实行救国志愿。有爱国之心，兼有爱国之力，然后始可实现救国之宏愿。在平津陷落以前，华北学生之爱国运动，大半由我南开学生所领导，因此深遭日人之嫉恨。后此我南开津校之惨遭轰炸，此殆其一因。

上述五项训练，一以"公能"二字为依归。目的在培养爱国爱群之公德，与夫服务社会之能力。故本校成立之初，即揭橥"公能"二义，作为校训。唯"公"故能化私，化散，爱护团体，有为公牺牲之精神；唯"能"故能去愚，去弱，团结合作，有为公服务之能力。此五项基本训练，以"公能"校训为指导原则，合之则"公能"二义。允公允能，足以治民族之大病，造建国之人才。四十年来，我南开学校之训练目标一贯，方法一致。根据教育理想，制定训练方案，彻底实施，认真推行，深信必能实现预期之效果，收到良好之成绩也。

四、学校略史

南开学校成立于光绪三十年，但在学校成立以前，尚有六年之胚胎时期，即严、王两馆是也。此六年之胚胎时期若与南开四十年之历史合并计算，则南开学校已有四十六年之历史矣！此四十六年之历史可以分为四大时期：即一、胚胎时期；二、创业时期；三、发展时期；四、继兴时期。兹分述如下：

①胚胎时期（清光绪二十四年—三十年）严、王二馆之成立

光绪二十四年，严范孙先生设立家塾，聘苓主讲，以英、算、理、化诸科，时号称"西学"，教其子侄。有学生五人。其后三年，邑绅王奎章亦聘苓教其子弟，有学生六人，取名"王馆"，益所以别于"严馆"也。苓每日上午课严馆，下午课王馆，如是六年，迄于南开学校之成立。本期出严馆（光绪二十四年）而中学（光绪二十年），为期较短，发展亦少，是为南开之胚胎时期。

②创业时期（清光绪三十年—民国八年）中学之成立及其发展

光绪三十年，苓与严范孙先生东渡日本，考察教育，知彼邦富强，实出于教育之振兴，益信欲救中国，须从教育着手。而中学居小学与大学之间，为培养救国干部人才之重要阶段，决定先行创办中学，徐图扩充。归国后，即将严、王两馆合并，并招收新生，正式成立中学。校舍在严宅偏院，教室仅有小室数椽，学生七十余人，教员三四人，实一规模狭小，设备未完之南开雏形也。当时校名初称"私立中学堂"，后易名"敬业中

学堂",旋复改称"私立第一中学堂",因私人设立之中学尚有数处也。中学成立之四年,学生人数大增,以校舍逼仄,不能容纳,得邑绅郑菊如先生捐城西南名"南开"地十亩为校址,遂筹募经费,起建校舍。是年秋,乃由严宅迁入新校舍,校名改称"南开中学",盖以地名也。

宣统三年,天津客籍学堂与长芦中学堂并入本校,学生人数增至五百人。

民国三年,直隶工业专门与法政学校两附属中学,亦归并本校,于是学生益多。四年,徇中学毕业生之请求,增设英语专门科。翌年,复设专门部及高等师范科各一班。卒因经费困难,人才缺乏,致先后停办。六年,中学日形发达,学生满千人。苓以办理高等教育两次失败,深感办学困难,乃于是年秋,第二次渡美,入哥伦比亚大学师范学院研究教育,并考察其国内私立大学教育之组织及其发展,为将来重办大学之借镜。七年冬,与严范孙、范静生、孙子文诸先生偕同归国,一方竭力充实中学,一方开始筹办大学。南开历史,从此乃进入于大学发展时期矣。

中学在此时期中,年年有新发展。如购置新地,建筑新舍,几无年无之。虽经费时感拮据,多承徐前大总统菊人,陈前直隶总督小石,朱前巡按使经白,与刘前民政长仲鲁诸先生,或则拨助常年经费,或则补助建筑用费,倡导教育,殊深感激!严范孙、王奎章二先生之捐助常年经费,郑菊如先生之捐助南开地亩,以及袁慰亭、严子均二先生等捐资起建校舍,均于南开学校基础之奠定,有莫大之助力也。

此期自中学创始(光绪三十年)至大学成立(民国八年),共十有五年。中心工作在发展中学,筹办大学,中间虽历经艰难挫折,仍能日在发展长进之中,可称为南开发轫时期,亦可称为南开之创业时期。

③发展时期(民国八年—民国二十六年)大学部之成立及其发展,中学部之继续扩充,重庆南渝中学之创立

民国七年冬,苓自美归国,一志创办大学,得前大总统徐公、黎公及李秀山先生之赞助,遂于八年春,建大学讲室与中学之南端隙地。是年秋,校舍落成,招生百余人,设文理商三科,于是大学部正式成立。九年,李秀山先生捐助遗产五十万为大学基金。十年,李组绅先生捐助矿科经费,于是大学又增设矿科。十一年,在八里台得地七百余亩,起建

新校舍,翌年迁入。至是南开学校,分为两部——中学部、大学部。全校学生合计一千八百人。十二年秋,因天津各小学毕业生之请求,添设女中部。招收学生八十余人,租用民房开学。于是南开学校扩充为三部——中学部、大学部、女中部,学生又多增百余人。十六年,苓以日寇觊觎东北甚急,特赴东北四省视察。归校后组织东北研究会,并派员前往实地调查,搜集资料,借资研究。于是南开学校,深受日人之嫉视。

十七年,增设小学部,聘请美人阮芝仪博士为实验导师,从事设计教学法之实验。

大学成立既数年,基础渐固,设备亦渐臻充实,为提高学术研究,并造就人才计,二十年,添设经济研究所,二十一年,设立化学研究所。二者除调查研究外,并着重于专门技术之训练。至是南开学校扩充为五部——中学部、大学部、女中部、小学部、研究所,学生总数乃达三千人矣。

二十四年冬,苓赴四川考察教育,深感津校事业,仅能维持现状,而川地教育,尚可积极发展。且华北局势,危急万状,一旦有变,学校必不保。为谋南开事业推广计,并为教育工作不因时局变化而中断计,决意在川设立分校,于二十五年秋,招生开学,于是南开学校在重庆复增设一部。

此期学校各部颇多进展,经费之需要甚巨,各方面人士热烈赞助,慷慨解囊亦至多。在大学部,有李秀山、袁述之、卢木斋、陈芝琴、李组绅、傅宜生、李典臣、吴达诠先生,以及美国罗氏基金团等,或慨捐基金,或资助常费,或出资建筑校舍,或解囊充实图书。尤以吴达诠先生所发起之"南大学生奖助金"运动,每生年得奖助金三百元,名额约三四十人,于清寒学生嘉惠尤多。在中学部,则有中华教育文化基金委员会之奖助经费,章瑞庭先生之独捐巨款建筑大礼堂,蔚为中学部最庄严最宏丽之建筑。而校友总会发起募捐运动,建筑科学馆,及奖助学生基金,成绩尤为圆满。至捐助女中及小学建筑经典者,此期有张仲平、王心容二先生;补助大学经济研究所常年经费者,则有美国罗氏基金团,中华教育文化基金董事会。

重庆南渝中学捐助开办费者,主席蒋公为第一人,其后有刘甫澄、吴受彤、康心如、陈芝琴与范旭东诸先生,捐助建筑费及仪器图书等。

凡上所举,皆荦荦大者,其他热心捐助者为数尚多,不及备举,皆于南开学校各部之发展,赞助至多,此期工作,实可谓尽力大,收效亦至宏也。

④继兴时期(民国二十五年—三十三年)津校之毁灭,渝校之继兴,复校之准备

本期自民国二十五年迄于今,凡八年。在此期中,津校惨遭暴日炸毁已不存在,重庆南开逐年发展,继续南开生命。继旧兴新,此期可称为南开之"继兴"时期,亦即南开再造之准备时期也。

民国二十六年,"七七"变作,平津沦陷,南开于七月二十九日及三十日,大部校舍惨遭敌机轮番轰炸焚毁,是为国内教育文化机关之首遭牺牲者。时苓因公在京,以数十年惨淡经营之学校,毁于一旦,闻耗大恸! 时主席蒋公慰苓曰:"南开为中国而牺牲,有中国即有南开。"语至明断而诚恳。蒋公对南开之爱护备至,即此可见。苓深受感动,自当益加奋勉,(为)南开前途而努力也。

当津校被毁之日,我重庆南渝中学,成立已一周年矣! 民国二十四年冬,苓游川,即决定设一中学,乃于翌年春,派员来渝,选购校址,督造校舍。首蒙今国府主席蒋公,慨捐巨款,辅助开办费用,于是第一期校舍建筑,乃按预定计划完成。是年秋,招收新生二百余人,正式开学,命名为南渝中学,盖取南开在渝设校之意。二十五年秋,苓第二次入川,为学校筹募经费,组织董事会,聘请吴达诠、张岳军、吴受彤、刘航琛、康心如、何北衡、胡仲实、胡子昂、卢作孚诸先生为董事,又完成第二期校舍建筑计划。及后华北事变,津校被毁,而我南开学校,犹能屹立西南后方,弦诵弗辍,工作未断者,皆当年准备较早之故。社会一部分人士,辄以为重庆南开学校系于津变后迁川者实误矣! 唯因有南渝,津校一部员生于平、津战役序幕初展时,即相率南下,辗转来川,得照常工作,继续求学,而南开团体,得以维持不散,是则可谓不幸中之大幸也。

嗣后京、沪沦陷,各校仓猝迁川,痛苦万状。金以南开学校于战前早有准备,树立基础,深为称羡! 一致誉苓眼光远大,有先见之明。启示华北之岌岌可危,暴日之必然蠢动,举国皆知。不过苓认识日本较切,而南开校址又接近日本兵营。倘有变,津校之必不能保,自在意中,故乃早事准备,及时行动耳! 但蒋公在抗战前,即认定四川为我民族复兴根据地,建设四川即所以建设中国,故乐于助苓在川设立分校,其眼

光为何如哉！

南开大学被毁后，教育部命与北京大学及清华大学合并前往长沙，称临时大学，后复迁至昆明，改称西南联合大学。苓与蒋梦麟及梅贻琦二校长共任常委，彼此通力合作，和衷共济，今西南联大已成为国内最负声誉之学府矣！

二十七年，校友总会建议南渝更名为南开，以示南开学校之生命并未中断，乃将南渝中学更名为重庆南开中学。是年因战区学生来川者纷请入校，学生人数增至一千五百余人。

二十八年，南开大学经济研究所在重庆复课，招收研究生十人，正式开始工作。

二十九年，重庆南开临时小学成立，学生百余人。

自二十八年至三十年，重庆受敌机威胁，惨遭轰炸，即教育机关亦难幸免。本校二次被敌机投弹，而以三十年八月为最烈，敌机以南开为目标，投落巨弹二十余枚，一部校舍或直接中弹，或震动被毁，损失颇巨，但事后即行修复，敌机威胁虽重，学校工作终不因之停顿。

三十三年，校友总会发起募集"伯苓四七奖助基金"运动，成绩美满，募得百余万元。是年特设清寒优秀学生免费学额多名，青年学子受惠至大。

现在国运好转，胜利在望，建国治国，需才孔多。将来全国复员时，苓誓为南开复校，地点仍在天津，大学要设八里台，科系须增加；中学仍在旧址，力求设备充实。在北平及长春两地，并拟各设中学一所；至重庆南开，则仍继续办理。将来各地中学学生，经过严格基本训练后，再择优选送大学再求深造，定可为国家培养真正有用之人才。至于复校详细计划，尚在缜密研讨之中，唯念南开得有元首之奖掖，邦人之提携，将来复校工作，前途绝对乐观。可断言也。

总上所述，南开学校四十年来，由私塾而中学而大学，由全盛而毁灭，而继兴，中间经过多少困难，经过多少挫折，但复校之志愿未偿（磨灭），南开之前途正远，兴念及此，不禁感慨系之！

五、检讨工作

南开四十年，不敢自诩成功，但征诸各方对南开之反应，予苓以莫大之鼓。兹分述之：

①学生成绩。南开创立，历史较久，学生亦众，且多优秀青年，任选任拔，以教以育，此实为我南开学校特具之优越条件，因此教学易而收效宏，费时少而成就多。出校校友，现在政府各部门、社会各阶层中服务者，为数亦至众。举凡党政外交、陆空部队、交通电信，以及教育、新闻、戏剧、电影各界，无不有我校友厕身其间。其服务能力，负责精神，有足多者，以故社会人士时予好评，而政府长官亦深加器重。以学生成绩论，南开教育似已稍著成效，并已得社会之承认也。

②社会信仰。南开学校，历年来深得社会之信任与重视。家长每欲送其子女来南开，谓之"得入南开，便可放心"。以是每次招考，报名考生四五千人，而取录有限，欲入者众，学校每苦无以应付。学校每有所求，又深得学生家长与社会各方面之赞助。在津有"三六"、"三七"两次募捐，成绩均至佳。而今春校友总会发起之"伯苓四七奖助基金"运动，原定目标为四十加七十，即一百一十万，取庆祝南开四十周年与苓七十生辰之意。继增至二百八十万元，后改为四百七十万元。最后结束时，总数量超过六百万元，此时完全出乎吾人之意料，创造了国内教育捐款之最高新纪录。此一事实，实足以验证社会人士对我南开有良好之反响与热烈之爱护。其所以能如此者，当由于吾人之工作，已深得社会人士之信任与重视耳！今后吾人更应加紧努力，倍加奋斗，以期无负社会之厚望也。

③政府奖励。南开系私立学校，各部经费历年受政府之奖励补助至多。"七七"变后，南开被毁，承政府重视，命与北大、清华合并，为西南联大之一部。重庆南开历年来参加毕业会考、大学升学考试、学生作业竞赛，均以成绩优美，屡受政府之褒奖与嘉勉。国际友人有来渝参观战时教育时，政府当局必令南开妥为招待，隐然认南开为中国战时中等教育之代表，实予学校以莫大之光荣。今年元旦国民政府以苓终身从事教育，为国造士，特颁一等景星勋章，深觉奖逾其分！然由此亦可证

明政府对我南开教育之成就,寄以莫大之激励也。

六、发展原因

南开学校系私人经营之事业,经过四十年之奋斗,得有今日之发展,推厥原因,实有多端,例如吾人救国目标之正确,"公能"训练之适当,与夫学生之来源优秀,校风之纯良朴实,皆为我校发展之重大因素,而尤觉重要者,约有三点:

①个人对教育之信心。芩于教育事业,极感兴趣,深具信心,故自誓终身为教育而努力。今服务南开,倏忽已四十年矣!忆昔北洋政府时代,武人专权,内战时起,学校遭遇之困难与挫折至多,深感政治不良,影响教育之苦。但芩艰苦奋斗,从不气馁。当十五六年之交,政府谬采虚声,拟畀芩以教育总长、及天津市市长等职,因志在教育不在政治,均力辞不就,仍一心办理南开。因是个人事业赖此得以保全,而南开校务,亦因此而得发展。及今思之,犹有余欢!迨后北伐告成,国内统一,全国国民在一个政府一个领袖之下,振奋团结,同心力强,实为我国五千年来未有之大团结,国运丕新,气象焕发,益信国家教育必能配合政治之进步,再以教育之力量推动政治,改进政治。更信南开教育事业,适应国家之要求,必能人才辈出,扶助国家,建设国家。此芩对教育之信心,亦多数同人所同抱之观念。是以数十年来孜孜矻矻,锲而不舍,卒有今日之小小成就,个人对教育之信心,遂以促进南开教育事业之发展,此其一。

②同人之负责合作。窃以筹办学校,厘定计划,其事易;至计划之如何求其全部实现,训练之如何求其发生效力,其事难。要非赖全体同人之负责合作,努力推动不为功。我南开同人,皆工作重,职务忙,待遇低薄,生活清苦。但念青年为民族之生命,教育为立国之大计,率能热心负责,通力合作。因此学校人事之更动少,计划之推行易,青年学生日处于此安定秩序,优美环境中,自必潜心默修,敦品励学,养成一种笃实好学之良好校风,因以增高学校教育之效果。此同人之负责合作,实有助于南开之发展者,此其二。

③社会之提携与赞助。私人经营之教育事业,要得社会人士之赞

助与提携,方能发育滋长,而南开学校自成立以至于今,得社会赞助之力尤独多。回忆四十年来,我南开津渝两校之发展,例如校地之捐助,校舍之建筑,校费之补助,以及图书仪器之补充,奖助金额之设置等,无一非社会人士之赐,社会实可谓南开之保姆,而南开实乃社会之产儿。过去南开发展,全赖社会之力,今后复校工作,更非赖社会人士之热烈赞助,加倍提携,绝难望其顺利进行,圆满成功。一部南开发展史,实乃社会赞助之记录册也。此社会之提携赞助,有助于南开之发展者,此其三。

七、结　论

南开学校四十年奋斗之史迹,略具于斯。当年创立,系受国难之刺激,而办学目的,全在育才以救国。至于训练方针,在实施"公能"二义,借以治民族大病。回忆严馆成立之初,学生仅五人,中学成立时,亦仅七十三人。经过四十年之惨淡经营,教职员同人齐心协力,学生逐年增加,设备逐年扩充,至抗战前,大学、中学、女中、小学、研究所学生,超过三千人。而规模之宏大,设备之充实,在国人自办之私立学校中尚不多觏。至重庆南开,创始于军兴之前,成长于抗战之中,规模设备,在后方各中学中,亦属仅见。盖南开过去无时不在奋斗中,亦无时不在发展中,日新月异,自强不息,为我南开师生特有之精神。南开学校在过去,如可认为对于救国事业稍著微绩;则在将来,对于建国工作,定可多有贡献也。

苓行年七十矣!但体力尚健,不敢言老。今后为南开,为国家,当更尽其余年,致力于教育及建国工作,南开一日不复兴,建国一日不完成,苓誓一日不退休,此可为我全体校友明白昭告者也。

兹值南开四十周年校庆之辰,回顾既往奋斗之史迹,展望未来复校之大业,前途远大,光明满目。南开之事业无止境,南开之发展无穷期,所望我同人同学,今后更当精诚团结,淬厉奋发,抱百折不回之精神,怀勇往直前之气概,齐心协力,携手并进,务使我南开学校,能与英国之牛津、剑桥,美国之哈佛、雅礼并驾齐驱,东西称盛。是岂我南开一校一人之荣幸,实亦我华夏国家无疆之光辉也。

复校大业,千头万绪,工作至繁,需款尤多,届时苓拟另行发起募集"南开复校基金"运动,深望政府长官,社会人士,以及国际友人仍本以往爱护之热忱,多予积极之援助,斯则苓于回顾南开四十年发展史迹之余,所馨香祈祷,虔诚期待者也。

(此文原刊于《南开校庆四十年纪念校庆特刊》,1944 年 10 月 17 日,见梁吉生主编:《张伯苓的大学理念》,北京:北京大学出版社 2006 年版,第 49—69 页)

★竺可桢

竺可桢(1890—1974),又名绍荣,字藕舫,浙江绍兴市上虞县人,中国近代气象学家、教育家。1913年毕业于美国伊利诺大学农学院后,入哈佛大学研究院地理系攻读气象学,1918年获博士学位后回国。历任南京高等师范学校、中央大学地理系主任,商务印书馆编辑,南开大学教授。1927年创建中央研究院气象研究所,任首任所长。1936—1949年任浙江大学校长期间,以"求是"为校训,并亲率师生实践,提倡"学生毕业后工作,不求地位之高,不谋报酬之厚,不惮地方之辽远和困苦",以自己学问和技术为国家作最大贡献。注重新生质量,从严录取;注重学生基础坚厚,知识广博,注意实践和智能训练;开展学术研究,强调教学和科研并重;实行教授治校,民主办学。抗日战争期间,艰苦创业,以文理、工、农三个学院十六个系为基础的浙江大学拓展成为文、理、工、农、法、师范、医七个学院二十七个系及教育、生物、化学、史地、农经五个研究所的综合性大学。中华人民共和国成立后,竺可桢先后任中国科学院副院长、生物学地学部主任,综合考察委员会主任、编译出版委员会主任和自然科学史委员会主任。为第一届至第三届全国人民代表大会常务委员会委员、全国科学工作协会副主席、中国地理学会理事长、中国气象学会名誉理事长。

竺可桢在高等教育方面的言论主要有《王阳明先生与大学生的典范》、《求是精神与牺牲精神》、《我国大学教育之前途》、《大学毕业生应有的认识与努力》等,主要收集于《竺可桢文录》(竺可桢著,樊洪业、段异兵编,杭州:浙江文艺出版社1999年版)、《竺可桢全集》(第2卷,竺可桢著,上海:上海科技教育出版社2004年版)、《竺可桢日记》(竺可桢著,第1、2册,1936—1942年、1943—1949年,北京:人民出版社1984年版)等。

大学教育之主要方针(日记,节选)

(一九三六年)

1936 年 4 月 25 日　　杭州至体育馆。四点一刻余演讲约四十分钟,述办教育之方针。

讲演词:

诸位同学,这次中央任命本人来担任本校校长。我个人以前对大学教育虽也有相当渊源,但近年潜心研究事业,深恐对于这样重大的责任,不胜负荷,因当局责以大义,才毅然来担任了。今天与诸位同学第一次见面,就来略谈本人办学的主要方针,和我对于本校与诸位同学的希望。

明了往史与现势二条件

大概办理教育事业,第一须明白过去的历史,第二应了解目前的环境。办中国的大学,当然须知道中国的历史,洞明中国的现状。我们应凭借本国的文化基础,吸收世界文化的精华,才能养成有用的专门人才,同时也必根据本国的现势,审察世界的潮流,所养成人才才能合乎今日的需要。可是我们讲过去的历史,一方面固然决不能忘了本国民族的立场,也不能不措意于本地方的旧事和那地方文化的特色。本校诚然是国立的大学,可是办在浙江,所培植的学生又多数是浙江人,诸位将来又大致多在浙江服务,所以我们也应注意本省学术文化的背景。

……

致力学问与以身许国

梨洲舜水二位先生留给我们的教训，就是一方为学问而努力，一方为民族而奋斗。因为他们并不仅忠于一姓，推其抗清的热忱，就是抵抗侵略的民族精神。我们不及详说浙江其他伟大的学者，单说这二位先贤，已足为今日民族屈辱中我们所以报国的模范。我们生在文化灿烂的中国，又是生在学术发达先行足式的浙江，应如何承先启后，以精研学术，而且不忘致用实行为国效劳的精神！

中国目前的环境的艰危

其次讲到中国"目前的环境"，我们有知识有血气的青年早已感到今日国家情势的危迫。近百年来列强侵略进行不息，中国不能发奋自强，以致近几年国家已到了最严重的危机。外患的迫切，一般人民风习之不振，较之明清间更有过之。现在国内诚已统一，可是野心家不愿见我们的统一进步。他们可说是抱着"两重标准"的观念来任意行动。所谓"两重标准"，从前是指中国社会里的男女道德问题；因为本着男女不平等的传统观念，所以法律容许男子纳妾，而风教强迫女子于夫死守节，这可说是两重标准。现在国际间关系也是如此。我们应知一国的强弱盛衰，并非偶然而致，而有积久的自取的理由。人和别的生物一样，一定要适应环境，才能生存，否则就趋于衰败或归淘汰。现在这世界是机械的世界，是科学的世界。中国人对于科学研究，虽有深远的渊源，可是不久中衰，清季兴学以来也继起不力。今后精研科学，充实国力，大学生固然应负极重大的责任，而尤其重要的是养成一种组织和系统的精神。我们知道现今的世界一切事物最重组织，可是中国社会的旧习惯与此很难契合。中国人民积习最喜个人放任无拘的自由，试问我们以散沙一盘的许多个人来和有组织有规律的现代国家对敌，必无胜理。

民族自由重于个人自由

今后我们的问题，就是："个人的自由要紧呢？还是全民族自由要紧？"我们大家对此应加以深切考虑。如果明白了"民族没有自由，个人合理的自由也失去保障"，我们就必须以实心实力共来完成民族的自由。浙江在中国政治经济文化的地位都极为重要，浙江大学的学生就"目前的环境"一层上着想，尤应刻苦砥砺，才无负本省过去光荣的地位，与今后神圣的使命。

以上就过去历史和目前环境两方面来讨论中国和浙江省的地位，来证明本校所负的历史的和时代的使命；而同时也将我对于本校训育方面的宗旨和趋向说明了。现在再从学校教科等各方面来略说我个人的意见，并且就此提及我们今后想走的途径。

教授人选的充实

一个学校实施教育的要素，最重要的不外乎教授的人选，图书仪器等设备和校舍建筑。这三者之中，教授人才的充实，最为重要。教授是大学的灵魂，一个大学学风的优劣，全视教授人选为转移。假使大学里有许多教授，以研究学问为毕生事业，以教育后进为无上职责，自然会养成良好的学风，不断地培植出来博学敦行的学者。我们中国之有现代式的大学，虽还只是近四十年间事，但历史上的国子监实际上近乎国立大学，而许多大书院也具有一时私立大学的规模。南宋国子监就是在杭州城西纪家桥，而万松岭的万松书院，到清代改敷文书院，源深流长，并可见浙省渊源之早。书院教育，最有"尊师重道"的精神，往往因一两位大师而造成那书院的光彩。例如讲到白鹿书院就令人联想到朱晦庵鹅湖书院就因陆象山讲学而出名。近代的大学也正是如此。例如英国剑桥大学卡文迪什实验室之所以出名，就因为J.J.汤姆逊、卢瑟福几位教授。三十年前美国哈佛大学之所以能吸引了许多国内外的学生去研究哲学，就因为有J.罗伊斯、桑塔亚那、W.詹姆斯诸教授的主讲。俄国出了一位巴甫洛夫教授，使俄国的生理学闻名于世。所以有了博学的教授,不但是学校的佳誉,并且也是国家的光荣;而作育人才以为国用,流泽更是被于无穷。现在中国的大学太缺乏标准,但几个著名的大学也多赖若干良教授而造就甚宏。不过要荟萃一群好教授,不是短时期内所能办到,而必须相当的岁月,尤须学校有安定的环境。因为教授在校有相当的年份,方能渐渐实现其研究计划,发挥其教育效能;而且对学术感情日增,甚至到终身不愿离开的程度,这才对学术教育能有较大的贡献。

本人决将竭诚尽力,豁然大公,以礼增聘国内专门的学者,以充实本校的教授。尤希望学术对于教师,必须有敬意与信仰,接受教师的指导,方能发挥教师诲人不倦的精神。

图书仪器设备的重要

其次讲到设备。人才诚然重要,可是图书仪器等设备也是学校所不能忽视的,尤其是从事高深研究的大学。一个大学必有众多超卓的学者,才能感得图书设备的重要,而且会扩充合用的图书;也惟有丰富的图书,方能吸引专家学者,而且助成他们的研究与教导事业。简言之,人才与设备二者之间是必然辅车相依,相得益彰的。俗话说:"工欲善其事,必先利其器。"所以教授学生欲利其研究,必须充实其图书仪器各项的设备。现在中国许多大学有一共通的弊病,即在经常费中,教职员薪给之比例太高,而图书设备费的太低。在这种情形之下,就是有优良教授也无所施其技,且设科太繁,或职员人数太多,结果连一个院或系都不能健全发展。我们听到一部分大学近年颇致力扩充其图书馆,固为可喜的现象,然而图书究是一般的贫薄。据我所知,除清华大学藏书廿八万余册,中山大学、燕京大学各约二十七万册,北京大学二十三万册,已算最多。次则中央大学、金陵、岭南、南开也都在十五万册以上。此外则图书在五万册以上的大学,已是寥寥,甚至还有图书不及万册的也居然称学院或专校了。我们若就欧美举一二个例,柏林大学图书馆藏书达二百万册,且得普鲁士邦立图书馆(藏书二百五十万册)的协助。哈佛大学图书馆现有图书三百七十万册,去年一年增加新书五万余册。可惜中国大学多不知重视图书之充实,而犹诩然自负为"最高学府"。19世纪英国文学家加莱尔说:"一个好的图书馆就是大学。"公共图书馆尚且如此,大学图书馆自更有高尚的学术价值了。所以我以为大学经常费,关于行政费应竭力节省,教职员薪金所占不能超过70%,而图书仪器设备费应占20%或至少15%。本校因扩充成立为时尚近,听说图书仅六万册之谱,虽说省立图书馆近在咫尺,可助应用,但那边究以旧书为多,所以专门的中西文新书以及基本名著,本校实大有充实之必要。本人已在考量扩充图书馆的地位,下年度起并将谋增加购书经费。就是各系仪器,也当陆续添补,以发挥增高研究实验的效率。至于如何酌减学生上课的时间,促进利用图书馆和自由研究的习惯,或增进教师对学生课外的指导,凡此种种,还得和各教授共同研究,力谋以图书馆实验室来辅助大学教育的成功。

校舍的最低标准

复次,是校舍问题。我们对于现今社会之过重屋宇的建筑,固然有些怀疑;如大学校舍已有相当基础,而竟不知充实设备,只求大规模的兴筑新宇,我曾谓为是缺乏办学的常识。可是一个大学的环境原也重要,相当完整的校舍也是决不容忽视的。我今天视察了本校文理学院、工学院房子之后,才觉得浙大校舍需要改建和添建的迫切。大概要建筑校舍,第一需有具体的计划,计划既定,步步进行,这样建筑的形式,才能调和,而不致互相枘凿。第二,房屋要求其坚固合用,最好更能相对的顾及美观,但不必求其讲究奢华。目前全国各国立大学中,浙大的校舍恐怕要算最简陋;除一小部分外,大都是陈旧不整齐而且不敷应用。郭校长在任的时期,在华家池新建了农学院新舍、文理学院的新教室和其他几所小房子,终算立了相当的基础,但为适应目前的需要,修建的要求还很迫切。现在中央财政的艰拙,在此非常时期中教育经费开源诚极不易;然而一个大学,如欲使其存在发展,最低限度的校舍建筑是不可少的。我此刻确已感到校舍修理和增筑的必要,此后自当设法进行临时费,从事规划,以逐渐实现最低限度的本校校舍,改善诸君读书的环境。

贫寒子弟的求学机会

为了奖励贫寒好学的子弟,我已订定了在本校设置公费生的办法。对此一事,我以为有极充分的理由。在从前科举取士及书院通行的时代,中国的教育还可说是机会均等的,所以我们在历史上常听到由寒士登科而成名立业的,在清代书院养士制度下也造就了不少的贫寒子弟。自从学校制兴,有学费的明白规定,情形就渐渐不同了。近来国民经济的低落,与学校收费及生活费的提高,恰恰成了反比例,因此这问题就更见严重。中国读书已非每年五十元或一百元不办,等到一进大学,每年连个人日用有需四五百元以上者,至少也得要二三百元之则。大学变成有资产的子女所享受,聪颖好学但资力不足的人家完全没有同样机会。这样的教育制度,不但是对人民不公允,并且因为埋没了许多优良青年,对于社会与国家更是莫可挽回的损失。我以为天才尽多生在贫寒人家,而贫困的环境又往往能孕育刻苦力学的精神。所以如何选拔贫寒的优秀学生使能续学,实在是一国教育政策中之一种要图。

运用自己思想的重要

关于诸同学的学业指导和人格训练的各方面,个人虽还有许多意见,可是匆促之间,不能充分讲明。不过有一点在此刻不能不一提的,就是希望诸君能运用自己的思想。我们受高等教育的人,必须有明辨是非、静观得失、缜密思虑、不肯盲从的习惯;然后在学时方不致害己累人,出而立身处世方能不负所学。大学所施的教育,本来不是供给传授现成的知识,而重在开辟基本的途径,提示获得知识的方法,并且培养学生研究批评和反省的精神,以期学者有自动求智和不断研究的能力。大学生不应仍如中学生时代之头脑比较简单,或者常赖被动的指示,而必须注意其精神的修养,俾能对于一切事物有精细的观察、慎重的考虑、自动的取舍之能力。我们固不肯为传统的不合理的习惯所拘束,尤不应被一时感情所冲动,被社会不健全潮流所转移,或者受少数人的利用。今后赖许多教授的指导和人格感化,希望诸位更能善于运用自己的思想,不肯作轻率浮动的行为。十年廿年以后的诸君,都可成社会的中坚分子,而中国今后是最需要头脑清楚善用思想的人物。

总之,我希望诸位同学要深切体念在今日中国受高等教育者的稀少,因此益自觉其所负使命的重大,努力于学业、道德、体格各方面的修养,而尤须具缜密深沉的思考习惯。一个学校的健全发展,自然有赖教授校长之领导有方,同时尤需要全体学生有深切的自觉与实际的努力。

本人愿以最大的诚意与专注的精神,来力谋浙江大学的进展,而要达到相当的成功,必然期待诸位的合作和努力。

(本文原刊于《国立浙江大学校刊》,1936 年第 248 期,见竺可桢著,樊洪业、段异兵编:《竺可桢文录》,杭州:浙江文艺出版社 1999 年版,第 67—76 页)

校长就职讲话（日记，节选）

（一九三六年五月十八日）

　　1936 年 5 月 18 日　杭州　十点半即开始行礼，到学生四百余人，教职员五六十人，来宾卅人。余举右手宣誓毕，即由蒋梦麟致辞。最后为余之答辩，引证"十年生聚，十年教训"两句话。

　　行宣誓典礼所宣之誓为"余敬宣誓。余恪遵总理遗嘱，服从党义，奉行法令，忠心及努力于本职。余决不妄费一钱，妄用一人，并决不营私舞弊及接受贿赂。如违背誓言，愿受最严之处罚。此誓。年、月、日、人名"。

　　讲演词：

办学的方针

　　监督员，各位来宾，各位同事，各位同学：这次中央派兄弟到杭州来主持浙大，当此国难严重的时期，兄弟觉得责任非常重大。以个人能力的薄弱，深恐有负中央的付托。承监督员蒋先生和诸位来宾的指教，非常感激！兄弟当尽力照监督员蒋先生和方先生、黄先生、赵先生所指示的方向做去，兄弟并可以将将来办学方针大略讲一讲，以求诸位的指正。

生命价值　立国之本

　　在历史上，我们晓得越王勾践如何应付当时的国难，他应付国难的方法，是十年生聚，十年教训。目前国难的严重，甚于越王勾践时代，而大学对于教训,是直接的有关系;对于生聚,是间接的有关系。所以生聚教训,虽是老生常谈,却是立国之本。

德育智育并重

中国古代的高等教育,对于德育和智育并重。所以古之学宫统称明伦堂,因为古代之教育目的在于明人伦。从科举兴以后,士子乃注意到记诵和辞章之学。但这种趋势,是为古代有识士子所诟病的,就是古代的私立大学,所谓书院,亦以熏陶人的品格为首要,师生之间,关系非常密切。我们只要看《朱子全书》、《王阳明语录》,就可以晓得宋明两代的大师,谆谆勉人以做人之道。至于研究天然现象,只占教育中极小一部分。

现行教育制度的不健全

现在我们通行教育制度,是取法于欧美,欧美的学校与教堂并存,礼拜堂的牧师,专司人们的品性人格的陶养,而学校虽于知育和体育的训练,稍加偏重,然于陶养品性人格方面,亦并不偏废。每个著名大学里,统有道德学问并茂的教授,可以潜移默化学生的品格。我们把欧美的学校制度,移到中国来,但取其糟粕,而遗其精神,组织上不甚健全,教训两个字只行到教一部分,而训这一部分,几乎完全放弃了。在大学里教的方面,亦有问题。

机械的学分制

三年前,国际联盟派了几位专家到中国来视察,当中有德国前任教育总长贝克尔、法国著名物理家郎之万和英国农村经济教授托尼,他们在中国考察的结果,出了一本报告,指摘中国教育的缺点颇多,最重要的一点,就是中国的教育制度过于模仿美国。在大学里行学分制,教员与学生平时很少接触,学生只要能读满一百廿个学分,就算毕业,这种制度实在过于机械。这类批评,是很有理由的。

导师的重要

英国大学如同剑桥、牛津均用导师制,师生之间,接触极多。就是德法大学,虽是大学生极为自由,寻常连考试也极少。但是在实验室里,每个教师所收的学生,为数很少,学生很有机会能与教师接近。就在美国,最近七八年来,在几个有名大学里,如耶鲁哈佛,也慢慢通行导师制了。从哈佛大学历年校长报告,我们可以晓得该校行了导师制后,学生成绩比前优越。至于训育方面,行导师制更易见效。目前,我国大学里有一种极坏的现象,就是教师在校上课,退了讲堂以后,就与学生分手不见面,这种教而不训的制度,急应改良。

教训合一

浙大的学风,向来是称优良的。有几部分研究空气已甚浓厚,教授除了授课以外,还给学生补习、讨论和共同实验。这种肯牺牲肯吃苦的风气,应该要能使之普遍及于全校,庶几可以使教训合一。要晓得最好的训导是以身作则,这个理论,无论古代的学府、书院,今日新式的大学,统可应用的。

大学是培养领袖人才的地方

其次,关于生聚方面,我们眼前最矛盾的现象,就是黄二明先生所讲的,一方面国家需要大批人才来做建设的事业,而同时大学学生毕了业后,就失业。因此就有许多学生,重视他们毕业后的职业,而对于学业,反以为无足轻重。这种观念,完全是错误的。学校不是一个工厂,以推销他的货品为目的。工厂因为要推广它的货物销路,所以不得不假手于广告鼓吹等等,大学则不然,大学是养成一国领袖人才的地方。从前美国著名文学家和政治家罗威尔曾经说过,大学目的,不在乎使大学生能赚得面包,而在乎使他吃起面包来滋味能够特别好,这话很有理由。

大家有饭吃的生产教育

现在我们民穷财尽的中国,解决民生问题尤为首要。我国大学的目的,应该怎样呢?应该不单是学生能赚到他一个人的面包,而使许多人能赚到他们的面包。换言之,就是使大家有饭吃。中国有句俗话叫做有饭大家吃,诸位请注意,有饭大家吃和大家有饭吃是截然不同的。有饭大家吃是一个人赚到饭以后大家来分吃,大家有饭吃是使人人有机会可以赚到饭吃。有饭大家吃是分赃制度,大家有饭吃是生产教育。

生产教育的效能

就是监督员蒋梦麟先生所讲的"巧"字譬喻。本来,只能长一石谷的田地,我们可以不加工本而使之生产两石,本来只能结苦而瘦的果子的果树,能使结甜而肥的果子。这就是生产教育。又如本来我们每年要向英美诸国花数千万元进口的煤油,我们能利用地质学矿物学方法来开采,或是用有机化学生物学的知识从植物来提炼。本来西北数百万方里的石田荒地,我们用灌溉水利变为膏腴之壤。长江上游不可控制的瀑布,变成数百万匹马力的电。这统要靠生产教育。要达到生产教育的目的,不但要有学农的人、工程的人,而且要有物理学家、化学家、生物学家、地质学家。不但要理化等的知识,而且也要数学、气象学、天文学、经济学、历史学等种种知识。所以大学要办实科,而文理科也不能偏废。要达到技术的精良,要做到蒋先生所说"巧"之一字,必得大学的人才和设备两方统充实。

各方通力合作

大学毕业生之所以失业,尚有第二个重大原因,即由于大学之闭门造车,所授课目,不适实用,不能供应社会的需要。结果便有人找不到事、而有事找不到人的现象。今后大学应该和中央各部院、省政府、市政府通力合作,以免闭门造车之弊。而同时也可达到生产教育的目的。

今天承诸位冒雨参加,并承诸位勉励,非常感谢。以后当竭尽绵力,以期不负中央政府浙省父老及诸君之厚望。

　　(此文原刊于《国立浙江大学校刊》,1936 年第 250 期,见竺可桢著,樊洪业、段异兵编:《竺可桢文录》,杭州:浙江文艺出版社 1999 年版,第 78—83 页)

科学的方法，公正的态度，
果断的决心(日记,节选)

(一九三六年九月十八日)

　　1936年9月18日　杭州　晚七点半至新教室楼上与一年级生谈话。余演说,嘱学生注意两点:(一)我们到学校的目的是什么,学一技一能果要紧,而最要实是养成一个清醒的头脑;(二)我们出了大学以后将何如? 中国一般人的理想以享福为无上光荣,但照现在看来,享福是一种可耻的事,我们出校以后应该为社会服务。

讲演词:

　　大学生,是人生最快活的时期,没有直接的经济负担,没有谋生的问题。诸位在中学中,同学大都是同县或同省,可是,来大学后,有从全国各方面来的同学,可以知道全国的情形,时间长了,各人都认识。这样,各人家庭的状况,故乡的风物,都能互相知道,这亦是一种教育。大学比之中学,在经费和设备方面,都来得充实,教师的经验和学识,也远胜于中学,这供给诸位切磋学问的极好机会。同时,国家花在诸位身上的钱,每年有一千五百元,而且,全中国大学生仅四万人,诸位都是这一万分之一的青年,这种机会,万万不能错过。

　　诸位到这里来,应该明了这里的校风。一校有一校的精神,英文称为 College Spirit。至于浙大的精神,可以把"诚"、"勤"两字来表示。浙大的前身是求是书院和高等学堂,一脉相传,都可以诚勤两字代表它的学风,学生不浮夸,做事很勤恳,在社会上的声誉亦很好。有的学校校舍很好,可是毕业生做事,初出去就希望有物质的享受,待遇低一点便不愿做,房屋陋不愿住。浙大的毕业生便无此习惯,校外的人,碰见了,总是称赞浙大的风气朴实。这种风气,希望诸位把它保持。

　　诸位在校,有两个问题应该自己问问,第一,到浙大来做什么? 第二，将来毕业后要做什么样的人？我想诸位中间，一定没有人说为文凭而到浙大来的，或者有的为到这里来时为了求一种技术，以做谋生的工具。但是，谋生之道很多，不一定到大学来，就是讲技术，亦不一定在大学。美国大文豪罗威尔氏说："大学的目的，不在使学生得到面包，而在使所得的面包味道更好。"教育不仅使学生求得谋生之道，单学一种技术，尚非教育最要的目的。

这里我可以讲一个故事。中国古时有一个人求神仙心切，遍走名山大川。吕纯阳发慈悲，知道他诚心，想送他一点金钱宝贝，向他说道，我的指头能指石为金，或任何物件，你要什么我便给你什么。可是那个人并不要金钱宝贝，而要他那只指头。这故事西洋也有的，英文所谓 Wishing Ring，便是这个意思，要想什么就可得什么。世界上万事万物统有它存在的理由，朱子所谓格物致知就是即事而穷其理。要能即事而穷其理，最要紧的是一个清醒的头脑。

清醒的头脑，是事业成功的基础。两三年以后诸位出去，在社会上做一番事业，无论工、农、商、学，都须有清醒的头脑。专精一门技术的人，头脑未必清楚。反之，头脑清楚，做学问办事业统行。我们国家到这步田地，完全靠头脑清醒的人才有救。凡是办一桩事或研究一个问题，大致可分为以下三个步骤：

第　，以科学的方法来分析，使复杂变成简单；

第二，以公正的态度来计划；

第三，以果断的决心来执行。

这三点，科学的方法，公正的态度，果断的决心，统应该在小学时代养成和学习的。中国历年来工商业不振，科学的不进步，都是由于主持者没有清醒的头脑。瘟疫流行，水旱灾荒，连年累见，仍旧还要靠拜签求神扶乩种种迷信方法。兴办事业，毫无计划，都是吃了头脑不清楚的亏。风水扶乩算命求神等之为迷信，不但为近世科学家所诟痛，即我国古代明理之君子亦早深悉而痛绝之。但到如今，大学毕业生和东西洋留学生中，受了环境的同化，而同流合污的不少。大的企业如久大公司、永利公司和商务印书馆的成功，要算例外了。近年来政府对社会所办的棉纱厂、面粉厂、硫酸厂、酒精厂和糖厂等，大多数是失败的，失败的原因或是由于调查的时候不用科学方法。譬如办糖厂，应在事先调查在该厂附近地域产多少甘蔗,出产的糖销往何处,成本的多少,赢利的厚薄,与夫国外倾销竞争的状况。若事先不调查清楚,后来必致蚀本倒闭。这类事件在中国司空见惯,如汉口的造纸厂,梧州的硫酸厂,真不胜枚举。还有失败的原因是用人行政重情而不重理,这就是没有公正的态度。用人不完全以人才为标准,而喜欢滥用亲戚。每个机关公司应该多聘专家,计划决定以后,外界无论如何攻击,都得照着计划做去,这样才能成功。

盲从的习惯,我们应该竭力避免。我们不能因为口号叫得响一点,或是主义新一点,就一唱百和地盲从起来。我们大家要静心平气地来观察口号的目的、主义的背景,凭我们的裁判,扪良心来决定我们的主张。若是对的,我们应竭力奉行。若是不对的,我们应尽力排除。依违两可,明哲保身的态度,和盲从是一样地要避免。我们要做有主张有作为的人,这样就非有清醒的头脑不可。

现在,要问第二个问题,便是,离开大学以后,将来做什么样的人?我们的人生观应如何?有人认为中国的人生观很受孔孟的影响,实际影响最大的还是老子。……

以上所说的两点:第一,诸位求学,应不仅在科目本身,而且要训练如何能正确地训练自己的思想;第二,我们人生的目的是在能服务,而不在享受。

(此文原刊于《国立浙江大学日刊》,1936 年第 18 期,见竺可桢著,樊洪业、段异兵编:《竺可桢文录》,杭州:浙江文艺出版社 1999 年版,第 88—92 页)

大学生之责任(节选)

(一九三七年十月二十五日)

　　诸位在天目山能安谧地天天上课,这更是不幸中之大幸。……在这种心旷神怡的环境之下,我们应该能够树立一个优良的学术空气。中国向来的高等教育,除了太学和或国子监以外,就要算书院。……书院制的特点,就在于熏陶学生的品格。……自从我国创设学校以来已逾三十年,这三十年当中,在设备和师资方面,不能不算有进步,但是有个最大缺点,就是学校并没有顾到学生品格的修养,其上焉者,教师传授他们的学问即算了事;下焉者,则以授课为营业。在这种制度下,决不能造成优良的教育,所以近年来教育部又有"训教合一"的主张,这话虽然说来已有两三年,但是能实行"训教合一"或导师制的还没有。他的原因,是学生与教员很难有接触的机会。天目山是个小地方,诸位老师和同学统在一处,导师制的实行,就没有十分的困难。以我个人所晓得实行导师制的,浙江大学要算第一个。至于导师制的结果如何,全看诸位教授的指导方面和学力的程度。依据目前的推想,应该可以得到很好的结果。即如在这很短的时期中,据各方的报告,都说天目山浙大的精神特别好,学生非常用功。师生融融一堂,通力合作,这是一桩可喜的事情。但是有人可以问为什么我们要行导师制?所谓熏陶人格,这句话还是空的。对于这问题,我可以简单的回答,我们行导师制,是为了要每个大学明了他的责任。……国家为什么要化费这么多钱来培植大学生?为的是希望诸位将来能做社会上各业的领袖。在这困难严重的时候,我们更希望有百折不挠、坚强刚果的大学生,来领导民众,做社会的砥柱。所以诸君到大学里来,万勿存心只要懂了一点专门技术,以为日后谋生的地步,就算满足。

　　(本文系在天目山对一年级新生的演讲,摘自《竺可桢传》上册(浙江大学校史编辑室编著,1982 年,第 96—98 页,见竺可桢著:《竺可桢全集》第 2 卷,上海:上海科技教育出版社 2004 年版,第 441 页)

大学毕业生应有的认识与努力(日记,节选)

(一九三八年六月二十六日)

　　1938 年 6 月 26 日　　江西泰和　　八点至新村肖氏宗祠举行浙大第十一届毕业典礼。八点半开会,行礼如仪,首由余致辞,余述三点:(一)大学生入社会后,在此国难时期应人人负起责任,使中华民族成为不可灭亡的民族;(二)目前学校缺点在于只传授知识,而不注意智慧,不能使人深思,以后毕业生应能慎思明辨,俾能日日新、又日新,以发扬而光大之;(三)在社会服务,不求地位之高,薪水之优,而在于努力去干,只要所干之事是吾人分内应做之事。

讲演词:

　　诸位同学,今天是本校举行第十一届毕业典礼,正值倭寇猖獗万方多难的时候,诸位毕业生初入社会,就遇到国难,因此诸位的责任,就格外的重大,我们晓得范文正公为秀才时,即以天下为己任。现在诸位离校以后,每个人也应该以使中华民族成为一个不能灭亡与不可灭亡之民族为职志。目前虽然敌人炮火飞机连续地天天轰炸,我们前方将士们仍能奋勇杀敌,前仆后继。这种精神,就是我们民族的新精神,这种精神是铁血铸成的。……这都是表示楚之民族是可有作为的民族,不是一个堕落的民族。最近德意志虽经欧战败绩,而不出二十年,一跃而又成为欧洲的盟主,亦并不是希特勒一人之功,乃是德意志民族刚毅不屈的精神。何以中华民族只要能自强不息,奋发有为,日本虽如何强暴,如何诡计多端,亦徒见其心劳日绌,而不能成功。我希望诸位到社会做事,能够把这自强不息、奋发有为的精神,传播于各村乡、各城市、各机关去。

　　其次,诸位在校四年,所得于学校及诸位老师之益不少,但同时不可以不知中国现行学校制度之缺点与优点，而对于缺点尤其应知道。惟知道缺点方能谋补救之方。许多人常以学校培植学生和工厂制造物品相比，毕业生没有出路好像是工厂出品无处可销。这比喻有很重要一点根本不合。工厂出货无论是一部汽车、一只表，或是一个铁钉，总是出厂的时候最适用。等到旧了，表会停、汽车会抛锚、铁钉会生锈。毕业学生，可不能一离校就天天腐化下去。他必得在学校的时候，已经有一种内在力，使其出校门后能利用其思想以增加知识经验，锻炼身体品性，使学问道德又日新日日新。有若干教育家以为现代的学校，是教而不育，即是专重知识的传授而缺乏道德的修养。因此也就有许多人赞成恢复从前的书院制度。但即以智育一端，现行制度亦有重大缺点，即专重知识的传授而不注重训练智慧，过重于用授课方法来灌输各国学者已发明的事实，而对于思想的训练方面全未顾及。《中庸》有云：博学之，审问之，慎思之，明辨之，笃行之。宋程伊川说道：为学之道，五者缺一不可。但实际现在大学能行到博学审问已经算好的了。现在各大学统以读满多少学分即算毕业，这种制度的弊端到了极点，变了北京填鸭式的教育。孔子教人不愤不启，不悱不发。程子解说道：学者须是深思，思而不得然后为他说便好。伊川大弟子尹彦明（焞）见伊川半年，方得《大学》和《西铭》看。这好像新生到校第一学期，不叫他上课，先看其人志趣如何，到第二学期方给他两本书看。有人问朱子此意如何？朱子答道也是叫他自就切己处思量。在杜威所著的《我们如何思考》讲到如何能使学生接受各种知识而不囫囵吞枣地咽下去。他的第一个条件是教师所供给的材料必是学生所期望而切实有需要的，第二是能有刺激性而使学生觉得尚有改进之可能的。若是老师铺陈事实时使学生得一印象，以为这个问题已经许多学者的研究，已如《吕氏春秋》一字不得增减时，其结果学生但可接受而无自动思想之能力。所以程子说学者要先会疑，他又说学源于思。二十年前有一次哈佛大学校长罗威尔召集一年级学生讲话，他说你们不要过信老师所讲的话，以为金科玉律不能变动的。这话初听很足惊异，但其实理由是很明显的。以物理学而论，四五十年前当凯尔文最有权威的时候，那时物理学家以为所有物理学上重要的学理已经发挥无余，但不久居里镭的发明，伦琴 X 光的发明，使物理学上思想大起变化。从前所谓能量不灭、物质不变诸定律，到现在统须加以重新估计了。所以现在我们教科书上有许多定律,安晓得二三十年以后,不被推翻吗?

……我们一般人的无头脑,可以从一般人的轻信和盲从看出来。民国二十年,山东乡人梁作友冒称富翁,欲捐巨款与政府,一时社会人士多以上宾相看待;一·二八事变日本白川大将被击死的谣言,更轰动一时,甚至各地结对游行,放炮庆祝。到了去年卢沟桥事件发生,神圣抗战开始,各种无稽的谣言更是层出不穷。一般没有受过教育的人们的一味盲从,尚无足怪,所可痛恨者,就是许多受过高等教育自命为知识阶级的人们也毫无常识地一唱百和,这是中华民族前途最危险的一桩事。推究原因,大学里重传授知识而不训练知识是重要的一个。诸位毕业离校以后,若要发扬光大你们的学问道德,必得能深思、能善疑,利用实验方法来解决问题,要晓得天下事不进则退,不能发扬光大就是腐化。

最后诸位毕业以后,就得寻一个职业,在这国难严重的时候,许多工厂学校已被毁于敌人炮火之下,机会比平时尤难。望诸位就事,不求地位之高,不谋报酬之厚,不惮地方的辽远和困苦,凡是吾人分内所应该做的事就得去做。新毕业的人,一进社会,就一跃而做一个机关的最高职员,不熟悉机关的内容,不能与下级职员同甘苦,则日后必致失败。俗语有句话说道:"吃得苦中苦,方为人上人。"孟子有曰:"故天之降大任于斯人也,必先苦其心志,劳其筋骨,饿其体肤,空乏其身,行拂乱其所为,所以动心忍性,增益其所不能。"(《告子篇》)现在救国的责任,已在诸君身上,希望大家能担当起来。

(此文原刊于《浙江大学西迁纪实》,见竺可桢著,樊洪业、段异兵编:《竺可桢文录》,杭州:浙江文艺出版社1999年版,第94—99页)

王阳明先生与大学生的典范(日记,节选)

(一九三八年十一月一日)

　　1938 年 11 月 1 日　广西宜山　九点至标营,召集学生在膳厅谈话,到学生约二百人。余讲王阳明知行合一与良知之说。阳明先生发明知行合一之说,在于正德初年,时被谪龙场,于动心忍性之余而发现者。至于致良知之说,则起于擒宸濠而横遭谤毁之际,时在正德十五六年矣。讲约半小时余。

讲演词:

　　本校以时局之影响,奉令西迁,自赣来桂,今日得在宜山正式开课,旧学生皆已到齐,新生人数骤增。在此外侮严重、国步艰危之际,本校犹得如常进行,实为幸事。而迁校中备承广西省政府及宜山县政军当局协助,尤可为谢。当此抗战形势日紧、前方牺牲惨重的今日,国家犹费巨款而维持若干大学,一般社会已有责备非难之声。此虽由一般人不明高等教育作育培本之重,然我们反躬自省,正应借此种批评,以增进其责任的自觉,共作加倍的自策。必如何而后能培植真正之学问技术,将来贡献国家,无负国家作育之至意,与社会期望之深厚,正是每一个大学生所应身省力行者。而在今日艰苦流离之中,将欲增进自觉自奋,尤觉应回溯古来先哲志士之嘉言懿行、丰功伟绩,以资吾人之矜式。因地思人,我觉得王阳明先生正是今日国难中大学生最好的典范。

　　……所以今日广西省的境域,多是先生遗惠所在之邦。今浙大以时局影响三迁而入江西,正是蹑着先生的遗踪而来;这并不是偶然的事,我们正不应随便放过,而宜景慕前贤,接受他那艰危中立身报国的伟大精神。

　　通常学者往往有一种误解,以为理学是一种不可理解的东西,又或以为理学家是迂阔不切实际的。岂知学术本无畛界,以理学知名的学者,往往有他的应世的学识和彪炳的事功;他所讲的学问,又很多为无论科学专家或事业家所都应体验实行的。……我们在迁校以后,起居生活当然不能如平时的舒适,又因家人离散与经济的困难,心理上不免生一种不安的现象。然这次民族战争是一个艰苦的长征,来日也许更艰苦,我们不能不做更耐苦的准备。孟子所谓"天之降大任于斯人也,必先苦其心志,劳其筋骨,饿其体肤,空乏其身,行拂乱其所为,所以动心忍性,增益其所不能"。阳明先生平桂乱与谪贵州,正是赖非常的艰苦来成全他,结果果然动心忍性,增长他的学问,造成他的伟大。现在又届孟子这话之严重的试验了,有志气的人就可从此艰苦中锻炼出更伟大的前途,没出息的人就不免因此没落。诸君都受高等教育,是国家优秀的分子,也是国民中幸运的人;当然都要抱定以艰苦的环境"增益其所不能"为目标,而准备来担当国家许多"大任"。这就不能苟且因循,而应以阳明先生的精神为精神了。

现在想从阳明先生一生事迹和学说的精义,采其尤可为青年体验取法者,分为四层来说。先说他对于"致知"的见解,以次说他内省的功夫,艰苦卓绝和效忠国家的精神。这些都是为希望诸君深刻体验,随时随地切实可行,幸勿仅仅当一场话说才是。

(一)先从做学问方面来说,我们要注意他那致知力学的精神。阳明先生学说的精粹是"心即理"、"知行合一"和"致良知"三要点。……本校推原历史的渊承(本校前身是前清的求是书院),深维治学的精义,特定的"求是"二字为校训。阳明先生这样的话,正是"求是"二字的最好注释。我们治学做人之最好指示。因为我们治学行已固要有宗旨,决不要立门户。目前一般知识分子往往只顾利害,不顾是非,这完全与阳明先生的"致知"和本校校训"求是"的精神相悖谬的。

(二)次说内省力行的功夫。……教育部有鉴于此,决定于中学大学尽力推行导师制,本校早已实行,本学期更要加以推进。惟导师只处于辅导启示的地位,而修养毕竟须用自己的功夫。大学生理性已很发达,不久出而应世,尤必须及时注意内心的修养。如多谈记述先哲嘉言懿行的书,故为有助,而更要体会先儒的功夫,深思力行;祛私欲而发良知,励志节而慎行检,明是非而负责任。而先生所示的教训,和其受害不慑、遇险不畏的精神(此种精神之根本全在修养功夫),都是我们最好的规范。

(三)复次,我们再来看先生的艰苦卓绝的精神。……

……以我们今日比他的当年,已是十分舒服。而今日中国所临大难之严重,则远过当时之内叛与匪乱。我们溯往处今,如何可不加倍刻苦奋励? 假使偶有横逆拂意之事,便当设想先生当年之胸襟,焕发他那强矫无畏的精神,自然能处变若定。更进一层说:诸君将来出以应世,不知要遇到社会上多少教育不一、性情不一的人,当然免不了种种困难与磨折。若能体验先生的精神,在学生时代时先有一番切实的精神准备,那么将来必然能克服困阻,成就我们的学问和事业。

(四)处现在外侮深入、国步艰危的时候,阳明先生的伟大处,更应为学者所取法者,尤其他那公忠报国的精神。……现在我们的国家,所遇不是内变,而是外侮,且是空前严酷危急万状的外祸。要救此巨大的劫难,必须无数赤诚忠义之士之共奋共力。我们要自省:敌寇如此深入无已,将士与战区同胞如此捐躯牺牲,为什么我们还受国家优待,有安定读书的余地? 这决不是我们有较高的知识,就没有卫国的义务;只说明我们要本其所学,准备更大更多的卫国的义务。王阳明先生受出征广西之明,上疏有言:"君命之召,当不俟驾而行,矧兹军旅,何敢言辞?"学高望重卓然成家的大儒,当国家需要他的时候,亦得冒险远征而不辞,甚至隔了一年而积劳丧身! 我们今日虽认大学生自有其更大的任务,但亦不阻止知识分子之从戎杀敌,至于力学尽瘁甚至舍身为国的精神,更是国家所切迫期望于大学生的。须知在这样危急的时代求学,除出准备贡献国家为当前和将后抗敌兴国之一个大目标外,更有何理由可说? 记得有人统计世界上战争之年远过于和平,就是一百年中没有国与国的战事之年(内战不计),只有十五年。今后国际组织不能即有根本改变,至少在我辈身上看不到世界大同。只有富有实力准备足以御侮之国家,才能免于被侵略,才有资格享受和平。对日抗战,实在是极艰巨的工作;不但最后胜利有待于更大的努力,并且日本始终还是一个大敌,我们殊不能武断以为这次抗战结束,就可一劳永逸。诸君此时正在努力培植自己的学问和技术,尤其要打定主意将这种学问技术,出而对国家作最大的贡献。大学教育的目标,决不仅是造就多少专家如工程师医生之类,而尤在乎养成公忠坚毅,能担当大任,主持风会,转移国运的领导人才。阳明先生公忠体国献身平乱的精神,正是我们今日所应继承发扬,而且扩之于对外抗敌,与进一步的建国事业。必须现在埋头刻苦于报国的准备,在将来奋发贡献于雪耻兴国的大业,方才对得起今日前方抗战牺牲的将士,方才对得起父兄家长与师长作育的期待,方才对得起国家社会对于大学生的优待和重视。

综观阳明先生治学,躬行,艰贞负责,和公忠报国的精神,莫不足以见其伟大过人的造诣,而尤足为我们今日国难中大学生的典范。学者要自觉觉人,要成己成物,必须取法乎上,而后方能有所成就。当然我们所可取法所应取法的先哲很多,不过这里只举王阳明先生一人之居常处变立身报国的精神,已足够我们感奋,而且受用不尽了。最后还有一句话:阳明先生在广西贵州各约二年,其流风余韵,至今脍炙人口而不衰。现在浙大迁来广西,同时还有许多大学生因战事而迁西南各省,将来当然都要回原处。如果各大学师生皆能本先生之志,不以艰难而自懈,且更奋发于自淑淑人之道,协助地方,改良社会,开创风气,那么每个大学将在曾到过的地方,同样的遗留了永久不磨的影响,对于内地之文化发展,宁可造成伟大的贡献。

(此文原刊于《浙江大学西迁纪实》,见竺可桢著,樊洪业、段异兵编:《竺可桢文录》,杭州:浙江文艺出版社 1999 年版,第 100—109 页)

求是精神与牺牲精神(日记,节选)

(一九三九年二月四日)

1939 年 2 月 4 日　广西宜山　七点半至湖广会馆召集一年级全体学生谈话,述浙大校训"求是"的精神与大学新生应有的使命。
讲演词:

诸位同学:诸君进到本校,适值抗日战争方烈,因为统一招生,发表较迟,又以交通不便,以致报到很是参差不齐,比旧同学迟到了一个月,才正式开课。诸君到浙大来,一方面要知道浙大的历史,一方面也要知道诸位到浙大来所负的使命。

浙江大学本在杭州,他的前身最早是求是书院,民国纪元前十五年(1897 年即光绪二十三年)成立,中经学制更变,改名浙江大学堂、浙江高等学堂。到民国十年,省议会建议设立杭州大学,但迄未能实现,到民国十六年国民革命军抵定浙江,始能成立。合前浙江公立工业专门学校和公立农业专门学校而成,所以浙大从求是书院时代起到现在可说已经有了四十三年的历史。到如今"求是"已定为我们的校训。何谓"求是"? 英文是 Faith of Truth。美国最老的大学哈佛大学的校训亦是求是,可谓不约而同。人生由野蛮时代以渐进于文明,所倚以能进步者全赖几个先觉,就是领袖;而所贵于领袖者,因其能知众人所未知,为众人所不敢为。欧美之所以有今日的物质文明,也全靠几个先知先觉,排万难冒百死以求真知。……

以上讲到浙大校训"求是"的精神,这是我们所悬鹄的,应视为我们的共同目标。其次就要讲诸位到本校来的使命。在和平时期我国国立大学每个学生,政府须费一千五百元的费用。在战时虽是种种节省,但诸位因沦陷区域接济来源断绝的同学,还要靠贷款来周济,所以每个学生所用国家的钱,仍需一千元左右。现在国家财源已经到了极困难的时候,最大的国库收入,以往是关税,现在大为减色,其次盐税,因为两淮和芦盐区的陷落,以及两粤交通的不方便,亦已减收大半。在这国家经费困难的时候,还要费数百万一年的经费来培植大学的学生,这决不仅仅为了想让你们得到一点专门学识,毕业以后可以自立谋生而已。而且现在战场上要的是青年生力军,不叫你们到前线去,在枪林弹雨之中过日子,而让你们在后方。虽则各大学校的设备不能和平时那样舒服,但是你们无论如何,总得有三餐白饭,八小时的睡眠,和前线的将士们不能比拟。就和我们同在一地的军官学校的学生相比,也要舒服多了。他们常要跑到野外练习战术,有时四十八小时没有睡眠,整个白天没得饭吃,行军的时候,一天要跑到一百二十里,背上还要负荷二三十斤的粮食军需。国家既如此优待诸君,诸君决不能妄自菲薄,忽视所以报国之道。国家给你们的使命,就是希望你们每个人学成以后将来能在社会服务,做各界的领袖分子,使我国家能建设起来成为世界第一等强国,日本或是旁的国家再也不敢侵略我们。诸位,你们不要自暴自弃说负不起这样重任。因为国家用这许多钱,不派你们上前线而在后方读书,若不把这种重大责任担负起来,你们怎能对得起国家,对得起前方拼命的将士?

你们要做将来的领袖,不仅求得了一点专门的知识就足够,必须具有清醒而富有理智的头脑,明辨是非而不徇利害的气概,深思远虑、不肯盲从的习惯,而同时还要有健全的体格,肯吃苦耐劳、牺牲自己、努力为公的精神。这儿点是做领袖所不可缺乏的条件。去年英国全国学生联合会,在诺丁汉开会,他们报告已经出版,在新出的《民族》杂志上,就有一篇简单的节略。从这报告可看到英国的学生觉到,在现时欧洲群雄争长,有一触即发之势。他们所需要:第一是专门技术,使他们一毕业即在社会上成为有用的分子;第二是要有清醒头脑,对于世界大事有相当认识。这固然是不错的,但我以为第三点要能吃苦耐劳和肯牺牲自己,是更不可少的要素。

中国现在的情形,很类似 19 世纪初期的德意志。……诸位,现在我们若要拯救我们的中华民族,亦惟有靠我们自己的力量,培养我们的力量来拯救我们的祖国。这才是诸位到浙江大学来的共同使命。

(此文原刊于《浙江大学西迁纪实》,见竺可桢著,樊洪业、段异兵编:《竺可桢文录》,杭州:浙江文艺出版社 1999 年版,第 110—114 页)

大学生之责任(日记,节选)

(一九四五年七月一日)

1945 年 7 月 1 日　遵义

在第十八届浙大毕业典礼之演讲《大学生之责任》。

诸位来宾,同仁,同学:

本届毕业同学行将离母校。离开学校以前诸位是受教育,国家每年要费一二十万金一个人(学生)培植你们,离开学校后,你们就得要为社会服务了。中国大学生较之他国为少,所以你们责任格外重大。……郑康成谓"才德过千人为俊",则诸君皆今日之俊杰也。诸君之责任可分为两方面而言之:一方面,诸君学有专长,毕业以后各尽其所能以贡献于国家,抗战时候如此,抗战以后亦如此。……以中国幅员之广,人口之众,百姓之穷,战时、建国到处需人。在遵义,我们举目社会上应改进之事正多。譬如此间枇杷只是一张皮包了一粒骨,每个学园艺果木的人应当自己负责起来把它改良。此外如人民衣着的褴褛,农夫依天吃饭,不讲卫生,以蚤虱之多,识字之少。所谓范文正公当秀才时即以天下为己任,此是诸位分内的事,责无旁贷的。诸位除掉了是一个专门有训练的人,为一个教员、学士、电机工程师、生物学家、果树专家而外,同时亦是一个国民,所以在这一方面你们既是大学生亦有比普通人民较大的责任。在现代世界你们得认清三点:(1)知先后。军事第一是我们现在的口号,此在战时各国皆然,夺取胜利。……抗战如此,建国如此,我们不能不分最要和次要的,……小而言之,一个学校、一家公司甚至一个人的作事、读书统要有先后,然后能计划。《大学》里头一章就说"物有本末,事有终始,知所先后,则近道矣"。(2)明公私。在抗战时候道德堕落,这是古今中外一律的事。但若能赏罚严明,公私有别,则道德不致十分堕落。近来报上所载我国贪污之案层见叠出,……诸君看了报自然莫不痛心。但是诸位要晓得,在有一个时期这类作弊的人也是和诸君一样从大学刚毕业极清白纯粹的大学生。因为贪污之层见叠出,所以一般人以为做官是做不得的,财是不能发的,这可大错了。做公务员就是官。我们就希望顶好人才、顶廉洁的知识阶级去做官,惟有这样,公家的事才能办得好。中国那么穷,我们就希望大家绞脑汁来做发明,办工厂,开农场去发大财,惟有这样国才能富,民才能强。所以我希望你们能做官,能发财,但不希望你们做了官再去发财。为做官而发财是没有不贪污的。……(3)辨是非。浙大过去的校训是"求是"。我们应该只知是非,不管利害。此话说来容易,要实行起来可不是那么容易了。你们的出校门以前恐怕已经觉得是非和利害有时会冲突的。譬如你要就业,你本已答应一个中学去教书,聘约也签了,旅费也收了,你要动身的时候你忽然接到一个公司的邀请,要你去当副工程师,不但薪水丰,而且出路好、朋友多。你是不是会毁弃已成之约,藉口说母亲病重,或是身体不好要到重庆去呢? 到那时候你们是否尚能把是非的观念放在利害的观念上面呢? 君子、小人之别只在此一念之别。……这种只顾是非、不顾利害的精神是每个浙大毕业生应具有的。

(竺可桢著:《竺可桢日记》第 2 册,1943—1949 年,北京:人民出版社 1984 年版,第 848—851 页)

我国大学教育之前途（节选）

（一九四五年九月二十三日）

抗战胜利后，我国办理大学，应该取什么途径，实有从长商榷的需要。据笔者的意见，以为办理大学，有三个问题，最为基本而急需解决的。（一）国家办理大学的方针是取积极统制政策，还是取开明放任政策。（二）大学的目标是以培养道德为前提，还是以培养理智为前提。（三）大学教育的内容是通才教育，还是技术教育。第一个问题解决，我们对于办理大学的大政方针即明朗化。第二个问题解决，大学里校长、教授、导师人选的取舍，训导教科的安排，即随之而定。第三个问题解决，则重文抑重实，重质抑重量等等纷争，不致再起。试分别申论如下：

（一）大学虽不应受政治的影响，但必须适合社会环境，而对于国策亦须配合。我国战时口号是"国家至上，民族至上"。民族是人民的总和，人民的利益，就是民族的利益。战事终结以后，我们的国策是人民至上，还是国家至上？我国古代孔孟之教，无国家观念，其理想世界为大同。……这两种类型，借用《墨子·尚同篇》中名词，可称之为"上同"和"下比"。上同的国家是以国家为前提，人民不过是发展国家的工具，个人生活的意义，就在其对于国家的发展和贡献。为国家，他得牺牲一切。孟子说："杀一不辜而得天下，仁者不为。"但上同国家为了要完成五年计划，奠定重工业基础，不惜使百万生灵涂炭牺牲。相反的，下比的国家以人民幸福为前提。国家存在的理由，就在于增进大多数人民最大的幸福。在这两种类型国策之下，办理大学的方针也就不能相同。在上同的国家，大学如同车之有轮，机件之有螺钉。所以大学要标准化，课程要一律，思想要统制，大学教育要完全配合国家当时的需要，国家政策不断改进，大学里面造就人材目的也随之以转变。在下比的国家,则大学尽可发展其个性,学术研究尽可自由,私立公立大学尽可并存,只要不违背为人民求幸福的大前提。下比国家如英美等国的大学,除掉抗战时期以外,学术自由空气极为浓厚。政党的交替,政治舞台上人物的进退,决不影响到大学办学的方针。

(二)大学的目标,据我国古代传统的观念是在培养道德,《礼记·大学篇》开宗明义就说:"大学之道,在明明德,在亲民,在止于至善。"所谓至善,是君仁、臣敬、父慈、子孝、友信。……可见我国古代为学,是以明德为目标,圣人为模范。此与欧洲传统的看法完全不同。希腊哲学家崇拜理智,推崇真理。亚里士多德的《伦理学》书中说:"至善的生活乃是无所为而为的观玩真理的生活。"柏拉图在他《伦理》一书中亦说:"理智者固当君临一切者也。"罗马哲学家西塞禄,以为人生除满足生养之欲望以外,惟以求真为第一要义。至于知识之追求,是否有益于人生社会,在所不顾。近代欧洲大学,仍保持这种希腊和罗马先哲的精神。到十九世纪中叶,纽曼主教写《大学教育之性质与范围》一书,尚说大学教育是培养理智,而非培养道德。一般的说,英国的大学教育目的,在于养成一种英国式的君子。但这所谓君子,并非修己以敬,修己以安人的君子。而是仁者不扰,智者不惑,勇者不惧的君子。到如今英国的牛津、剑桥,美国的哈佛、耶卢各大学中导师注重学生的理知方面。而我们的大学的导师则注重学生的操行。欧洲大学起源十九世纪与十世纪之间,当时教育之权完全操之于僧侣之手。一直到十二世纪,要在欧洲各大学任意教课演讲,必须得到教皇或教会所发的执照而后可。大学所以补教会之不足。人们的道德,属于灵魂,而不是属于肉体,不在大学范围之内。大学之分野,是培养理知。近世科学发达以后,理知所包含的内容,虽大为扩充,文理法商农工医无所不包,但仍不超越理知的范围。我国大学制度,完全抄袭欧美。如课程表之繁细,五花八门,无所不有。只要是真理的片段,统可以排入作为教材。所请教员,亦只求其有一艺之长,一术之精,初不问其习惯性情之是非怪癖。大学因为能包涵万流,所以成其为大。许多人批评我国大学只教而不育,这根本理由,就在于目前大学制度本来即专重传授理知。所谓种瓜得瓜,种豆得豆。要培养道德,不是在讲堂上口讲指画所能为功,必得以行为来表现,以感情来号召。与古代鹅湖、白鹿书院山长相仿,与生徒朝夕相处,方可收砥砺言行之效。目前大学教授担任教科钟点以外，就想作专门研究工作，要叫他们当导师，既乏时间，又无兴趣。所以导师制度行之七八年，毫无成效。培养道德，家庭社会政府的力量，统要比大学大得多，就是因为家庭社会和政府给与个人的教训多以行为来表现的。社会上贪污盛行，政府赏罚不明，一个纯洁的青年，毕业以后不久就可以为社会所潜移默化。只有培养理知，大学虽短短的四年，他的影响是无与伦比的。若是一个大学能彻底的培养理知，于道德必大有补益。凡是有真知灼见的人，无论社会如何腐化，政治如何不良，他必能独行其是。惟有求真心切，才能成为大仁大勇，肯为真理而牺牲身家性命。如希腊的苏格拉底，义大利的勃鲁纳，其道德的卓越，足垂青千古，与文天祥、史可法同为不朽。许多人之所以盲从，自私，贪污，卑鄙，只是未能彻底明白事理。中山先生说："行之匪艰，知之维艰。"王阳明说："知而不行，只是未知。"大学之最大目标是求真理。这可以说是理知的，但亦可以说是道德的，所以道学问，即是尊德性。

（三）大学教育的内容，应该注重通才教育，还是技术教育。这个问题，在美国目前争执颇为热烈。这是因为有少数美国教育家，如芝加哥大学校长赫青司等，要补救美国大学偏重专门知识的弊端，所以主张大学要读古代经典，课程要普通化。这虽不免矫枉过正，但其理由亦甚充足。抗战以后著名大学如哈佛，专门学校如麻省理工的教材，统预备加重普通的课程，如国际问题、科学史、文学史等，而减少专门学程。我国抗战以后，百废待举，需要大量专门技术人员。工业落后，要建立轻重工业，尤非造成大量工程人员不可。在此时，我们大学似乎应该注重技术教育，可是问题不是这样简单。从前清曾国藩提倡兴建实业，设立上海制造局，派留学生至美国学习制大炮轮船以来，到抗战前夕已七八十年，我国科学仍然不兴，实业仍然不振。这其中原因值得我们深加考虑。一般人以为近代文明即物质文明乃西洋功利主义的产品，这是错误的。张荫麟《论中国文化的差异》一文中说道："近二三百年西方人在利用厚生的事业上，惊心炫目的成就，使得中国人在自惭形秽之下，认定西方文明是功利主义的文明。而中国人在这类事业的落后，是由于中国人一向不注重功利。这是大错特错的。正惟西方人不把实际的活动放在纯粹的活动之上，所以西方人能有更大的功利的成就，正惟中国人让纯粹的活动被迫压在实际的活动之下，所以中国人不能有更大的功利的成就。"孔子说："君子谋道不谋食，耕也馁在其中矣，学也禄在其中矣。"道即真理，西洋人求真理，所以才能发明原子弹，从希腊提磨克列试司，到近今荷兰的阜尔司鲍，英国的汤姆生，他们研究原子，决非因为了有什么用处才去研究，而是要晓得自然界物质结构的原委。科学上将来的发明在那个方向，即不能预料于事先，我们就单从功利主义着想，也得各项科目统加以研究，不能偏废。若侧重应用的科学，而置纯粹科学、人文科学于不顾，这是谋食而不谋道的办法。我国自战国以来，即有功利主义的哲学。墨子以能用不能用为善的标准。《兼爱篇》云："用而不可，虽我亦将非之，且焉有善而不可用者。"韩非子更是一位极端功利主义者，所以说："富国以农，拒敌恃卒，而贵文学之士，……举行如此，治强不可得也。"目今我国社会，仍然充满了这种功利主义。大学里的课程，支离破碎，只求教零星有用的知识，而不注重理知的培养。大学生认定院系，不问其性情之是否适合，而只问毕业后出路之好坏，待遇之厚薄。选择科目，不问其训练之价值如何，而专问其是否可应用到所选定之职业。在大学内通才教育与技术教育，理应并重。但现行教育制度之下，大学课程实有重新厘订之必要。基本科目必须增加，而各系之必修课目必须减少，庶几能达到培养理知之目的。至于训练大量之技术员或低级工程人员以应目前之需要，则可由高等工业、高等农业等学校或大学内另设专修班为之，不必因噎而废食。

　　我们最高教育原则是三民主义，"三民主义的意思就是民有、民治、民享。这个民有民治民享的意思，就是国家是人民所共有，政治是人民所共管，利益是人民所共享"。在这种以人民为前提原则之下，大学无疑的应具有学术自由的精神。大学的最大目标是在蕲求真理，必得锻炼思想，使人人能辨别真伪是非。世界的安危系乎各国人民是否能辨别真伪是非，而尤在乎辨明真伪是非以后，能有毅力以攘利不先，赴义恐后。对于是非争执守中立的人，是没有正义感的人，也就是缺乏真知灼见的人。九一八事变，日本侵略东北，是非曲直，昭昭在人耳目。但是列强均守中立，除掉美国外交部史汀生尚能仗义执言以外，其余各国政府噤若寒蝉，连口头上指摘都没有，侵略之风，从此盛行，酿成世界第二次大战。……大学教育如真能使人理知化，则于奠定世界和平的基础,必大有裨益。所以蕲求真理,不但应为我国大学的目标,而亦为世界各大学共同的目标。

　　(此文原刊于《大公报》(重庆)1945 年 9 月 23 日第 2 版,见竺可桢著:《竺可桢全集》第 2 卷,上海:上海科技教育出版社 2004 年版,第 638—641 页)

对 1948 年应届新生的训话

（一九四八年十月二十九日）

今天很愉快,得和诸位聚谈一堂。

第一点,欲言者为大学中学间之分别。大学之特点为大,非仅包含学科众多,罗集万异,即以人眼,亦称特殊。今年虽限于招生困难,房屋不足,然同学亦有三市十四省者,苟相聚而谈,无异亲游各地,所得必多;且贫富有殊,环境不同,交换意见,所知益广,此在本身即教育。

第二点,欲言者为大学之使命。扼要而言,可分为二:1,养成专门人才,以备来日作医师、教员、工程师及进研究所、办集体农场等用。2,培养良好公民,作中流砥柱,社会领袖,为大众谋福利。大学一二年级中,工院自宜打定数理良好基础,文法等院自宜重视文学、经济以及中外历史,以备专精。虽然,彼此不可偏废,仍宜互相切磋,不限系院,庶几智识广博,而兴趣亦可盎然。

第三点,为文理学院之分别。理学院等注重在于智识,凭记忆及努力,由方法得结果,一一变化,步步而来。文学院则相反,不重记忆,重价值高低。《大学》中"物有本来,事有始终,知所先后,则近道矣!"聊聊数语,可尽此意。近年政府奖励理工甚力,留学就业,均沾便利,致使学生几有尽趋理工之势。然吾人不可不自察趣味所在,以免天才埋没,终身苦痛。

第四点,关于浙大本身。构成学校要素有三,人为先,图书仪器次之,房屋则又次之。剑桥大学物理研究所名闻于世,此无他,J.J.汤姆生、J.龙纳出于此,世界物理权威七十余人出于此,人之要素健全所由。浙大房屋,虽较其他均不如,然当年上述名校房屋亦陋,深愿大〈众〉[家]青出于蓝。

第五点,关于世界大学之起源。依性质不同,大学起源,可分为二:一为意大利大学,由学生举办,以学生为主体。一为法国巴黎大学创自教授,以后剑桥、牛津等大学均仿此。我国大学始于汉武,历唐宋明清不衰,然民主之风甚鲜。大学宜民主,固甚彰明,惟民主有先后,当自教授始,如此可冀各安其位,爱校胜己,历十载五十载以至一生工作于斯。学生时间较短,故宜采取教授治校。

第六点,述及浙大行政机构。最高机关为校务会议,包括校长、各院长、总务长、训导长以及大多数之教授代表(每年选一次),每月举行一次会议。校务会议下为常设委员会,每周举行一次,以决临时问题。再下即为聘任、预算、监务建设、校舍、出版七委员会,分掌各项事宜。此外尚有教授会、讲师会、学生自治会、各级级会以及员工会等。如各会决议有冲突时,自取校务会议为准。

第七点为浙大起源史。浙大迄今已历五十一年。前身为求是书院,创自光绪二十三年,继之为文理学院、甲种工业以及乙种农业(学校)。迨民国十六年,始蜕变而成国立浙江大学。本人至此,尚仅文理工三院,日后逐加扩充,以至今日之七院,今后自当一秉前志,以成其大。

最后为浙大校训及校歌。校训为"求是",实事求是,自易了然,然而言易行难,一旦利害冲突,甚难实行"求是精神"。近世科学始祖首推哥白尼、伽利略以及勃利诺三氏。除前一人著书外,后二人一秉求是精神,历险如夷,视死如归,以身殉科学。先哲王阳明氏有言:"我心以为是,虽千万人非之而不改;我心以为非,即孔孟是之而不易!"壮哉求是精神!此固非有血气毅力大勇者不足与言。深冀诸位效之!浙大校歌,辞美曲高,唯歌之甚难,近有增创一曲之议,惟在未另创前,自应不畏艰难勤习之。

[辞毕,复再三致意师生多接触交换意见,以谋融合,叮咛同学身体宜保重。]

(此文原刊于《国立浙江大学日刊》复刊新 67 号(1948 年 11 月 1 日)"校闻"栏,原文篇名"竺校长对本届新生训话记详"。文末署名"田孝桐",见竺可桢著:《竺可桢全集》第 2 卷,上海:上海科技教育出版社 2004 年版,第 689—690 页)

索　引

图书在版编目(CIP)数据

走向一流的历史轨迹:中外著名大学校长治校理念与办学制度文献选编.中国卷之一/周谷平,赵师红编. —杭州:浙江大学出版社,2015.9
ISBN 978-7-308-14764-4

Ⅰ.①走… Ⅱ.①周… ②赵… Ⅲ.①高等学校－校长－学校管理－中国－文集 Ⅳ.①G647.12-53

中国版本图书馆 CIP 数据核字(2015)第 121878 号

走向一流的历史轨迹(中国卷之一)
——中外著名大学校长治校理念与办学制度文献选编
周谷平　赵师红　编

责任编辑	吴伟伟 weiweiwu@zju.edu.cn
封面设计	谢就宇
出版发行	浙江大学出版社
	(杭州市天目山路 148 号　邮政编码 310007)
	(网址:http://www.zjupress.com)
排　　版	浙江时代出版服务有限公司
印　　刷	杭州日报报业集团盛元印务有限公司
开　　本	710mm×1000mm　1/16
印　　张	32
字　　数	492 千
版 印 次	2015 年 9 月第 1 版　2015 年 9 月第 1 次印刷
书　　号	ISBN 978-7-308-14764-4
定　　价	95.00 元